청동기시대의 고고학 2
편년

지은이(집필순)

안재호	동국대학교
박순발	충남대학교
이창희	동국대학교
강인욱	경희대학교
김권중	중부고고학연구소
나건주	금강문화유산연구원
김규정	전북문화재연구원
김병섭	극동문화재연구원
이형원	한신대학교 박물관
이기성	한국전통문화대학교

한국고고환경연구소 학술총서 12

청동기시대의 고고학 2 : 편년

초판인쇄일	2016년 10월 25일
초판발행일	2016년 11월 01일
편 저 자	안재호, 이형원
발 행 인	김선경
책 임 편 집	김소라
발 행 처	**서경문화사**
	주소 : 서울시 종로구 이화장길 70-14(204호)
	전화 : 743-8203, 8205 / 팩스 : 743-8210
	메일 : sk8203@chol.com
신 고 번 호	제1994-000041호
ISBN	978-89-6062-125-1　94900(세트)
	978-89-6062-127-5　94900

정가 23,000원

청동기시대의 고고학 2
편 년

안재호 · 이형원 편

서경문화사

서 문

　대한민국의 고고학은 해방 이후 1946년에 경주의 호우총을 처음 발굴하면서 비로소 탄생기를 맞이하게 되었다. 그 뒤 한국고고학 전문 서적으로 국가 주도의 『한국사론』이 1983년 국사편찬위원회에서 출판되었지만, 시대 구분이 가능할 정도의 단순한 편년만을 갖추고 있어 한국고고학은 소아기를 벗어나지 못하고 있었다. 아직 발굴을 통한 고고자료가 많이 부족한 상태였고, 발굴기법이나 유물에 대한 기록도 미숙하였으며, 연구 인력도 대학과 국립박물관에 한정된 상태였다.

　한국고고학이 질풍노도와 같은 사춘기를 겪기 시작한 것은 1994년 발굴조사연구기관이 설립된 이후이다. 1995년에는 전해보다 40%를 초과하는 발굴조사가 진행되었고, 이때부터 발굴조사는 급격히 상승하여 2001년에는 469건의 유적이 조사되었다. 이는 거의 하루에 1건 이상의 유적이 발굴되었음을 의미하는 것이다. 그리고 취업의 문이 넓어진 탓에 젊은 연구자가 양산되었다. 특히 산더미처럼 쌓이는 고고자료는 과거처럼 소수 연구자에 의한 연구의 주도를 불가능하게 하였고, 각 지역마다 별도의 성과를 도출할 수밖에 없었다. 따라서 다수의 연구자에 의한 다양성의 시기였으며 또한 혼란의 시기이기도 했다. 그 중에서도 청동기시대에 대한 유적 조사가 압도적이었고, 이에 상응하여 청동기시대를 연구하는 분위기도 고조되었다.

　2007년 비로소 한국청동기학회가 창립되면서 청동기시대 모든 연구자가 특유의 인화력을 중심으로 정보의 공유, 발굴현장의 공개, 연구토론 등을 펼쳐나가게 되었다. 그 결과로서 각 지역의 대표적인 회원들이 그들의 연구력을 집약하여 출판하게 된 것이 본 『청동기시대의 고고학』 전 5권이다. 1권은 『인간과 환경』, 2권은 『편년』, 3권은 『취락』, 4권은 『분묘와 의례』, 5권은 『도구론』으로 구성되었는데, 약 50명의 연구자가 참가하여 다양한 주제를 치밀하게 다루고 있다.

　본서의 내용은 각 연구자마다 다른 주장처럼 보이겠지만, 언젠가 각자의 논리들은 하나의 학설로 융합하여 다양한 색채로서 역사적 진실의 공간을 채울 것이라 확신한다. 따라서 본서는 현재 우리들의 자화상이고, 또 미래를 향한 또 다른 사색의 출발점이기도 하다. 이 점을 본서의 출판이 가지는 가장 큰 가치라 보고 싶다. 이 출판을 통하여 한국 국가 발생의 맹아적 성격을 가진 청동기시대 연구가 한국고고학을 청년기로 이끌어 나갈 수 있을 것이라 믿어 의심치 않는다.

　끝으로 바쁘신 중에도 원고의 집필을 수락하여 옥고를 제출해 주신 50여 명의 집필진과 특히 2인 1조로 각 권의 책임편집을 맡아주신 10명의 편집자 분들, 그리고 책의 출판을 허락해 주신 서경문화사 관계자 여러분들께 감사의 말씀을 올린다.

2016년 11월

제3대 한국청동기학회장 안 재 호
한국고고환경연구소장 이 홍 종

목 차

총 설

안재호 동국대학교

　고고학에서의 편년은 고고학적 역사를 구성하는 도구이다. 고고학이 존속하는 한 편년연구는 계속된다는 지적과 같이 고고학의 목적이 무엇인가에 따라서 편년의 단위는 달리질 수 있다. 지금과 같이 시기구분을 위한 작업이라면 토기문양을 통한 유형론으로도 가능하겠지만, 취락고고학을 위한 주거지 한 기한 기의 시간성은 파악할 수 없다. 편년단위는 주거지 한 기가 사용된 시간만큼 되어야 하며, 문양속성이아닌 다른 시간적 속성을 찾아서 편년하지 않으면 안 된다. 여기서는 새로운 방법론을 찾고자 하기 보다는 기존의 편년연구를 총정리하여 매듭을 짓고 미래의 과제를 찾고자 하는 것이다.

　시기구분에서도 연구자마다 몇몇 견해로 나누어져 있지만, 조기를 분리하고 원형점토대토기단계 일부를 떼어내어 후기로 삼는 조기-전기-중기-후기의 구분법으로써 기술하기로 하였다. 이 시기구분법이 한국청동기학회의 정설로서 채택된 것은 아니고, 본 5책의 일관된 서술을 위한 임시방편임을 밝혀두는 바이다.

　본고에서는 각 주제별로 서술한 원고를 요약하고 정리하면서 필자의 견해를 첨부하는 방식으로 총설에 갈음하고자 한다.

1. 청동기시대의 시작과 끝

　한반도에서 청동기시대의 시작을 단순히 청동기를 사용한 현상적인 시점으로만 볼 것이 아니라, 신석기시대와 비교하여 무문토기·반월형석도 등의 마제석기·석관묘·지석묘와 같은 기념물적인 묘제 등의 고고자료가 출현하면서, 보편화된 농경활동과 계층적인 신분구조 등의 경제·사회상의 특징이 나타나는 시점부터를 상정하는 것이 타당할 것이다. 그 전파의 기원지로서 박순발은 偏堡(피엔바오)문화의 중심지인 요동반도와 발해만 연안지역으로 인식하고, 신석기시대 만기의 이중구연토기(栗里式토기)도 기원전 2000년을 전후하여 전파되었으며, 돌대문토기의 경우도 두만강이나 연해주 남부보다 요동반도에서이른 시기에 존재하기 때문에 편보문화의 영향으로 전파된 것이라고 하였다. 결국 이러한 청동기시대의 물질문화는 요동반도 남단의 농경문화와 함께 압록강을 경유하여 한반도 남쪽으로 확산되었다고 한다.

또한, 박순발이 제안한 신석기시대부터 형성된「극동아세아농렵구」는 狩獵 · 漁獵 · 農業 혼합 경제를 영위한 지역권으로서, 遼河-黑龍江-우수리강의 이남지역에 沿海州와 韓半島를 포함시켜 동일한 생계 · 문화구역권으로 묶은 것이다. 이 구역은 신석기시대 이른 시기부터는 어로 수렵 등의 채집경제를 기반으로 하다가, 편보문화와 더불어 농경문화가 시작된 영역으로서 자연지리적 동질성과 취사기 · 무덤 · 청동기 등에서 문화적 공통점을 찾을 수 있다고 한다.

그런데, 극동아세아농렵구는 광범위의 지역에서 동일한 생계문화권으로서 발전되어 온 만큼 청동기시대 한반도의 농경문화를 압록강유역을 경유하는 특정 유형의 농경문화만이 아니라, 다양한 형태, 즉 농경의 내용이나 빈도의 차이, 혹은 수렵과 어로 채집경제의 혼합정도의 차이 등 다원론적인 한반도의 청동기시대 농경문화로서도 앞으로 구명되어야 할 과제이다.

그 한 예로서, 강인욱은 요동반도 남단의 쌍타자문화는 한반도 청동기시대문화 형성에 크게 관여된 것이 없고, 오히려 요중~요북지역의 馬城子문화와 두만강유역의 흥성문화가 중심이라고 한 것과 같다.

한편, 박순발은 한반도에서 청동기시대의 마지막은 원형점토대토기문화인데, 이것은 雙房(수왕팡)문화 중만기의 鄭家窪子(정자와쯔, 기원전 550~450년)유형에 해당하는 것이다. 그러다가 기원전 300년에 일어난 燕과 古朝鮮의 무력 충돌을 계기로 長城 주변에 위치한 요녕 점토대토기문화인들이 다수 한반도로 이주하면서, 세형동검문화와 연계통의 철기문화가 파급되고 이로써 초기철기시대가 시작되었다고 한다. 이러한 관점의 시기구분은 청동기시대의 마지막을 고조선의 성장과 소멸과정과 연관하여 고려할 필요도 있다는 점에서 시사하는 바가 크다고 생각된다.

그리고 초기철기시대, 혹은 삼한시대의 시기구분은 점토대토기문화-세형동검문화-철기문화라는 시간적 차이를 두고 한반도로 유입된 상황을 집단의 발전과정과 관련하여 생각할 필요도 있겠다. 초기(기원전 800~600년)의 점토대토기집단은 소규모로서 생계형이주와 같은 형태로서 제1차이주이고, 연국의 동진에 따른 파급은 정치적이주로서 세형동검 등의 청동기문화를 가진 체계적이고 대규모의 집단으로 제2차이주에 상정할 수 있다. 그 후 삼한 소국의 발전과 유지를 위하여 생산성 향성을 꾀하고자 철기문화를 적극적으로 수용하였을 가능성이 높고, 철기문화의 파급을 제3차이주의 결과로 볼 것인지는 앞으로의 과제이다.

결국 청동기시대의 시간적 구분은 신석기말기의 율리식이중구연토기의 출현, 혹은 돌대문토기의 출현부터 세형동검문화가 유입하기 전까지를 보고자 하는 것이 박순발의 관점이다.

이에 반하여 이창희는 탄소14연대를 통한 시기구분에서, 남한지역에 철기가 출현하기 이전까지를 청동기시대로 보고, 중기와 후기에는 송국리유형(기원전 10~9세기)→검단리유형→원형점토대토기(기원전 7세기)의 순서로 출현하지만 중복되는 기간이 길기 때문에 세형동검문화가 성립한 때부터 철기가 출현하기 전까지를 후기로 설정했다. 미사리계토기의 조기는 기원전 15세기, 가락동 · 역삼동 · 흔암리계토기가 나타나는 전기는 기원전 13세기의 절대연대가 부여되었다.

2. 지역상과 편년

남한의 편년은 주로 유형론을 통한 일반적인 방식을 택하고 있다. 즉 미사리유형→가락동유형→흔암리·역삼동유형→송국리유형→점토대토기의 시간순서에서 다시 각 유형을 세분하여 대체로 조기 전반·후반, 전기 전엽·중엽·후엽, 중기 전반·후반, 후기 전반·후반으로 분기하고 있다.

최초 조기의 지표는 미사리식주거지(석상위석식노지의 방형주거지)에 돌대문토기와 단면 凹狀의 단신무경식석촉과 함께 즐문토기의 공반상을 지적한 것이었다. 그 후 조기를 비판하는 과정에서 단면 편육각형의 장신무경식도 포함되고 조기의 어느 한 요소인 미사리식주거지만 존재해도 미사리유형으로 비춰지면서 또한 돌대문토기가 다른 토기유형과도 공반되는 양상을 통하여 전기로도 편년되어져 왔다. 그러나 연구사적 의미에서는 최초의 조기설정은 돌대문토기만이 지표가 아니었고, 돌대문토기는 영남에서는 전기 후반까지도 지속된다고 설명한 바 있었다. 그러므로 애초부터 돌대문토기=조기의 토기라는 인식은 없었고, 조기의 지표인 공반상만이 조기로 볼 수 있다는 역설이 간과되어 왔던 것이다. 그리고 그 당시의 돌대문토기는 소위 가락동식이중구연토기와 공반되는 예가 없었으므로 돌대문토기가 단독으로 존재하던 시기를 상정할 수 있었지만, 그 뒤 돌대문토기가 전국각지에 발견되면서 다종다양한 이중구연토기와 절상돌대문이나 계관형돌대문, 또는 무각목돌대문토기 등이 나타나게 되었다. 그래서 과거 최초의 돌대문설정 시점으로 돌아간다면, 조기의 이중구연토기는 소위 상마석계 혹은 요동식 또는 미사리식 이중구연토기라는 존재로서 전기의 가락동식이중구연과는 구별될 수 있다고 보완할 수 있었던 것이다.

그러나, 본 책의 조기 설정은 대체로 돌대문계토기와 공반하는 이중구연단사선문(거치문)토기·공열문토기·구순각목문토기·적색마연토기 등과 위석식노지·토광식노지·장방형주거지·무경식석촉·일단경식석촉·석검 등이 혼재하여, 그 범위가 매우 넓혀져 있다. 그리고 또 한 측면은 조기의 문화가 그대로 다른 문화와의 접촉이 없이 그대로 유지한 채로 시간을 경과하면서 이동한 결과, 최초 조기의 공반상을 그대로 보이는 경우도 조기로 설정하는 경우가 있다. 이 경우는 탄소14연대에 의해 전기로 밝혀지는 경우가 있다. 즉 조기문화와 조기의 구분이 필요하다.

전기에는 가락동유형·흔암리유형·역삼동유형이 성립·등장하면서, 전엽에는 미사리식토기요소가 잔존하기도 한다. 전기에서도 가락동식토기가 가장 이르게 출현하고 그 뒤로 흔암리식토기, 늦은 시점에는 역삼동식토기가 잔존하는 것이 남한을 통틀어 보편적인 현상이다.

중기에는 송국리식토기의 등장이 획기이지만, 그 중심지로서는 호서지역이며 반면에 한강유역은 천전리식토기가, 동남지역에서는 검단리식토기가 분포한다. 영남의 서남부와 중부내륙지역은 송국리문화의 전파가 타지역보다는 강하게 나타나지만, 전기문화 또는 동남지역과의 관계, 그리고 무문토기의 기종구성과 문양의 차이 등에서는 김병섭이 세분하여 논하고 있듯이 세분된 지역문화를 나타내고 있다.

후기는 철기가 출토되기 전 단계 혹은 삼각형점토대토기 출현 전 단계로 하한을 잡고 있지만, 호서의 나건주와 호남의 김규정은 원형점토대토기가 공반하지만 청동기가 출토되는 시기를 기점으로 전·후반으로 나누고 있다.

유물의 공반상과 유구의 층서상의 관계에서 구축된 편년안을 종합한 이형원은 각 시기의 시작을 조기-기원전 1500년, 전기-기원전 1200년, 중기-기원전 900년, 후기-기원전 500년으로 설정하였다. 탄소

14연대를 종합한 이창희는 전기의 가락동계 · 역삼동계 · 흔암리계 토기의 출현 시기(기원전 1300년)는 거의 차이가 없고, 중기의 송국리 · 검단리 유형과 원형점토대토기도 시간적으로 겹치는 부분이 약 250년 간이나 되어 중기와 후기의 분기에 어려움이 있으므로, 세형동검문화의 성립을 후기의 시작으로 설정하였다. 이 연대는 역삼동계토기의 소멸시기와 비슷하다. 이 탄소14연대의 결과를 그대로 믿는다고 한다면, 중기문화를 ①역삼동계토기의 존속, ②강원도지역의 흔암리계토기를 계승한 검단리유형, ③호서지역에서 발생한 송국리유형, ④중국동북지역의 점토대토기의 4대문화가 어울려진 것이 된다. 그렇다면 원형점토대토기문화와 전기문화의 재지계 및 그 신계과 문화간의 관계에 대한 연구가 앞으로의 중대한 과제가 될 것이다.

그리고 편년에 있어서, 기존의 시기와 단계 설정은 유형론을 근거로 하고 있지만, 직접적으로는 토기의 문양을 통한 편년이다. 토기의 문양은 호서지역의 차령산맥으로 흔암리식과 가락리식 토기가 남북으로 양분되듯이 나건주의 견해대로 집단의 표식과도 같은 것이다. 그러므로 토기문양은 본 책과 같이 대강의 시간성은 찾을 수 있겠으나, 구체적인 고고학적 목적에 도달하기에는 부족한 수단이다.

문양은 기능을 반영하지 않는 속성이다. 무문토기도 조기에서부터 후기에 이르기까지 자연사회에서 수장사회를 거쳐 소국의 직전까지 이르는 사이에 토기 기종의 구성이나 형태의 변화를 통한 기능적 변천을 겪어 왔을 것이므로, 각 기종별 형태적 속성을 통한 편년이 정확한 방법일 것이다. 따라서 연질의 무문토기 복원이 매우 중요한 작업이고, 최근 삼한문화재연구원의 선사시대 토기 복원에 심혈을 기울여 토기 기형 전체를 파악하려는 노력은 찬사를 받을 만하다.

지역상에 대해서는 우선 북한지역은 압록강하류역, 압록강중상류역, 두만강유역, 함경남도 · 강원도북부(금야-토성리유형), 청천강이남 · 대동강유역(팽이형토기문화)의 5개권으로 세분되었다. 남한은 중부지역을 경기지역 · 북한강유역 · 남한강유역 · 강원영동지역으로, 전남지역은 북서부지역 · 중서부지역 · 영산강유역 · 동부내륙지역 · 남해안지역으로, 영남지역은 서남부지역 · 중부내륙지역 · 동남부지역으로, 호서지역은 충청남동지역 · 충청북서지역으로 나누었다.

이렇게 보면 호서 · 호남지역은 다소 좁은 영역으로 구획되었지만, 나머지는 나누어진 지역권이 모두 광역이라고 해도 손색이 없을 만큼 넓은 범위를 차지하고 있다. 북한지역의 경우는 넓은 권역이라고 해도 궁극적으로는 인접한 서너 개의 유적을 묶은 것이므로 문화적 동질성에 대해서는 의문이 없고, 그 지역색도 분명하게 드러나 있다. 그러나 중부지역 내의 4개권역이나 영남지역의 3개권역은 세분된 그 자체가 광역이기 때문에 하나의 문화권역으로 묶을 수 있을지 현재로서는 미지수이다. 그러므로 지역상을 논할 수는 없지만 시기적으로 공유하는 분위기, 혹은 시대적 문화조류에 대해서 편년한 것이라 생각된다. 이것도 남겨진 과제일 것이다.

지역상연구에서 정해진 단위나 규범이 존재하는 것은 아닐 것이다. 주제에 따라서 그 방법을 달리하여야 하지만, 동일문화권역을 찾는 작업도 중요하다. 이것은 넓게는 대 · 소단위 집단의 문제이고, 더 나아가 각 집단 정체성을 찾는 일이기도 하다. 동일문화권은 정보망에 따라서 묶여진다. 동일문화권은 본 책에서 서술하였듯이 선사시대에는 자연지형지물이 경계가 되고 중심이 될 가능성도 있지만, 하나의 통합된 정보체계를 가진 영역을 의미한다. 그 영역 속에서 비로소 문화적 흐름도 분명하게 시간에 따라 분별되고 획기를 설정할 수 있어서 그 변천상을 파악할 수 있는 것이다. 그런 흐름은 주변의 다른 정보체제를 가진 영역과는 무언가의 차이를 가지면서 지역상을 가지게 된다.

지역상도 최소단위를 찾을 수 있다면 최선일 것이다. 최소단위의 통합은 가능하지만 광역단위에서 세분하여 나누는 것은 불가능하기 때문이다. 그러므로 도구의 유용성을 고려한다면 당연히 우리의 지향점은 최소단위의 정보망을 구명하는 작업이 되어야 할 것이다.

3. 한반도와 주변지역과의 교류상

최근 한국청동기시대의 연구는 한반도문화의 원류를 구하는 과정에서 중국 동북지방의 일부를 한반도와 동일시하는 경향이 나타나기도 한다. 이러한 연구는 특정 물질자료를 통한 관계사 연구로서는 바람직하지만, 한반도의 청동기시대문화의 일부로서 수용할 때에는 엄격하고 복합적인 고찰이 필요하다. 즉 최소한 의식주에서의 공통점이 간취되어야 한다. 이 기준은 단순히 물질문화만 동일해서는 안 되며, 그 주체인 주인공이 동일한 사상과 생활을 영위하는가를 중시해서 한국청동기시대문화의 영역권을 설정해야한다는 점이다.

문화는 생활과 교류의 산물이므로, 지역과 지역을 이어 끊임없이 동일한 요소가 이어져 있기 마련이다. 일본 야요이문화와 한반도 청동기시대문화가 밀접한 관련을 가지며, 더구나 이주의 흔적도 발견되지만 일본열도가 한반도와 하나로 통합될 수 없듯이, 한반도도 중국동북지방의 일부와 통합될 수 있는가에 대해서는 면밀한 검토가 요구되며, 편년적 관계에서부터 문화권역과 유형의 지역상 그리고 집단의 정체성 등을 통합적으로 구명되어야 할 것이다.

일본열도 특히 구주북부지역과의 관계는 야요이시대의 개시기와 청동기제작과 관련된 점토대토기문화의 전파라는 두 가지 측면에서 주목된다. 이기성은 야요이시대 개시기를 탄소14연대로써 기원전 10세기 중반이라는 설과 한반도 청동기시대 전기의 기원전 10세기까지 올라갈 수 없다는 설로 나누어진다고 정리하였다.

그런데, 야요이시대의 개시는 한반도 농경문화의 전파가 계기가 되었다면, 죠몽말 구주북부의 쿠로카와식토기의 공렬문이나 혹은 세토우나이카이연안에 분포하는 가지문의 단도마연토기가 한반도의 어느 지역과 관련된 것이며, 어느 시기에 해당하는가에 대한 문제를 해결해야 한다. 그리고 구주북부의 조기부터 출토되는 적색마연토기호의 출자도 한반도에서의 특정지역과 시점을 밝혀야 한다. 현재로서는 「도작중심의 야요이문화 = 한반도의 도작농경 = 중기의 송국리문화」라는 등식에서 양 지역의 교류를 거론하는 정도가 아닌지 생각한다. 공렬문이나 가지문토기는 한반도 남부지역에서는 전기말의 편년도 가능하고, 야요이 조기의 적색마연토기호는 중기에 속할 가능성도 많다고 한다면, 현재까지의 한일교류의 양상을 재론할 필요도 있을 것이다. 그리고 그 뒤를 이은 송국리식토기의 전파문제도 앞 시기와는 어떤 차이를 가진 전파인지에 대해서 구명되어야 한다.

원형점토대토기의 전파문제는 한반도에서 어느 지역과 관련된 것인지에 대한 문제의식은 한일양국에서도 갖고 있지 않은 듯하다. 원형점토대토기의 출현시점이 한반도 내에서도 중부지역과 남부지역이 다르고 출현양상도 다르기 때문에 재검토가 필요하다. 이렇게 충분한 고고학적 검토가 이루어졌다고 해도,

이와 관련한 제유적의 탄소14연대는 또 새로운 해석을 남길 여지가 있다.

한반도 압록강과 두만강 유역의 제 유적을 둘러싼 중국동북지방과 러시아 연해주지방과의 문화상을 강인욱이 비교하여 밝히고 있다. 이에 따르면 신석기-청동기 시대의 전환기부터 후기까지 지속적으로 새로운 문화가 유입되고 동화되고 있다.

관심은 이러한 문화적 맥락 속에서 중국과 한반도에 유적을 남긴 집단을 같은 족속으로 볼 수 있는가라는 것이다. 고고학 자료의 해석상 어려운 점은 애초부터 동일문화라도 시간이 경과하거나 다른 지역으로 이주하게 되면, 그 시대 그 지역의 상황에 적응하여 문화도 변화를 보인다는 점이다. 청동기시대의 지역상은 한반도 내에서도 무수한 단위로 나뉠 것이다. 그렇듯이 연해주와 두만강유역, 압록강유역과 중국 동북지방과의 관계에서도 다양한 형태의 지역상을 나타날 것은 자명하므로 이에 대한 해석을 둘러싼 논쟁은 당연히 활성화되어야 한다. 논쟁의 문제는 고고학적 공반자료는 파악할 수 있으나, 탄소14연대를 통한 시간성을 비교할 수 있는 자료가 적다는 점이 될 것이다. 특정지역의 전기문화가 다른 지역에서도 항상 전기에만 존재한다는 인식을 버리게 되면 중요하게 부각되는 것은 탄소14연대가 될 것이다. 절대연대 자료의 부족이라는 장애를 극복하고자 한다면, 고고자료를 나노의 단위까지도 분석한다는 연구 자세가 필요하다.

4. 편년의 과제

편년, 즉 선사와 고대의 한국고고학에서는 주로 상대편년을 의미하지만, 아직도 서구의 1940년대 고든 차일드 고고학의 단계에 머물고 있는 한국의 실정에서는 가장 시급히 정립되어야할 과제이다. 정확한 편년을 기반으로 하지 않는 고고학연구는 혼란만 가중시킬 뿐이다. 그것도 그 목적에 맞는 편년단위로 설정되어야만 실효성을 거둘 수 있다. 가장 이상적인 편년은 적어도 그 시대의 유구와 유물을 만든 사람의 수명과 동일한 기간의 편년단위거나 적확하게는 1家族世代의 시간대로 편년하는 것이다. 그렇게 되었을 때 비로소 유구와 유적의 동인이 바로 그 당시 거주인들의 삶을 반영한 것이고, 비로소 역사성을 가진 고고학의 내용이 되는 것이다.

한국의 선사시대 자료를 외국의 것과 합쳐서 편년할 수 없듯이, 함께 편년할 수 있는 공간적 범위를 찾는 것이 우선이다. 그것은 일상적 정보의 교환이 가능한 범위가 되겠지만, 청동기시대에도 식료생산과 거주인의 일상적인 활동범위가 편년의 공간적 단위가 될 것이다. 이 이상의 거리를 벗어나는 원거리교류도 있겠지만, 그것은 신라와 가야 혹은 신라와 고구려의 관계와도 같은 것이고, 그것을 통하여 하나의 정보망으로 묶을 수는 없을 것이다. 필자도 이러한 규범을 무시한 채 광역편년을 통하여 고찰한 바 있었지만, 우리는 아주 작은 단위의 유적들을 통하여 편년의 공간단위를 찾아야 한다. 그 공간 내의 모든 유적은 시간의 경과에 따라 동일한 현상으로 동일한 패턴의 물질자료가 변천해 나가는 모습을 보여 줄 것이다. 이런 편년이 이형원이 시도하였듯이 다른 지역권과의 병행관계가 만들어져서 비로소 한반도의 광역적 편년이 구축되었을 때 청동기시대 편년의 완성이라고 할 수 있겠다.

이런 편년작업은 비단 시간성만 찾아지는 것이 아니라, 그 탐구의 과정에서 특정집단의 영역도 찾아지고, 정체성도 나타나면서 주변집단과의 차이도 분명히 드러나는 것이다. 그 차이는 공간적인 차이뿐만 아니라, 나아가 계층적인 차이도 밝힐 수 있다고 생각한다. 그러므로, 우리는 편년작업을 통하여 최소한의 고고학적 기본명제인 「언제, 어디서, 누가」라는 문제를 해결할 수 있다는 것이 더 큰 수확일 것이다.

　본 책에 실린 편년의 연구는 이러한 미래로 나아가기 위한 기초로서 역할을 수행할 것이다.

제1부
시기 구분과 전환기

제1장
청동기시대의 시기구분

안재호 　동국대학교

Ⅰ. 편년의 대상과 획기

편년은 고고학의 근본이면서 기초적 연구에 해당한다. 편년을 통하여 비로소 고고자료가 생명력을 가지고 역사의 사실을 우리에게 전달해 주기 때문이다. 그리고 편년의 근간은 자료의 분류에서 시작되어야 하고, 이 분류가 바르게 설정되지 못한다면 편년의 결과도 없는 것이다.

시기구분은 상대편년을 통하여 획기를 이루는 시점을 경계로써 단계를 설정한 것이다. 여기에서의 획기는 자료의 시간적 추이를 통한 사조나 물질자료의 변천 등의 방향성이 달라지는 기점을 말한다. 즉 고고학적으로는 방향성에 따라 조열된 양식 혹은 형식의 시공간적인 총체가 바로 문화가 된다(田中琢 1981, 21쪽). 이 문화의 단위가 바로 시기구분의 단위이다.

과거 초기의 연구에서는 편년의 단위가 바로 시기구분의 단위가 되었던 때도 있었다. 즉 청동기시대를 3단계로 편년하고는 각 단계를 전기-중기-후기로 설정한 것처럼. 그때는 자료가 절대 부족한 탓이었지만, 지금의 상황은 전혀 다르다. 새로운 방법으로써 바른 시기구분이 필요한 시점이다.

편년의 방법은 단지 시간적 차이만을 살펴서는 안된다. 편년을 통하여 물질자료가 가진 본질의 추이를 살필 수 있는 단계설정이 필요하다. 즉 진화론적인 방향을 적시할 수 있는 분류체계와 상대편년이 무엇보다 중요하다. 이런 편년만이 역사적 진실에 가까운 시간적 순서인 것이다. 그래서 선사고고학적인 「편년」이라는 의미에는 절대연대의 나열보다도, 상대연대로써 변천상을 나타내는 상대편년을 의미하는 것이다.

편년을 위한 자료의 선정에도 그 각각의 한계를 염두에 두지 않으면 안된다. 가장 빈번히 선택하는 토기의 경우는 출토량이 어떤 종류의 유물보다 월등히 많으며, 또 어디에서나 출토되므로 유구의 편년에 매우 폭넓게 사용할 수 있으며 편년작업에도 유용한 측면이 있다. 그리고 무엇보다도 중요한 것은 토기의 제작에서 폐기까지의 기간이 짧다는 점이며, 그만큼 빈번한 제작을 통하여 기술의 전승이 분명하고, 단기간에 새로운 형태가 탄생할 수 있다는 점이다. 그러므로 토기의 형식은 가장 단기간의 시간성을 가지며, 속성이 점진적으로 변화하여 형식학적 방법으로 편년에 유용한 자료이며, 모든 유구에서 출토되므로 고고학의 기초편년에는 매우 적합한 자료라고 평가할 수 있는 것이다.

그러나 토기의 편년이 가장 세분된 편년단위를 가진다고 하여, 모든 유구와 유물을 토기의 편년에 맞추어 재단하는 것은 고고학적인 사고가 아니다. 모든 유구와 유물은 제각각 고유한 특성을 가지고 있어서 속성의 변화나 그 동인이 토기와 같을 수 없기 때문이다. 그러므로 모든 기종이 종합된 양식인 편년이 고고학 편년의 마지막 완성인 것이다.

청동기시대의 편년은 무문토기로써 설정되어있는데 무문토기의 문양에 의존하고 있는 점에서는 신석기시대와 다르지 않다는 점을 문제시할 수 있다. 청동기시대는 신석기시대보다 발달된 사회이고, 다양한 기형을 구성하고 있다. 단순한 심발 이외에도 호, 옹, 고배 그리고 적색·흑색 마연토기와 대부토기 등의 다양한 기종을 갖추고 있고 신석기시대처럼 문양을 중시한 사회가 아니므로, 기종구성과 각기종의 형태적 속성을 통하여 편년작업이 되어야 마땅하다. 청동기시대의 문양이란 것은 최근에는 호서지역 차령산맥 남-북지역의 분포연구를 통하여 북쪽엔 역삼동·흔암리식토기, 남쪽엔 가락동식토기가 분포하여, 지역권과 토기유형이 각각 분리된 현상은 토기의 문양 혹은 유형이 각각의 집단을 나타내는 것이다(金壯錫 2001, 42쪽; 羅建柱 2013, 18쪽).

Ⅱ. 시기구분의 현황

본 책에선 시기구분을 조기-전기-중기-후기의 4시기로 설정하고 있다. 필자는 조·전·후기의 청동기시대와 초기철기시대를 분리하여 고찰하고 있지만, 시기구분도 편년과 마찬가지로 연구자마다 격렬한 대립의 상황에 처해 있다고 할 수 있다. 시기구분의 계기를 이룬 사건은 1979년 부여 송국리유적(姜仁求·李健茂 외 1979)과 1994년의 미시리유적(渼沙里先史遺蹟發掘調査團 1994)이 발표된 것이다.

임병태(1969)는 점토대토기를 포함하여 한강유역의 청동기시대를 전·후기로 설정하고 팽이형토기를 이은 가락동식토기를 전기의 시작으로 보았다. 이백규(1974)는 후등직(1973)의 견해와 같이 농북지방 계통의 순수공렬문토기를 전기의 시작으로 보고 즐문토기와 공반하는 단계이며, 흔암리식토기를 중기로, 점토대토기를 후기로 설정하였다.

송국리유적 발표 이후에는 송국리식토기를 중기로 설정하고 있는 점이다. 이에 반해 임병태(1986)는 한반도를 대상으로 요동지방 초기농경사회의 토기영향을 받은 즐문계문양의 이중구연토기를 청동기시대 발생기로 삼았고, 가락동식토기를 전기, 흔암리식토기를 중기, 송국리식토기와 점토대토기를 후기로 설정하였다. 이 시기구분법은 현재 통용되는 것과 거의 흡사하다는 점에서 학사적으로 높이 평가되어야 하겠다. 藤口健二(1986)는 남한지역의 전기는 역삼동식토기를 시작으로 하고, 중기는 짧게 외반하는 구연의 송국리식토기를 가장 이른 형식으로 외반구연의 전기토기와 공반으로 삼았고, 후기는 점토대토기와 구연이 크게 외반하는 송국리식토기로 설정하였다.

1988년 이청규는 유형론으로써 초기-전기-중기-후기의 4단계를 설정하고, 한강중하류지역에서 초기의 가락동유형과 역삼동유형이 전기의 흔암리유형으로 변천해 간다고 하였다. 이러한 유형은 한강상류와 금강유역 그리고 남부지역으로 전파되어 가면서 중기때까지 변화해가며, 송국리유형은 전기 후반에 금강유역에서 발생하여 중기에는 남부지역에도 전파된다고 고찰하였다. 이 연구는 1990년대 이후 활발한 연구가 진행된 송국리문화의 분포가 호서지역과 호남·영남지역에 분포한다는 견해와 「송국리문화외래계설」의 실질적인 기초를 마련한 것으로서, 지금도 강한 영향력을 미치고 있어 청동기시대 연구의 전환기적 업적으로 생각된다.

송국리식토기의 출현을 이건무(1992)는 중기의 늦은 단계로 설정하였으나, 이홍종(1993)은 송국리유적의 장방형주거지를 가장 이른 시기의 송국리유형으로 규정하고 이청규와 같이 전기의 늦은 단계로 보았다. 송만영(1995)은 휴암리식주거지를 송국리문화의 이른 형태로 중기의 시작으로 보았다. 필자(1992)는 재지계설로서 「송국리문화전기계승설」을 주창하고 선송국리유형부터를 중기로 설정하였다.

이 시기의 제연구를 통하여 송국리문화를 중기로 설정하는 것이 일반화되었으며, 외래계설에서는 전기문화인 역삼동유형과도 이른 시점까지는 병행한다는 데에 반하여, 재지계설은 송국리문화 중의 주거지와 토기는 전기의 것에서 점진적으로 변화하여 송국리문화로 정착하였다고 설명하였다. 2000년 이전까지는 전기(가락동·역삼동·흔암리유형)-중기(선·송국리문화)-후기(점토대토기)의 3시기 구분법을 주로 사용하였다.

시기구분에 있어서 또 하나의 사건은 미사리유적 돌대문토기의 발굴이다. 이 돌대문토기가 일본의 야요이 조기의 각목돌대문토기의 조형으로서의 시간성을 살핀 고찰(이홍종 1988)도 있지만, 한반도 최초의 무문토기로서 즐목문토기와의 공반을 중시하여 과도기적 성격으로서 조기로 설정하였다(李相吉 1999; 安在晧 2000). 그러나 이에 대하여 돌대문토기를 가락동식토기와 함께 전기의 시작으로 간주하여 조기 설정을 부정하는 연구가 대부분이었고, 소수의 연구자(고민정 2003; 무말순일 2004; 김승옥 2006a)만이 (각목)돌대문토기단순기를 조기로 인정하였으나, 최근에는 조기의 설정이 일반화 되어 가는 경향(한국청동기학회 편 2013)을 보인다.

Ⅲ. 시기구분의 검토

시기 설정에 있어서 현재 논란이 되고 있는 조기와 후기에 대해서 논쟁을 정리하고 필자의 견해를 밝히고자 한다. 그리고 시기구분의 새로운 방안을 제시하여 본론에 대신하고자 한다.

1. 청동기시대 조기론

필자의 조기설정은 석상위석식노지가 설치된 평면 정방형의 미사리식주거지에서 출토되는 돌대문토기가 지표인 단계로서, 이 돌대문토기는 중부지역의 미사리유적이 이르고 전기후반대까지도 남부지역에서는 존속하는 양상을 살핀 것이다. 따라서 그 당시에는 미사리유적만이 조기에 속하는 것으로서, 공반상의 특징을 〈표 1〉과 같이 전기의 공반상에서는 찾을 수 없는 것임을 설명하였다. 이에 송만영(2001, 81쪽)은 대구 시지동의 미사리식주거지에서 가락동식토기가 출토된 상황을 전기전반의 양상으로 이해하였다. 시지동의 주거지는 분명 전기전반에 편년되지만 중부지역의 조기문화가 남하하면서 조기문화의 일부 요소만 잔존한 것이다. 이러한 상황은 진주 평거동유적(윤호필 · 고민정 외 2011)에서도 찾을 수 있고, 이에 대해서 이미 필자가 전기후반까지도 돌대문토기는 남부지역에서 존속할 수 있다고 지적한 바처럼 조기문화의 존속시기는 지역마다 다르다는 점이었다(안재호 2000, 49쪽). 조기와 조기문화를 동일시해서는 안된다는 것이 필자의 인식이다. 즉 일본 야요이조기문화가 구주북부에서 시작하여 죠몬문화와 교체되는 시간이 탄소14연대에 따르면 서일본까지는 약 400년 동일본 전역은 근 850년이 소요된 예(小林謙一 2009, 75쪽)를 주목해야 한다.

표 1 _ 미사리유적 공반상을 통한 조 · 전기의 구분(안재호 2000)

시기	주거지		신석기시대 요소	토기 성형수법	무경식석촉	반월형 석도
	평면	노지				
조기	정방형	석상위석식	원저발	좁은 점토띠의 내경접합	단신 단면요상	합인
전기	장방형	토광위석식	없음	넓은 점토띠의 외경접합	장신 편평형	편인

이형원(2002, 7쪽)은 미사리유형을 설정하였는데, 그 개념을 "주거지 구조에서는 미사리식주거지[1]를 특징으로 하며, 토기에서는 미사리식토기(돌대각목토기)와 삼각만입석촉이나 반월형석도, 편평석부 등의 석기를 표지로 한다"고 설정하였다. 그런데, 이 개념 중의 주거지나 석기에 대해서는 〈표 1〉의 전기 석기 특징과 구분되지 못한 개념이므로 문제로 지적하고 싶다. 편평석부의 경우도 평면형태가 정방형에 가까운 것으로 한정할 필요가 있다. 이러한 미사리유형의 개념 닷에 미사리유형이 가락동유형이나 역삼동 · 흔암리유형과 동시기에 출현하는 것으로 편년(이형원 2002, 67쪽)되어 조기를 부정하게 된 것이리 생각된다. 그런데 이형원(2007, 32쪽)은 미사리유형을 나누어 즐문토기적 요소와 공반된 것을 미사리유형 I기 즉 조기로 설정하고, 무문토기적 요소로만 공반된 것을 미사리유형 II기로 삼고 전기에 속한다고 수정하였다.

---

1) 여기서 미사리식주거지를 평면 방형 또는 장방형인 것을 모두 포함시킨 점은 필자의 정방형만을 국한한 본디 개념과는 다르다. 미사리식주거지가 조기의 주거지로서는 정방형의 평면을 유지한 채로 두고 싶다. 장방형은 둔산식주거지가 전형인데, 장방형주거지는 최근의 성과에 비추어 보면 시기적으로는 전기에 출현할 부분이 많기 때문이다.

그렇지만 이것도 지역 구분없이 남한 전체를 일괄한 분류이므로 조기설정의 선명한 주장으로는 부족함이 있다.

박순발(2003, 105~108쪽)은 주거지와 토기만을 통하여 필자의 조기설정을 한층 체계화한 것이다. 미사리유형은 이형원의 개념을 사용하고는 있으나, 각목돌대문토기단순기로 규정하고, 무주공 석상위석식노지의 미사리식주거지는 압록강 중상류의 심귀리·공귀리Ⅰ단계에서 유례를 찾지만 각목돌대문토기만 공반하는 경우는 없다는 점을 지적하였다. 그러나 마성자문화 조기에 절상돌대가 보이지 않는 반면 중기에는 절상돌대가 각목돌대와 공반하고 있는 점에서는 한반도에서의 각목돌대문단순기가 발견될 가능성을 열어두고 있다. 절상돌대문토기는 미사리유형의 각목돌대문토기 이후 가락동유형과 관련되어 결국은 미사리유형의 조기설을 지지하고 있다. 이 미사리유형은 마성자문화 조기나 석불산유형 단계와 병행하는 압록강유역의 문화가 남한으로 파급된 결과로 설정하였다. 즉 중국동북지방으로부터 미사리유형의 제1파급과 가락동유형의 제2파급으로 한반도 조기와 전기의 계기로 삼았다. 이 논고는 요동과 압록강유역의 제유적을 비교하여 조기에 대한 가장 적극적인 검토인 셈이다. 그런데, 미사리유적에서도 돌대문토기와 이중구연토기 그리고 절상돌대문토기도 공반(천선행 2005, 93쪽)하고 있어서 오히려 마성자문화 조기의 양상과 일치하게 되어 시기적으로는 박순발의 논지를 더욱 뒷받침하게 되었다고 생각한다.

김재윤(2004, 45·57~60쪽)은 寺澤薰(2000)의 「농경문화 북방루트」에 착안하여, 한반도의 농경은 BC.20세기에 산동반도에서 발해만으로 넘어와 길림·두만강유역(앵가령문화→흥성문화-두만강유역)에서 BC.14·13세기에 한반도로 주민의 이주를 통하여 남하한 것으로 설정하였다. 농경은 잡곡농경으로서 앵가령문화부터 초기단계에 접어들었다고 하였다. 한반도의 최초 농경문화와 관련된 각목돌대문토기는 남한지역이 대부분 발형인 점은 요동과 압록강유역의 호형과는 계보를 달리하는 것이며, 길림 두만강유역이 발형 주체인 점에서 이곳을 직접적인 기원지로 보았다. 그리고 속성분석법을 통하여 각목돌대문토기는 「신석기토기공반기→각목돌대문토기단순기→가락동·흔암리식토기공반기」의 3단계 변천을 상정하였다.

김재윤도 돌대문토기는 가락동식토기보다는 빠른 시기임을 주장하였다. 그런데 농경문화 북방루트를 부리형(멧돼지형)기의 전파로써 입증하고자 하였으나, 산동반도의 대문구문화의 부리형토제품은 다리가 생략된 형식화된 형태이지만 앵가령문화에서는 (멧)돼지소조품으로 사실화하고 다시 두만강유역과 한반도에서는 대문구처럼 형식화하므로 그 방향성이 바르지 못하여 (멧)돼지형유물을 농경문화의 전파 경로를 추적하려는 것에 문제가 있어서, 다른 해석이 필요하다. 그리고 한반도의 돌대문이라는 문양이 발형토기에 부착되므로, 요동-압록강유역보다는 길림-두만강유역이 기원지라는 주장은 다른 측면에서의 반박도 가능하다. 즉 한반도내에서 돌대문토기의 전파를 북부→중부→남부로의 경로를 인정한다면, 최근 조사에서 중부지역의 돌대문토기 중심의 주거지 공반상을 보면 발형이라기보다는, 구연이 내경하거나 구연이 외반하는 옹형에 가까우며, 호형토기의 비중도 보인다는 점이다. 그러므로 직접적인 기원은 호와 옹을 주된 기종구성으로 하는 요동-압록강유역으로도 볼 수 있다. 남부지역 혹은 중부지역의 가락동·역삼동식·흔암리식토기 즉 전기토기가 발형을 띠는데, 이것은 조기의 옹형에서 오히려 기형발달상의 역행현상으로서 신석기적 생계 즉 수렵채집경제로의 전환이 있었을 것이라 생각한다(안재호 2010).

또 돌대문토기의 변천상에서도 이주민이 반드시 신석기문화와의 절충이나 신석기인과의 접촉이 있었다고는 말할 수 없다. 이주민이 지역공동체에 속하지 않고 독립적인 생계를 유지한 경우도 있었을 것이다. 그러므로 전기토기와의 공반 유무로써 선후관계를 설정하는 것이 하나의 방법일 수는 있겠지만, 반드시 시간성을 담보한다고는 말할 수 없다. 더구나 소지역권을 설정하지 않은 채, 남한 전체를 하나로 묶어 살핀다면 전술한 야요이문화의 전파기간을 한 시기로 보려는 것과 같은 오류에 빠질 것이다. 그리고 돌대문토기의 계통을 요동-압록강유역과 길림-두만강유역으로 각각 설정하였으나, 각지역에서의 기원에 대해서는 설명이 없고, 이 두 지역권에서의 이중구연이나 공렬문 토기와의 시간적 설정에 대해서도 언급이 없는 점은 여전히 조기부정론자들의 의문을 해소할 수 없었다.

천선행(2005, 61~97쪽)은 기존의 방법과는 달리 돌대문토기의 편년을 지역권(중서부 · 호서 · 남강유역)을 나누어 고찰하면서, 미사리유적의 돌대문토기 주거지에서 각목돌대문토기 뿐만 아니라, 절상돌대문과 이중구연 토기도 공존한다는 사실을 확인하였다. 이것을 토대로 주로 김재윤의 의견을 중심으로 비판하였다. 즉 ① 이중구연토기는 각목돌대문토기에서 변화한 것이 아니라, 동북아시아의 유문토기시대 말기부터 돌대문토기와 공존한다. ② 각목돌대문토기는 조기부터 절상돌대문토기와 공반하지만 늦은 시기로 가면서 절상돌대문토기의 빈도가 높아지므로 둘 사이에는 병렬적선후관계이다. ③ 신암리 I 기 古단계는 소주산상층~쌍타자1기, 신암리 I 기 新段階는 신암리 II 기 · 쌍타자3기와 병행한다. ④ 남한의 돌대문토기 조기는 쌍타자3기의 이른 시기와 신암리 I 기 신단계 II 기 그리고 동북지방 하층기 등과, 가락동유형의 전기는 쌍타자3기~상마석A지점 하층기와 병행한다. ⑤ 미사리유적의 이중구연토기는 가락동유형의 이중구연토기와는 형태와 시문기법에서 다른 것이다. ⑥ 주거지와 노지의 형태와 구조의 측면에서 중서부지역의 돌대문토기주거지는 동북지방보다는 압록강중류역과 친연성이 강하며, 남강유역의 돌대문토기주거지보다 이른 시기이다. ⑦ 남한의 돌대문토기문화는 압록강중류역의 집단이 소규모단위로 남하하여 형성된 것이며, 남하 시에 유문토기시대 말기의 신석기집단과의 접촉이 있었다. 남부지역의 돌대문토기 기종구성과 기형이 유문토기의 연장선상에 있다는 점은 이주민이 재지의 전통을 수용하고 또 재지의 토기로써 이주민계통의 토기기능을 충족하였기 때문이다. 이러한 결과 남부지역의 지역화한 돌대문토기문화가 성립한 것이다.

천선행의 논고는 한반도의 돌대문토기문화를 새롭게 규정한 성과이다. 지역단위로 그 변천과정을 살핀 점과 조기의 양상을 각목돌대문토기+절상놀대문토기+이중구연토기로 확인한 점 그리고 한반도 전체의 시기구분에서 조기를 신암리 I 기 신단계로 본점 등이다. 그러나 천선행이 언급한 것처럼 이중구연토기나 공렬문토기의 출현과 돌대문토기와의 관계에 대해서는 해결하지 못한 문제로 남았다. 이 문제는 2007년의 논고(천선행 2007)에서도 충분히 입증하지 못하였다.

2. 조기 부정론과 그 비판

조기설정의 가능성에 대해서 최초의 반론은 김장석(2008, 94~115쪽)이다. 제기된 조기설정에 대한 의

문은 ①돌대문토기의 북한지역 기원지로 추정되는 유적의 토기공반상이 남한에서도 그대로 보이지 않는 다는 점, 예를들면 공귀리유적의 파수부토기가 남한에서는 출토되지 않는다는 것이다. ②남한에서 돌대 문토기단순기 이후 전기에는 청천강유역의 이중구연단사선문토기가 남하하여 가락동유형을 형성하였다 면, 각각의 유물기원지(압록강유역의 돌대문토기와 청천강유역의 이중구연단사선문토기) 사이에 시간차 이가 있어야 한다는 점이다. 이 문제의 해결을 위해서 압록강중상류지역과 청천강유역권의 점이지대에 해당하는 남양리유적을 비교한 것을 정리한 것이 〈표 2〉이다. 남양리유적은 대동강하류와 압록강중상류 의 중간적 양상을 가진 문화요소가 보이는 점이지대에 속하므로, 세 지역권이 시간차이에 있는 것이 아니 라 각각의 지역색으로 해석되며, 돌대문토기단순기는 존재하지 않는다고 하였다.

표 2 _ 김장석의 지역문화 비교

지역	노지	무문토기	석검	지석묘
압록강중상류	위석식노지	공귀리식, 돌대문	석창형	비분포
남양리유적	위석식노지	유사 팽이형, 호 비중낮음	석창형	분포
청천강	위석식노지	이중구연단사선문		
대동강하류	토광식노지	팽이형, 호 비중높음	유혈구식	분포

그러나 김장석의 논리는 어느 한 측면만을 강조한 것이다. 첫째, 압록강 중상류지역(심귀리 공귀리) 의 파수부호가 남한지역에서 보이지 않는다는 지적은 이주민이라고 해도 본향의 문화가 이주지에서도 100% 그대로 존속유지되지 않는다는 점이다. 더구나 생계의 변화나 집단의 사회화에 변화가 일어난다면 반드시 토기의 변용이 나타나기 마련인 것이다. 둘째, 비교대상의 유적이 각지역에서 가장 일직 출현하는 것이어야 한다는 전제가 필요한 것인데, 이에 대한 검증은 없다. 석검이나 지석묘의 출현이 남한지역에서 는 대규모취락의 등장과 관련시켜 전기후반이라는 의견이 일반적인데, 과연 위 3지역의 석검출토 유구나 지석묘가 청동기시대 가장 이른 시점의 것인지 부정적이다. 또 필자는 위석식노지에서도 석상(조기)과 토광(전기)의 바닥시설로써 시기구분하고 있으므로, 이러한 차이를 간과한 분류체계도 입론에 부정적인 요소이다. 그리고, 위의 지적을 무시하더라도 남양리유적이 양 지역권의 중간적인 문화성격이라고 하지 만, 그것은 공간적인 것만 아니라 시간적으로도 중간시기에 속할 가능성도 있다는 점이다. 단순한 예로써 도 현재의 지리산 청학동주민의 경우는 아직도 조선시대의 생활양식을 유지하고 있지만, 21세기의 공산 품도 사용하고 있다는 사실이다. 김장석의 논리와 같은 방식으로 시간적 중간자 관계를 엮어 가면 중국동 북지방에서부터 제주도까지도 모두 하나의 시간대로 묶이고 만다. 셋째, 시간성을 살피는 작업에서 분류 체계에 문제가 있다. 즉 시간성을 감지할 수 있는 분류로서 위석식노지의 경우도 전술한 바처럼 바닥시설 의 유무로써 분리되어야 하며, 팽이형토기의 경우도 유사하므로 같다고만 해서는 곤란하고, 팽이형토기 전체의 분류체계 속에서 비교되어야 한다. 그렇지 못한다면 대동강유역의 팽이형토기는 모두 시간 시기 차이가 없는 유사한 팽이형토기로서 인식되고 말 것이다. 호의 비중이 낮고 높음도 다른 지역의 경우에서 도 동등하게 따져야 하며, 석검이나 지석묘의 경우도 형식적으로 같은 것인지에 대한 검토가 반드시 필요 하다.

또 문제시(김장석 2008, 99~100쪽)하고 있는 일본열도 내에서 돌대각목문토기와 공렬문토기의 시간성에 대해서는 한반도의 조기설정과는 별개의 문제이다.

돌대문토기와 가락동식토기와의 관계에 대해서는 김장석(2008, 101~102쪽)도 해답을 얻지 못하고 있다. 조기설정론자들도 이 문제는 해결하지 못하고 있으나, 최근의 연구에서 이중구연토기는 미사리유적에서도 확인되었으므로 돌대문토기와의 시간차이를 둘 수 없는 부분도 분명히 있지만, 문제는 미사리유적의 이중구연토기를 상마석계이중구연(안재호 2010) 혹은 요동계이중구연(배진성 2012)으로 명명하고 천선행(2005)이 지적하였듯이 지금까지의 가락동식이중구연과 차이[2]를 두고 분류해야 한다. 중국 동북지방의 경우 쌍타자문화의 돌선문토기나 마성자문화의 돌대문토기가 이중구연토기와 공반하고 있지만, 요동의 동부와 중부지역에서는 이후의 상마석상층기에 이르면서 점차 이중구연토기 주체의 단계로 교체되고 있다는 점(宮本一夫 1985; 大貫靜夫 외 2007; 中村大介 2008)을 주목해야 할 것이다. 이중구연기법이 주체인 팽이형토기의 형성에는 신석기시대의 첨저토기발의 영향도 있지만, 무엇보다도 농경민이었던 상마석상층기의 주민 이동의 영향이 컸을 것이다. 즉 북한지역에서도 압록강하류역이나 청천강유역의 이중구연과 팽이형토기의 이중구연을 엄격히 구분하여 고찰할 필요가 있다는 것이다.

역삼동식·흔암리식토기와 돌대문토기와의 관계(김장석 2008, 102~107쪽)는, 탄소14연대를 언급하며 이중구연토기의 연대와 비슷하므로 돌대문토기와도 같을 것이라는 논리이다. 이는 직접적인 해결방안은 아니고, 최근의 발굴자료에서 양자간의 시간차이는 분명해졌다고 생각한다. 즉 한강유역의 돌대문토기가 출토된 유적 아우라지·철정리·외삼포리 유적 등에서 〈표 3〉과 같은 공반상의 차이를 시간의 차이로 인정하고 돌대문토기와 역삼동식토기와의 시간관계를 설정할 수 있다. 〈표 3〉에서 유적별로 살피면,[3] 철정리유적 A11·12호(1단계)→C1·5호(2단계)→C2호(3단계), 아우라지유적은 1·2·12·13호(1단계)→8호(2단계)→7·10·15호(3단계), 외삼포리유적은 3·5호(1단계)→1·2호(2단계)의 순서로 각각 설정할 수 있다. 병행관계는 철정리의 2·3단계는 아우라지의 1~3단계와 외삼포리 유적의 1·2단계와 병행한다. 철정리 1단계의 일부는 남한에서도 조기의 마지막으로 편년할 수 있고, 나머지는 전기에 속할 것이다.[4] 이 공반상을 통한 시간의 순서는 돌대문토기와 비돌대문토기가 각각 출토하는 주거지와 노

---

2) 宋滿榮(2013, 9쪽)은 미사리계이중구연이라고 불렀으나, 형태적인 특징에 대한 기술이 없고, 시간성도 필자와는 차이가 있다. 그리고 이 개념을 수정한다고 해도, 남한지역에서는 통용될 수 있겠으나, 한반도의 고고학 즉 북한지역을 포괄할 때에는 미사리식이라는 용어는 적절하지 못하므로, 기원지의 이름을 차용한 裵眞晟 (2012, 7~23쪽)의 「요동계이중구연」에 따르고 싶다.

3) 이중구연토기 중에서 마성자식(안재호 2010)은 구연이 외경하며 폭이 넓은 이중구연인 것, 상촌리식은 구순이 평탄하며 폭이 좁은 이중구연, 미사리식은 구순이 뾰족하며 폭이 좁은 이중구연, 가락동식은 폭이 넓은 이중구연으로서 전3자처럼 구연외측을 보강한 것이 아니라 적류법으로써 덧쌓아 올리면서 직립의 이중구연을 성형한 것으로 구분한다.

4) 李昌熙(2013)의 탄소14연대 플롯순서와 〈표 3〉의 각 유적별 설정된 단계와의 관계는 정합성을 보이지 않는다. 그리고 아우라지 13호 주거지의 경우 탄소14연대로는 BC.11세기에 해당한다. 이 연대는 대략 전기후반에 해당하는데, 연대시료의 검증과 북한강유역에서도 남강처럼 늦은 시점까지 조기문화가 존속할지에 대한 검토, 그리고 주거지당 탄소연대치의 집적의 중요성도 인식되어야 한다.

표 3 _ 영서지역의 초기 주거지의 유물 공반상

주거지 번호		주거지 형식		무문토기 문양		석촉	석도
		평면	노지	돌대문	비돌대문		
철정리	A11	정방형	토광위석	절상	마성자식이중구연		
	A12	장방형	토광위석	일주, 절상		요상	
	C5	정방형	토광위석	일주, 절상, 류상		요상, 편평	
	C1	정방형	토광위석	일주, 절상, 류상	미사리식, 외경구연구순각목	편평, 유경식	양인 단인
	C2	장방형	토광		공렬		
아우라지	12	장방형	석상위석	일주, 절상	(구순각목)	요상, 편평, 이단경	양인
	1	장방형	토광위석	일주, 절상	미사리식	편평, 이단경	양인
	13	장방형	석상위석	일주, 절상	구순각목, (역삼동식)	편평	양인
	8	장방형	석상위석	일주, 절상, 류상	미사리식, 구순각목, 돌류 상촌리식	요상, 편평, 이단경	양인, 단인
	2	장방형	토광위석	류상	상촌리식, 가락동식, 돌류		단인
	7	장방형	토광위석	(일주)(편보유형)	구순각목 공렬 돌류	편평	단인
	10	장방형	토광위석	(일주, 절상)	흔암리식	편평	단인
	15	장방형	토광위석		구순각목 돌류	이단경	
외삼포리	5	정방형	토광위석	일주, 절상	외경구연 미사리식	요상, 편평	양인
	3	정방형	토광위석	일주, 절상	(돌류)	요상, 유경식	단인
	1	장방형	토광		돌류		
	2	세장방형	토광위석	(일주)	공렬	편평, 유경식	

지의 형태와 상관성을 가지기 때문에 그 방향성에 따라 결정할 수 있고, 또한 時價(안재호 2006)의 합산을 통한 유사도분석[5]으로서도 편년할 수 있다.

끝으로 김장석(2008, 107~111쪽)은 문화전파의 요인으로 기후환경의 악화로 농경민이 남쪽으로 이주

---

5) 李熙濬(1983, 26~27쪽)에 의해 소개된 행열기법처럼 기준유물(유구)의 近遠에 따라 수치로 값을 정하고 공반유물 값의 총량을 통해 시간성을 정하는 것이다. 이 연구법의 변형으로서 「유사도비교」라고 부를 수 있는 방법으로서, 〈표 1〉의 조기의 특징을 값 1로서 잡고, 형식학적 변천에 따라 값(1~3)을 정한다. 주거지 평면형이 정방형(1)-장방형(2)-세장방형(3), 노지 석상위석식(1)-토광위석식(2)-토광식(3), 돌대문토기는 일주 혹은 절상을 (1), 류상을 (2)로 하며, 비돌대문의 경우는 돌대문의 퇴화형인 구순각목문을 (2), 역삼동식 또는 가락동식을 (3)으로 하고 나머지 각종 이중구연을 (1)로 한다. 석촉은 요상(1)-편평과 유경식(2), 석도는 양인(1)-단인(2)으로 값을 정한다. 〈표 4〉에서 각각의 기종 속에서 늦은 형식을 택하며, "총값/기종의 수"의 대소로서 시간성을 정한다. 그 결과 철정리 1단계(1.25~1.50), 2단계(1.75~1.83), 3단계(2.67)이고, 아우라지 1단계(1.4~1.5), 2단계(2.0), 3단계(2.2~2.25)이며, 외삼포리 1단계(1.33~1.6), 2단계(2.50~2.67)이다. 이를 통하여 각유적 각단계간의 병행관계도 짐작할 수 있다.

하였다는 김재윤(2004)의 주장에 대해 의문을 가지고 있으면서도 수용하고 있다. 이주에 대해서 집단 규모는 가구단위 정도였을 것이며, 동시기에 존재하였던 돌대문토기 가락동식토기 역삼동식토기 흔암리식토기가 남쪽으로 전파되면서 어떻게 남한내에서 각문양별로 지역화하는가에 대해서 의문을 가지고 있다. 그러면서 돌대문토기와 가락동식토기는 약간의 시차를 두고 북으로부터 이주민의 전파된 것이고, 그 외의 역삼동식토기는 경기일대에서, 이중구연거치문토기는 남한내부의 유문토기문화와의 관계에서 출현한 것으로 추정하였다.

필자도 이주집단의 규모에 대해서는 〈표 3〉의 단계 설정대로 한 世代 기간 내에 2~3동의 가옥으로 구성된 친족단위였다고 판단한다. 그리고 이주의 원인은 필자도 기온저하 때문이라 생각하는데, 이에 대해서는 이미 김재윤(2004)의 출토수종의 분석도 있고, 宮本一夫(2011)의 중국의 퇴적물분석을 통한 결과도 한반도 청동기시대의 계기는 기후환경의 변화라고 하고 있다. 필자(2010)는 탄소14연대를 참조하여 이 당시의 기온이 점차 하강하는 것으로 파악하고 이 때문에 농경에 의존하던 중국 요동지역의 주민이 이주하였으며, 식료획득의 적지를 찾아 나선 「生計型 移住」라고 판단하였다. 그런데, 기후환경이 나빠졌다고 정착지를 버리고 새로운 거주지를 찾아나서는 것도 쉽게 이해되지는 않는 현상이다. 더구나 중국 요동의 청동기시대 초기에는 한반도의 전기후반이나 송국리문화단계에 못지 않은 발달된 사회체제를 갖추고 있었을 것이므로, 생산과 소비를 장악하였던 사회를 떠난다는 것은 또한 쉬운 일이 아니다. 그러므로, 한반도로의 이주 집단은 이러한 사회체제에 속하지 않은 주변지역에 거주하던 소수의 집단들이었을 것이다. 그들은 청동기시대에 살았지만 청동기의 사용이 필요치 않았고 의례와 관련된 각종 도구와 용기와도 거리가 먼 생활을 영위한 집단이었을 것이다. 지연적으로나 혈연적으로도 사회적 신분상으로도 자유로운 주변 하층의 집단일 가능성이 높은 것이 아닐까 추정된다. 그들에게는 그 시대 그들 문화의 총체로서 유물갖춤새 전부를 소유하지도 않았을 것이다. 극히 생계에 필요한 최소한의 물건만을 선택하고 있었을 것이다. 이런 상황에서 남으로의 이주를 상정하고, 그 교류의 실상과 한계를 논할 필요가 있겠다.

생계의 형태는 요동반도나 요동산지나 길림·연해주는 모두 다른 형태를 유지하였을 것이다. 식료의 획득에서부터 조리 가공 저장을 통한 일련의 「食文化」는 선사시대에는 전환할 수 없는 숙명적인 것으로서, 생계기술체계의 사회적 전수나 시장의 발달 등이 갖추어진 직업 전문화사회가 되어야 부분적인 전환이 가능하였을 것이다. 그리므로 기후의 악화는 생계유지를 위해서 이주를 선택하게 되었을 것이다. 새로운 정착지에서의 이주민의 지리적 조건과 생태계환경 그리고 토착민과외 교류와 융합 등의 여러 조건 탓으로 그들 본향의 고유한 문화에도 변화를 가져 오게 되며 그것이 식문화의 중심에 놓여있었던 토기에노 영향을 미치게 되어 변천하게 된 것이다. 따라서 필자는 생계유형이 토기의 기종과 세부적인 형태를 결정하게 되고, 토기문화의 차이는 바로 이 식문화의 차이로 인식되어야 한다는 것이다.

이런 관점에서 한반도 조기의 문화상에서 집단 이주와 재지의 신석기문화와의 동화 혹은 교체과정을 살펴야 한다. 특히 가락동식·역삼동식·흔암리식유형이라는 구분은 토기와 주거지에서만 차이를 나타낼 뿐이고, 토기의 경우도 문양 중심의 설정인데, 이러한 유형론으로써는 현안과제를 해결할 수 없다는 점을 인식해야 한다.

3. 조기의 재설정

지금까지 조기설정에 대한 찬반양론에 대해서 찬성의 입장에서 기술하였다. 어떻게 보면 최초의 조기 설정에 대한 인식부족에서 조기의 개념이 잘못 확장되어서, 조기부정론이 야기된 정황도 찾을 수 있었다.

한반도에서 남한지역을 아우르는 조기의 지표가 될 유구와 유물은 다음과 같다.

　① 주거지 : 평면형태는 정방형이며, 석상위석식노지와 2열초석(혹은 무시설식[6])의 기둥자리.
　② 토기 : 돌대문토기를 지표로 하는데 일주식이나 절상(계관형) 돌대문.
　③ 석기 : 석촉은 단신의 무경식으로서 횡단면이 편평요상인 형식, 반월형석도는 인부가 양인.

부언하자면, 류상돌대문 혹은 구순각목문은 돌대문토기의 퇴화된 마지막 형태로서 조기의 표지가 될 수 없다. 미사리식이중구연토기가 공반하며, 여기에 추가로 늦은 단계에는 공렬·돌류문 토기도 포함될 수 있다. 재지계의 유문토기와의 공반은 필요조건은 아니다. 적색마연토기가 공반되지 않는다(2000년의 필자 의견을 수정한 것).

조기의 시기는 위 ①~③의 3요소가 반드시 충족되어야만 한다. 이에 따른다면 〈표 3〉의 제유적의 주거 지는 결과적으로는 이형원과 김장석의 주장처럼 모두 전기에 속하게 된다. 이중에서 주거지가 장방형으 로 변한다든지 또는 노지가 토광위석식이나 토광식으로 교체된다든가, 유물 중에 돌대문이나 미사리식이 중구연보다 역삼동계나 흔암리계 가락동계가 많아진다든가 장신의 무경식편평석촉이나 단인의 반월형 석도 등의 요소가 첨가된다면 그만큼 조기에서 더욱 시간적으로 멀어져 전기의 어느 시점으로 떨어진다. 다시 말해서 변화된 제요소가 전기의 지표가 되는 것이므로, 본고 주 5)에서 기술하였듯이 위 3개의 요소 를 기준으로 한 유사도의 근원에 따라 시기를 결정할 수 있을 것이다.

1) 한반도 두 계통의 농경문화

한반도에서의 청동기시대의 시작을 농경문화의 유입으로 본다면, 고고학적인 증거로서는 농경도구나 곡물 등의 자료도 있겠으나, 가장 중요한 것은 토기의 전환이다. 특히 토기 기형의 변화가 생계와 관련된 식문화의 변화에 기인한 것이다. 이런 관점으로 초기 농경문화의 창구였던 북한지역의 압록강유역과 두 만강유역에서 신석기시대와 청동기시대의 과도기에 있었던 유적들을 살펴보면, 압록강유역은 「호형토 기〉옹형토기」가 중심인 반면에 두만강유역은 「심발형토기〉옹형토기」 중심의 구성차이를 보인다(안재호 2010).

이 기종구성은 신석기시대의 기종구성에 비교한다면, 두만강유역보다는 압록강유역의 제유적이 훨

---

6)　무시설식은 주공 없이 기둥을 설치한 경우인데, 엄격히 말하면 초석식인 것이 발굴시에 제거되었거나, 주거 지 폐기 시에 초석을 제거하였을 가능성이 높은 것이다. 노지나 기둥 설치는 조기가 가장 높은 노동력을 요 구하며, 분류상으로는 가장 발달한 형태이다. 이것은 이주민 本鄕의 문화를 그대로 답습한 것으로서, 이 이후 의 기술적 구조적인 측면은 오히려 단순화의 과정(실용적인 방향)으로 진화한다.

씬 큰 변화를 보이며, 이것은 두 지역권이 동일한 농경문화에서 형성된 것이 아니라는 점을 시사한다. 일찍이 한영희(1996, 16~108쪽)는 한국민족의 기원을 찾기 위하여 고고학 이외의 다양한 주변과학의 결과를 제시하였는데, 그중에서 佐々木高明(1986, 86~105쪽)의 농경문화전파루트에서 도작의 길(조현종 2010, 200쪽) 이외에도 북방계농경에 대해서 주목하였다. 이 북방계농경은 일본에 죠몬 후·만기에 유입된 것으로서, 두만강유역으로의 루트를 통한 잡곡농경(佐々木高明 1991, 226~229쪽)이었다. 藤尾慎一郎(2002, 107~108쪽)도 일본열도로 유입한 고인류의 진로를 국립과학박물관(1988)의 자료를 이용하여 제시하였는데, 앞서 佐々木高明의 견해와 동일하다. 즉 일본 죠몬시대 후·만기 혹은 말에 일본열도에 유입한 농경문화로서 압록강루트와 두만강루트를 각각 상정하고 있다는 점이다. 이 시점은 대략 한반도 청동기시대 조기(藤尾慎一郎 2004, 10쪽)에 해당하므로, 한반도에서 본격적인 농경문화가 유입되기 시작한 청동기시대의 상황을 설명한 것이라 생각한다.

이런 까닭에 압록강유역의 신암리·공귀리·심촌리유적과 두만강유역의 호곡·오동·서포항유적 등에서 두 지역간에 기종구성의 차이를 보이게 된 것이라 생각한다. 호형토기가 우세한 압록강유역은 농경에서 도작이 혼입되어 있어, 남방적인 요소가 첨가된 것이 두만강유역과는 다른 농경문화였다. 이 두 농경문화를 각각 북방계농경문화와 요동계농경문화로 구분하여, 북방계농경문화는 낙엽광엽수림문화에서 성립하였는데 수렵채집생활을 겸하고 화전농경을 했으며, 잡곡과 북방계야채를 재배하였다고 한다(佐木高明 1991).

두 지역에서 무문토기의 차이 즉, 돌대문·이중구연의 호와 옹 그리고 교상파수(압록강유역)에 대하여 공렬·돌류·구순각목문의 심발과 옹 그리고 적색마연토기(두만강유역)라는 차이를 보여 왔던 것은 바로 이 농경문화의 갈래가 다른 이유였던 것이라 하겠다.

2) 한반도 조·전기의 광역편년

앞서 조기론에 대한 논지전개는 요동계농경문화에 기원한 압록강유역 중심의 관점이었다. 조기론의 해결을 위해서는 두 농경문화에서 성립한 서북계와 동북계의 무문토기의 병행관계를 설정하는 것이다. 지면상으로 자세한 설명을 생략하지만 〈표 4〉와 같이 제시해둔다.

먼저 농경문화와 수렵채집문화의 문화접변은 두 문화집단의 교류를 통하여 일어난다. 이때에 과도기적인 문화양상을 살필 수 있는데, 이 문화접변은 북으로부터 외래계문화가 도착하는 시점마다 나타나므로 각지역마다 시간이 다르게 되며, 결국 과도기적 양상을 조기로 설정할 수 없게 된다. 〈표 4〉는 그러한 과도기적 양상의 변화를 보여주는 것이다. 다만 유의해야할 것은 문화접변으로 인하여 형성된 조기의 문화가 전엽에서 후엽으로 변천하는 것은 초기 이주민에 의해 농경공동체 혹은 지역공동체라는 사회 속에서의 농경문화를 수용한 현상으로 이해하고자 한다. 이에 반하여 조기문화의 집단이 계속하여 이동하는 소규모 집단이라면 그들의 문화는 최초 문화접변 당시의 문화상을 그대로 유지한 채로 동일한 문화상을 각 지역마다 남기게 된다는 점이다. 즉 문화변천의 원동력은 집단이 사회화를 통하여 구성원 상호의 이해관계를 절충 타협한 결과일 것이다. 그러면서 공동의 정보나 가치관을 수용 정립하게 되며 이에 따라 물질자료로서 형상화한 것이 고고자료이다.

표 4 _ 토기의 빈도적 공반을 통한 서북·동북지역의 청동기시대 시기구분

시기 / 토기		신석기시대	조기			전기
			전엽	중엽	후엽	전반
서북계	돌대문토기					
	요동계이중구연토기					
	즐문토기					
동북계	돌류·공렬문					
	유사돌대문토기					
	적색마연토기					
유적·단계 (배진성 2007의 단계설정에 따름)	서북지역		신암리 I	신암리 II 1 심귀리 I 세죽리 II 1	신암리 II 2 공귀리 I 구룡강 I	구룡강 II 1
					공귀리 II	
	동북지역			서포항IV 2 호곡 I 1 오동선 I	서포항 V 호곡 I 2 오동 I	서포항VI 오동 II

서북과 동북지역의 제유적은 유적마다의 상대편년이 밝혀져 있는데, 이미 새로운 농경문화를 수용하여 사회화를 이룬 단계에 해당한다. 그것은 유적마다 주거지가 중첩되어있으며, 밀집도가 높고, 많은 유물을 출토하고 있다는 점 등이다. 이에 반하여, 남한에서의 조기문화는 북에서 이미 제1차로 농경민화한 집단이 제2차로 남하하여 형성된 것이다. 이 집단들이 친족집단으로 추정될 만큼 소규모인 것은 북한지역에서 사회화에 합류하지 못한 주변집단이었고 생계형이주라는 것을 시사한다. 그러므로 시간적으로는 늦으나 여전히 북한지역에서의 초기단계의 토기양상을 강하게 남기고 있다는 점이다. 미사리유적 돌대문토기의 경우 대체로 조기 후엽으로 편년할 수 있다.

〈표 4〉에서 첨언할 것은 신암리 I 기[7]의 기종구성이 壺 중심이라는 점에서 청동기시대로 편입되어야 한다. 신암리 I 기의 문양에는 뇌문이 있는데, 이것은 동북지방의 신석기요소이다. 이에 반하여 동북지방의 서포항IV 2기에는 퇴화된 뇌문토기와 함께 원형첩부문과 돌대문이 돌류문과 공반되므로, 서북의 신암리 I 기와 서포항IV 2기는 교차편년과 같이 상호간의 교류가 보인다. 그런데 신암리 I 기의 뇌문은 서포항IV 1기의 문양과 같고 IV 2기의 뇌문은 변형을 이룬 것이라서 신암리 I 기를 서포항IV 1기와 동시기로 둘 수 있다. 그러므로 동북지방에서의 청동기시대 맹아단계는 서포항IV 2기이므로 서북지역보다는 1단계 늦게 농경화가 시작되었다고 판단된다.

---

7) 신암리 I 기 중에서 4지점1문화층(편보유형), 3지점1문화층(1지점1문화층의 문양요소를 포함하고 대부토기가 공반)은 옹, 발 중심의 기종으로 구성되고 무돌대토기단계이다. 이에 반하여 1지점1문화층에서는 호 중심의 기종구성이며, 대부토기가 공반되는 돌대문토기단계라고 하겠다. 이런 기종구성과 공반상의 특징으로 보면, 4지점1문화층→3지점1문화층→1지점1문화층의 순서로 상대편년된다.

4. 중기와 후기의 문제

송국리식토기가 출현하는 것은 전기문화의 늦은 시점이겠지만(이홍종 2005), 중서부지역 해안에서 시작하여 점차 내륙으로 또 남으로 재지의 전기문화와 만나 선송국리문화를 이루든가 송국리문화로 전환되어 나갔다고 생각한다(안재호 2014). 이런 상황은 조기문화의 침투와 마찬가지로 중서부지역에서 송국리문화의 맹아적 단초가 나타나는 시점부터를 중기로 봐야 한다. 이 시기 즉 중기의 영남지역은 아직도 전기문화가 지속한다. 중기의 전기문화가 어떻게 중기문화와 접변을 이루고 변화해 지역색을 가지게 되는가라는 것이 중요한 과제로도 남는다. 이 중기문화의 주체는 어디까지나 토기나 석기 주거지 등에서 보아 전기에서부터 점진적인 변화를 찾을 수 있으므로, 전기문화를 토대로 발생한 것이다. 다만 중국 산동반도의 영향을 받아 중기화가 시작된 것이라는 주장(深澤芳樹 · 李弘鍾 2004; 안재호 2014)이다.

후기문화는 점토대토기문화로서 세형동검과 철기가 공반하는 단계이고, 이후 삼각형점토대토기단계가 되면 일부 선진지역에서는 와질토기가 제작되기도 한다. 그런데 이 점토대토기문화는 궁극적으로 요동반도로부터 이주해온 새로운 집단(박순발 1993)이라는 점이다. 비록 조기단계에 이러한 이주가 있었지만 전기와 중기라는 긴 시간을 거치면서 한반도화로 정착한 문화였고, 그 문화와 사회상은 중국과는 다른 방향으로 발달해 왔던 것이다. 이런 상황에서 새로운 주민에 의해 기존의 중기문화와 사회는 계승없이 종식되고 점토대토기문화가 이식되었다면, 문화담당의 주체가 바뀐 것이므로 새로운 시대명을 부여해야 마땅한 것이라 생각한다.

비파형동검문화에서 세형동검문화가 배출되었다하여, 송국리식토기와 점토대토기도 합칠 수 있다는 주장도 일각에선 우세하지만, 그것보다도 더 중요한 것은 송국리취락이 점토대토기취락으로 계승 발전되지 못하였다는 점이고, 남부지역의 대규모의 구획묘군의 경우도 점토대토기단계에서 발전적인 계승이 보이지 않는 점을 주목해야 한다. 토기도 분명하게는 제작기술이나 개념적 차이가 많으므로 계승된 기술이 아니다. 세형동검은 동북지방의 지역색이 아니라 오히려 한반도의 고유한 특색을 가진 한국식동검이다. 이 동검은 이미 점토대토기집단이 한반도의 주인공이 되고 난 뒤 이제 그들의 정치적 체제를 유지 발전시키기 위한 위세품으로서 제작하게 된 것이다. 동검의 제작은 동검문화를 매개로 한 계층사회의 성립을 초래하였다는 것을 시사한다. 그리고 철기가 그 뒤에 사용되는 것은 계층사회를 유지하기 위한 생산성의 도모에서 필연적인 과정이다. 일본에서 야요이사회에서 고분사회로의 전환과정을 통하여 이러한 과정을 엿볼 수 있다.

후기문화의 성립 발전 과정(이형원 2011)이 점토대토기 세형동검 철기라는 3개의 문화가 동시에 한반도로 유입한 것이 아니라, 각각은 시간 차이를 두고 별도로 들어왔다는 것이 최근에 밝혀진 사실이다. 이에 따른다면, 필자는 점토대토기문화의 성립은 이주민의 정착을 뜻하고, 세형동검문화의 개화는 그들 「政治型 移住[8]」에 의한 사회의 기틀을 완성했으므로 신분이나 의례 혹은 특정개인묘의 위세품으로서 제작

---

8) 이 시점에 정치적 성향이 강한 이주민이 새롭게 유입되었을 가능성이 있다. 예를 들면 연 진개의 동진에 따른 정치적 대규모 이주를 들 수 있다. 이 이전의 이주민은 단순한 생계형 이주민이기 때문에 소규모의 산발

이 필요했다는 시대상을 시사하는 것이며, 그 뒤의 철기사용 혹은 제작은 그들의 사회와 체제를 신장 유지하기 위해 생산성 향상을 목적으로 도입된 수단이었을 것이다.

넓은 충적지 혹은 낮은 구릉에 거주하던 대규모의 송국리문화사회의 소멸은 수수께끼로 남은 사건이며, 점토대토기문화가 결코 송국리문화를 계승한 같은 계통의 문화로서 인식되어서는 안 되며, 새로운 시대의 도래라고 규정해야 한다. 그런 의미에서 필자는 송국리문화를 지금까지 후기로 규정하고, 점토대토기문화를 초기철기시대 혹은 삼한시대로 인식하였던 것이다.

Ⅳ. 새로운 시기구분의 제안

시기구분은 토기의 편년을 통하여 문화사적 구분으로서 설정하는 방안이 가장 보편적인 고고학적 방법이지만, 고고학의 목적에 비추어보면 사회상의 차이로써 구분하는 것이 최종적인 목표가 될 것이다.

청동기시대 사회상의 변천을 자연취락에서 도시로의 발달과정이라고 본다면, 가장 중요한 요소는 취락의 면적과 인구수가 얼마인가 라는 것이다. 대형취락의 등장은 현재의 자료에만 한정한다면 전기 후반이다. 입지는 천안 백석동유적이 구릉과 산지인데 반하여, 평택 소사동유적은 구릉지, 화천 용암동유적은 강변 충적지이다. 이 3유형의 취락은 입지는 달라도, 모두 역삼동식 혹은 흔암리식 토기집단이라는 공통점이 있다. 이에 반하여 미사리식 · 가락동식 토기집단은 소규모취락을 이루고 구릉지나 충적지에 입지한다(공민규 2014). 이 대형취락은 지역공동체의 거점취락과는 다르고, 아직은 가옥의 구성원은 확대가족으로서 혈연적 관계를 중시하는 사회이다. 취락 내에서 특정가옥이 입지의 우월성이나 구심적인 양상을 띠지 않으며 가옥들이 분산된 형태이다(안재호 1996).

農耕社會의 개념을 농경활동으로 획득한 생산물이나 농경문화를 매개로 형성된 사회로 규정한다면 친족이나 씨족간의 자급자족적인 경제활동을 넘어, 생산과 유통을 통한 광역의 경제권이 형성되는 사회단계로서 대규모취락이 등장하는 시점부터는 소규모 취락간의 교류도 일반화되었을 것이므로 농경사회의 형성기라고 할 수 있겠다. 이에 반하여 조기와 전기전반의 소규모 취락은 친족구성을 넘지 못하는 자연적 공동체(自然社會)인데, 그들 내부에서 생산과 소비가 이루어진 사회였을 것이다. 다만 그들이 외부와의 교류는 생산활동으로도 획득하지 못하는 소금과 같은 것은 어로집단이나 그 중계적 집단과의 물물교환으로써 충당하였겠지만, 이것은 어디까지나 농경문화를 공유한 교류가 아니고, 부정기적 일과성이므로 농경민과 수렵어로채집민과의 접촉으로 농경민집단의 변화나 발전에 영향을 미치지 못하였다고 한다면 이러한 교류만으로는 농경사회라고는 부르지 못한다. 필자는 자연적 공동체로 인식할 수 있는 청동기시대의 초기사회를 자연사회라고 볼 수 있겠다.

적인 이주이고 또한 청동기의 소유가 필요치 않은 가족 친족으로 구성된 자연적 공동체였다고 생각한다.

표 5 _ 靑銅器時代의 文化·社會相 變遷에 따른 南韓의 時期區分

旣存의 時期 區分	早期	前期			中期	
		前半	後半	末	前半	後半
新 時期 區分	조기	전기	중기	후기		만기
聚落 立地	平地型					
		丘陵型				
			山地型			
農耕 形態	田作					
		火田作				
				水稻作		
聚落 構造 (規模)	線狀(小規模)					
			面狀(大規模)			
				求心狀(大規模)		
聚落 內 大形家屋 數	複數					
				單獨		
聚落 內 區劃 施設		溝(住居)				(住居-墓)
				環濠		
						木柵
家族體	擴大家族體					
			世帶共同體			
				核家族體		
高床建物			大型·中型·小型			
						超大型
墓制			石棺墓 · 支石墓			
				區劃墓		
					石蓋土壙墓·甕棺墓	
武器形 遺物		石劍(住居址)	(墓)			
				琵琶形銅劍		
文化	過渡期	定着期	擴散期	群立期		
社會相	自然社會 (自然的 共同體)		農耕社會	首長社會		

화전작의 존재(박순발 1999, 91쪽)에 대해서도 논란이 많지만, 전기부터 조기의 충적지를 버리고 구릉 능선부로 취락의 입지가 바뀌는 의미는 산속 생활로 전환되었다는 것이고, 그렇다면 수렵채집생활을 하면서 농경도 겸하였다면, 원거리의 충적지 전작보다는 근거리의 화전작을 상정하는 것이 논리적이라 생각한다. 그리고 앞서 서술하였던 북방계농경문화에도 화전작이 존재하고, 이것은 동북지역계인 역삼동계 혹은 흔암리계토기 집단과 더욱 밀접히 관련된 생계형태일 것이다.

취락내부의 구획시설로서는 취락의 주위를 둘러싸는 경계로서의 환호와 의례 혹은 특정 기능의 環溝

(김권구 2012, 52쪽)와 또 단선적인 條溝로 나눌 수 있다. 대율리유적의 구는 환호가 아니며, 주거와 주거 사이의 구획시설로서의 환구이다. 현재까지 최고의 환호취락은 전기말로 편년되는 울산 천상리유적이고, 영남의 해안인접지역에서만 확인되는 특징이 보인다(安在晧·金賢敬 2015, 381~384쪽). 환호취락을 일본처럼 거점취락의 일부라고 할 수는 없지만, 거점취락이 등장하는 시점에 출현하는 것은 상관이 있겠다.

주거내의 가족체는 조·전기의 확대가족에서 중기 이후의 핵가족으로의 변모한다(金範哲 2011). 이와 연동하여 취락의 규모나 구조도 변화한다. 그 중에서 획기를 이루는 것이 전기말 혹은 후기에 등장하는 據點聚落이다. 전기말에 대형취락을 이루는 집단은 주로 역삼동식토기집단이지만, 가락동식토기집단에는 보이지 않고, 흔암리식토기가 혼입된 취락도 존재하지만 이것도 역삼동식토기집단이 가락동식토기문화를 수용한 형태이다. 춘천 천전리유적, 보령 관창리유적, 부여 송국리유적, 청도 진라리유적, 경주 어일리유적, 울산 검단리유적, 진주 대평리유적 등이 대표적인 전기말~후기의 거점취락이다. 대부분 취락의 인근에 묘지가 조영되어 있으며, 대형주거 1동을 구심점으로 한 취락구조를 보인다. 다만 경주 울산의 동남해안지역에서는 수렵채집문화의 습속이 잔존하여 별도의 묘역은 발달하지 않는다. 취락의 입지는 전기와 크게 다르지 않지만 조금 저지대로 이동하는 경향을 보인다. 이 시기부터 토기, 옥, 석검, 청동기 등의 생산과 농경활동을 기반으로 거점취락간의 교류가 시작된다(庄田愼矢 2005; 황창한 2013). 이 시기에는 전기의 토기문양으로 식별되던 집단의 정체성은 소멸되고, 여러 집단의 연합 또는 통합으로 地域共同體를 형성한 것이 시기적 경향이라 생각된다. 그 배경에는 首長의 등장으로 집단간의 경쟁과 공동체의 성장이 있었다고 추정된다.

支石墓와 묘역식지석묘(김승옥 2006b) 혹은 주구묘(김권중 2008)로 불리는 區劃墓의 축조라는 것도 최근에는 전기후반이라야 가능하다는 견해(平郡達哉 2013)도 있듯이, 지상에 묘의 흔적을 남겨 기념물로서의 조성 의미는 시조묘를 위시한 조상숭배로써 공동체의 결속이나 사회적 재생산 기능을 겸한 것이므로, 최소한 농경공동체 더 나아가 지역공동체의 출현과 관계된 것이다. 즉 전기의 자연신에서 후기의 조상신을 대상으로 거행되는 의례행위는 결국 지역 정체성을 찾게 되고, 그 결과로서 적색마연토기와 석검 등에서도 지역색을 띠게 된 것이다. 또한 수장마을이라고 할 수 있는 거점취락에서는 생산과 소비의 유통망을 조정 관할함으로써 경제적 혹은 종교적 중심지역으로서 초대형의 고상건물도 축조된다.

무문토기에서는 시기에 따라 기종구성의 특이점이 간취된다. 조기 혹은 초기의 이주민의 가옥에서는 이주민의 생계패턴에 최적화된 옹형토기와 호형토기의 비율이 높은데, 그 뒤 전기에는 가락동식토기집단이나 역삼동식토기집단 혹은 흔암리식토기집단에서도 아가리가 넓은 심발 중심에 소수의 대형호로 토기구성이 이루어진다. 즉 煮沸器의 기종이 초기의 옹에서 심발로 교체된다는 점이다. 심발은 오히려 신석기시대로의 식문화의 회귀로 인정할 만큼 채집생활의 비중이 높아진 것은 아닌지 고려된다. 이것은 토기만이 아니라 취락의 입지도 초기의 돌대문토기가옥이 충적지인 것이 가락동식 흔암리식토기단계에는 구릉이나 산지로 옮아가는 현상과도 일치한다. 이러한 퇴행은 중기의 송국리식토기단계가 되면서 다시 옹형의 심발이나 외반구연토기 즉 송국리식토기의 호류가 급증하게 되어 또 한 번의 급전환이 나타난다. 그러면서 취락도 다시 산에서 내려와 충적지나 충적지 인근의 구릉지에 입지하게 되는 것이다. 이런 의미에서 송국리문화를 진정한 의미의 농경사회로 인식할 수 있다.

이에 반하여 송국리식토기를 여전히 사용하지 않은 동남해안권이나 경기-강원권은 여전히 전기의 식문화 전통이 그대로 이어진다고 봐야하겠다. 이런 측면에서 남한에서 후기의 선진적 지역을 송국리식토기의 출토량을 통하여 짐작할 수도 있겠다.

이상의 기존 연구성과를 종합한다면, 〈표 5〉와 같이 각 단계마다의 사회상을 정리할 수 있다. 이전에 분묘가 축조되기 시작하는 전기후반을 「중기」로 설정하자는 배진성(2011)의 제안도 있었듯이, 필자는 기존의 3시기안을 해체하여 조기-전기-중기-후기-만기라는 5시기로 재설정하고자 한다. 만기는 C14연대를 참조하여 점토대토기집단이 송국리문화를 대체하지 못하고 병존하였던 시기까지만 포함시킨다. 대체로 세형동검문화가 성립하기 전단계가 해당될 것이다.

〈표 6〉에서 기존과 달리 보완할 것은 석검의 문제이다. 〈표 3〉의 외삼포리 5호 주거지에서 이단병식석검이 출토되었다. 이 주거지는 늦어도 기존의 전기 전반 즉 새로운 시기구분에서 전기에 해당한다. 〈표 6〉처럼 필자는 석검의 편년과 변천을 살피고자 하는데, 전기에 해당하는 석검은 현재 모두 소형이면서 주거지에서 출토되는 양상을 보인다(안재호 2014). 그러다가 중기 묘의 부장품으로서 나타나면서 대형화하고 그 제작수가 많아진다고 설명할 수 있다. 이단병식석검의 연대문제가 불거진 바 있으나, 필자는 이단병식에서 동남해안권에 주로 분포하는 장식석검을 분리하여 이 형식이 중국의 검파두식청동검의 영향을 받았다는 견해(中村大介 2008, 49~50쪽)에 동의하지만, 그 조형은 요동지역일 것이고, 이단병식석검과 동일한 단계에 두고 싶다. 석검은 전기에 한반도의 청동기시대 문화가 정착되면서, 제작한 한반도 고유의 무기형석기로 인식하고자 한다.

표 6 _ 磨製石劍의 展開 過程

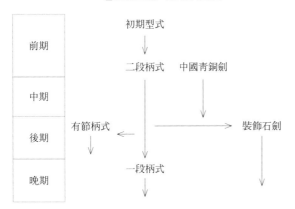

참고문헌

姜秉學 · 蔡娥覽 외, 2008,『平澤 素沙洞 遺蹟』, 高麗文化財硏究院.

姜仁求 · 李健茂 외, 1979,『松菊里Ⅰ』, 國立中央博物館.

高旻廷, 2003,『南江流域 無文土器文化의 變遷』, 慶北大學校 大學院 碩士學位論文.

공민규, 2014,『청동기시대 전기 호서지역 취락 연구Ⅱ』, 서경문화사.

國立科學博物館, 1988,『日本人はどこから來たか』.

宮本一夫, 1985,「中國東北地方における先史土器の編年と地域性」『史林』68卷2号, 京都大學.

宮本一夫, 2011,「일본열도의 문명 기원과 교류」『동북아시아의 문명기원과 교류』, 단국대학교 동양학연구소 엮음, 학연문화사.

김권구, 2012,「청동기시대 -초기철기시대 고지성 환구에 관한 고찰」『韓國上古史學報』第76號, 韓國上古史學會.

金權中, 2008,「靑銅器時代 周溝墓의 發生과 變遷」『韓國靑銅器學報』第三號, 韓國靑銅器學會.

김권중 · 김민지 외, 2010,『洪川 哲亭里Ⅱ遺蹟』, 江原文化財硏究所.

김권중 · 남귀희 외, 2008,『洪川 外三浦里 遺蹟』, 江原文化財硏究所.

金範哲, 2011,「靑銅器時代 前期 住居樣相과 家口發達週期」『韓國上古史學報』第72號, 韓國上古史學會.

金承玉, 2006a,「청동기시대 주거지의 편년과 사회변천」『한국고고학보』60, 한국고고학회.

金承玉, 2006b,「墓域式(龍潭式) 支石墓의 展開過程과 性格」『韓國上古史學報』第53號, 韓國上古史學會.

金壯錫, 2001,「欣岩里 類型 再考 : 起源과 年代」『嶺南考古學』28, 嶺南考古學會.

김장석, 2008,「무문토기시대 조기설정론 재고」『한국고고학보』69, 한국고고학회.

김재윤, 2004,「韓半島 刻目突帶文土器의 編年과 系譜」『韓國上古史學報』第46號, 韓國上古史學會.

羅建柱, 2013,『靑銅器時代 初期 聚落의 成長과 松菊里類型 形成過程에 대한 硏究』, 忠南大學校 大學院 博士學位論文.

大貫靜夫, 2007,『遼寧を中心とする東北アジア古代史の再構成』, 東京大學大學院人文社會系硏究科.

藤口健二, 1986,「朝鮮無文土器と弥生土器」『弥生文化の研究3』弥生土器Ⅰ, 雄山閣.

藤尾愼一郎, 2002,『繩文論爭』講談社.

藤尾愼一郎, 2004,「韓國 · 九州 · 四國の實年代」『弥生時代の實年代』, 學生社.

武末純一, 2004,「弥生時代前半期の曆年代」『福岡大學考古學論集 -小田富士雄先生退職記念-』, 小田富士雄先生退職記念事業會.

渼沙里先史遺蹟發掘調査團, 1994,『渼沙里』1~5.

朴淳發, 1993,「우리나라 初期鐵器文化의 展開過程에 대한 약간의 考察」『考古美術史論』3, 忠北大學校 考古美術史學科.

朴淳發, 1999,「欣岩里類型 形成過程 再檢討」『湖西考古學』1, 湖西考古學會.

朴淳發, 2003,「渼沙里類型 形成考」『湖西考古學』第9輯, 湖西考古學會.

배진성, 2010,「무문토기의 계통과 전개」『考古學誌』第16輯, 국립중앙박물관.

裵眞晟, 2011,「墳墓 築造 社會의 開始」『한국고고학보』80, 한국고고학회.

寺澤薰, 2000,『王權誕生』, 講談社.

小林謙一, 2009,「近畿地方以東の地域への擴散」『弥生農耕のはじまりとその年代』, 雄山閣.

宋滿榮, 1995, 『中期 無文土器時代 文化의 編年과 性格 -西南韓地方을 中心으로-』, 崇實大學校 大學院 碩士學位
論文.

宋滿榮, 2001, 「南韓地方 農耕文化形成期 聚落의 構造와 變化」 『한국 농경문화의 형성』, 제25회 한국고고학전국
대회, 韓國考古學會.

宋滿榮, 2013, 「欣岩里式 土器 發生의 再檢討」 『韓國上古史學報』 第79號, 한국상고사학회.

深澤芳樹·李弘鍾, 2004, 「松菊里式土器におけるタタキ技法の檢討」 『2002年度 共同研究成果報告書』, 大阪府文
化財センター.

安在晧, 1992, 「松菊里類型의 檢討」 『嶺南考古學』 11, 嶺南考古學會.

安在晧, 1996, 「無文土器時代 聚落의 變遷」 『碩晤尹容鎭教授 停年退任紀念論叢』, 碩晤尹容鎭教授 停年退任紀念
論叢刊行委員會.

安在晧, 2000, 「韓國 農耕社會의 成立」 『韓國考古學報』 43, 韓國考古學會.

安在晧, 2006, 「弥生 前期 中型壺의 編年」 『石軒 鄭澄元教授 停年退任記念論叢』, 용디자인.

安在晧, 2010, 「韓半島 靑銅器時代의 時期區分」 『考古學誌』 第16輯, 國立中央博物館.

安在晧, 2014, 「靑銅器時代 遺物과 社會의 變遷」 『청동기시대 한·일 농경문화의 교류』, 한국청동기학회.

安在晧·金賢敬, 2015, 「靑銅器時代 狩獵採集文化의 動向」 『牛行 李相吉教授 追慕論文集』, 진인진.

윤호필·고민정 외, 2011, 『진주 평거 3-1지구 遺蹟』, 慶南發展研究院 歷史文化센터.

李健茂, 1992, 「松菊里型 住居分類試論」 『擇窩許善道先生停年紀念 韓國史學論叢』, 一潮閣.

李白圭, 1974, 「京畿道出土 無文土器 磨製石器」 『考古學』 3, 韓國考古學會.

李相吉, 1999, 「晋州 大坪 漁隱1地區 發掘調査 槪要」 『南江선사문화세미나요지』, 동아대학교박물관.

이창희, 2013, 「청동기시대 조기의 역연대」 『주거의 고고학』 제37회 한국고고학전국대회, 한국고고학회.

李淸圭, 1988, 「南韓地方 無文土器文化의 展開와 孔列土器文化의 位置」 『韓國上古史學報』 第1號, 韓國上古史學會.

李亨源, 2002, 『韓國 靑銅器時代 前期 中部地域 無文土器 編年 研究』, 忠南大學校 大學院 碩士學位論文.

李亨源, 2007, 「南韓地域 靑銅器時代 前期의 上限과 下限」 『韓國靑銅器學報』 No.1. 韓國靑銅器學會.

李亨源, 2011, 「中部地域 粘土帶土器文化의 時間性과 空間性」 『湖西考古學』 24, 호서고고학회.

李弘鍾, 1988, 「日本 初期水田農耕期의 덧띠새김무늬토기」 『史叢』 33輯, 高麗大學校 歷史研究所.

李弘鍾, 1993, 「松菊里式 土器文化의 登場과 展開」 『先史와 古代』 4, 韓國古代學會.

李弘鍾, 2005, 「松菊里文化의 文化接觸과 文化變動」 『韓國上古史學報』 48, 韓國上古史學會.

李熙濬, 1983, 「形式學的 方法의 問題點과 順序配列法의 檢討」 『韓國考古學報』 14·15, 韓國考古學會.

林炳泰, 1969, 「漢江流域 無紋土器의 年代」 『李弘稙博士回甲紀念 韓國史學論叢』

林炳泰, 1986, 「韓國 無紋土器의 研究」 『韓國史學』 7, 韓國精神文化研究院

田中琢, 1981, 「型式學의 問題」 『日本考古學을 學ぶ』 (1), 有斐閣選書.

조성호·정원철 외, 2011, 『정선 아우라지 遺蹟』, 江原文化財研究所.

조현종, 2010, 「한반도 농경의 시작과 도작의 수용」 『한국고대의 수전농업과 수리시설』, 서경문화사.

佐々木高明, 1986, 「東Asia農耕文化의 類型과 展開」 『日本人の起源』, 小學館.

佐々木高明, 1991, 『日本史誕生』, 集英社.

庄田愼矢, 2005, 「玉 關聯遺物을 통해 본 晉州 大坪 聚落의 分業體制」 『嶺南考古學』 36, 嶺南考古學會.

中村大介, 2008, 「靑銅器時代와 初期鐵器時代의 編年과 年代」 『한국고고학보』 68, 한국고고학회.

池賢柄·金權中 외, 2007, 『龍岩里』, 江原文化財研究所.

千羨幸, 2005, 「한반도 돌대문토기의 형성과 전개」 『韓國考古學報』 57, 韓國考古學會.

千羨幸, 2007, 「無文土器時代 早期 設定과 時間的 範圍」 『韓國靑銅器學報』 No.1, 韓國靑銅器學會.

平郡達哉, 2013, 『무덤 자료로 본 청동기시대 사회』, 서경문화사.

한국청동기학회 편, 2013, 『한국 청동기시대 편년』, 서경문화사.

한영희, 1996, 「한민족의 기원」 『韓國 民族의 起源과 形成(上)』, 翰林科學院叢書 41, 小花.

황창한, 2013, 「대구지역 청동기시대 석기생산 시스템 연구」 『嶺南考古學報』 67, 嶺南考古學會.

後藤 直, 1973, 「南朝鮮의 「無文土器」」 『考古學研究』 19-3, 考古學研究會.

제2장
청동기시대의 시말 -그 전환의 획기

박순발 충남대학교

Ⅰ. 極東亞細亞 農獵區 설정

20여 년 전 필자는 「한강유역의 청동기 · 초기철기문화」를 집필하면서, 한반도의 청동기시대를 다음과 같이 규정한 바(朴淳發 1993a, 115쪽) 있다.

첫째, 土器相 : 신석기시대의 빗살문토기와 다른 무문토기의 출현
둘째, 石器相 : 石斧, 石鏃 등의 磨製石器의 보편적인 사용
셋째, 生業形態 : 반월형석도 등의 농경도구로 확인되는 農耕의 보편화
넷째, 支石墓, 石棺墓 능 새로운 묘세의 출현
다섯째, 銅劍, 銅斧 등 청동기의 제작 · 사용

이러한 한반도 청동기시대의 물질자료의 구성 내용은 지금도 대체로 통용될 수 있을 것으로 여기지만, 자료의 증가에 따라 구체적인 시기 설정에서의 차이와 더불어 물질문화 내용 그 자체에도 적지 않은 변화가 있었다. 본고에서는 한반도의 청동기시대의 시작과 끝을 구체적으로 다루어 보려 하지만, 그러한 문제에 접근하기 위해서는 반드시 전제되어야 할 것이 청동기시대의 개념 설정이기에 본론을 전개하기에 앞서 이 문제를 話頭로 하게 된다.

전술한 필자의 청동기시대 개념에서 중요한 주제어는 무문토기 · 농경 · 청동기라 할 수 있는데, 이는 현재 한반도 청동기시대 연구자들 모두 공감하는 바일 것이다. 그 가운데 시대구분의 명칭 그 자체가 되

는 청동기가 가장 중요할 것인데, 한반도 내에서는 현재까지 압록강 하구에 위치한 평북 龍泉郡 新岩里 유적의 제3지점 2문화층 출토 靑銅環頭刀子가 가장 이르다. 그러나 그와 밀접한 연관을 가지는 遼東半島 남단에서는 雙砣子1기 문화에 이미 청동기의 존재가 확인되며, 쌍타자2기에는 보편화된다(千葉基次 1996; 張翠敏 2012). 쌍타자2기의 曆年代는 기원전 1900~1400년(趙賓福 2009, 158쪽)이므로 늦춰보아 도 기원전 1300년(千葉基次 1996, 142쪽) 무렵이면 청동기시대에 진입하였다. 그런데 농경의 시작은 같 은 한반도라 하더라도 지역에 따라 편차가 있어 어느 곳을 기준으로 하느냐에 따라 그 시점은 달라질 수 밖에 없다. 한반도 중남부지역, 즉 지금의 南韓을 대상으로 하면 무문토기와 농경은 동일한 문화의 산물 로 이해될 수 있으나, 북한지역 및 한반도와 밀접한 연관을 가지는 요동반도를 포함한 중국 동북지역 전 체를 놓고 보면 그렇지 않다. 따라서 청동기시대의 핵심적인 문화내용에 대해 이견이 없다하더라도 그 시 작과 끝을 어디로 보아야 하느냐는 문제는 대상 범위 설정여하에 따라 달라질 수밖에 없는 문제이다.

이에 필자는 한반도 청동기시대 시말을 살피기 위해서 먼저 그 공간적 범위 설정을 시도하고자 한다. 사실 이와 같은 관점에서 한반도를 포함한 중국동북지방에 대해 '무문토기문화권'이라는 문화권을 설정 한 사례(강인욱 2011)가 있다. 그에 의하면, '무문토기문화권'은 "마을의 형성, 잡곡농경, 무문토기, 마제 석검을 주로 사용하며 청동기의 일부 사용 등을 공통으로 하는 기원전 2~1천년기의 시간적 폭에 만주, 연해주 남부, 그리고 한반도를 포함하는 공간적 폭"(강인욱 2011, 396쪽)으로 규정된다. 그러나 마을의 형성과 같은 요소는 連文化的인 보편성을 가지고 있을 뿐 아니라 무문토기에 대한 개념 규정 역시 포괄 적이어서 특정 문화권 설정의 기준으로 삼기는 적절치 않은 점이 있다. 그리고 滿洲는 중국 동북 3성은 물론이고 내몽고 일부 지역도 포괄하는 광범위한 지역명칭이므로 지금까지의 연구 내용으로 볼 때 그 전 부가 한반도와 연관된 지역으로 보기는 어렵다. 따라서 필자는 우선 한반도와 연결된 중국 동북지역에 대 한 최근까지의 고고학적 分區論에 대해 검토하고 그를 토대로 한반도를 포함하는 동질성이 높은 역사ㆍ 문화구역을 설정해 보고자 한다.

고고학문화 분구를 위한 필자의 기본적인 관점을 먼저 제시하는 것이 좋을 듯하다. 고고문화는 특정 시ㆍ공간 범위에 걸쳐 존속하였던 인간집단들이 자연적 혹은 사회적 환경에 적응하기 위해 영위하였던 文化行爲에 수반되었던 물질자료의 총합으로서, 동일한 고고문화가 성립될 수 있는 배경은 기후ㆍ지형 등 자연지리적인 요소들이 동질적인 공간범위가 된다는 것이다. 이러한 관점에서 한반도 및 중국 동북지 역의 자연지리적인 상황을 관찰해보면, 遼河 以東의 長白千山山地는 白頭山을 최고봉으로 하여 한반도 지역과 동일한 자연지리적 범주에 해당됨을 알 수 있다. 구체적인 범위는 小興安嶺 산지를 관통하고 東流 하는 黑龍江의 이남, 우수리강 以西, 요동반도 및 遼河 이동의 산지, 그리고 한반도 전체가 그에 해당된다. 신석기시대 이래 이 지역의 생업경제는 漁獵ㆍ狩獵ㆍ農業 등이 혼합 영위되었으므로 '農獵混合經濟區' 라 할 수 있다. 그런데 농업문화는 이 지역 이북이나 이동에서는 성공적으로 영위된 바 없으므로 이 지역 은 유라시아대륙의 가장 동쪽에 위치한 농업구라 할 수 있다. 이러한 의미에서 필자는 이 지역을 '極東亞 細亞 農獵區'라 부를 것을 제안한다. 이하 구체적으로 중국 동북지역에 대한 중국학계의 고고분구 문제를 중심으로 필자의 극동아시아 농렵구의 설정 가능성을 검토해 볼 것이며, 나아가 본 地區의 설정을 가능하 게 하는 고고자료상의 공통적인 특징을 탐색해 보고자 한다.

1. 중국 동북지역 考古分區 문제[1]

중국고고학에서 널리 통용되는 考古學文化의 개념은 西歐 전통고고학의 그것과 다르지 않다. 『中國大百科全書·考古卷』에 의하면, 고고학문화는 "고대 실물 遺存 가운데 관찰한 共同體"로 정의되며, 그의 설정은 灰坑·住居址·墓葬 등의 陶器 조합상에 의한다. 1950년대 이전 蘇秉琦는 先秦시대 경제·문화상의 구역성의 배경으로서 신석기시대 史前문화의 구역성에 주목하였으며, 그 결과 선진시기의 고고학문화를 6개의 區系로 설정한 바(蘇秉琦·殷瑋璋 1981) 있다. 이것이 곧 중국고고학의 區系類型學 이론의 출발이다. 그에 따르면, 현재 중국 영토 내의 선진시기 고고학문화는 6개로 구분된다. 陝·豫·晉 및 인접지구, 山東 및 주변지구, 湖北과 인접지구, 長江하류지구, 鄱陽湖·珠江三角洲를 중심으로 하는 南方지구, 長城地帶를 중심으로 하는 北方지구 등이다.

韓半島 先史 및 古代文化와 밀접한 관련이 있는 중국 동북지역은 "장성지대를 중심으로 하는 북방지구"에 해당되지만, 광범위한 지역을 포괄하고 있어 각지의 고고학자료 증가와 더불어 세분의 필요성은 점증하였다. 중국고고학에서 일반적으로 인식되는 東北地區의 공간 범위는 다음과 같다. 서쪽으로는 大興安嶺 및 그 너머 일부 蒙古高原과 접하고, 서남방으로는 燕山山脈 이남의 華北平原 북부와 경계를 이루며, 남과 서로는 山東半島·韓半島·日本列島와 연결되고, 동으로는 黑龍江·烏蘇里江유역에 이르는 지역이다.

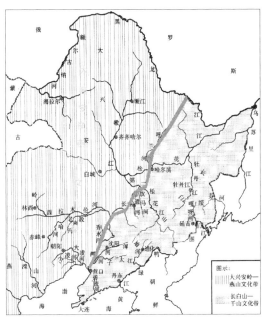

이처럼 광범위한 동북지구의 고고학문화에 대한 구체적인 구분 및 파악은 일찍이 佟柱臣(1961)에 의해 시작되었다. 그는 중국 동북지역을 ①遼西, ②遼東半島, ③吉長地區, ④松嫩平原, ⑤三江平原·牡丹江流域, ⑥圖們江流域 등 6개의 구역으로 나누었다. 이러한 구분은 기후·지형 등 자연환경상의 차이와 그에 따른 문화적인 차이를 근거로 이루어진 것이지만, 자연환경적인 차이는 비교적 객관적인 반면 문화적인 차이의 인식은 상대적으로 주관적인 측면이 강하고 또한 고고학자료의 증가와 더불어 변화의 여지가 적지 않다. 그러한 맥

그림 1 _ 기원전 2000년 이후 고고문화 분포 양상
(趙賓福 2009 수정)

---

1)   極東亞細亞 農獵區 설정 및 고고문화적 특징에 대해서는 2014년 12월 4~5일 충남대학교 인문대학과 중국 延邊大學 공동 주최한 제7회 2014 한·중 국제학술대회에서 「極東亞細亞 農獵區論」 題下에 필자가 발표한 내용을 토대로 한 것이다(朴淳發 2014).

락에서 宮本一夫(1985)의 구분은 佟柱臣에 비해 단위 내적으로 문화적 친연성이 제고되고 세분된 측면이 있는 것으로 보인다. 그는 전체 중국 동북지역을 遼西·黑龍江省·遼東으로 3분한 뒤, 흑룡강성을 다시 松嫩平原과 三江平原·牡丹江流域으로 나누었다. 그리고 요동은 遼東半島·沈陽地區·吉長地區·西北朝鮮 등 4개의 구역으로 분구하였다.

한편, 동북지구 고고학문화의 생계경제상의 특징을 漁獵이 중심이 되는 것으로 이해되기도 하나, 전체 동북지구를 대표하는 것으로 보기는 어렵다. 그리고 토기를 중심으로 하는 고고학문화상의 특징을 통형관이 중심이 되는 토기문화로 인식되기도 하는데(馮殷學 1991; 林沄 1998), 이는 동북지구의 동반부에 주로 해당되는 것이다. 그런 점에서 동북지구를 동서로 크게 양분하는 견해(大貫靜夫 1989; 張忠培 1997)는 의미가 있다. 張忠培는 전체 동북지구를 燕遼區·遼東區·吉長區·松嫩平原區·三江平原區·牡丹江綏芬河區·圖們江區·渾江鴨綠江區 등 8개의 구로 세분한 뒤 현재의 沈陽에서 哈爾濱에 이르는 鐵路를 경계로 그 以西와 以東으로 대별하였다.

생계경제와 역사문화적 연관성을 근거로 구분한 안 가운데 가장 최근의 예로는 郭大順(2003)의 안이 있다. 그는 우선 생계경제를 기준으로 전체 동북지구를 4개의 큰 구역으로 나누었는데, 그 내용은 다음과 같다.

東 및 東北 : 長白山·三江平原·黑龍江流域을 중심으로 하는 漁獵經濟圈

西 및 西北 : 비교적 일찍 牧畜業이 발달한 권역

南 : 燕遼文化區로서 가장 먼저 그 이남의 農業區와 접촉한 권역

中 : 東北大平原

이를 다시 상대적으로 독립적인 文化區系를 기준으로 11개의 考古文化區로 세분하였다. 燕南區, 遼西區, 下遼河流域, 遼東山區, 遼南半島區, 長吉地區(第二松花江流域), 松嫩平原區, 三江平原區, 鴨綠江右岸渾江流域, 綏芬河牡丹江流域, 圖們江流域 등이다. 현재의 중국 영역만을 대상으로 구분한 것이어서 한반도를 포함하지는 않았지만, 그가 제시한 고고문화구 가운데 한반도의 선사시대와 밀접한 연관이 있는 것으로는 요동산구·요남반도구·장길지구·압록강우안혼강유역·수분하모단강유역·도문강유역 등이다. 이들은 자연지리 상으로 보면 白頭山을 최고봉으로 하는 遼河 이동의 長白山地에 해당된다. 구체적으로 보면 黑龍江이 小興安嶺의 남단을 횡단하는 이남지역과 러시아 연해주의 우수리강 이남 및 이서에 해당된다. 이들 고고문화구들은 전술한 바와 같이 大貫靜夫와 張忠培 등이 이미 지적한 바와 같이 전체 중국 동북지구의 東群에 해당된다. 뿐만 아니라 夏代~戰國時代에 이르는 기간의 중국 동북지구 토기문화를 중심으로 파악한 고고학문화의 系譜에 의하면(趙賓福 2009), 동군은 이른바 '長白山-千山文化帶'로서 그 서쪽의 '大興安嶺-燕山文化帶'와 구분되기도 한다.

한편 장백산지는 白頭大幹으로 한반도와 연결되고 있어 동북지구의 동군에 해당되는 6개의 고고문화구는 한반도 고고문화와 밀접한 연관을 가지고 있음을 잘 알 수 있다. 이러한 관점에서 한반도를 포함한 중국 동북지구 東群을 하나로 묶을 필요가 있다. 신석기시대 이래 한반도 서북지역, 동북지역, 중서부지역, 남부지역 등의 고고문화상의 일정한 지역성은 중국 동북지구 각 문화구와 연계해보면 훨씬 이해가 용이해지는 것은 그러한 자연지리적 및 역사·문화적 관련성 때문임은 두 말할 필요 없다.

2. 극동아시아 농렵구의 考古文化的 특징

1) 筒形罐 중심의 炊事器 전통

　신석기시대의 토기 문화는 극동아시아 농렵구 뿐만 아니라 그 서쪽의 紅山文化에서도 통형관 중심의 煮沸用器(炊事器)가 확인되지만, 그 이후의 夏家店下層文化·高臺山文化 등 요서산지 및 평원지구에 번성하였던 일련의 청동기시대 문화는 鬲이나 鬹와 같은 三足 취사기가 사용된다. 그러나 본 지구에서 가장 먼저 성립된 농경문화로 이해되는 偏堡文化는 앞 선 小珠山 下層 및 中層文化에 이어 여전히 통형관이 취사용기로 사용되고 있어 그 특징이 뚜렷하다. 편보문화는 최근 遼東半島 渤海灣 沿岸지역에서 최초로 출현한 것으로 이해되는데(金英熙·賈笑氷 2009; 王嗣洲 2012), 그 존속 시기는 기원전 3000~2500년으로 비정되고 있다(陳全家·陳國慶 1992; 朱永剛 1993; 郭大順·張星德 2005).

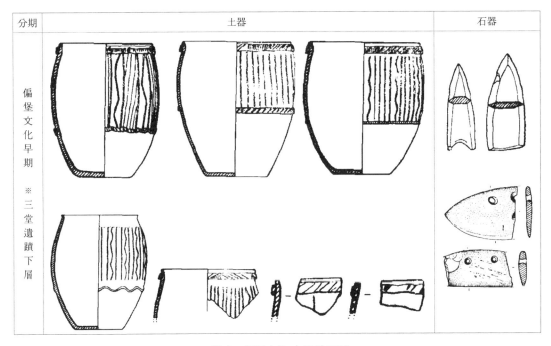

그림 2 _ 偏堡文化 土器와 石器

　피엔바오 문화의 형성 과정[2]에 대해서는 아직 일치된 견해가 없으나, 통형관 자체는 遼西地域의 興隆窪·趙寶溝·紅山文化, 遼東半島의 小珠山 下層文化, 沈陽의 新樂下層文化 등 재지의 오랜 전통을 토대

---

2)　偏堡文化의 형성에 대한 부분은 필자의 未刊考,「偏堡文化의 形成과 展開」에서 자세히 논의하였다. 이 논문은 별도의 지면을 통해 발표할 예정이다. 본고의 논지와 관련된 것만을 부분적으로 소개한다.

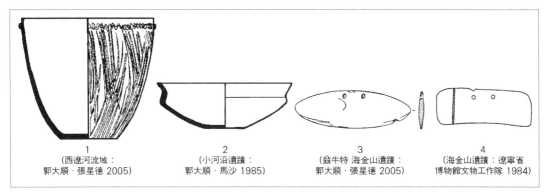

그림 3 _ 紅山文化 土器와 石器

1
(西遼河流域 :
郭大順·張星德 2005)

2
(小河沿遺蹟 :
郭大順·馬沙 1985)

3
(翁牛特 海金山遺蹟 :
郭大順·張星德 2005)

4
(海金山遺蹟 : 遼寧省
博物館文物工作隊 1984)

로 한 것임은 분명할 것이다. 한편, 細條堆紋 장식의 기원이 山東 北辛文化에 있는 점을 근거로 양자 사이의 관련성을 언급한 견해(朱永剛 1993)나 동체 중간에 부가퇴문이 있는 통형관이나 유경호 등의 기종이 山東의 北辛文化(7300~6400BP.)에 類例가 있는 점을 근거로 이들 사이의 영향관계를 상정하는 견해(張星德 2009) 등이 제시되었으나 양자 간 시간적 간격이 문제가 된다. 이러한 문제를 해결하기 위해 최근 피엔바오 문화를 3시기로 분기한 후 제1기를 기원전 3500~4000년 무렵으로 상향 조정하면서 베이신문화와 피엔바오 문화 사이의 시간 간격을 메우려는 노력이 진행되고 있다(張星德 2013).

그런데 山東과 遼東 사이의 상호 영향 관계는 사실 베이신문화나 大汶口문화와 직접관련된 것은 아니다. 산동반도의 沿海지역인 膠東半島 일대에는 전형적인 山東 龍山文化 이전에는 내륙지역과 일정한 차이가 있는 별도의 문화가 지속되고 있었다. 邱家庄類型과 그에 이은 北庄類型이 그것인데, 각각 베이신문화와 다원코우문화에 대체로 병행하는 것으로 이해(韓榕 1986)하거나, 白石村期, 邱家庄期, 北庄期 등 3시기로 구분(李步青·王錫平 1988)하기도 한다. 피엔바오문화 토기처럼 태토에 활석이나 운모가 혼입된 토기는 이들 3시기에 걸쳐 지속되며, 동체부 細條堆紋 장식이나 구연부 附加堆紋이나 疊脣 역시 그러하다. 이러한 점에서 피엔바오 문화 토기의 속성 가운데는 분명 쟈오둥반도와의 연관성을 상정할 수 있을 것이다.

그러나 시기적인 병행관계로 보면 7000BP. 무렵으로 비정되는 白石村期보다는 6000~5000BP.에 해당되는 邱家庄期 및 北庄期와의 관련성이 높다. 邱家庄期는 특히 遼東半島의 小珠山中層·郭家村下層과 매우 밀접한 관계를 유지하고 있었으나 北庄期에 들어와서는 쟈오둥반도의 신석기문화가 쇠퇴하면서 그보다 강도가 약해진다(李步青·王錫平 1988). 여기서 주의하여야 할 점은 쟈오둥반도의 이들 문화는 기본적으로 漁獵이 중심이 되고 농경의 비중이 그다지 높지 않다는 점이다. 후술하는 바와 같이 피엔바오 문화에서 관찰되는 磨製雙孔石刀 등의 계통이나 농경문화적 요소를 감안할 때 쟈오둥반도 신석기문화만을 피엔바오 문화의 기원지로 이해하는 것은 설득력이 떨어진다.

기본적으로 漁獵採集 경제에 바탕을 둔 興隆窪文化에서도 부분적으로 조(粟)·기장(黍) 등의 작물재배가 시작되었던 것으로 알려지고 있지만(趙志軍 2005), 중국 동북지역에서 가장 이른 시기의 본격적인 농경은 紅山文化에서 시작된다는 사실은 잘 알려진 바와 같다. 興隆窪·趙寶溝·紅山·富河로 이어지는

遼西지역 역대 고고학문화의 石器 組成의 변천을 보면, 홍산문화 이전의 싱룽와와 쟈오바오꼬우에서는 갈돌(石磨棒)과 갈판(石磨盤)만 있으나 홍산문화 시기에 들어와 半月形石刀로 통칭되는 磨製穿孔石刀가 등장한다. 그 시작은 홍산문화보다 약간 늦으나 그보다 일찍 종료된 푸허문화도 갈돌과 갈판만 존재한다 (陳淑卿 2003). 이러한 점으로 보면 磨製有孔石刀는 본격적인 농경의 시행을 말해주는 지표로 삼을 수 있다. 홍산문화의 전형적인 유공석도는 등과 날이 모두 弧形인 이른바 桂葉形 및 長方形인데(張盟 2007, 〈그림 3〉 참조), 이는 피엔바오 문화의 석도와 동일한 것이다. 반면, 山東지역의 베이신 문화에는 아직 마제 유공석도가 없으며, 그에 이어지는 따원코우 문화에서도 마제 유공석도의 존재는 분명하지 않다(兪爲潔 1998).

그렇다면 피엔바오 문화의 생업기반인 농경은 결코 산동지역의 신석기문화에서 유래한 것으로 보기는 어렵다. 사실, 피엔바오 문화 토기의 전형으로 이해되는 구연부 부가퇴문이 있는 筒形罐은 홍산문화 및 그 후속 문화에서도 찾을 수 있고, 肇工街 유적 출토 盤形器와 동일한 기종(〈그림 3-2〉 및 〈그림 6〉 참조) 도 홍산문화에서 확인된다. 이러한 점을 고려하면 피엔바오 문화가 산동지역의 신석기문화에서 기원하였을 것으로 보는 견해는 설득력이 떨어진다. 토기의 장식에 보이는 細條堆紋은 따원코우 문화와 병행하는 쟈오둥반도의 邱家庄期~北庄期에서 유래되었을 가능성이 높으나, 附加堆紋 통형관을 비롯한 炊事器와 농경 관련 문화요소는 홍산문화에서 비롯된 것으로 이해하고자 한다.

2) 石構墓의 전통

피엔바오 문화의 묘제는 아직 구체적으로 확인되지 않았지만, 그와 관련해 주목되는 것이 요동반도 大連市 일대에 분포하고 있는 積石墓의 출현 배경이다. 다롄일대에는 현재까지 155기의 적석묘가 발견되었는데, 그 기원에 대해 적지 않은 연구자들이 紅山文化 石墓 전통과의 관련성을 주목하고 있다. 구체적으로 홍산문화 만기에 일련의 주민이 발해만 연안으로 남하하면서 비로소 적석묘가 출현한 것으로 이해하기도 한다(霍東峰 2011).

아무튼, 랴오둥반도 적석묘는 이후 小珠山 上層文化 혹은 그보다 약간 늦은 단계의 雙砣子 1期 文化 및 雙砣子 3期 문화에서도 지속된다. 그 이후 雙房文化에 와서는 石棚과 石棺墓가 등장하며, 그와 동일한 묘제는 톈샨산지 중부의 馬城子文化에도 지속된다. 마청쯔문화의 영향을 받은 吉林 동남부 지역의 西團山文化 역시 그 묘제는 석관묘이다. 이처럼 피엔바오 문화의 성립과 관련하여 영향을 주었을 것으로 보이는 紅山의 농경문화적 요소와 더불어 그 묘제의 수용에 의해 출현하였을 것으로 보이는 석묘의 전통은 이후 장구한 기간에 걸쳐 극동아시아 농렵구 묘제의 전통으로 정착되었다. 랴오둥반도와 길림 남동부의 石構墓 전통에 대해 그 족속을 貊族과 族濊으로 각각 비정하는 견해(周璇 2012)도 있다. 석붕과 석관묘는 농경문화와 함께 이후 한반도 지역으로 파급되고, 지석묘와 같은 일부 묘제는 일본 열도의 북부 九州까지 확산된다. 또한 선사시대의 이러한 석묘 전통은 고구려의 적석묘로 이어지고 있음(李新全 2009)은 잘 아는 바와 같다.

3) 多鈕鏡 전통

유라시아지역에서 銅鏡의 등
장은 近東지역이 가장 이르지
만, 지금의 중국 영토 범위 내에
서는 新疆의 天山北路文化(혹
은 林雅遺存)가 가장 빨라서 기
원전 1900~1300년 사이의 청
동기시대에 등장한다(劉學堂
2008). 원형 거울의 背面 중앙
에 1개의 鈕가 달린 이른바 圓
鈕鏡이다. 商 晩期 무렵 殷墟 婦
好墓 출토예에서 보듯 이후 中
原지역으로 확산되었다. 이러한
원뉴경은 西周 시기에도 이어진
다. 그러나 西方에서 기원한 자
루가 달린 이른바 帶柄鏡이 기
원전 8~6세기 무렵 新疆·靑海
·四川 등지로 이입되면서 기원
전 5~3세기 무렵 그 영향을 받
아 帶鈕鏡이 등장한다. 대뉴경
은 종래 銅牌飾으로 간주되기도
하였으나 최근 동경의 한 종류
로 보는 견해가 지배적이다.

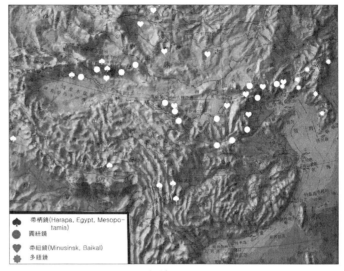

帶柄鏡(Harapa, Egypt, Mesopo-
    tamia)
圓鈕鏡
帶鈕鏡(Minusinsk, Baikal)
多鈕鏡

그림 4 _ 銅鏡 類型別 分布圖

圓鈕鏡　　　帶柄鏡　　　多鈕鏡　　　帶鈕鏡

한편, 위의 3가지 유형의 동경과 달리 背面에 2개 이상의 鈕가 부착된 이른바 多鈕鏡은 기원전 8~9
세기 무렵 극동아시아 농렵구를 중심으로 분포하고 있다. 잘 아는 바와 같이 다뉴경은 한반도 청동기시
대 및 초기철기시대의 전형적인 동경으로서 일부는 일본열도의 큐슈지역에까지 분포하고 있다. 다뉴경의
기원에 대해서는 아직 구체적인 연구 성과가 없으나, 2개의 뉴가 달린 예는 河南 三門狹 上村嶺 虢國墓
M1612 雙鈕 獸禽紋銅鏡이 있어 대체로 西周 시기에 등장하였을 가능성이 높다. 동경의 당초 용도는 배면
중앙에 달린 뉴의 존재로 보면 원시 종교 활동에 종사한 샤먼의 巫服에 부착하였던 투오리(托里)로 보는
견해(劉學堂 2008)가 유력하다. 이와 같은 기능을 상정할 수 있다면, 배면에 2개 이상의 뉴가 달린 다뉴
경은 부착의 안정성을 더욱 높인 발달된 단계의 것으로 볼 수 있다. 현재까지 알려진 것 가운데 가장 이른
것은 朝陽 十二臺營子에서 출토된 것과 같은 형식으로서 대략 기원전 800년 전후한 시점으로 비정된다.

아무튼, 다뉴경은 앞서 본 원뉴경·대병경·대뉴경 등과는 분명히 구분되는 특징을 가진 것으로서 그
중심 분포권이 극동아시아 농렵구인 점을 주목할 필요가 있다. 전술한 바와 같이 동경이 원시 종교 활동

과 관련된 것이므로 다뉴경 분포권인 극동아시아 농렵구는 여타 권역과 구분되는 고유의 원시종교적 정체성을 가지고 있음을 말해주기 때문이다. 이외에도 琵琶形銅劍 및 그 後身인 細形銅劍 역시 극동아시아 농렵구의 특징적인 청동기임은 물론이다.

이상의 간략한 검토를 통해 신석기시대 만기 이래 극동아시아 농렵구에서 확인되는 고고문화는 다음과 같은 분명한 특징을 가지고 있음을 알 수 있다.

農業 · 漁獵 중심의 생계경제
筒形罐 중심 炊事器(三足炊事器 不在)
積石墓 · 石棺墓 · 支石墓 등 石墓 傳統의 지속
琵琶形銅劍 · 多鈕鏡 등 특징적인 청동기

이들 고고학문화는 한반도로 파급 확산되어 한반도의 청동기시대 문화의 핵심적인 내용을 구성하였으며, 후술하는 바와 같이 雙房文化 中 · 晚期 이후의 粘土帶土器文化도 한반도 지역으로 남하 정착하였다(朴淳發 2004). 이후 古朝鮮 · 夫餘 · 高句麗 · 沃沮 · 東濊 · 三韓 등 여러 種族집단들은 상호 관련 속에서 극동아시아 농렵구에서 성장 소멸하였던 정치체들임은 두 말할 필요 없다.

3. 小結

한국고고학에서 다루는 고고자료의 분포 범위는 결코 지금의 한 · 중 국경선이 될 수 없다. 그렇지만 한반도의 북부지역(北韓) 고고자료 및 연구 내용이 소상하지 못한 현실에서 중국 동북지역 고고학은 한반도 域外의 고고학으로 인식될 우려가 있으며, 지역 간 고고자료의 밀도나 정밀도의 차이로 인해 그러한 우려는 현실화될 수도 있다. 이러한 현상을 극복하기 위해서는 한반도와 중국 동북지역을 아우른 광범위한 지역을 대상으로 거시적인 관점에서 각 지역 고고문화의 특징을 상호 비교한 후 일정한 특징을 공유하는 지역권을 설정할 필요가 있다. 그 결과 극동아시아 농렵구를 설정해보았는데, 내용을 요약하면 다음과 같다.

첫째, 한반도의 선사문화는 遼河-黑龍江-우수리강으로 경계 지워진 長白-千山山地 및 그 주변 지역과 밀접한 관련을 가지고 있다. 신석기시대 이른 시기에는 어렵 · 수렵 위주의 非農耕 생계 경제를 기반으로 하는 문화였으나 遼東半島 渤海灣 연안에서 성립된 偏堡文化와 더불어 농경을 기반으로 하는 문화가 시작되었다. 자연지리적인 동질성을 가진 이들 공간 범위를 한반도와 함께 極東亞細亞 農獵區로 부르고자 한다.

둘째, 극동아시아 농렵구의 문화적 고유성을 보여주는 고고자료로는 筒形罐 위주의 炊事器의 지속, 적석묘를 필두로 하는 石墓 전통의 지속, 비파형동검 · 세형동검 및 다뉴경을 핵심 내용으로 하는 청동기문화 전통 등을 들 수 있다. 이외에도 초기철기시대 團結文化에서 시작된 것으로 이해되는 溫突文化 역시 본 지구 주거문화의 중요한 특징으로 들 수 있을 것이다.

셋째, 극동아시아 농렵구의 각 시기 고고문화는 부단히 한반도 지역으로 파급되어 한반도로 대표되는 현재의 한국고고학의 중심 연구 대상이 되었으므로 한반도 고고문화를 이해하기 위한 공간 범위는 극동 아시아 농렵구 전체로 확대되어야 한다.

Ⅱ. 극동아시아 농렵구 농경문화의 전개

1. 遼東半島 남단

앞서도 말한 바와 같이 극동아세아 농렵구 최초의 농경문화인 偏堡文化는 기원전 3,000~2,500년 사이 遼東半島 남단에서 성립되었다. 細條堆紋과 같은 토기 장식은 山東 大汶口文化에 병행하는 膠東半島의 邱家庄期~北庄期에서 유래되었을 가능성이 높으나, 附加堆紋 통형관 등의 炊事器와 본격적인 농경 개시 의 증거가 되는 桂葉形 有孔石刀 등의 문화요소는 紅山文化에서 비롯된 것으로 이해된다.

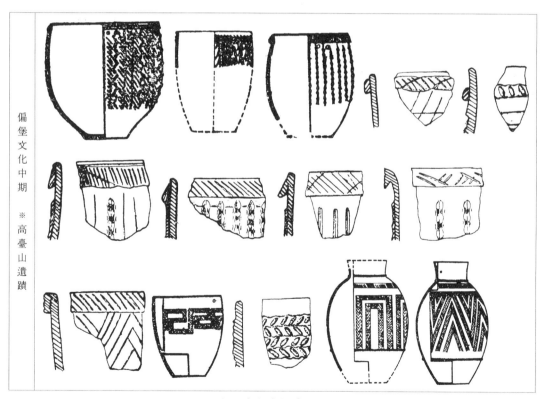

偏堡文化中期
※高臺山遺蹟

그림 5 _ 偏堡文化 中期 土器

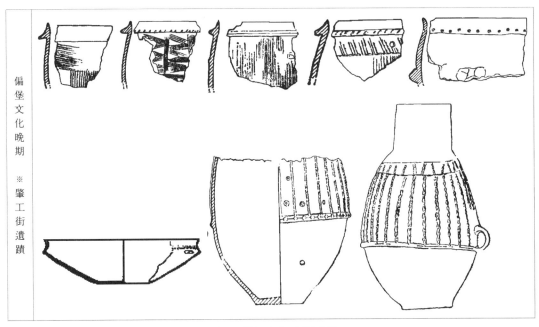

偏堡文化晚期 ※ 肇工街遺蹟

그림 6 _ 偏堡文化 晚期 土器

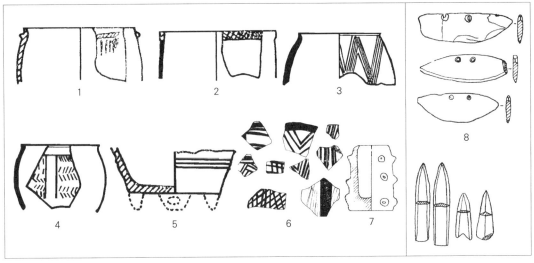

그림 7 _ 大連 大潘家村 出土 土器와 石器

　　피엔바오문화 유적들 간의 선후관계에 대해서는 大連 三堂유적이 가장 선행하는 것으로 보는 견해가 일반적이다(陳全家 · 陳國慶 1992; 朱永剛 1993; 郭大順 · 張星德 2005). 구체적으로 三堂유적 · 偏堡유적→高臺山유적→肇工街유적 순으로 비정하는 견해(陳全家 · 陳國慶 1992)도 있다. 그에 따르면 筒形罐의 구연부에 부착된 附加堆紋의 위치가 아래쪽에서 점차 口脣部에 가깝게 이동하거나 유경호의 외반도

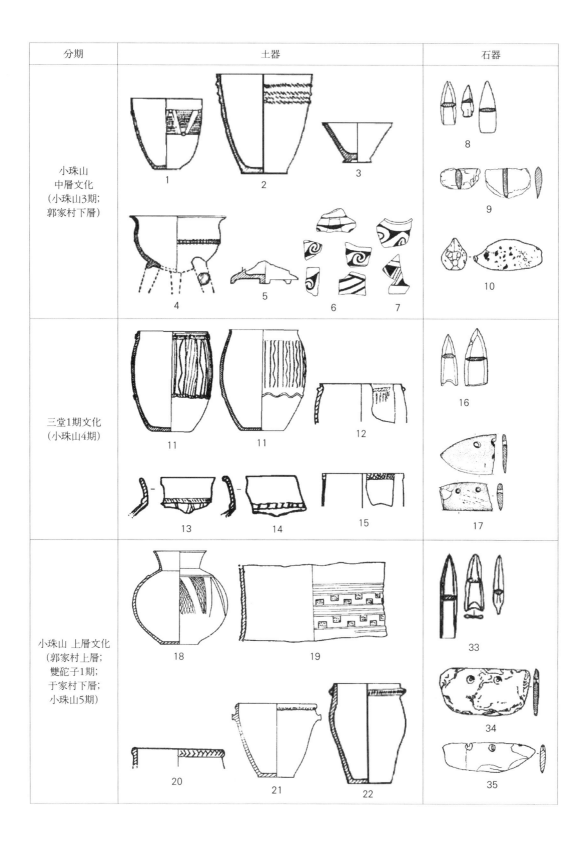

分期	土器	石器
小珠山 中層文化 (小珠山3期; 郭家村下層)	1 2 3 4 5 6 7	8 9 10
三堂1期文化 (小珠山4期)	11 11 12 13 14 15	16 17
小珠山 上層文化 (郭家村上層; 雙砣子1期; 于家村下層; 小珠山5期)	18 19 20 21 22	33 34 35

分期	土器		石器

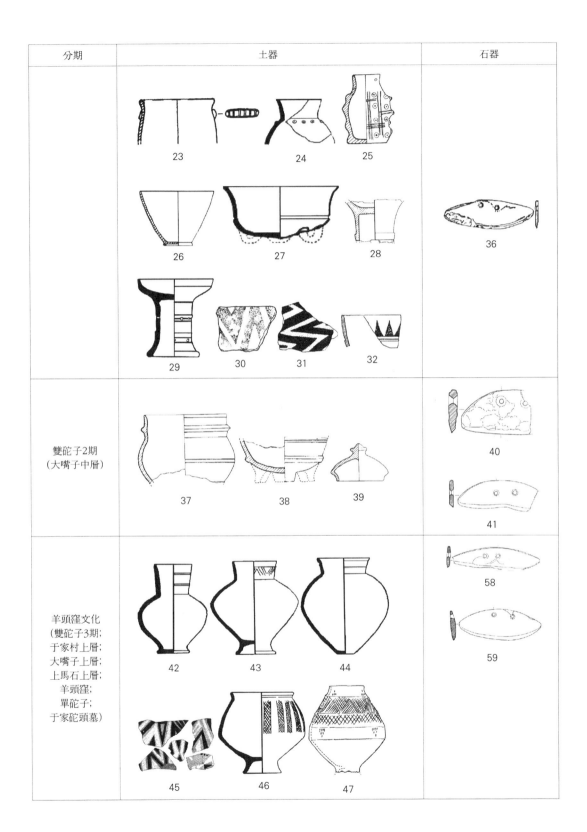

分期	土器	石器
	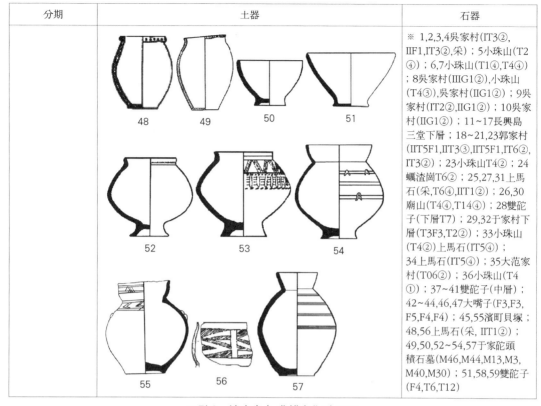	※ 1,2,3,4吳家村(IT3②, IIF1,IT3②,采）；5小珠山(T2④)；6,7小珠山(T1④,T4④)；8吳家村(IIIG1②),小珠山(T4③),吳家村(IIG1②)；9吳家村(IT2②,IIG1②)；10吳家村(IIG1②)；11~17長興島三堂下層；18~21,23郭家村(IIT5F1,IIT3③,IIT5F1,IT6②,IT3②)；23小珠山T4②；24蠣渣崗T6②；25,27,31上馬石(采,T6④,IIT1②)；26,30廟山(T4④,T14④)；28雙砣子(下層T7)；29,32于家村下層(T3F3,T2②)；33小珠山(T4②)上馬石(IT5④)；34上馬石(IT5④)；35大范家村(T06②)；36小珠山(T4①)；37~41雙砣子(中層)；42~44,46,47大嘴子(F3,F3,F5,F4,F4)；45,55濱町貝塚；48,56上馬石(采, IIT1②)；49,50,52~54,57于家砣頭積石墓(M46,M44,M13,M3,M40,M30)；51,58,59雙砣子(F4,T6,T12)

그림 8 _ 遼東半島 農耕文化의 展開

가 점차 작아지는 등의 변화가 있다는 것이다. 편보문화를 구성하는 주요 기종인 통형관은 부가퇴문과 이중구연이 있다. 구순에서 약간 거리를 두고 부착된 附加堆紋이 구순부와 일체가 되면서 疊脣, 즉 二重口緣으로 변하는 경향성이 관찰된다.[3]

피엔바오 문화의 형성 및 토기의 형태적 속성의 시간적 선후관계로 보면, 피엔바오 문화는 요동반도 남단에서 성립된 이후 沈陽을 비롯한 遼中지역으로 확산된 것으로 이해할 수 있다. 남에서 북으로 향하는 이러한 전개와 함께 한편으로는 요동반도의 千山山地 南麓를 경유하는 東向의 흐름도 있었는데, 그 영향은 한반도 鴨綠江 및 淸川江 유역 일대까지 미친 것으로 이해된다.

피엔바오 문화 통형관의 변천은 2가지 방향으로 진행된 것으로 이해된다. 구연부의 부가퇴문의 위치와 단면 형태의 변화와 함께 동체부의 종향 니조문 역시 음각선문으로 이행되고 있었다(〈그림 2, 5, 6〉 참조). 곧 이어 동체의 무문화가 진행되는데, 그 시기는 기원전 2500~2000년 사이에 해당된다. 그러한 변화가 잘 나타나는 대표적인 유적은 大連 大潘家村遺蹟(〈그림 7〉 참조. 大連市文物考古研究所 1994)이다.

---

3) 偏堡文化의 분기와 전개에 대해서는 필자 미간고 「偏堡文化의 形成과 展開」에 상세하다.

현재까지 알려진 랴오둥반도 지역의 농경문화 성립 이후 고고학편년을 종합해보면 〈표 1〉과 같이 偏堡文化-小珠山上層(郭家村上層)段階-雙砣子1期 文化-雙砣子2期 文化-羊頭窪文化-雙房文化의 순으로 전개되었다(〈그림 8〉 참조). 샤오쥬산 상층문화는 기존에는 쌍투어쯔1기문화와 동일한 것으로 여겼으나 최근의 연구 결과(張翠敏 2012)에 의하면 동일문화에 속하지만 전자와 후자는 시기적인 선후관계에 있는 것으로 드러나고 있다. 양토우와문화는 흔히 쌍투어쯔3기 문화 혹은 于家村上層문화로 부른 것으로서 최근 중국 학계에서는 양토우와문화로 부르고 있다(郭大順ㆍ張星德 2005). 수왕팡문화는 후술하는 바와 같이 한반도 지역으로 영향은 그 다지 크지 않다.

2. 韓半島 農耕文化의 波及

압록강 하구의 항포구인 평안북도 龍泉郡 龍岩浦를 중심으로 한 직경 15km 범위 내에 다수의 유적이 분포하고 있다. 용천군 雙鶴里遺蹟, 新岩里遺蹟, 義州 美松里遺蹟 등이 대표적이다. 쌍학리 유적은 1958년 양수장 공사 시 그 존재가 확인되었지만, 정식 발굴조사는 실시되지 않았다. 공사 중 발견된 극히 일부 유물만 보고되었으나(김례환 1958) 그 이후 논문이나(고고학연구소 1969) 개설서(도유호 1960, 146~150쪽) 등에 출토 토기의 도면과 함께 간단한 설명이 소개되어 있다. 신암리유적은 1960년에 소개된 立岩지점(도유호 1960, 148~150쪽), 1964~1965년에 걸쳐 발굴조사된 청등말래지점(리순진 1965), 모래산지점(리순진 1965; 김용간ㆍ리순진 1966), 제3지점(김용간ㆍ리순진 1966) 등으로 나눠진다. 그 밖에 염주군 도봉리에서도 토기가 출토되어 소개된 바(고고학연구소 1969) 있다. 청천강 하구와 서해가 만나는 해안지역에 위치한 평안북도 定州郡 대산리 堂山遺蹟은 1958년 관개수로 공사 중에 발견되어 일부 발굴조사되었으나 정식 보고서는 출간되지 않은 채 토기등 유물이 소개된 바 있다(도유호 1960; 고고학연구소 1969). 1991년 이 유적에 대한 발굴조사가 다시 실시되어 상하 2개의 문화층으로 이루어진 패총으로 보고되었다(차달만 1992).

압록강 하구에서 청천강 하구에 이르는 서해연안 일대 유적 출토 토기에 대해 북한학계는 일찍부터 주목해 왔으며, 신암리유적 발굴보고서(김용간ㆍ리순진 196)에서 이미 청등말래→제3지점 제1문화층→제3지점 제2문화층→미송리 상층으로 이어지는 시간적 선후관계를 설정하였다. 이후 청등말래와 동일한 단계에 쌍학리 출토품 및 도봉리 출토품을 포함시켰는데(고고학연구소 1969), 청등말래 토기에 보이는 이른바 '참대순' 모양의 음각선문 토기가(〈그림 9-1ㆍ2ㆍ3ㆍ6〉 참조) 그들 유적 출토 토기에서도 있기 때문이다. 그러나 청등말래 토기가 현재 피엔바오의 만기로 비정되고 있는 肇工街 토기보다 이르다는 연대관은(고고학연구소 1969; 鄭漢德 1996) 1980년 후반이후 反轉되었다(宮本一夫 1986; 大貫靜夫 1989). 당산유적 상층, 즉 당산패총 출토 피엔바오 토기가 청등말래 토기, 즉 新岩里 I期에 선행한다는 것이다.

그러나 청등말래 출토 토기 가운데 외반 구연의 어골문이 음각된 예는 北溝 유적(許玉林ㆍ楊永芳 1992)이나 庄河 小業屯(王嗣洲ㆍ金志偉 1997) 등에서도 확인되는 것으로 천산산지 남록에서 피엔바오 문화 토기와 공반되고 있으며, 청등말래 토기에 자주 보이는 雷紋 역시 피엔바오 문화에서도 확인된다.

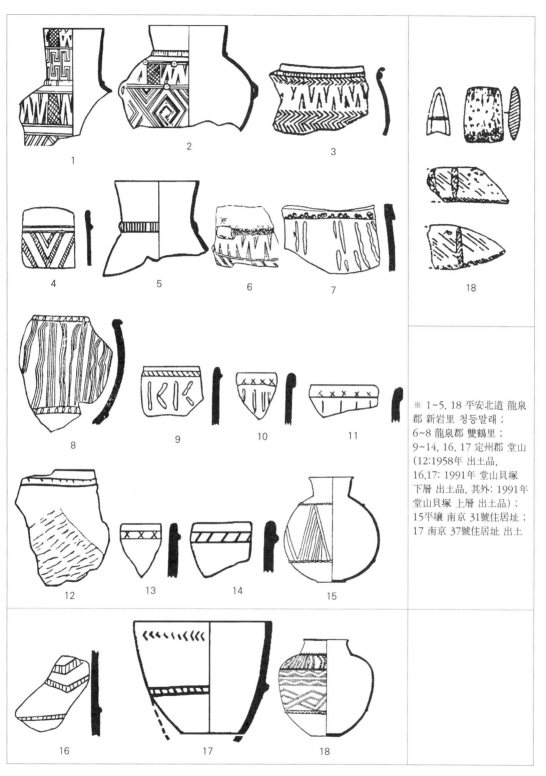

※ 1~5, 18 平安北道 龍泉郡 新岩里 청등말래 ;
6~8 龍泉郡 雙鶴里 ;
9~14, 16, 17 定州郡 堂山
(12:1958年 出土品,
16,17: 1991年 堂山貝塚
下層 出土品, 其外: 1991年
堂山貝塚 上層 出土品) ;
15平壤 南京 31號住居址 ;
17 南京 37號住居址 出土

그림 9 _ 韓半島 西北地域 西海沿岸 出土 偏堡文化 關聯 土器 및 石器

• 제1부 시기 구분과 전환기 • 제2장 청동기시대의 시말 55

그리고 층위 상황은 구체적이지 않으나 청등말래와 더불어 신암리 I 기로 비정되고 있는 쌍학리 출토 토기 가운데 앞서 본 바 있는 다롄 다판자춘 출토품과 같은 음각 어골문으로 채워진 縱帶 문양(그림 7-4)이 있고 실제로 피엔바오 문화 전형의 종향니조문이 있는 부가퇴문 통형관이 확인되기도 한다. 이러한 점으로 미루어 신암리 I 기와 피엔바오 문화 사이에는 시기적인 선후관계를 설정하기 어려운 것으로 생각한다 (〈그림 9〉 참조). 필자는 청등말래·쌍학리·도봉리 등으로 구성된 신암리 I 기를 한반도 서북해안 지역에 파급된 피엔바오 문화에 해당되는 것으로 이해하며, 이러한 편년관은 이미 제시된 바(趙賓福 2010) 있기도 하다.

당산패총에서 확인된 층위관계로 보면 한반도 서북지역 서해안 일대에는 피엔바오 문화 파급 이전에 腹部에 돌대문이 장식된 토기들이 있음을 알 수 있다. 이러한 장식은 山東 膠東半島 일대의 大汶口文化 이른 시기에 해당하는 邱家庄期 토기와의 관련성이 상정될 수 있다. 〈그림 9〉의 17번 토기는 무문화가 진행된 것으로서 金灘里 2式 토기에 해당된다. 同圖 18번 토기는 平壤 南京遺蹟 신석기시대 1기에 비정되므로 금탄리 2식은 남경 1기와 병행관계로 볼 수 있으며, 15번 토기는 남경 2기에 해당된다(김용간·석광준 1984, 60~61쪽). 동체의 상하단에 각각 突帶를 부착하고 그 사이에도 역시 細泥條를 붙여 三角組帶 紋을 구성하였다. 이러한 특징은 피엔바오 문화 토기와 같으므로 남경 2기는 이 지역에 피엔바오 문화의 영향이 확산되는 단계에 해당된다.

이러한 연대관은 이미 남경유적 보고자들에 의해 제시된 바(김용간·석광준 1984, 76쪽) 있다. 남경 2기 니조부가퇴문호와 매우 흡사한 것으로는 다롄 郭家村上層 출토품이 있는데, 이에 근거하여 남경 2기를 귀자춘 상층 단계 혹은 偏堡類型과 병행하는 것으로 파악하기도 하였다(大貫靜夫 1989). 그러나 앞서 이미 말한 바와 같이 다롄 산탕유적의 층위로 보면 피엔바오 문화는 귀자춘 상층·샤오쥬샨 상층에 선행하는 것이 분명하므로 남경 2기의 니조부가퇴문호는 귀자춘 상층에 앞선다. 실제로 귀자춘 호는 동체부분의 세니조부가퇴문 대신 음각선문으로 대체된 것이어서 그러한 정황을 반영하고 있다.

한편 금탄리 2식 토기는 중서부지역 신석기시대 4분기 편년안에 따르면 제III기에 비정되고, 曆年代는 기원전 3000~2500년 사이로 이해되고 있다(임상택 2008, 79쪽). 이 연대는 피엔바오 문화 존속시기와 일치되는데, 당산패총 상층에 해당하는 피엔바오 문화 토기는 대략 2500년을 전후한 시점에 한반도 서북해안시역으로 확산되있을 것으로 볼 수 있겠다.

압록강·청천강 하구 서해 연안지역을 넘어선 확산은 평양 남경유적으로 대표되는 대동강유역까지는 비교적 뚜렷하지만, 그 이남으로의 파급 여부는 아직 분명하지 않다. 이 문제와 관련해 慶尙北道 淸道郡 梧津里 출토 신석기시대 二重口緣土器의 기원을 앞서 본 정주 당산패총 상층 출토 토기에서 구하는 견해 (徐姈男 1994)가 이미 제기된 바 있다. 釜山 岩南洞 栗里 貝塚 출토 이중구연토기의 기원을 角形土器를 비롯한 한반도 북부의 이중구연토기에서 구하는 입장은 이전부터 있었지만 여전히 의문이 제기되고 있다. 그에 대한 해결책으로서 제시된 자체발생설(천선행 2010·2011) 역시 피엔바오 문화의 전개 과정을 고려하지 않은 것으로서 설득력이 높지 않다.

신석기시대 이중구연토기의 성립과정에 대한 구체적인 논증 노력에도 불구하고 "신석기시대 후말기에서 무문토기시대 전기에 걸쳐 동아시아 일대에 공통적으로 이중구연 요소가 각지에 등장하고 재지성을 가지면서 전개되었던 것으로 보는 것이 타당"(천선행 2010, 57쪽)하다고 평가하거나, "이중구연토기문화권 형성은 집단의 강한 이동성을 바탕으로 형성되며, 상대적으로 외부적 요소에 대한 규제가 완화되는 상태를 초래하였으며, 아울러 한반도 신석기시대 전통에서 나타나지 않던 새로운 문양요소와 기종들이 확인되는 것 …(중략)… 이러한 새로운 문화유입과 더불어 한반도 남부는 신석기시대에서 무문토기시대로 전환된다.”(천선행 2011, 28쪽)고 한 데서 알 수 있듯 이중구연토기라는 요소는 분명 새로운 것임은 부정하기 어렵다.

지금까지의 자료로 보는 한 이중구연토기가 집중 분포하는 한반도 남부지역에서 그 기원과 관련한 가장 양호한 단서는 慶尙南道 泗川郡 舊坪里 유적(단국대학교 중앙박물관 1993)에서 찾을 수 있다. 이 유적은 패총유적으로서 단일한 패각층인 제3층 위에 형성 당시 토양화가 진행되면서 형성된 混土貝殼層인 제2층, 그리고 제2층이 지금의 토양화 과정에서 형성된 제1층으로 구성되어 있다. 이러한 층위 양상으로 보면 패총의 형성 및 점유 시기는 단일한 것으로 평가된다. 따라서 각 층위별로 구분된 출토유물들 사이의 시기 폭은 거의 없는 단일기로 보아도 좋을 것이다. 여기서 출토된 토기 가운데 기존의 전통적인 음각선문 기법된 것 이외에 이중구연 혹은 부가퇴문 기법으로 된 구연부편과 더불어 豆形土器 등 그 기원이 외래적이라 할 수밖에 없는 것들의 존재가 주목된다.

사천 구평리 패총 출토 부가퇴문 혹은 이중구연토기와 비교되는 것으로는 앞서 이미 본 다롄 다판자춘·단둥 샤오냥냥청샨·정주 당산패총 상층 토기들이며, 豆는 다롄 궈자춘 상층 출토 龍山文化 기원 豆와 유사하다. 특히 구연부 하단에서 杯身 중간에 이르는 부분의 상하 二條突帶(그림 10-8)가 구평리 두에서는 폭이 넓은 점토띠(그림 10-5)로 변화된 모습을 관찰할 수 있다. 궈자춘 상층의 방사성탄소연대는 $4180 \pm 90 BP.$, $4060 \pm 90 BP.$, $4110 \pm 90 BP.$, $3990 \pm 90 BP.$ 등으로서(許玉林·蘇小幸 1984) 4000BP.를 전후한 시점으로 비정된다. 전술한 다롄 다판자춘의 연대가 기원전 2500~2000년임을 감안하면 사천 구평리

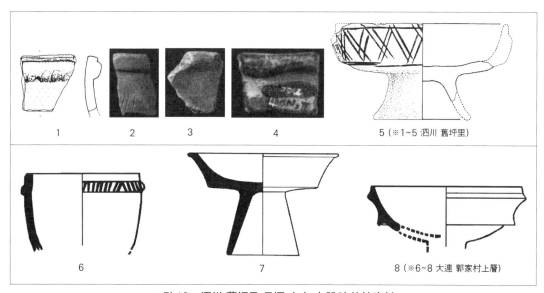

그림 10 _ 泗川 舊坪里 貝塚 出土 土器와 比較資料

의 연대는 기원전 2000년 이후로 비정하는 것이 적당할 것으로 판단된다.

현재까지 한반도 남부지역 이중구연토기 출토 유적의 연대 가운데 가장 이른 것은 陜川 鳳溪里 9호 주거지로 방사성탄소연대는 2110±150BC.이다. 그 밖의 이중구연토기를 출토하는 유적의 방사성탄소연대[4]로 미루어 대략 기원전 2000~1500년 무렵 사이에 이중구연토기가 성행하였음을 알 수 있다. 시기적인 인접성으로 보면 피엔바오 문화 만기와의 관련성을 배제하기 어렵다. 후술하는 바와 같이 대체로 기원전 2000년을 전후한 시기에 피엔바오 만기 문화의 간접적인 영향이 한반도 남부지역으로 미쳤을 가능성이 높다.

Ⅲ. 한반도 농경문화 출현 과정

한반도 중남부 지역에서 신석기시대 늦은 시기의 이중구연토기가 성행하던 기원전 2000~1500년에 이르는 기간은 피엔바오 문화가 최초로 성립된 랴오둥반도에서는 그 後身으로서 기원전 2500~2000년경에 번창하였던 수왕투어쯔 1기문화마저도 마감되어 가던 시기이다. 따라서 랴오둥반도의 편년으로만 보면 피엔바오 문화 단계가 아님은 분명하지만, 극동아시아 농렵구 최초의 농경문화로서 그 영향은 이후 지속적으로 남하하면서 토착 수렵·채집문화에 파급되었기 때문에 신석기시대 한반도 남부지역의 이중구연토기의 기원은 여전히 피엔바오 문화에서 구하는 것이 합당하다.

피엔바오 문화의 발상지인 랴오둥반도 남단에서 한반도 남해안에 이르는 거리는 대략 1,000km 정도다. 한반도를 경유하여 일본열도에 상륙한 초기 水稻農耕 문화인 突帶紋土器의 전파속도는 3km/年이고 그 이후 100년 동안의 속도는 더욱 빨라져 8km/年이라는 흥미로운 관찰 결과(中村愼一 2002, 203~204쪽)가 있다. 적당한 농경지의 분포 여건이나 직접 이주의 여부 등에 따라 파급 속도는 다를 것이지만, 수렵채집을 기반으로 하는 한반도지역에 최초로 등장한 본격적인 농경문화로서 피엔바오 문화의 파급은 일본열도에서의 돌대문토기문화의 확산과 크게 다르지 않았을 것으로 본다. 이러한 파급속도를 기준으로 하면, 랴오둥반도 다롄지역에서 압록강 하구까지의 거리는 약 300km이므로 소요 시간은 약 100년이 될 것이며, 거기에서 다시 평양까지의 150km 범위는 약 50년이, 평양에서 한강유역을 거쳐 남해안 사천지역까지 약 550km의 구간은 180년 정도가 소요될 것으로 추산된다. 결국 랴오둥반도 남단에서 기원한 피엔바오 문화가 한반도 남해안에 그 영향이 미칠 수 있기까지는 약 230년 전후의 시간이 필요할 것이다. 봉계리 9호 주거지의 이중구연토기가 피엔바오 문화의 파급 결과로 보아도 좋다면 기원전 3000년경에 성립된 피엔바오 문화가 한반도 남단까지 미치는 것은 기원전 2670년 이후 어느 시점이든 가능할 것이다.

---

4) 이중구연토기 출토 유적의 방사성탄소연대 결과는 다음과 같다. 김해 수가리 Ⅲ기층 1465~1074BC., 1737~1435BC., 율리 2141~1738BC., 동삼동 영도기 2030~1430BC., 동삼동 2040~1580BC., 상노대도 상리 Ⅱ층 1894~1603BC.(이상 교정연대, 단국대학교 중앙박물관 1993에 의함).

전술한 바와 같이 현재까지 알려진 한반도 신석기시대 이중구연토기 출토 유적의 방사성탄소연대는 기원전 2000~1500년 범위에 있으므로 최초의 피엔바오 문화의 제 1차 파장이 그대로 미친 것이라기보다는 중간지점에서 약간의 변용을 수반한 몇 차례의 再生波가 도달한 것으로 이해하는 것이 적절하다. 이 경우 그에 해당되는 중간지점은 자연지리적인 경계가 되는 압록강 · 청천강 하구 서해연안 지구, 대동강유역 지구, 한강유역~차령이북의 경기 · 충청 지구 등이 상정될 수 있다.

표 1 _ 韓半島 農耕文化 出現 過程[6]

曆年代[5]	遼東半島[6]南端	鴨綠江·淸川江 河口 西海沿岸	大同江流域	漢江流域 以南	韓半島 南端
3000~2500BC.	偏堡文化	新岩里 I (청등말래유형)	南京 2期		
2500~2100BC.	小珠山上層 郭家村上層				二重口緣 土器
2100~1900BC.	雙砣子1期	新岩里 3地點 1文化層(彩繪陶)			泗川 舊坪里
1900~1400BC.	雙砣子2期	新岩里 3地點 2文化層	角形土器	渼沙里類型	晉州 平居洞 (突帶紋土器+彩繪陶)
1400~1100BC.	羊頭窪文化		角形土器	可樂洞類型	
1100~戰國時期	雙房文化	新岩里 3地點 3文化層	角形土器	欣岩里類型 驛三洞類型	

　　이와 같은 추정은 랴오둥반도 남단의 지역문화 편년과 위의 각 지구에서 확인되는 편년을 비교해보면 분명해진다. 현재까지 알려진 랴오둥반도 지역의 농경문화 성립 이후 고고학편년을 종합해보면 〈표 1〉과 같이 偏堡文化-小珠山上層(郭家村上層)段階-雙砣子1期 文化-雙砣子2期 文化-羊頭窪文化-雙房文化의 순으로 전개되었다.

　　전술한 바와 같이 피엔바오 문화는 북으로는 遼河 以東의 千山山地의 북록을 따라 북상하여 沈陽을 중심으로 하는 遼中지역까지 확산되는 것과 동시에 동쪽으로는 압록강 및 청천강 하구 서해연안 지역까지 파급되어 新岩里I(청등말래유형)로 정착된다. 압록강 · 청천강 하구 연안지역은 자연지리적으로는 랴오둥반도의 천산산지 남록과 동질적이어서 피엔바오 문화는 물론 그 이전이나 이후에도 랴오둥반도에서 성립 확산된 각 문화들이 비교적 신속하게 확산되곤 하였던 권역이다. 이후 대동강유역에 이르러 南京 2

---

5)　역연대는 郭大順 · 張星德 2005, 趙賓福 2009 등을 참고하였다.

6)　小珠山上層 · 郭家村上層은 小珠山上層文化로 통칭되는데, 그와 雙砣子 1期文化와의 관계에 대해서는 동시기의 상이한 문화로 보는 견해와 동일문화의 시기적 선후관계로 보는 견해가 있다. 본고는 최근 연구성과(張翠敏 2012)에 따라 시기적 선후관계에 있는 것으로 이해하고자 한다. 다만 小珠山上層문화와 雙砣子 1기의 접점의 역연대는 분명치 않다.

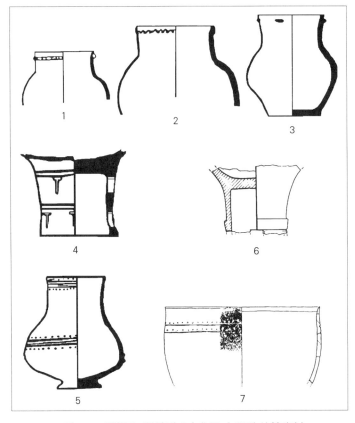

그림 11 _ 新岩里 제3地點 2文化層 土器와 比較資料
(1~5. 新岩里, 6. 雙砣子 下層, 7. 大田 屯山 1號 住居址)

期문화로 변용되어 나타나고 있으며, 그 이남에서는 피엔바오 문화 토기의 일부 요소만이 殘像으로 남아 이중구연토기의 출현에 영향을 주었을 것으로 보인다.

샤오쥬샨 상층 단계의 영향은 크지 않아 아직까지 대동강 유역에서는 뚜렷하지 않지만, 한반도 남단에 해당되는 사천 구평리에서 확인되는 龍山文化 요소인 두형토기의 존재로 보아 피엔바오 문화의 餘波와 결합되어 부분적으로 남하 확산된 것으로 이해된다. 수왕투어쯔 1기 문화는 샤오쥬샨 상층 단계에 이미 시작되어 그때까지 지속된 무문 부가퇴문토기와 더불어 彩繪陶가 성행하던 시기로서 압록강·청천강하구 연안지역으로 파급되어 신암리 제3지점 1문화 층으로 나타나고 있다. 무문화

된 부가퇴문 토기는 한반도 내에 파급되어 突帶紋土器 혹은 刻目突帶紋土器로 부르는 한강유역 이남의 渼沙里類型이 된다.[7] 돌대문토기와 채회도가 결합된 晉州 平居洞 3-1지구 3·4호 주거지 출토품(경남발선언구원 역사문화센터 2011)은 이러한 전개 과정의 산물이다.

수왕투어쯔 2기 문화는 그 영향이 랴오둥반도 남단 일부에만 미친 것으로서 천산남록 이동으로는 확산되지 않았다. 그에 병행하는 시기의 압록강·청천강 하구 지역에는 신암리 제3지점 1문화층의 연속으로서 신암리 제3지점 제2문화층이 이어지고 있다. 그러나 신암리 3지점 1문화층과 2문화층 사이의 시차

---

7) 남한지역 돌대문토기의 기원을 두만강유역에서 구하는 견해(김재윤 2004; 강인욱 2011)가 있으나, 앞서 살펴보았듯 극동아시아 농렵구에서 가장 이른 무문 돌대문토기는 遼東半島 大連 大潘家村 단계에 출현하며, 그 역연대는 기원전 2500~2000년 무렵이다. 그러나 두만강유역 및 연해주 남부 지역에서 돌대문토기가 등장하는 시점은 기원전 1500~1000년 사이에 해당되므로(강인욱 2011, 409쪽) 그 기원이 될 수 없으며, 빗살문토기에 돌대문이 결합된 토기의 출현 역시 기원전 2500~1500년 사이로(강인욱 2011, 409쪽) 그 기원은 요동반도 지역의 偏堡文化에 있음은 물론이다.

나 문화적인 단절성은 거의 없는 것으로 보인다. 신암리 제3지점 2문화층에 보이는 透窓 臺脚 豆形土器는 롱샨문화 晩期 요소로서, 수왕투어쯔 1기 문화에서도 확인되기 때문이다. 그리고 전술한 바와 같이 압록강 하구 단둥 샤오낭낭청산 유적에서 확인된 弦点紋 토기가 이곳에도 있다.[8] 샤오낭낭청산 유적에서는 피엔바오 만기의 토기와 더불어 무문화된 부가퇴문와 함께 이중구연토기 및 節狀突帶 토기 등이 함께 채집되었다. 피엔바오 만기에 해당하는 음각선문 부가퇴문 토기를 제외하면 신암리 제3지점 2문화층과 동일하다. 이러한 점으로 미루어 비록 신암리에서는 시기적인 선후관계에 있는 2개의 단계로 구분될 수 있으나 그 토대는 모두 수왕투어쯔 1기문화로 이해하는 것이 타당하다.

양토우와문화의 東傳 양상은 압록강·청천강 하구 연안지역에서는 그다지 뚜렷하지 않지만, 앞선 수왕투어쯔 1기문화 이래의 이중구연토기가 보편화되는 단계이므로 한강

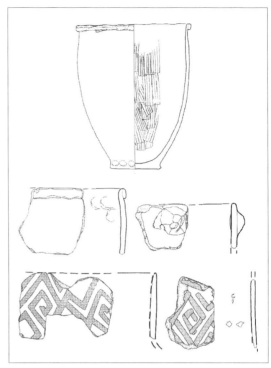

그림 12 _ 晉州 平居洞 出土 突帶紋土器
3-1地區 住居址 및 彩繪陶

유역 이남의 可樂洞類型 출현과 비교적 밀접한 관련이 있다(朴淳發 1999). 그에 이어 랴오둥반도에서 성립된 수왕팡문화는 북상하는 흐름에 비해 동쪽으로 파급되는 힘은 비교적 약한 것으로 이해된다. 대체로 압록강·청천강 유역까지 그 영향이 보이지만 그와 인접한 이남지역으로의 파급은 뚜렷하지 않다. 이상의 내용을 정리하면 〈그림 13〉과 같다.

이상의 논의를 통해 다음과 같은 점을 분명히 할 수 있게 되었다. 한반도 신석기 후기에 등장한 이중구연토기는 시기적인 인접성으로 볼 때 랴오둥반도 남단에서 성립된 극동아시아 농렵구 최초의 농경문화인 偏堡文化 부가퇴문토기와 관련성을 배제하기 어렵지만, 그 직접적인 파급은 압록강·청천강 하구 서해연안지역에 국한되었다. 그리고 그 무렵에 한반도 중남부지역 전체가 농경문화로 전환된 근거는 아직 찾을 수 없다. 그 이후 기원전 2500~2000년 사이에 점차 성행하였던 무문 부가퇴문토기는 小珠山上層 단계의 雙砣子1期 前期 문화 확산과 더불어 泗川 舊坪里와 같이 한반도 남단까지 영향을 미치게 되고, 뒤

---

8) 弦点紋土器는 大田 屯山 1號 住居址에서도 출토된 바 있다(〈그림 11-7〉참조. 李康承·朴淳發 1995). 이로써 둔산 1호 주거지로 대표되는 忠淸地域의 可樂洞類型은 新岩里 제3지점 2문화층과 시기적으로 멀지 않을 것으로 이해된다.

이어 수왕투어쯔1기 후기의 彩繪陶와 공반된 부가퇴문토기가 역시 압록강·청천강 하구 연해지역의 新岩里 제3지점 1문화층·2문화층을 거쳐 한반도 중남부에 파급되면서 渼沙里類型으로 나타난다.

한편, 신암리 2문화층은 한반도 최초의 청동기 출현 단계이므로 3시기 구분법으로는 청동기시대에 해당된다. 동시기 한반도 중남부 지역에서 청동기의 제작·사용이 아직 불명확하지만 필자는 신암리 II(신암리 3지점 1문화층 포함) 단계부터 청동기시대로 편입하여도 좋을 것이다. 랴오둥반도의 편년에 의하면 기원전 1900~1300년 사이의 어느 무렵으로 비정될 수 있다. 따라서 신암리 II와 밀접한 관련이 있는 한반도 중남부 지역의 미사리유형은 청동기시대의 早期로 볼 수 있을 것이다.

신석기시대 말기의 이중구연토기를 돌대문토기와 함께 청동기시대 조기로 설정하는

그림 13 _ 韓半島 農耕文化 波及 過程
(1~5는 파급의 순서, 2-1등은 재파급을 의미)

견해(安在晧 2006)나 각목돌대문토기만 출토되는 유적들을 무문토기시대 조기로 편입하는 견해(천선행 2007) 등은 농경문화의 연속적인 파급에 따른 점진적인 변화 과정으로 인한 획기의 어려움을 반영하는 것으로 여긴다. 따라서 "신석기시대-청동기시대의 전환을 물질문화상으로 시대구분이 가능할 정도의 근본적인 변환임과 동시에 생계경제상으로도 획기를 그을 수 있는 중요한 변화"(김장석 2011, 503쪽)로 인식하기는 쉽지 않다. 생계경제적 관점에서 농경문화의 성립 과정으로 이해하는 것이 현실적이다.

IV. 점토태토기문화의 계보와 한반도 정착 과정

한반도 청동기시대의 마감은 戰國 燕의 鐵器文化에 연원을 둔 새로운 문물의 수용을 의미한다는 데에는 학계의 이견이 없다. 한반도 중남부지역의 경우 그것은 점토대토기와 더불어 등장하고 있으므로 청동기시대의 종말은 자연 점토대토기의 유래에 대한 관심으로 이어진다. 이러한 관점에서 필자는 중국 동북지역의 점토대토기문화가 기원전 300년을 전후한 시점에 있었던 전국 연과 古朝鮮 사이의 군사적 충돌을 계기로 대거 한반도 중남부지역으로 남하한 것으로 이해한 바(朴淳發 1993) 있으며, 그 후 중국 동북지역

의 점토대토기문화 자체에 대한 편년과 그에 따른 한반도지역으로의 파급 과정에 대해 검토하기도 하였다(朴淳發 2004). 그러나 중국 동북지역의 점토대토기문화의 계보에 대한 이해는 아직 분명하지 않아 그를 둘러싼 종합적인 검토가 진행된 바(김미경 2009) 있다. 한반도 중남부지역으로의 유입시기에 대해서도 기원전 300년을 전후한 시점부터 기원전 6세기대까지 이견이 상존하고 있다. 여기서는 한반도로 남하한 중국 동북지역의 점토대토기문화의 계보를 중심으로 검토하고 아울러 그 남하 및 한반도 정착 과정을 중심으로 살펴보고자 한다.

한반도 중남부지역의 점토대토기문화와 동일한 점토대토기가 沈陽·鐵嶺·西豊 등 遼中·遼北을 중심으로 하는 涼泉文化와 관련 있을 것으로 본 견해(李健茂 1994)가 제기된 이래 양천문화에 대한 관심이 고조되었다. 사실 량취엔문화는 아직 발굴자료가 없어 문화로 명명할지 여부가 불확실한 것으로서, 涼泉類型으로 부르는 경우가 많다. 점토대토기·두형토기·橫帶耳弦紋壺(미송리형토기)·扁方足鼎 등의 토기상을 보이고 있어 인접한 西團山文化와의 관련성이 높은 것으로서 시기 폭은 春秋~漢初로 비정되었다(辛巖 1995, 51쪽). 이러한 토기상은 분명 한반도 중남부 점토대토기문화의 그것과 다르기 때문에 량취엔문화 혹은 량취엔유형의 토기상에서 편방족정등 삼족취사기는 제외되어야 한다는 의견(朴淳發 2004)과 함께 미송리형토기도 제외되어야 한다는 의견(김미경 2009)도 있었다. 물론 이러한 의견은 량취엔문화의 자료가 지표 채집된 자료라는 점을 염두에 둔 제안이었지만, 한편으로는 이 지역이 冒頭에서 설정한 극동아시아 농렵구의 서북 경계 지역에 위치하는 점을 감안하면 한반도 중남부지역의 점토대토기문화와의 비교를 통해 특정 토기 요소를 취사선택하는 것은 근본적인 해결이 아니라는 생각이다.

이와 관련해 참고되는 것이 중국 동북지역 전체를 대상으로 문화권을 설정하고, 나아가 개별 문화들에 대한 구체적인 양상을 파악한 연구 성과(趙賓福 2009)이다. 그에 따르면, 점토대토기는 雙房文化 중기~만기에 걸쳐 유행한 토기문화의 한 요소임이 확인된다. 수왕팡문화는 극동아세아 농렵구 각 지에서 발견되는 曲刃靑銅短劍, 즉 琵琶形銅劍·細形銅劍을 표지로 하는 각 토기상을 토대로 설정한 上馬石上層類型·尹家村2期文化·雙房類型·老虎冲類型·祝家溝類型 등이 동일 문화 범주에 속하는 雙房遺存들이라는 견해(王巍 2007)가 널리 받아들여지고, 그 후 雙房文化로 부르기도 한다.

수왕팡문화는 랴오둥반도 남단의 선행 문화인 雙砣子3기문화 혹은 羊頭窪文化에 기반을 두고 馬城子文化 晚期의 영향도 받아 西周 早期,[9] 즉 기원전 1100~1000년 무렵에(王巍 2007; 趙賓福 2009, 171쪽) 성립된 것으로서, 이후 남쪽에서 북쪽으로 확산되고 일부는 한반도 압록강·청천강 하구 지역의 미송리형토기로 나타난다(郭大順·張星德 2005, 489~490쪽; 王巍 2007). 수왕팡문화를 대표하는 토기상은 無耳壺(즉 長頸壺), 橫耳壺(즉 미송리형토기), 竪耳壺(즉 縱耳把手壺), 疊脣罐(이중구연토기 및 점토대토기), 그리고 豆 등으로서, 이들 각 기종의 기형 변화에 근거하여 조기·중기·만기 등 3분기 편년안(趙賓福 2009, 162~169쪽)이 제시되어 있다(〈그림 14〉 참조).

---

9) 西周는 早期(BC.1134~BC.1002), 中期(BC.1001~BC.879), 晚期(BC.878~BC.771)로, 春秋는 早期(BC.770~BC.670), 中期(BC.669~BC.570), 晚期(BC.569~BC.476)로, 그리고 戰國은 早期(BC.475~BC.390), 中期(BC.389~BC.310), 晚期(BC.309~BC.221)로 각각 구분한다.

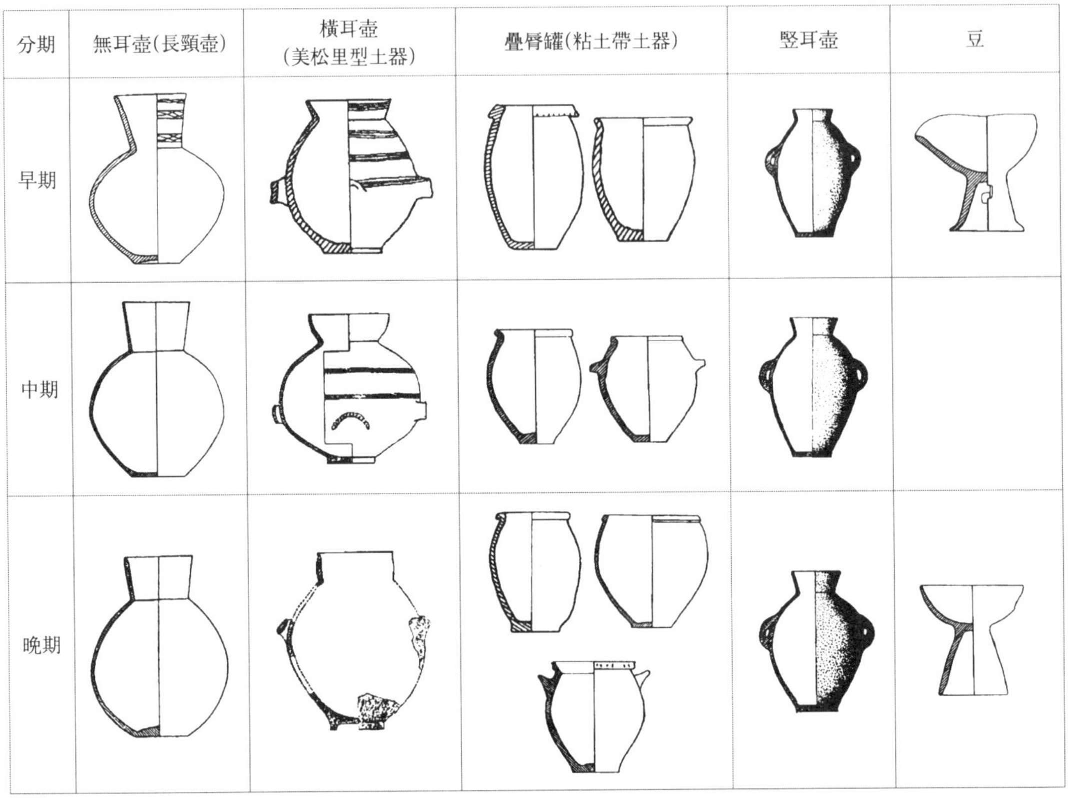

分期	無耳壺(長頸壺)	橫耳壺 (美松里型土器)	疊脣罐(粘土帶土器)	竪耳壺	豆
早期					
中期					
晚期					

그림 14 _ 雙房文化 土器의 變遷(趙賓福 2009, 163~167쪽에 의해 필자 작성)

한편, 曲刃靑銅短劍文化를 대상으로 형성기, 발전 융합기, 東退期 등 3단계 편년안(郭大順·張星德 2005, 484~503쪽)에 따르면, 雙房類型은 최초로 비파형동검을 제작·사용하다가 발전 융합기에 遼西의 十二臺營子類型(기원전 900~800년), 遼中의 鄭家窪子類型·遼東半島의 後雙房類型(기원전 550~450년) 등 각지로 확산 발전하였다. 동퇴기는 요서로 확장되었던 범위가 동쪽으로 축소되면서 동시에 비파형동검이 세형동검으로 변화되는 단계로서 기원전 300~200년 무렵에 해당된다.

이러한 견해들을 종합해 보면 한반도 중남부지역으로 남하하여 점토대토기문화로 정착한 고고문화의 주체는 극동아시아 농렵구의 요동반도 일대에서 성립하여 북·동 방향으로 확산되었던 수왕팡문화이며, 점토대토기문화의 토기상과 가장 유사한 것은 수왕팡문화 중·만기 혹은 정자와쯔유형 및 동퇴기에서 찾을 수 있다. 이로써, 량취안유형은 수왕팡문화의 遼中 정자와쯔유형과 西團山文化가 복합된 것에 불과함을 알 수 있다. 그러므로 한반도 점토대토기문화와 가장 밀접한 것은 랴오중 지역의 정자와쯔유형이라 할 수 있다. 입론의 과정은 다르지만 한반도 점토대토기문화와 관련된 것으로 설정한 凉泉文化를 鄭家窪子文化로 불러야 한다는 견해(김미경 2009)는 일리가 있다.

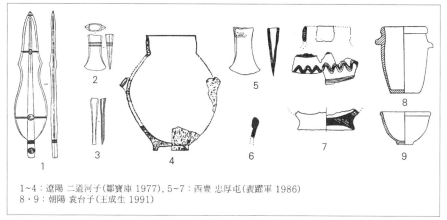

1~4 : 遼陽 二道河子(鄒寶庫 1977), 5~7 : 西豊 忠厚屯(裵躍軍 1986)
8・9 : 朝陽 袁台子(王成生 1991)

그림 15 _ 中國 東北地域 粘土帶土器文化 1段階

필자는 중국 동북지
역의 점토대토기문화
의 한반도 정착 과정
과 관련하여 遼寧지역
의 점토대토기를 포함
한 유적들에 대한 편년
안을 제시하고 그와 비
교되는 한반도 지역 점
토대토기 출현 과정에
대해 검토한 바(朴淳發
2004) 있다. 그 주요 요
지는 다음과 같다.

한반도 細形銅劍期
의 표지적인 토기문화
인 점토대토기문화는
西豊, 昌圖, 開原, 撫順,
本溪, 遼陽 등지 및 근
접 평원지대인 鐵嶺,
沈陽 등지의 약 200×
100km의 범위내에 집
중적으로 분포하고 있

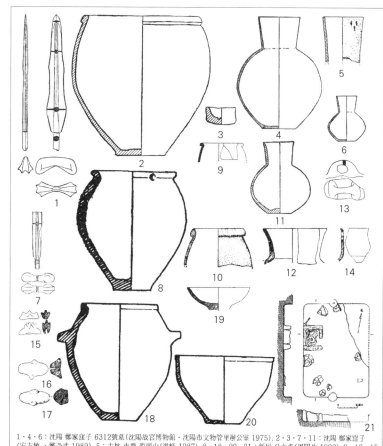

1・4・6:沈陽 鄭家窪子 6312號墓(沈陽故宮博物館・沈陽市文物管里辦公宰 1975), 2・3・7・11:沈陽 鄭家窪子
(安志敏 ・鄭乃武 1989), 5:吉林 東豊 龍頭山(洪峰 1987), 8・18・20・21:新民 公主屯(周陽生 1990), 9・12・15
:開原 鬮山(曹桂林外 1992), 13:昌圖 西台山(曹桂林外 1992), 14・16:西豊 姜家溝(曹桂林外 1992), 17:西豊 沙河
(曹桂林外 1992), 19:西豊 山門卡(曹桂林外 1992)

그림 16 _ 中國 東北地域 粘土帶土器文化 2段階

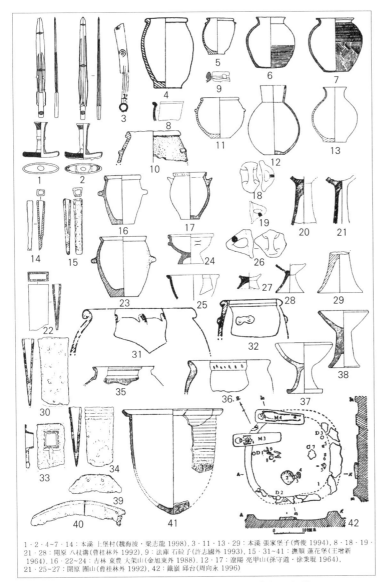

음이 확인되며, 토기상 등에 의해 크게 3단계로 구분 가능하다.

제I단계는 기원전 800~600년경에 해당되는데, 요녕지역 琵琶形銅劍 前期와 병행되는 것으로서 斷面圓形粘土帶土器와 美松里型土器가 공반된다.

제II단계는 遼北 및 遼中지역이 중심이 되는 이른바 凉泉文化의 단면원형점토대토기로 대표되는데, 그 시간적인 범위는 기원전 600~300년경이다. 이 단계에는 미송리형토기 대신 흑색마연 장경호, 高柄豆(혹은 柱柄豆), 環形 또는 組合牛角形把手 등으로 구성된 토기상을 보인다. 현재까지 알려진 자료는 많지 않으나 공반 銅劍의 형식 발전 단계 및 토기상의 차이를 토대로 기원전 600~400년 기간의 비파형동검 중·후기 형과 병행하는 II-1기와 기원전 400~300년 동안의 세형동검과 병행하

1·2·4~7·14 : 本溪 上堡村(魏海波·梁志龍 1998), 3·11·13·29 : 本溪 張家堡子(齊俊 1994), 8·18·19·21·28 : 開原 八杈溝(曹桂林外 1992), 9 : 法庫 石砬子(許志國外 1993), 15·31~41 : 撫順 蓮花堡(王增新 1964), 16·22~24 : 吉林 東豊 大架山(金旭東外 1988), 12·17 : 遼陽 亮甲山(孫守道·徐秉琨 1964), 21·25~27 : 開原 圍山(曹桂林外 1992), 42 : 鐵嶺 邱台(周向永 1996)

그림 17 _ 中國 東北地域 粘土帶土器文化 3段階

는 II-2기로 세분 가능하다.

　제III단계는 戰國 燕의 영향이 나타나는 단계로서 燕 秦開의 東侵 시점인 기원전 300년경 이후부터 기원전 200년경의 前漢初까지 기간에 해당한다. 종래의 단면원형점토대토기와 더불어 斷面三角形粘土帶土器가 새로이 모습을 보이며, 戰國末-漢初의 打捺文土器도 생활용기로 정착되고 鑄造된 鐵鎌, 鐵斧, 鐵鑿, 半月刀 등 철기가 보편적으로 사용된다.

　지금까지 확인된 한반도 점토대토기문화를 요녕 점토대토기문화와 대비해 보면 제I단계에 해당하는 것이

일부 압록강유역이나 대동강유역에 유입되기도 하였으나 그 영향은 지속적이지 않은 채 재지문화에 흡수되었던 것으로 보인다.

　　그러나, 제II-2단계의 말기인 기원전 300년에 일어난 燕과 古朝鮮의 무력 충돌을 계기로 燕秦漢 長城 주변에 위치한 요녕 점토대토기문화인들은 다수 한반도 지역으로 이동하였던 것으로 보인다. 이때의 경로는 西海岸 海路와 함께 鴨綠江流域-淸川江流域-元山灣을 경유한 陸路도 동시에 활용되었을 것으로 추정된다. 특히, 江原 嶺東 지역이나 嶺南 지역의 점토대토기문화가 후자의 루트를 이용하였을 가능성이 높다. II-2단계 요녕 점토대토기문화 이주민들은 토착 무문토기인들을 基層으로 재편하면서 새로운 細形銅劍文化를 전개하였다.

　　이러한 大規模 移住 이후에도 전국말-한초의 철기문화를 소지한 요녕 점토대토기문화인들이 한반도 남부지역으로 추가로 유입되기도 하였던 것으로 보인다.

　　이러한 필자의 전고 내용은 위에서 본 바와 같이 수왕팡문화 분기안의 중·만기 및 곡인청동단검 발전단계상의 발전 융합기·동퇴기의 양상과 거의 일치함을 알 수 있다. 전고의 요녕 점토대토기 제II단계의 연대폭은 정자와쯔유형의 기원전 550~450년에 비해 다소 상하폭이 확대되었으나 기원전 300년 무렵을 동퇴기로 설정하고 있으므로 하한은 기원전 300년 무렵으로 비정하고자 한다.

　　한편 전고에서 구체적으로 다루지 못한 정자와쯔유형의 묘제에 대해 잠시 살펴보기로 한다. 모두에서 말한 바와 같이 극동아시아 농렵구의 고유묘제는 石構墓인데 비해 동시기 遼西지역의 묘제는 토광묘이다. 그런데 1965년에 발굴조사된 정자와쯔 유적에서는 모두 14기의 무덤이 확인되었는데, 대형묘인 6512호 무덤은 토광목곽묘로 확인되었다. 고유의 석구묘에 대신하여 등장한 목곽묘는 燕 묘제의 영향으로 보아야 한다는 견해(郭大順·張星德 2005, 495쪽)가 있다. 十二臺營子유형 단계는 대형 석곽 혹은 석실묘인 점에 비추어 보면 목곽묘의 등장은 역시 외래적인 것임은 분명하다.

　　정자와쯔유형과 병행하는 랴오둥반도 지역의 후수왕팡유형에 속하는 尹家村12호 무덤은 토광의 주변을 따라 마치 돌을 돌린듯하여 土壙圍石墓로 부르기도 한다. 그런데 이러한 양상은 목관과 같은 葬具가 부식되고 토광과 목관 사이에 補入한 돌만이 남아 있는 것으로서, 정자와쯔 6512호의 경우와 마찬가지로 목제 장구를 사용한 결과로 보아야 한다. 한반도 중남부 지역에서도 점토대토기를 부장한 무덤은 이와 동일한 양상을 보이고 있어 점토대토기문화의 유입과 더불어 묘제 역시 종래의 석관묘·지석묘와 같은 석구묘에서 목재 장구묘로 이행되고 있었음을 알 수 있다.

V. 맺음말

　　한반도 청동기시대의 시작과 종말을 설정하는 일은 신석기시대와 청동기시대의 전환, 그리고 청동기시대와 초기철기시대의 전환과정에 대한 구체적인 규명을 통해 비로소 가능한 일이다.

　　이 문제에 접근하기 위해 본고에서는 우선 장기적인 관점에서 한반도의 역사·문화 전개에 밀접한 상관을 가지고 있는 공간을 설정하였다. 동질적인 문화 성립의 토대는 생계경제상의 동질성이므로, 한반도와 자연지리적인 유사성이 높은 일련의 공간을 설정할 필요가 있었다. 그 결과 遼東半島, 遼河以東의 長白千山 山地, 黑龍江이 횡단하는 小興安嶺 以南, 우수리강 以西의 沿海州, 韓半島를 하나의 자연지리적 권역으로 묶을 수 있었다. 이 권역은 유라시아 대륙의 최동단에 위치한 狩獵·漁獵·農業 혼합 경제가 영위되는 곳이므로 極東亞細亞 農獵區라 命名하였다.

극동아시아 농렵구의 고고학적 정체성은 農業·漁獵 중심의 생계경제, 筒形罐 중심 炊事器(三足炊事器不在), 積石墓·石棺墓·支石墓 등 石墓 傳統의 지속, 琵琶形銅劍·多鈕鏡 등 특징적인 청동기 전통이라 할 수 있다. 특히 청동기시대에 문화적 특징이 현저한 이 지역은 이후 古朝鮮·濊·貊·夫餘·高句麗·沃沮·東濊·三韓·百濟·新羅·加耶 등 현재의 韓民族 여러 先民들의 활동 공간이었음은 물론이다. 극동아시아 농렵구 역대 주민들의 중요한 특징 가운데 하나는 기후 변화, 정치·사회적 변화에 직면할 경우 기본적으로 남북방향으로의 이동을 선택하였다는 사실이다. 그 결과 한반도 역대 문화변동의 핵심 동력의 파장은 거의 대부분 북에서 남으로 향하였다는 점도 흥미롭다.

극동아시아 농렵구의 문화변동에 있어 가장 중요한 획기 가운데 하나는 이 권역 최초의 농경문화인 偏堡文化의 성립이다. 遼東半島 남단에서 출현한 이 문화는 遼西지역의 紅山文化와 山東半島의 大汶口文化로부터 각각 영향을 받아 기원전 3000년 무렵에 등장하여 기원전 2500년 경까지 지속되었다. 그 영향은 북으로 遼中지역까지, 동으로는 한반도 압록강·청천강 하구 서해연안 지역까지 직접 미쳤으나, 그 이남 한반도지역으로는 그 영향이 크지 않았다.

기원전 2500~2000년 사이에 점차 성행하였던 무문부가퇴문토기는 小珠山上層 단계의 雙砣子1期 前期 문화의 확산과 더불어 泗川 舊坪里유적과 같이 한반도 남단까지 영향을 미치게 되고, 뒤이어 수왕투어쯔1기 후기의 彩繪陶와 공반된 부가퇴문토기가 역시 압록강·청천강 하구 연해지역의 新岩里 제3지점 1문화층·2문화층을 거쳐 한반도 중남부에 파급되면서 渼沙里類型으로 나타난다.

한편, 신암리 2문화층은 한반도 최초의 청동기 출현 단계이므로 3시기 구분법으로는 청동기시대에 해당된다. 동시기 한반도 중남부 지역에서 청동기의 제작·사용이 아직 불명확하지만 필자는 신암리Ⅱ(신암리 3지점 1문화층 포함) 단계부터 청동기시대로 편입 가능한데, 그 시기는 기원전 1900~1300년 사이의 어느 무렵으로 비정될 수 있나. 따라서 신암리Ⅱ와 밀접한 관련이 있는 한반도 중남부 지역의 미사리 유형은 청동기시대의 무期로 설정할 수 있다.

한반도 청동기시대의 마감은 戰國 燕 鐵器文化의 파급에 따른 일련의 문화변동과 관련됨은 분명하다. 그러나 토기문화상으로 보면 그러한 변화의 시작은 한반도 중남부지역에 점토대토기문화가 출현하는 것과 밀접하다. 그간 점토대토기문화의 계통 파악에 혼선이 없지 않았으나 최근 중국측 연구 성과를 통해 雙房文化의 중만기 단계에 해당되는 것으로서 지역적으로는 沈陽을 중심으로 하는 遼中의 鄭家窪子類型으로 특정할 수 있다. 수왕팡문화 자체는 남에서 북으로의 확산이 강한데 비해 한반도 지역으로의 영향은 清川江유역 이남에 미치지 않았으나, 기원전 300년을 전후한 시점의 燕-古朝鮮 사이의 政治·軍事的 충돌을 계기로 한반도 중남부 지역으로 대거 남하하였던 것으로 이해된다. 그 가운데 수왕팡문화 만기 혹은 비파형동검이 세형동검으로 변화되는 시점에 燕 鐵器文化가 본격적으로 한반도지역으로 파급되면서 초기철기시대가 시작된다.

이상에서 보듯 한반도 청동기시대의 始末과 관련된 전환의 본질은 청동기와 철기의 출현에 있지 않다. 극동아시아 농렵구 전체를 대상으로 보아도 생업경제상 농경문화의 출현 및 확산 과정이 청동기의 등장보다 훨씬 심대한 영향을 미친 것이 분명하다. 그리고 청동기시대의 종말 역시 철기 그 자체의 파급보다 雙房文化 晩期의 점토대토기문화 남하를 推動한 무엇인가의 영향이 더욱 컸다. 현재로서는 燕과 고조선 사이의 있었던 정치·군사적 요인을 대신할 그 무엇을 상정하기 어렵다(2014년 12월 30일).

참고문헌

1. 國文

강인욱, 2011, 「동북아시아적 관점에서 본 북한 청동기시대의 형성과 전개」 『東北亞歷 史論叢』 第33號.

경남발전연구원 역사문화센터, 2011, 『진주 평거 3-1지구 유적』.

고고학연구소, 1969, 「기원전 천년기전반기의 고조선문화」 『고고민속논문집』 1, 사회과학출판사.

김미경, 2009, 「遼東地域 青銅器時代 土器文化圈 설정에 관한 再檢討 -涼泉文化를 中心으로-」 『東北亞 青銅器文 化 展開와 韓半島』(제19회 호서고고학회 학술대 회 논문집), 호서고고학회.

김례환, 1958, 「평북 지방에서 발견된 원시 유적」 『문화유산』 4기.

김장석, 2011, 「신석기문화의 종말과 청동기문화의 성립」, 중앙문화재연구원 편 『한국 신석기문화 개론』, 서경문 화사.

김재윤, 2004, 「韓半島刻目突帶紋土器의 編年과 系譜」 『한국상고사학보』 46.

김용간 · 리순진, 1966, 「1965년도 신암리유적발굴보고」 『고고민속』 3호.

김용간 · 석광준, 1984, 『남경유적에 관한 연구』, 과학 · 백과사전출판사.

단국대학교 중앙박물관, 1993, 『사천 구평리 유적 -신석기시대 조개더미 발굴보고』.

도유호, 1960, 『조선 원시 고고학』, 과학원출판사.

리순진, 1965, 「신암리 유적 발굴 중간 보고」 『고고민속』 3호.

朴淳發, 1993a, 「한강유역의 청동기 · 초기 철기문화」 『한강유역사』, 민음사.

朴淳發, 1993b, 「우리나라 初期鐵器文化의 展開過程에 對한 약간의 考察」 『考古美術史論』 3輯, 忠北大學校 考古 美術史學科.

朴淳發, 2004, 「遼寧 粘土帶土器文化의 韓半島 定着 過程」 『錦江考古』 創刊號, 忠清文化財研究院.

朴淳發, 1999, 「欣岩里類型 形成 過程 再檢討」 『湖西考古學』 創刊號.

朴淳發, 2014, 「極東亞細亞 農獵區論」 『한 · 중 인문학 연구의 현재와 미래』(제7회 2014 한 · 중 국제학술대회 발 표논문집), 충남대학교 인문대학.

徐姈男, 1994, 「考察」 『淸道 梧津里 岩陰 遺蹟』, 釜山大學校博物館.

安在晧, 2006, 『青銅器時代 聚落研究』, 釜山大學校大學院 博士學位論文.

王巍, 2007, 「雙房遺存研究」(原載 『慶祝張忠培先生七十歲論文集』, 科學出版社, 2004) 『東亞考古論壇』 第3輯, 忠清 文化財研究院.

李康承 · 朴淳發, 1995, 「新石器 · 青銅器時代 遺蹟 調査」 『屯山』, 忠南大學校博物館.

李健茂, 1994, 「韓國式 銅劍文化의 性格 : 成立背景에 대하여」 『東아시아의 青銅器文化』, 文化財管理局 文化財研 究所.

임상택, 2008, 『한반도 중서부지역 빗살무늬토기문화 변동과정 연구』, 일지사.

차달만, 1992, 「당산조개무지유적 발굴보고」 『조선고고연구』 제4호.

천선행, 2007, 「無文土器時代의 早期設定과 時間的 範圍」 『韓國青銅器學報』 1號.

천선행, 2010, 「신석기시대 후말기 이중구연토기 형성과정 재검토」 『韓國新石器研究』 第20號.

천선행, 2011, 「신석기시대후말기 이중구연토기의 지역적 전개양상」 『韓國上古史學報』 第72號.

2. 中文

霍東峰, 2011, 「旅大地區史前時期的積石墓的考古學觀察」 『北方文物』 第4期.

郭大順, 2003, 「東北文化區的提出及意義」 『邊疆考古研究』 1輯.

郭大順 · 馬沙, 1985, 「以遼河流域爲中心的新石器文化」 『考古學報』 第4期.

郭大順 · 張星德, 2005, 『東北文化與幽燕文明』, 江蘇教育出版社.

金英熙 · 賈笑氷, 2009, 「遼寧長海縣小珠山新石器時代遺址發掘簡報」 『考古』 第5期.

佟柱臣, 1961, 「東北原始文化的分布與分期」 『考古』 第10期.

欒豊實, 2006, 「論遼西和遼東南部史前時期的積石冢」 『紅山文化研究』(2004年紅山文化 國際學術研討會論文集),
        文物出版社.

丹東市文化局文物普査隊, 1984, 「丹東市東溝縣新石器時代遺址調査和試掘」 『考古』 第1期.

大貫靜夫, 1989, 「東北亞洲中的中國東北地區原始文化」 『慶祝蘇秉琦考古五十五年論文集』, 文物出版社.

大連市文物考古研究所, 1994, 「遼寧大連大潘家村新石器時代遺址」 『考古』 第10期.

蘇秉琦 · 殷瑋璋, 1981, 「關于考古學文化的區系類型問題」 『文物』 第5期.

安志敏 · 鄭乃武, 1989, 「沈陽肇工街和鄭家窪子遺址的發掘」 『考古』 第10期.

遼寧省文物考古研究所 等, 1992, 「遼寧省瓦房店市長興島三堂村新石器時代遺址」 『考古』 第2期.

遼寧省文物考古研究所 · 本溪市博物館, 1994, 『馬城子-太子河上游洞穴遺存』, 文物出版社.

遼寧省博物館文物工作隊, 1984, 「內蒙古翁牛特旗兩處新石器時代遺址」 『內蒙古文物考古』 3期(通).

辛巖, 1995, 「遼北地區青銅時代文化初探」 『遼海文物學刊』 第1期.

沈陽市文物管理辦公室, 1986, 「新民東高臺山第二次發掘」 『遼海文物學刊』 創刊號.

兪爲潔, 1998, 「中國 東部地區 半月形石刀 初探」 『古文化』 51輯.

劉俊勇, 1997, 「遼寧瓦房店市長興島青銅文化遺址調査」 『考古』 第12期.

劉學堂, 2008, 「中國早期銅鏡起源研究 -中國早期銅鏡源于西域說」 『新疆石器時代興青銅時代』, 文物出版社.

王嗣洲, 2012, 「遼東半島公元前3000年前後考古學文化現象初探」 『北方文物』 第2期.

王嗣洲 · 金志偉, 1997, 「大連北部新石器文化遺址調査簡報」 『遼海文物學刊』 第1期.

王增新, 1958, 「遼寧新民縣偏堡沙崗新石器時代遺址調査記」 『考古通訊』 第1期.

李步青 · 王錫平, 1988, 「膠東半島新石器文化初論」 『考古』 第1期.

李新全, 2009, 「遼東地區積石墓的演變」 『東北史地』 第1期.

林沄, 1998, 『林沄學術論文集』, 吉林大學出版社.

張盟, 2007, 「東北地區石刀研究」, 吉林大學 碩士學位論文.

張星德, 2009, 「下遼河流域新石器文化的年代及譜系問題初探」 『邊疆考古研究』 8輯.

張星德, 2013, 「偏堡文化陶器分期及其相關問題」 『邊疆考古研究』 13輯.

張翠敏, 2012, 「小珠山三期文化與雙砣子一期文化再認識」 『北方文物』 第4期.

張忠培, 1997, 「黑龍江考古學的幾個問題的討論(1996年8月24日在"渤海文化研討會"上的發言」 『北方文物』 第1期.

趙賓福, 2009, 『中國東北地區夏至戰國時期的考古學文化研究』, 科學出版社.

趙賓福, 2010, 「中朝隣境地區的新石器文化比較研究」 『邊疆考古研究』 第9輯.

趙志軍, 2005, 「粟類作物及中國北方旱作農業起源研究的新資料和新思考」 『景觀의 考古學』(第1回 國際學術會議
        論文集), 高麗大學校 考古環境研究所.

朱永剛, 1993,「遼東地區新石器時代含條形堆紋陶器遺存研究」『靑果集』(吉林大學考古專 業成立二十周年考古論文集), 知識出版社.

『中國大百科全書·考古卷』, 1986, 中國大百科全書出版社.

陳國慶·張鑫, 2013,「北溝文化分期與淵源考」『邊疆考古研究』13輯.

陳淑卿, 2003,『遼西地區新石器時代文化變遷』, 山東大學 博士學位論文.

陳全家·陳國慶, 1992,「三堂新石器時代遺址分期及相關問題」『考古』第3期.

馮恩學, 1991,「東北平底筒形罐區系研究」『北方文物』第4期.

韓榕, 1986,「膠東史前文化初探」『山東史前文化論文集』, 齊魯書社.

許玉林, 1988,「東溝縣西泉眼新石器時代遺址調査」『遼海文物學刊』第1期.

許玉林, 1990,「遼寧東溝縣石佛山新石器時代晚期遺址發掘簡報」『考古』第8期.

許玉林·金石柱, 1986,「遼寧丹東地區鴨綠江右岸及其支流的新石器時代遺存」『考古』第10期.

許玉林·蘇小幸, 1984,「大連市郭家村新石器時代遺址」『考古學報』第3期.

許玉林·楊永芳, 1992,「遼寧岫岩北溝遺址發掘簡報」『考古』第5期.

3. 日文
宮本一夫, 1985,「中國東北地方における先史土器の編年と地域性」『史林』第68卷 2號.

宮本一夫, 1986,「朝鮮有文土器の編年と地域性」『朝鮮學報』第121集.

宮本一夫, 1991,「遼東半島周代竝行土器の變遷 －上馬石貝塚A·BII區を中心に」『考古學雜誌』第76卷 4號.

鄭漢德, 1996,「美松里型土器形成期に於ける若干の問題」, 東北亞細亞考古學硏究會編『東北アジアの考古學第二[槿域]』, 깊은샘.

千葉基次, 1996,「遼東靑銅時代開始期 －塞外靑銅器文化綜考1－」, 東北亞細亞考古學硏究會 編『東北アジアの考古學第二[槿域]』, 깊은샘.

제3장
청동기시대의 연대

이창희　동국대학교

Ⅰ. 머리말

　청동기시대의 연대관은 연구자들의 기준과 관점 차에 따라, 그리고 새로운 탄소14연대측정치가 축적되면서 계속해서 변해 왔는데, 주로 상향조정을 거듭해 왔다. 청동기시대의 시기구분론은 차치하더라도 전반부가 상향조정되면서 한 시대의 스팬(span)이 길어져, 후반부의 시작점도 자연스레 올라가게 되었다. 이에 연대론은 무엇보다도 청동기시대의 개시연대에 대한 추론이 중요시 되어 왔으나 최근에는 남한의 청동기시대를 구성하고 있는 제 유형의 시·공간적 관계를 밝히는데 몰두하고 있는 형국이다.

　1980년대 초반까지만 해도 구체적인 고고자료의 비교보다는 우리나라의 청동기문화를 카라스크문화나 요령지방의 청동기문화와 관련시켜 상한을 기원전 9·8·7세기로 다양하게 추론하였고, 가장 올려본 견해가 기원전 1000년경이었다(김원룡 1986). 이러한 견해들에 대해 공공연히 문제점은 인식되고 있었지만 구체적으로 다시 재검토된 것은 21세기가 되어서였다. AMS에 의한 탄소14연대측정이 활발해지면서 우리나라의 청동기시대 관련 탄소14연대측정치의 축적도 괄목할만큼 증가했기 때문이다. 다만 1982년 최성락은 탄소14연대에 의해 청동기시대의 시작을 기원전 14세기까지 올라갈 수 있다는 가능성을 제시한 바 있다(최성락 1982). 탄소14연대 자체의 자료 부족 및 불신과 더불어 당시에는 거의 무시되다시피 하였으나, 현재에는 이 시기 유일한 역연대의 근거는 탄소14연대가 되었고, 다수의 청동기시대 연구자들이 탄소14연대를 이용해 연대를 추정하고 있다.

　21세기에 들어서는 탄소14연대를 이용하여 직접적인 연대추정을 비롯, 지역성과 시간성에 대한 논의, 상대편년의 검증, 시대구분론, 전환기의 문화상 등 다양한 논점과 연구성과가 발표되었고, 심지어 형식학적 연구방법론에 대한 비판적인 인식도 생겨나게 되었다(김장석 2001; 이진민 2004; 이홍종 2006; 김명진 외 2005; 김현식 2008·2011·2015; 이형원 2009·2014; 안재호 2010·2011; 이창희 2010·2011· 2013; 한국청동기학회 2013; 황재훈 2014·2015; 박영구 2015; 박성희 2015; 송만영 2015; 정대봉 2015 외).

　본고와 같이 짧고 제한된 지면을 통해 축적된 모든 탄소14연대를 망라하여 청동기시대의 종합적인 역연편년을 하는 것은 무리이며, 필자의 역량 또한 부족하다. 청동기시대와 관련해서는 조기와 전기의 일부, 그리고 점토대토기에 대해 필자가 직접 탄소14연대를 분석한 바 있으나 전기의 나머지 일부와 송국리·검단리유형에 대해서는 그렇지 못했다. 또한 구고 이후 새로운 탄소14연대측정치들이 축적되었다. 따라서 여기에서는 상기 기존의 연구성과를 충분히 활용하도록 한다. 기발표된 논문이 반드시 탄소14연대와 보정연대에 대한 정확한 이해에서 비롯된 것으로는 볼 수 없으나, 큰 흐름에는 어긋나지 않는다. 즉 탄소14연대만을 이용하여 청동기시대 전체의 역연대를 큰 틀에서 파악하여 연표를 작성하는 것이 목적이다. 이후 각 시기마다의 탄소14연대를 집성하고, 고고학적 정보와의 상호관계를 따져가면서 세밀한 분석이 이루어짐으로써 본고의 거시적 연표가 세부조정을 거치면서 수정되어 나간다면, 향후 청동기시대의 객관적이고 종합적인 편년표가 완성될 것으로 믿는다.

　청동기시대의 시기구분은 '조기-전기-중기-후기'의 4분기설을 채택한다. 시기구분에 대한 논의는 논점과 어긋나므로 생략한다. 아직 조기설정론이 유효한 것으로 판단되는데, '조기-전기-후기'의 3분기설(안재호 2006)의 뒷부분을 수정한 것이나 다름없다. 필자는 원형점토대토기의 상한을 기원전 7~6세기로 보면서, 송국리유형과 원형점토대토기문화와의 공존기를 매우 길게 파악하고 있고, 한국식동검문화는 청동기시대에 포함시켜야 마땅하며, 초기철기시대나 철기시대의 시작은 철기의 출현시점으로 보아야 한다고 생각한다(이창희 2010). 따라서 3분기설의 후기를 다시 중기와 후기로 나누고, 중기를 송국리유형, 후기를 원형점토대토기의 이른 단계와 한국식동검문화가 포함된 것으로 보면서 설명하도록 한다.

Ⅱ. 유형론과 편년

　1990년대부터 청동기시대의 취락고고학 연구가 활성화되었고, 21세기에 들어서는 이미 뿌리깊이 자리잡아 있던 유형을 위시로 한 지역상 연구가 심화되었다. 청동기시대 조·전기를 대표하는 미사리·가락동·역삼동·흔암리유형과 중기의 선송국리·송국리유형에 대한 시·공간성 분석이 행해지면서 연구자 간의 갈등도 심화되었다. 특히 최신 연구 동향은 조·전기를 대표하는 유형들의 탄소14연대측정치에서 뚜렷한 선후관계가 드러나지 않아 각 유형들은 지역에 따라 혼재하면서 공존했던 것으로 이해하려는 경향이 강하다. 탄소14연대의 이용이 이러한 논의를 증폭시킨 원인 중 하나이지만, 계통론에 시간을 부여하여 발생과 소멸의 상대서열을 정한 연구자들이 탄소14연대를 이용하지 않은 것은 아니다. 그럼에도 불구하고 전기의 경우 가락동→흔암리→역삼동, 혹은 가락동+역삼동→흔암리 등의 견해차가 발생하기도 했으며, 대표 유적명은 토기인지 유형인지 헷갈린 채로 혼용되고 있는 실정이다. 필자는 이러한 근본적 원인이 청동기시대 연구에 유행하고 있는 유형론에 있다고 본다.

적어도 청동기시대 연구자들에게는 일반적인 용어가 된 유형은 연구자들마다 그 개념의 이해에 다소 차이를 보이고 있다. 최근에는 많은 연구자들이 각론의 진행에 앞서 유형에 대한 연구약사를 소개하고, 개념에 대한 검토를 선행하고 있어(이형원 2009; 황재훈 2014; 박성희 2015 외), 새삼 여기에서 상세히 검토할 필요는 없다. 다만 각론의 적용에 그 이해를 달리 하고 있는 점은 문제이다. 각 유형으로 설정된 유구(주거지)와 유물(토기)이 서로 어긋나거나 복합되는 사례가 비일비재하기 때문인데, 연구자마다 기준이 달라 같은 고고자료가 다른 유형으로 설정되거나 다른 고고자료가 같은 유형으로 설정되는 경우가 많다.

이청규(1988)에 의해 처음으로 사용된 유형이란 용어는 박순발(1999)의 유형 개념을 거쳐 지금까지 이어오는 것으로 볼 수 있는데, 핵심적 의미는 '동시간대의 유구와 유물군'으로 요약할 수 있다(안재호 2009). 나아가 유형은 특정 주민집단을 지칭하는 것으로 이해되는 경향이 강해 다양한 해석으로 가지를 뻗어 복잡화되고 있다. 그런데 유형을 유물복합체(assemblage)로 이해할 경우 型式과 樣式으로 분리시켜 이해할 수 있고, 일련의 양식을 문화로 인식할 수 있는 반면, 유형을 유구·유물복합체로 이해하게 되면 문제가 발생한다. 유구·유물복합체의 조합이 상이할 경우 변화가 적고 전통성이 강한 주거와 석기를 중심으로 유형을 설정하기도 하고(박성희 2015), 인간의 식생활과 밀접히 관련되어 있는 토기를 우선 순위에 두기도 한다(안재호 2006; 김민철 2008). 예를 들어 동북한 기원(이백규 1974)의 역삼동계 요소인 구순각목문의 기원지를 어디로 보는가에 따라 그 이해가 완전히 달라진다. 구순각목문을 특정 토기문화의 계통으로 보기 어려워 이중구연(+단사선, 거치문)에 구순각목문이 시문되어 있는 토기를 가락동식토기로 보거나(이형원 2001), 각목돌대문이 점차 구순부쪽으로 이동하면서 나타난 돌대문의 최종 퇴화형으로 보아 구순각목문의 기원이 돌대문에 있는 것으로 보는(안재호 2009) 등 논의의 대상이다. 이로 인해 구순각목문(단독)이나 구순각목이 시문된 이중구연토기를 가락동식토기와 역삼동식토기로 달리 이해하는 연구자가 속출하고 있으며, 출토된 주거지를 가락동유형이나 역삼동유형으로 달리 설정하게 된다. 또한 두 유형이 뚜렷하게 구별되지 않는다 하여 역삼동·흔암리유형을 합치되 공렬문토기와 적색마연토기는 역삼동식토기로, 공렬문과 이중구연 또는 단사선이 한 개체에 결합된 토기를 흔암리식토기로 분류하기도 한다(이형원 2009). 이러한 경위에 대한 연구자 간의 정리·통합이 선행되지 않은 채로 탄소14연대측정치가 부여되면서 유형 간, 그리고 유형을 구성하고 있는 고고자료의 시간성도 뒤틀리고 있다.

이미 유형에 대한 무용론(안재호 2009)과 비판론(황재훈 2014)이 제기 되고 있는데, 본고의 제일의 목적이 청동기시대 남한의 역연편년표를 작성하는 것이어서, 유형론은 적어도 본고에서는 편년에 오류를 범하게 하는 장애 요소임에 틀림없다. 이를 테면 기왕의 연구성과에서 역삼동유형으로 망라된 탄소14연대측정치를 보면, 실은 이중구연(+단사선, 거치문), 구순각목문, 구순각목문+공렬문, 또한 그것들의 복합문인 흔암리계 문양이 모두 섞여 있다. 본고에서는 조·전기의 편년을 토기를 중심으로 미사리계토기(돌대문토기), 가락동계토기(이중구연·이중구연단사선문·이중구연거치문), 역삼동계토기(구순각목문·공렬문·구순각목공렬문·돌류문), 흔암리계토기(가락동계·역삼동계의 복합문양)로 정리한 것이어서 제유형의 편년이 아니라는 점을 밝혀둔다. 따라서 반드시 해당 토기가 출토된 유구의 탄소14연대를 이용하였다. 중 · 후기의 송국리유형과 검단리유형은 유구 · 유물복합체의 실체가 조 · 전기에 비해 상대적으로 명확한 편이어서 편의상 유형이란 용어를 그대로 사용한다.

마지막으로는 청동기시대 남한 전체를 하나의 역연편년표로 작성하기 위해 중부지역(경기 · 호서 · 영서 · 영동)을 중심으로 편년축을 마련하도록 한다. 남한을 하나의 편년체계로 설정하기 위해서는 지역상을 제외한 공통된 요소를 선택하지 않으면 안된다(안재호 2009). 세부편년표는 편년축을 기준으로 지역간 병행관계를 병기해 넣는 방법이 가장 적합하다고 생각한다. 선사시대 전체 편년의 큰 틀 속에서는 한 시대 · 분기의 연대를 편년축의 연대로 표기하여 그 물질문화에 대한 지역적 버라이어티는 지양하고 암묵적으로 동의해야 할 것이다(이창희 2013).

III. 청동기시대의 탄소14연대

표 1 _ 본고의 용어 적용

미사리계토기	(각목)돌대문토기
가락동계토기	이중구연, 이중구연단사선문, 이중구연거치문토기
역삼동계토기	구순각목문, 공렬문, 구순각목공렬문, 돌류문
흔암리계토기	가락동계문양과 흔암리계문양이 복합된 토기

전술한대로 조 · 전기는 유형이 아닌 토기의 연대이다. 본고의 기준을 〈표 1〉에 일러두는데, 현재 이 시기의 '○○○식토기'가 型式이나 樣式으로 정립된 것으로 볼 수 없어 '○○○계토기'로 표현해 둔다.[1] 송국리 · 검단리유형은 송국리식 · 검단리식토기가 출토되지 않았더라도 송국리식 · 검단리식주거지에서 샘플링한 탄소14연대측정치를 함께 사용하였다.

조 · 전기의 연대는 기존의 연구성과에서 이용된 탄소14연대측정치(이창희 2011 · 2013; 황재훈 2014; 박성희 2015)와 한국청동기학회에서 간행된 『한국 청동기시대 편년』(박영구 · 김권중 · 강병학 · 나건주 · 공민규 · 하진호 · 김병섭 · 김현식 · 양영주 · 홍밝음 2013)을 참고로 하여 해당 발굴조사유적보고서를 기초로 하였다. 송국리 · 검단리유형의 탄소14연대는 기발표된 최근 논문에서 이용된 측정지(안재호 2010; 이창희 2011; 박성희 2015; 송만영 2015; 김현식 2015)를 기초로 하였다. 원형점토대토기의 탄소14연대는 임설희(2010), 이창희(2010), 장지현(2015)의 논문에 제시된 측정치를 이용하였다.

이상의 탄소14연대 자료를 데이터베이스화해서 청동기시대 남한 전역의 탄소14연대를 나타낸 것이 〈그림 2〉이다. 이하에서 〈그림 2〉에 대해 설명하도록 한다. 남한을 편의상 경기 · 영서지역을 축으로 좌측으로는 호서 · 호남지역, 우측으로는 영동 · 영남지역으로 5개소로 나누어 정리하였다. 미사리-가락동-역삼

---

1) '○○○계문양'으로 치환시켜도 대차 없다. 안재호(2006)는 가락동식토기 · 흔암리식토기 · 역삼동식토기는 짧은 시기에 국한된 것이 아니라 청동기시대 전기 내내 성행한 사실에서 이들을 형식이라 볼 수 없어 '○○○계토기'라고 부르기로 한 바 있다.

동-흔암리-송국리-원형점토대토기를 분리하여 나타내었으며, 영동지역에서는 돌대문토기와 송국리유형이 확인되지 않으므로 미사리와 송국리가 빠져 있고, 영남지역은 송국리유형 병행기에 별도의 검단리유형이 존재하므로 추가하였다. 음영으로 표현된 각각의 막대들은 탄소14연대의 중심치를 기준으로 장단이 표시된다. 음영막대의 최상단과 최하단의 수치는 탄소14연대 중심치의 상한과 하한을 나타낸다. 그 사이에 표시된 복수의 수치들은 각 항목에 해당하는 주요유적의 탄소14연대인데, 중심치와 유구명을 병기하였다. 송국리유형 막대에는 원형계주거지의 탄소14연대 중심치 상한을 따로 표시하였다.

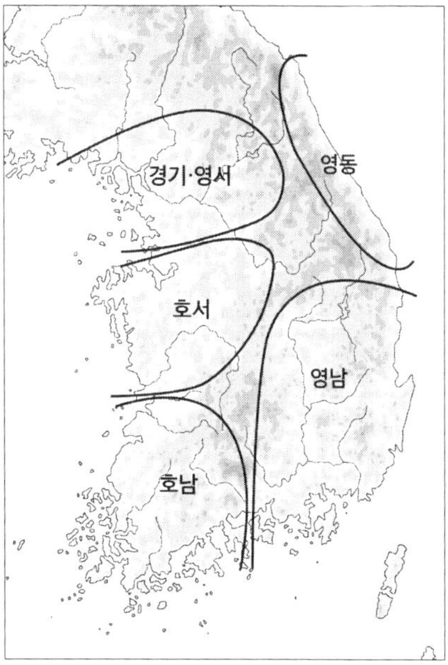

그림 1 _ 본고의 지역구분

미사리계토기의 연대

돌대문토기의 가장 이른 탄소14연대(오차 생략)로 철정리II C-5호(3430 ^{14}C BP), 미사리(고려대)011호(3360 ^{14}C BP), 옥방5지구D-2호(3230 or 3180 ^{14}C BP), 외삼포리5호(3120 ^{14}C BP) 등이 있고, 밀집 분포역이 3200~2900 ^{14}C BP인 것으로 보아 늦어도 기원전 15~14세기경에는 출현한 것으로 볼 수 있다. 또한 사례는 적지만 3400~3200 ^{14}C BP에 분포하는 탄소14연대로 보아 상한이 더욱 올라갈 가능성도 충분히 있다. 탄소14연대의 안정적인 개체수를 객관적으로 특정할 수는 없지만, 전자의 밀집부는 충분히 수적으로 극복된 것으로 보고 싶다. 따라서 현재로서는 조기의 시작을 기원전 15세기경으로 추정해 두고, 보다 소급될 가능성은 열어두어야 하겠다. 하한은 대체로 2800 ^{14}C BP대에 있는데,[2] 가락동계토기의 하한인 기원전 10~9세기와 비슷하다. 철정리와 미사리의 탄소14연대를 이상치로 여기지 않는다면 청동기시대에서는 역삼동계토기 다음으로 오랫동안 존속한 토기가 된다.

가락동 · 역삼동 · 흔암리계토기의 연대

가락동 · 역삼동계토기는 3100 ^{14}C BP를 전후한 시점이 출현기로 볼 수 있는데, 기원전 13세기를 전후한 시점이다. 흔암리계토기는 경기 · 영서지역에 3000 ^{14}C BP를 전후한 탄소14연대가 존재하고 있기 때문에 가락동 · 역삼동계토기보다 약간 늦게 출현한 것으로 볼 수 있다. 대부분의 지역에서 가락동 · 역삼동계토기보다 늦게 출현하는 것이 뚜렷한데, 대구 상인동98-1유적 5호의 측정치는 3140 ^{14}C BP으로 이

---

2) 영동지역의 임호정리 3호의 탄소14연대는 2700 ^{14}C BP로 다소 늦다고 판단되는 1건에 해당된다.

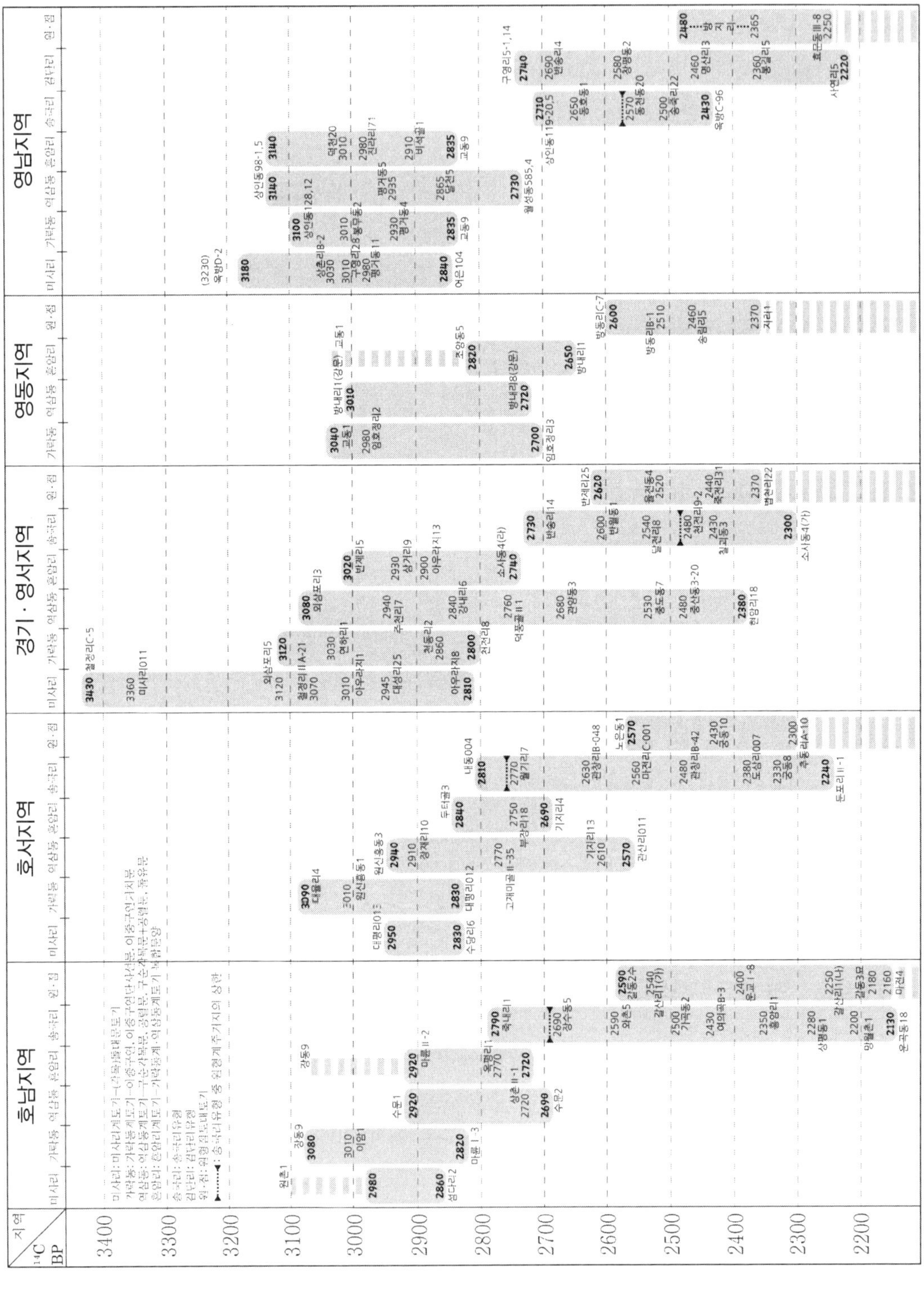

그림 2_남한 청동기시대의 토기·유형별 탄소14연대

른 편이다. 흔암리계토기의 상한은 기원전 13세기, 하한은 기원전 9~8세기로 추정된다. 역삼동계토기는 지역에 따라 하한 편차가 심한데, 경기·영서지역에서 기원전 5~4세기까지 내려온다. 청동기시대에서 가장 오랫동안 유행·존속한 토기라 할 수 있다. 다만 본고에서는 상세히 구분하지 않았지만 역삼동계토기는 구순각목문, 돌유문, 공렬문이 각각 출현과 소멸에 있어 시차가 존재한다.

송국리·검단리유형의 연대

송국리유형은 상한을 나타내는 탄소14연대가 대체로 2800~2700 ^{14}C BP에 위치하고 있는 것으로 보아 기원전 10~9세기에 출현한 것으로 추정된다. 선송국리유형과 송국리유형과의 관계를 알아보기 위해 송국리유형의 탄소14연대 막대에 원형계주거지의 상한을 표시하였는데, 대체로 탄소14연대의 중심치로 100~250년의 차이가 나타난다. 즉 송국리유형에서 방형계→원형계주거지의 시간성이 확인된다. 그러나 호서지역에서는 그 차이가 거의 없어 지역차가 있는 것으로 판단된다. 특히 금강유역에서는 원형계주거지의 탄소14연대가 다른 지역의 방형계주거지보다 이른 것이 많아 시간성이 드러나지 않는다(송만영 2015). 하한은 대체로 2300~2200 ^{14}C BP에 위치하는데 기원전 4세기경으로 추정된다. 호남지역은 보다 늦어 기원전 3~2세기까지 내려오는 것으로 추정되므로 세형동검문화가 성립된 이후에도 송국리유형은 지역에 따라 오랫동안 존속한 것으로 볼 수 있다.

검단리유형은 송국리유형과 거의 전기간 병행하는데, 현재로서는 상한은 송국리유형보다 약간 늦어 기원전 9~8세기에 있는 것으로 추정된다.

원형점토대토기의 연대

원형점토대토기의 탄소14연대는 청동기시대 조기~중기처럼 개체수가 많지 않다. 취락과 주거지의 수, 즉 절대적인 유구의 개체수가 적다. 청동기시대에 탄소14연대가 측정된 대부분의 시료가 목탄이라는 점에서 원형점토대토기가 출토된 주거지에서 노지가 확인되는 비율과 화재가 일어난 비율이 적은 점과 연결된다.

필자는 사천 방지리유적에서 출토된 사슴과 멧돼지뼈의 콜라겐을 추출하여 측정한 탄소14연대를 층위학적으로 검토하여 원형점토대토기의 상한이 적어도 6~5세기로 소급되는 것을 밝혀내었다(이창희 2010). 일본열도에서 출토된 원형점토대토기의 부착탄화물 탄소14연대 조사를 통해 이미 기원전 4세기 이전에 일본열도에 원형점토대토기가 건너 간 것으로 드러났다(이창희 2010). 이로써 원형점토대토기의 남한 출현시점이 전국시대 연국의 동호경략과 관련된 연장진개의 고조선 침공에 동조시켜 기원전 300년경으로 보아 왔던 기존의 학설은 재고되어야 할 필요가 생겼다.[3] 현재까지 필자가 분석한 탄소14

---

3) 이미 2000년대 중반부터 원형점토대토기의 연대추정에 탄소14연대를 이용하는 사례가 증가하였으나(이화종 2004; 서길덕 2006; 전일용 2006 외), 보정연대와 역연대, 그리고 2500~2400 ^{14}C BP의 보정곡선 평탄부

연대와 발굴조사보고서에 제시된 탄소14연대는 100여 건에 불과하다. 원형점토대토기의 탄소14연대가 2500~2400 ^{14}C BP의 보정곡선 평탄부에 밀집하는 점은 이 시기의 숙명과도 같다. 따라서 상한연대의 추정은 불확실하지만, 2600~2500 ^{14}C BP에 속하는 탄소14연대도 10여 건 존재하기 때문에 상한은 기원전 7세기까지 올라갈 가능성이 충분하다. 2800~2700 ^{14}C BP에 속하는 탄소14연대는 기원전 9세기에 해당되기 때문에 현재로서는 이상치로 간주해 둔다. 따라서 중기의 송국리 · 검단리유형과 원형점토대토기의 연대는 상당기간 겹치기 때문에 중기 문화와 원형점토대토기문화는 한반도 남부에서 오랫동안 공존한 것으로 볼 수 있다. 새로운 물질자료의 출현을 중시하여 원형점토대토기의 출현부터 후기로 설정한다면, 중기의 시간폭이 너무 짧게 된다. 또한 기원전 8~6세기는 대형취락이 증가하고 인구가 집중하는 송국리유형의 최성기이므로 원형점토대토기 출현기를 후기로 설정하기 위해서는 많은 고민이 필요하다. 이에 대해서는 뒤에서 다시 언급하도록 한다.

역연편년

〈그림 2〉를 기초로 하여 보정곡선(IntCal13)과의 관계(그림 3)를 통해 중서부지역을 중심으로 편년표를 작성한 것이 〈그림 8〉이다. 조 · 전기의 연대가 다소 복잡한 상황인데, 이는 미사리 · 가락동 · 역삼동 · 흔암리계토기의 이른 탄소14연대가 비슷하기 때문이다. 최근의 연구 동향도 조 · 전기를 대표하는 제 유형의 탄소14연대에서 선후관계가 나타나지 않는다는 이유로 시간성을 부정하고 있는 추세이다. 이에 대해서는 필자와 약간의 인식차가 있으므로 여기에서 언급해 두도록 한다.

근년 발표된 두 박사학위논문(황재훈 2014; 박성희 2015)은 청동기시대의 탄소14연대를 망라적으로 조사 · 연구한 것이어서 그 성과와 노력은 높이 평가받아 마땅하다. 전술한대로 역연편년에 유형론은 장애가 되므로 황재훈(2014)이 토기를 중심으로 탄소

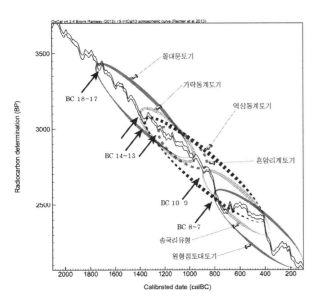

그림 3 _ 중서부지역 청동기시대 보정곡선상의
탄소14연대 분포

에 대한 이해가 반드시 맞다고는 볼 수 없어 정확한 연대추정으로 보기는 어렵다. 그러나 이러한 일련의 노력은 원형점토대토기의 출현 동인을 생각할 때 史實에서 한 발짝 물러서서 객관적으로 바라볼 수 있게 된 계기가 되었다는 점에서 학사적으로 중요한 시도로 평가할 수 있다.

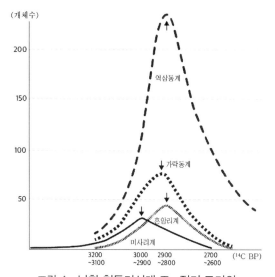

그림 4 _ 남한 청동기시대 조 · 전기 토기의
탄소14연대 분포곡선 모식도

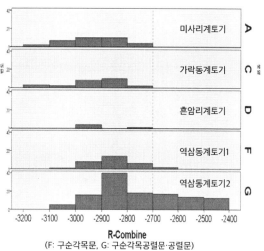

R-Combine
(F: 구순각목문, G: 구순각목공렬문·공렬문)

그림 5 _ 영서지역 토기문양별 탄소14연대 분포
(황재훈 · 양혜민 2015 개변)

14연대를 검토한 것은 적절한 시도이다. 그러나 박성희(2015)는 유형 편년을 통해 주거 연구를 시도한 것이어서 두 논문은 편년결과가 크게 어긋나지는 않지만 개별 고고자료의 연대를 비교하면 혼선이 발생한다.

각 유형, 혹은 토기의 탄소14연대를 집성하여 히스토그램을 작성하면 정규분포곡선을 띠게 마련이다. 〈그림 4〉는 청동기시대 토기문양의 탄소14연대의 분포(황재훈 · 양혜민 2015)를 바탕으로 정규분포곡선을 모식도로 작성한 것이다. 각각의 분포곡선은 당연히 그 시작과 끝, 그리고 피크의 위치가 다르게 나타나는데, 특히 분포곡선의 전반부는 개체수가 적기 때문에 시작점의 위치가 비슷하게 보인다. 미사리계토기의 경우 3200 ^{14}C BP보다 올라가는 탄소14연대는 이상치로 간주하였는데, 그 이상치 구간은 보통의 분포곡선 전반부(개체수가 불안정한 구간)에 해당한다. 즉 미사리계토기의 탄소14연대는 분포곡선의 전반부를 버리고 가락동 · 역삼동 · 흔암리계토기의 탄소14연대는 분포곡선의 전반부부터 적극적으로 사용하는 것이다. 여기서 일차적으로 동시성에 대한 오류가 발생할 수 있는 것이다. 또한 분포곡선에서 피크의 전후 100년 구간은 대체적으로 각 토기가 유행한 성행기로 이해할 수 있는데, 흔암리계토기가 약간 뒤에 위치하기는 하지만 가락동 · 역삼동 · 흔암리계토기 모두 비슷하다. 미사리계토기의 피크 구간은 이들보다 앞에 위치한다.

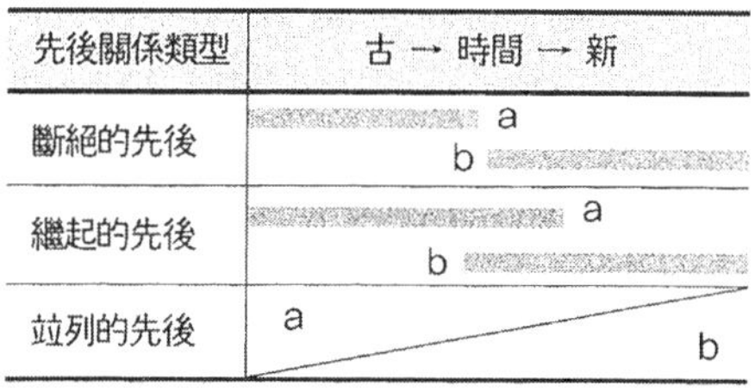

〈그림 5〉는 제 토기의 탄소14연대 개체수가 비교적 안정적인 영서지역의 토기 문양별 탄소14연대 분포를 나타낸 그림이다(황재훈 · 양혜민 2015). 〈그림 4〉의 정규분포곡선과 유사하다고 볼 수 있는데, 미사리계-

先後關係類型	古 → 時間 → 新		
斷絕的先後		a	
	b		
繼起的先後		a	
	b		
竝列的先後	a		
			b

그림 6 _ 시기의 선후관계 양상(안재호 2009)

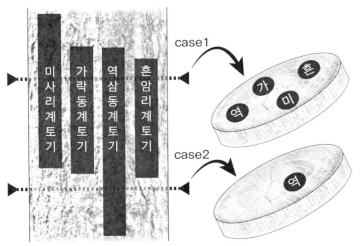

그림 7 _ 청동기시대 조·전기나무

가락동·역삼동계-흔암리계의 시간성을 여실히 보여주는 그래프이지 동시성을 입증하는 그래프가 아니다.

이해의 편의를 위해 〈그림 7〉을 통해 설명하도록 한다. 종적 흐름의 시간성을 배제하고 횡축의 시간성에 천착하게 되면, [case1]과 같이 횡단면으로 보는 동시성 해석 오류가 발생한다. 즉 조·전기 제 유형의 결여된 시간성은 [case1]의 탄소14연대 검토에 기인한다. 또한 안재호(2009)의 지적처럼 계통이 다른 토기의 선후관계를 병렬적선후관계(그림 6)로 본다면 이해에 도움이 될 것이다.

한편, 흔암리→역삼동의 시간성으로 해석되는 것은 분명 역삼동계토기의 탄소14연대가 늦은 것이 많기 때문인데, 〈그림 2〉의 음영막대를 마치 순서배열법으로 조정하듯이 흔암리와 역삼동 막대를 바꾸면 더욱 자연스럽게 된다. 또한 역삼동계토기는 〈그림 7〉의 [case2]와 같은 횡단면이 빈번히 발생하므로 자연스레 가락동·흔암리계토기보다 뒤에 위치하게 되었던 것이다. 그러나 이것은 잘못이다. 탄소14연대로 보아 역삼동계토기는 가락동계토기와 거의 비슷하게 출현하며 개체수도 안정적이다. 따라서 [case2]에 해당하는 역삼동계토기는 조·전기의 역삼동계토기와는 달리 문양이

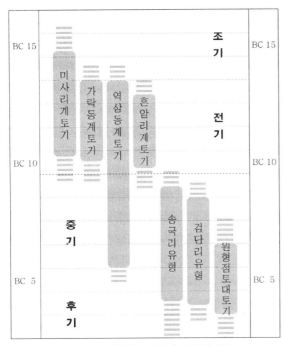

그림 8 _ 남한 청동기시대의 역연편년

단순화된 차원에서 늦은 토기로 이해할 수 있는 것이지 소멸 시기를 따져 가락동·흔암리계토기보다 늦다고 할 수 없다. 이것은 역삼동계토기의 긴 존속시기 전체를 출현시기로 간주해서는 안 된다는 점(천선행 2015)과 일맥상통한다.

이상의 이해를 바탕으로 중서부지역의 연대를 정리하면 미사리계토기는 기원전 15세기 이전에 출현

하여 가락동 · 흔암리계토기와 병행하며, 가락동 · 역삼동 · 흔암리계토기는 기원전 13세기 전후의 비슷한 시기에 출현하는데, 흔암리계토기가 약간 늦다. 역삼동계토기는 송국리유형 및 원형점토대토기, 영남지역의 검단리유형이 출현한 이후에도 기원전 5세기경까지 매우 오랫동안 존속한다. 미사리 · 가락동 · 흔암리계토기가 쇠퇴할 무렵 기원전 10~9세기에 송국리유형이 출현하며, 머지 않아 영남 동해안지역에서는 검단리유형이 출현한다. 원형점토대토기는 이른 시기의 탄소14연대측정치의 개체수가 불안정하여 상한을 추정하기 어려우나 현재까지의 탄소14연대를 통해 잠정적으로 기원전 7세기경으로 보고 싶다. 송국리유형의 하한을 기원전 4~3세기로 본다면 약 400년간의 긴 시간 동안 한반도 남부에는 송국리유형과 원형점토대토기(문화)가 공존한 셈이 된다.

시기구분

여기에서 시기구분론에 대해 다룰 생각은 없다. 단지 〈그림 8〉에 표현된 시기에 대해 설명하도록 한다. 게다가 조 · 전기의 연대 추정에 유형론은 배제하였기 때문에 토기를 중심으로 한 구분이다. 조기란 본격적으로 유행하기 시작하거나 보편화되기 이전의 이른 시기를 의미한다. 전기문화를 대표하는 가락동 · 역삼동 · 흔암리계가 함께 본격적으로 유행하는 전기 이전의 미사리계토기의 출현기이다. 그런데 가락동 · 역삼동계토기가 조기 후반에 출현하였기 때문에 어쩌면 두 계통의 복합문인 흔암리계토기가 출현하는 시점부터 전기라 할 수 있을지 모르겠다. 연구자에 따라 이중구연토기를 '상마석계/가락동계', '요동계/가락동계', '고식(재지계/외래계)/신식'으로 구분(안재호 2010; 배진성 2012; 정대봉 2015)하여 조기와 전기를 구분하거나, 석검의 출현을 획기로 삼기도 한다(이형원 2006; 천선행 2015). 그런데 석검은 3100~3000 ^{14}C BP에 출현하기 때문에(이창희 2011) 조기에도 마제석검이 존재(배진성 2003)했을 가능성이 높다. 그런데 이러한 초기 석검은 분묘가 아닌 주거지에서 출토되었다는 특징이 있고, 유혈구 이단병식이다. 또한 전~중기에 분묘에서 출토되는 전형적인 마제석검과는 달리 이단병부의 곡선도가 현저히 떨어지고 만듦새가 조잡한 것이 많다. 원시적인 형태라 볼 수도 있겠다(이창희 2011). 석검의 출현기가 다소 유동적이어서 조기의 석검과 전기의 석검으로 구분되거나 전기부터 석검이 출현될 두 가지 가능성이 있다.

생산경제적 측면에서 보아 벼의 출현에 주목할 필요가 있다. 근년 과학적 연구방법의 진전으로 인해 곡물이 실물자료로써 출토되지 않더라도 압흔분석이나 플랜트 · 오팔분석에 의해 충분히 곡물의 존재를 가늠할 수 있게 되었다. 3000~2900 ^{14}C BP에 속하는 연기 대평리유적 등에서 조, 기장을 비롯한 벼의 압흔이 확인되었다(中山誠二 외 2013). 적어도 전기에 도작이 행해졌을 가능성이 매우 높은 것 같다. 조기에는 없던 대형호가 전기에 들어 증가하는 것은 어쩌면 도작의 개시, 혹은 곡물의 생산량 증가와 관련이 있을지 모르겠다. 대형호의 존재여부 또한 조기와 전기를 구분하는 요소 중 하나로 생각된다(이창희 2011).

전기는 미사리계토기가 계속되면서 가락동 · 역삼동 · 흔암리계토기가 유행하는 시기인데, 미사리 · 가락동 · 흔암리계토기가 송국리유형으로 교체되는 시점을 중기로 볼 수 있다. 그런데 원형점토대토기의 상한이 기원전 7세기까지 올라가므로 후기의 시작을 어떻게 설정해야 할지 곤란해졌다. 전술했듯이 송국리유형과 원형점토대토기의 상한의 시간차가 짧고, 원형점토대토기 출현기가 송국리유형의 쇠퇴기가 아니기 때문이다. 즉 조기~중기까지는 외부문화와의 접촉이 반복되었을지라도 토기에서 전통적인 재지형 계승이 이어지는 반면, 송국리유형과 원형점토대토기와의 관계는 완전히 다른 양상이기 때문에 달리 생각할 필요가 있다. 송국리유형과 원형점토대토기를 제작한 이주민들은 공간을 달리하며 문화접변 양상이 나타나지 않기 때문이다.[4] 필자는 청동기시대의 하한을 철기의 출현시점으로 보고 있기 때문에 원형점토대토기의 존속 시기 중 세형동검문화가 성립한 때부터 철기가 출현하기 전까지를 후기로 설정하고 싶다. 즉 중기에는 송국리·검단리유형·원형점토대토기가 공존하는데 그 출현 순서에는 차이가 있는 것이다. 그런데 원형점토대토기 주거지에서는 청동기(세형동검문화)가 출토되지 않기 때문에 탄소14연대가 측정되지 않은 원형점토대토기를 중기와 후기 중 어디에 속하는지 알 수가 없다는 단점이 있다. 원형점토대토기의 형식학적 편년연구를 통해 해결해야 할 것이다. 따라서 중기는 기원전 10·9세기~5·4세기의 연대를 부여코자 한다. 조·전·중기와 중·후기의 시기구분의 기준이 달라 애매한 점이 없진 않지만 중·후기 구분의 설명은 이 정도로 그치도록 한다. 지역차가 있기는 하나 송국리유형의 하한과 철기 출현 시점이 비슷하기 때문에 중·후기를 구분하지 않고 조기/전기/후기의 3분기 구분설(안재호 2006)이 더 편리할 지도 모르겠다.[5]

Ⅳ. 맺음말

〈그림 2〉와 〈그림 8〉로써 탄소14연대를 이용한 남한의 청동기시대 역연편년표를 작성해 보았다. 본고에서는 지역상을 제외한 大綱의 편년틀을 마련하는 것이 목적이었으므로 소지역·집단 수준의 상대편년 및 역연대와 어긋나는 부분이 많을 것이다. 주지하듯 어느 토기의 탄소14연대라도 출현기와 소멸기의 개체수는 불안정한 상태이기 때문에 역연대는 늘 바뀔 수 있다. 측정치의 축적이 진행되면서 탄소14연대의 분포곡선에서 높이가 낮은 저음과 끝이 점점 피크에 가까운 쪽으로 이동할 것이기 때문이다. 그렇게 되면

---

4) 일부 유적에서 송국리형주거지 출토 원형점토대토기편이 확인되나 남한 전체로 보아 매우 지엽적인 현상이다.

5) 필자는 철기의 출현연대를 기원전 4세기 전반경으로 추정한 바 있으나(이창희 2010), 탄소14연대의 불안정성(적은 개체수 및 넓은 오차범위)을 고려하여 기원전 4세기대의 어느 시점일 것으로 수정한 바 있다(이창희 2015). 또한 그 연대가 기원전 4세기 전반일 경우 세형동검문화의 초현은 5세기 말까지 올라갈 가능성도 남아 있다고 하였으나, 마치 세형동검이 기원전 5세기에 출현한 것으로 보는 단정적 해석으로 오용되는 사례가 많아 여기에서 고쳐 둔다. 세형동검 및 청동의기류가 출토되는 분묘에는 철기가 출현하여 함께 공반되는 시기의 것과 아직 철기가 출현하지 않은 이전 단계의 괴정동이나 구봉리와 같은 분묘가 있다. 따라서 철기가 기원전 4세기의 어느 시점에 출현한 것인지는 단정할 수 없으나 후자의 초창기 세형동검문화는 분명히 철기 출현 연대보다 소급시켜야 한다. 극단적으로 말하자면 B.C. 301년에 철기가 출현하고 B.C. 302년에 세형동검문화가 출현했다고 해도 틀리지 않은 표현이다.

현재의 관점에서 이상치로 간주했던 탄소14연대가 안정 구간에 포함될 수 있다. 따라서 증가된 탄소14연대를 반영하면서 편년표를 수정해 가는 지루한 작업을 반복해 나가야 한다. 그러한 노력이 보다 정치한 청동기시대의 편년을 가능케 할 것이며, 여기에 소지역별 상대편년 작업을 통해 병행관계를 병기해 나간다면 머지않아 청동기시대의 종합편년이 구축될 것이다.

탄소14연대를 이용한 연구법을 통해서도 이중구연의 계통구분, 선송국리·송국리유형의 관계 등 세별 테마에 접근할 수 있다. 예를 들어 본고에서는 마치 '가락동계+역삼동계→흔암리계토기'의 결과로 보여질 수 있는데, 구순각목문, 돌류문, 구순각목공렬문, 공렬문(관통) 각각의 탄소14연대를 분석한다면, 새로운 결과를 낼 수 있을 것이다. 즉 역삼동계 문양의 계통구분에 실마리가 될 수 있다. 적색마연토기와 석촉의 탄소14연대분석도 필요하다.

이제 청동기시대 편년연구에 탄소14연대는 필수불가결한 도구가 되었다고 볼 수 있다.

[補足] 단일유구 복수측정치의 선택 및 이상 측정치의 소거

청동기시대의 탄소14연대는 한 유구에서 복수의 시료가 측정된 경우가 많다. 복수의 측정치가 동일·유사하다면 더할나위 없이 좋겠지만, 그렇지 않은 경우도 있다. 그러할 경우 하나의 측정치를 선택해야 되는데 그 방법에 대한 매뉴얼은 어디에도 없고 정답이 있을 수도 없다. 실제로 고목효과를 고려하여 가장 늦은 연대를 취하거나(안재호 2010), 중간값(median)을 선택하기도 하며(김장석 2012), 복수의 측정치를 통계학적 방법을 통해 단수의 측정치로 사용하기도 한다(황재훈·양혜민 2015). 나름대로의 취사선택 및 조정원칙을 세워 틀린 탄소14연대를 제거하여 하나의 탄소14연대를 사용하는 사례도 있다(김장석 2012; 이창희 2016).

기존의 연대관에서 벗어나는 측정치 중 특히 목탄의 탄소14연대가 지나치게 올라갔을 경우 흔히 고목효과로 치부하는 경우가 많다. 하지만 청동기시대 주거지 건축에 사용된 목재는 주혈의 크기나 잔존 목심 자료로 보아 50~100년 이상의 연륜이 남아 있었을 가능성은 낮은 편이다. 따라서 100년도 넘어가는 이상치를 고목효과 영향으로 보기는 어렵다. 유구와 시료의 동시성에 하자가 있을 확률이 가장 높다(이창희 2016). 최근에는 청동기시대의 목재와 종자 시료의 탄소14연대 비교 실험을 통해 고목효과가 존재하지 않는 것으로 밝혀졌다(김장석 외 2016).

청동기시대의 역연편년폭이 구석기·신석기시대만큼 넓지는 않지만 한 세기를 초월하는 측정치는 이상치로 간주할 수 있다. 이와 관련하여 오차범위가 ±50~60을 넘어가는 경우는 중심치가 한 세기의 폭으로 유동적일 수 있다는 의미이므로 이용을 피하는 것이 좋다.[6] 하나의 유구에서 두 건의 탄소14연대가 측정되었을 때 중심치가 30~40년 차이를 보일 경우 어느 것을 선택하더라도 청동기시대의 편년에는 크게 문제가 없다고 생각된다. 그 이상일 경우 둘 중 하나는 틀린 탄소14연대일 가능성이 높다. 동일유적의

---

6) 오차가 큰 탄소14연대의 대부분이 동일 유적·유구 내 타 시료와 동떨어진 연대를 보이는 경우가 많다(황재훈·양혜민 2015).

유사한 유구·유물상을 갖는 유구의 탄소14연대와 비교하는 방법으로 이상치를 소거할 수 있다. 세 개 이상의 측정치가 있을 경우 두 개 이상의 측정치의 중심치가 30~40년으로 비슷할 경우 그렇지 않은 동떨어진 연대를 소거하면 된다. 대체적으로 복수의 측정치 중 중심치가 50~80년 정도 차이가 날 경우가 애매하다. 복수의 탄소14연대에는 유구의 폐기시점, 혹은 건축에 이용된 목재의 벌채연대와 같이 하나의 정확한 값이 존재하지만, 시료의 교란이나 동시성이 담보되지 않은 틀린 탄소14연대가 공존하고 있다.[7] 복수의 탄소14연대를 통계학적으로 단수의 연대로 결합하는 방법의 치명적 단점이 여기에 있다. 즉 틀린 탄소14연대가 바른 탄소14연대와 함께 통계 처리되기 때문이다. 사실 오차범위 ±50~60년 이상이라든지 중심치가 30~40년으로 비슷하다던지 하는 수치는 객관성이 없는 기준치이기 때문에 어느 것이 틀린 탄소14연대인지 가려내기는 어렵다. 예를 들어 하나의 유구에서 측정된 탄소14연대의 중심치가 2980, 2960, 2940 세 건 있다고 하자. 어느 것을 취하더라도 크게 문제는 없지만, 중간값인 2960을 취하는 것이 합리적으로 생각된다. 이 경우에는 복수의 탄소14연대를 통계 처리 하더라도 큰 차이가 발생하지는 않겠지만, 통계학적 연대결합 절차를 거치는 것이 객관성을 높이는 것으로 생각된다. 즉 복수의 측정치에 대해서는 경우에 따라 선택과 결합을 병행해야 한다. 현재로서는 그럴 수 있는 객관적 기준이 없으므로 탄소14연대에 대한 신뢰 여부 판단과 이상 측정치 및 복수 측정치를 처리하는 방법적 시도와 고민(황재훈·양혜민 2015)이 계속되어야 할 것이다. 본고의 역연편년 작업은 큰 틀을 제시하는 것이므로 연구자 간에 복수의 탄소14연대에 대한 처리 방법에 차이가 있다 하더라도 대세에 지장이 없다.

---

7) 전처리나 오퍼레이터에 의한 오차나 오염과 실수에 의한 오차를 의미하는 것이 아니다.

참고문헌

김명진 외, 2005, 「베이지안 통계학을 이용한 한국 청동기시대 전기 가락동유형의 연대 고찰」『한국상고사학보』 47, 한국상고사학회.

김민철, 2008, 「유형과 종족성에 관한 비판적 검토 -청동기시대 전기 제무문토기유형과관련하여-」『한국상고사학보』 62, 한국상고사학회.

김원룡, 1986, 『한국고고학개설』, 일지사.

김장석, 2001, 「흔암리유형 재고: 기원과 연대」『영남고고학』 28, 영남고고학회.

김장석 외, 2016, 「방사성탄소연대의 고목 효과에 대한 실험적 검토」『한국상고사학보』 92, 한국상고사학회.

김현식, 2008, 「호서지방 전기무문토기 문양의 변천과정 영구」『영남고고학』 44, 영남고고학회.

김현식, 2011, 「영남지역 무문토기 양식의 시공간적 의미 -금호강 · 형산강 · 태화강 유역 자료를 중심으로-」『동아문화』 10, 동아세아문화재연구원.

김현식, 2015, 「방사성탄소연대를 통해서 본 송국리유형」『우정의 고고학』, 진인진.

박성희, 2015, 「남한 청동기시대 주거 연구」, 고려대학교 대학원 박사학위논문.

박영구, 2015, 『동해안지역 청동기시대 취락과 사회』, 서경문화사.

배진성, 2003, 「무문토기의 성립과 계통」『영남고고학』 32, 영남고고학회.

배진성, 2012, 「가락동식토기의 초현과 계통」『고고광장』 11, 부산고고학회.

서길덕, 2006, 「원형점토띠토기의 변천과정 연구 -서울 · 경기지역을 중심으로-」, 세종대학교 대학원 석사학위논문.

송만영, 2015, 「송국리유형 발생설의 학사적 검토」『한국고고학보』 95, 한국고고학회.

안재호, 2006, 「청동기시대 취락연구」, 부산대학교 대학원 박사학위논문.

안재호, 2009, 「남한 청동기시대 연구의 성과와 과제」『동북아 청동기문화 조사연구의 성과와 과제』, 학연문화사.

안재호, 2010, 「한반도 청동기시대 시기구분」『고고학지』 16, 국립중앙박물관.

안재호, 2011, 「속성배열법에 따른 동남해안권 무문토기 문양의 편년」『한국상고사학보』 73, 한국상고사학회.

이백규, 1974, 「경기도출토 무문토기 마제석기」『고고학』 3, 한국고고학회.

이진민, 2004, 「중부지역 역삼동유형과 송국리유형의 관계에 대한 일고찰 -역삼동유형의 하한에 주목하여-」『한국고고학보』 54, 한국고고학회.

이창희, 2010, 「점토대토기의 실연대 -세형동검문화의 성립과 철기의 출현연대-」『문화재』 43-3, 국립문화재연구소.

이창희, 2011, 「방사성탄소연대측정법의 원리와 활용(Ⅱ)」『한국고고학보』 81, 한국고고학회.

이창희, 2013, 「청동기시대 조기의 역연대」, 제37회 한국고고학전국대회 발표요지.

이창희, 2015, 「한반도 남부 초기철기의 연대와 특질」『우정의 고고학』, 진인진.

이창희, 2016, 「탄소14연대를 이용한 중도식토기의 연대」『한국기독교박물관지』 12, 숭실대학교 한국기독교박물관.

이형원, 2001, 「가락동유형 신고찰 -금강유역을 중심으로-」『호서고고학』 4 · 5, 호서고고학회.

이형원, 2009, 『청동기시대 취락구조와 사회조직』, 서경문화사.

李亨源, 2014, 「幹半島の初期靑銅器文化と初期弥生文化」『國立歷史民俗博物館硏究報告』 185, 國立歷史民俗博物館.

이홍종, 2006, 「송국리문화의 전개과정과 실년대」, 호남 · 호서고고학회 합동학술대회 발표요지.

이화종, 2004, 「중부지방 점토대토기문화 연구」, 한양대학교 대학원 석사학위논문.

임설희, 2010, 「남한지역 점토대토기의 등장과 확산과정」『호남고고학보』 34, 호남고고학회.

장지현, 2015, 「호남지역 점토대토기문화의 전개양상과 특징 -생활유적을 중심으로-」『호남고고학보』 51, 호남고고학회.

전일용, 2006, 「충남지역의 원형점토띠토기 출토 생활유적 연구」, 한남대학교 대학원 석사학위논문.

정대봉, 2015, 「청동기시대 조기 이중구연토기의 관찰 -진주 평거 3-1지구 유적을 중심으로-」『한국상고사학보』 89, 한국상고사학회

천선행, 2015, 「청동기시대 조기설정 재고」『호남고고학보』 51, 호남고고학회.

최성락, 1982, 「방사성탄소측정연대 문제의 검토 -이론적 검토 및 그 활용방법에 대하여-」『한국고고학보』 13, 한국고고학회.

한국청동기학회, 2013, 『한국 청동기시대 편년』, 서경문화사.

황재훈, 2014, 「무문토기시대 전기 사회의 상호작용과 문화변동 -한반도 중서부지역을 중심으로-」, 경희대학교 대학원 박사학위논문.

황재훈, 2015, 「청동기시대 전기 편년 연구 검토 -형식 편년과 유형론, 그리고 방사성탄소연대-」『고고학』 14-1, 중부고고학회.

황재훈·양혜민, 2015, 「14C연대 분석을 통해 본 청동기시대 전기 편년 시론」『호남고고학보』 50, 호남고고학회.

제2부
지역 편년

제1장
북한지역

강인욱 경희대학교

Ⅰ. 북한 청동기시대 편년관의 수립

　북한은 남한과 인접해있긴 해도 완전히 다른 학문적 체계에서 고고학이 성립되었기 때문에, 그 연구의 배경을 파악하는 것이 필요하다. 북한고고학의 성립은 사회주의 국가의 과학분류체계와 일맥상통한다. 북한은 남한과 달리 사회주의권의 전통에 따라 인문학과 사회과학을 한데 포함하여 '사회과학'의 역사과학[1]으로 분류된다. 북한고고학의 편년체계는 세부적인 문화사적인 편년을 규명하기 보다는 인류 역사발전과정의 법칙성을 증명하는 것이다. 이 점은 1952년에 고고학연구기관을 분리시켜 '물질문화사연구소'로 개편한 것으로 알 수 있다.

　북한 청동기시대의 편년연구는 사회주의적 원칙에 입각한 거점위주의 발굴에 따른 문화층의 층서적 발굴과 주변지역과의 교차편년에 따른 절대편년으로 정리할 수 있다. 즉, 러시아와 중국 등 사회주의권에서 1950~60년대에 변방지역을 조사하는 기본 원칙으로 문화층이 잘 발달된 1~2개의 유적을 근거로 하여 특정한 지역의 문화편년 기준으로 삼는 것과 일맥상통 한다. 이는 상대적으로 조사인력에 비해 대상범위가 넓으며 맑시즘 사회발전단계론을 고고학적으로 증명해야하는 사회주의권에서 채택된 기본적인 고고학방법론이다. 이러한 방법은 북한 고고학의 형성기에 매우 효율적으로 적용되어서 도유호에 의해 선사고고학이 본격적으로 시작된 지 20여 년 만인 1960년대 중반에 북한 전역에 대한 편년의 대강이 수립되는 성과를 이루었다. 하지만, 1970년대 이후 북한은 1960년대의 성과를 반복적으로 소개하는 개설서

---

1) 여기에서 역사과학이란 역사와 관련된 학문들을 통칭하는 것이다. 실제로 역사과학 안에서 역사학과는 별도로 고고학이라는 독립된 학문으로 편성되어 있기 때문에 고고학을 역사의 한 부분으로 파악하는 것은 아니다.

위주의 연구가 진행되는 사실상 답보상태를 유지했다.

북한 편년체계의 확립은 북한 고고학의 발달과 맥을 같이 한다. 첫 번째 시기(1947~1960년)는 이 시기는 도유호에 의해 북한고고학이 정립되고 청동기시대가 층위적으로 증명되는 등, 도유호의 영향력이 학계 전반에 미치는 시기라고 할 수 있다. 도유호의 북한의 청동기시대에 대한 연구는 사실상 1960년에 간행된『조선원시고고학』으로 집대성되었는데, 공귀리, 지탑리, 서포항 등 자신이 발굴한 거의 모든 연구에서 그는 시베리아, 흑해, 심지어는 동유럽의 자료까지도 언급하여서 해석했으며, 거석문화에 대해서도 일방적인 전파론을 제창했다(도유호 1960). 도유호는 무문토기 출토 유적을 스키토-시베리아유형, 석관묘를 카라숙문화 등에 대입하여 그 절대연대를 기원전 2천년기 후반~1천년기대로 보아서 대체로 현재의 편년과 큰 차이는 없게 세웠다는 점에서 북한 청동기시대의 기틀을 세웠다고 할 수 있다. 하지만 '반동적인 비엔나학파'로 비판받는 계기도 제공했다.

두 번째 시기(1961~1967년)은 거점별 편년체계의 수립을 하는 단계로 1963~1965년 사이 중국 동북지방 강상, 루상 유적 등의 조사를 통하여 전기 청동기시대(쌍타자유적)와 고조선시기(미송리형 토기관련 유적)으로 편년의 틀을 세운다. 김용간이 1967년에 고고민속 제 2호에 발표한「기원전 1천년기 전반기의 고조선문화」는 1960년대 청동기시대와 고조선을 종합적으로 연구하는 북한학계의 새로운 경향을 상징적으로 보여준다. 청동기시대와 고조선의 만남은 내재적인 문화발전을 강조하는 맑시즘의 원칙에도 부합하며 북한 청동기시대의 자체적인 형성과정을 역사적으로 증명한다는 점에서 북한 청동기시대의 연구에 새로운 획기를 마련했다.

세 번째 시기(1967~1984년)는 이때에는 다양한 개론서들이 출판되었지만 청동기시대 연구의 주요한 흐름은 1960년대에 이어서 고조선의 증명이라는 도그마에서 벗어나지 못했다. 이 시기에 북한에서 청동기시대의 발굴은 극히 제한적으로 이루어졌을 뿐 편년의 체계를 바꾸거나 표지유적을 교체하는 등의 변화를 줄만한 새로운 연구는 없었다. 이러한 정황은 이선복(1992)이 지적한 대로 주체사상의 확립에 따른 학문의 퇴보라는 점도 무시할 수 없지만 한편으로는 '청동기시대=고조선'이라는 이 시기의 분위기와도 관련되어 있다. 팽이형토기 및 고인돌 등 북한에서 주로 조사하는 청동기시대는 남한과 마찬가지로 '선사 고고학'의 범주에 들어간다. 대형왕궁이나 대량의 청동기와 같은 국가를 구체적으로 증명할 수 있는 증거는 거의 발견되지 않았기 때문이다. 따라서 고조선으로 이미 규정된 청동기시대에 새로운 자료는 어찌보면 큰 의의를 가질 수 없었기 때문이다.

네 번째 시기(1985~1993년)는 미송리형토기, 석관묘, 비파형동검으로 대표되는 요동지역의 비파형동검문화가 한반도 서북한과 강한 연관성을 보이며 이들이 곧 고조선의 주체라고 보고, 그 중국 동북지역으로 그 편년체계를 확대하는 시기이다. 1990년대 초의 연구(박진욱 1992)에서는 청동기시대의 사회분화에 대한 증거가 요동반도끝의 기원전 13세기의 于家村 砣頭 적석묘이며, 그 위치가 변방임을 감안할 때 적어도 기원전 15세기에는 사회분화가 일어났다고 보았다. 砣頭 적석묘 다음에는 고인돌이 등장하는데, 이는 기원전 12~11세기경에 이미 '소국'단계임을 증명한다고 보았다. 나아가서 고조선의 성립도 기존의 기원전 8~7세기에서 올려서 기원전 10세기경으로 보았다. 이러한 그의 이해는 '복합사회'→'소국'→고조선성립(기원전 10세기)→강상무덤(노예제국가)이라는 사회발전 및 편년체계를 수립했다.

다섯 번째 시기(1993~현재)는 주지하다시피 단군릉을 발굴하고 대동강문화론을 주장하는 시기이다.

이후의 편년체계는 많은 논란이 있으며 쉽게 납득하기 어려운 바, 여기에서는 상술하지 않겠다. 이 시기는 청동기시대를 기원전 3천년기로 소급하면서 평양을 제외한 지역에 대한 조사가 거의 없다. 이는 결국 대동강문화론의 성립과 관계가 되는 것으로 평양지역의 연대를 무리하게 올리는 탓에 그에 걸맞는 전 북한의 편년체계를 수립할 수가 없기 때문인 것같다. 이와같이 이 시기는 무리하게 평양지역의 청동기시대만을 소급시키고 실질적인 고고학 연구는 정지되는 시기이다.

Ⅱ. 북한 각 지역의 편년[2]

북한은 남한, 중국 동북지방과 함께 무문토기문화권에 포함되며, 그 중심에 위치한다. 그 시기는 [전환기]-[전기]-[중기]-[후기]-[철기시대] 등으로 정리할 수 있다. 각 단계별로 특징은 먼저 전환기는 기원전 20~15세기로 무문토기와 즐문토기가 혼재하는 시기, 전기는 기원전 15~11세기로 완전히 무문토기로 재편되며 청동기 및 돌로 만든 무덤(고인돌 및 석관묘, 석곽묘, 적석묘 등)이 출현, 중기는 기원전 11~9세기로 미송리형 토기가 요동~서북지방에 등장하며 요동반도에서는 적석묘가 계속 쓰이고 서북지방은 팽이형토기가 널리 유행한다. 후기는 비파형동검문화가 번성하는 시기 기원전 9~6세기에 해당한다. 그 이후는 기원전 5세기 이후로 청동기시대에서 철기시대로 이행되는 시기이다.

북한의 청동기시대를 지역적으로 분류하면 1950~60년대부터에 조사된 주요 거점 유적과 문화적 특성을 볼 때에 5개로 세분된다.

첫 번째로는 압록강 하류지역으로 신암리 및 미송리유적으로 대표된다. 요동지역과의 교류상황이 잘 남아있으며, 카라숙식 청동기의 흔적도 일부 남아있다.

두 번째 권역으로는 압록강 중상류지역으로 심귀리, 공귀리 등으로 대표된다. 소위 공귀리형토기와 이중구연토기 등이 주류를 이루며 압록강 하류역과는 달리 기종이 호형, 심발형, 발형 등으로 단순화되며 순수한 무문토기가 주로 출토된다. 자강도의 내륙지역에서는 별다른 유적이 조사된 바가 없기 때문에 남쪽으로의 경계는 분명하지 않다. 한편 압록강 북안의 중국측에서 거의 조사가 된 유적이 없으나, 최근에 五女山城 및 만발발자 등의 유적등이 조사되었다.

세 번째 지역으로는 두만강일대로, 중국의 연변 및 러시아 연해주와 인접했다. 무산 범의구석, 회령 오동, 서포항 등 1960년대에 다층위 유적들이 많이 발견되었다.

네 번째 지역은 금야-토성리유형으로 대표되는 함경남도~강원도 북부일대이다. 각 지역 중에서 가장 적은 문화상이 알려졌는데, 대체로 공렬토기와 낮은 굽의 두형토기로 대표된다. 량강도 갑산군 금화리, 신덕리와 사평리에서 일부 청동기시대 유적에서 꼭지형 손잡이가 있는 토기, 구연에 단사선문을 새긴 흑도, 공렬토기 등이 출토된 것으로 볼 때(김용준·안영간 1986) 량강도 일대와 북한측 강원도 일대에 같은

---

2) 본 장에서 기본적인 편년, 시공적인 체계, 유적의 분기 등은 강인욱(2009)에 근거해서 설명한다.

문화가 분포한 듯 하다(강원도 원산 중평리, 리장섭 1958 참조). 석기로는 유경식 석검, 반월형 석도 등이 있다.

다섯 번째 권역은 팽이형토기문화로 대표되는 청천강이남~대동강 유역이다. 주요 분포지는 대동강유역, 재령강유역, 임진강 유역 등이다. 팽이형토기는 지역적으로 뚜렷하며 유물조합에서도 고립성이 강해서 그 권역을 나누는 것이 비교적 용이하다. 팽이형토기문화는 1980년대 이래로 최근까지 비교적 많은 연구가 있었다(최종모 외 2006; 문수균 2011). 최근에 남한의 임진강유역 일대의 팽이형 토기 관련 유적도 많다. 연천 삼거리, 강화 삼거리 등이 그 좋은 예이지만, 남한의 공렬토기문화권과 인접해있어서 전형적인 팽이형토기문화의 유적으로 볼 수 있는지는 논란의 여지가 있다.

1. 압록강 하류지역(그림 1)

이 지역의 신석기~청동기시대의 전환기는 서북한지역은 청등말래-石佛山유형으로 대표된다. 기원전 2천년기 전반기 또는 전환기적 양상을 보여주는 신암리 청등말래유적과 같은 유물이 출토되는 유적은 문자산, 석고산, 石佛山 등 丹東地區와 요동반도 서북단 일대에 분포한다. 청등말래-石佛山유형은 무문토기와 즐문토기계통이 약 1:1 정도의 비율로 발견된다. 청등말래는 침선문계가 많으며 石佛山유적에서는 무문토기계통이 증가하는 양상이다(김종혁 1991). 즐문토기계는 동체에는 침선문을, 구연에는 돌대문을 돌린 것이 특징이다.

전기는 신암리로 대표된다. 주지하다시피 신암리는 대체로 3기로 세분하는 것이 일반적이다. 즉, 뇌문토기및 신석기시대 후기의 토기가 공반하는 제 1문화층, 馬城子문화와 유사한 호형토기가 주를 이루는 제 2문화층, 그리고 미송리형토기가 공반하는 제 1지점 2문화층으로 세분된다. 신암리 제 1문화층의 경우 짧게 외반되는 구연부에 빗살문이 시문된 호형토기계과 점열문의 발형토기가 출토되는 이른 단계(전환기)와 호형 무문토기가 주로 출토되는 전기로 구분될 가능성이 있다. 즉, 遼中이나 송화강유역과 달리 무문토기가 점진적으로 확산되는 과정이었기 때문에 무문토기로의 전이과정이 한 단계 늦게 진행될 수 있었다고 볼 수 있다. 신암리와 연접한 丹東地區의 경우도 비슷한 전이과정을 보여준다. 즉, 무문토기화가 진행되면서 호형토기로 변화하는 과정을 보여준다고 생각된다. 신암리 계통의 유적은 구룡리와 丹東地區로 한정되는 데, 이 또한 작은 지역군으로 형성되었기 때문으로 생각된다.

중기는 요동반도 지역의 雙砣子 3기문화 및 마성자문화에 해당하는데, 따로 비슷한 유물이 출토된 바는 없는 바, 전기의 양상이 지속적으로 이어진 것으로 생각된다.

후기는 신암리 제 1기층 2문화층과 미송리동굴 유적등으로 대표된다. 미송리유적의 경우 동혈묘의 일종으로 태자하 상류의 동혈묘에서 상당히 멀리 떨어져서 단독으로 발견되었다. 한편 압록강 중상류 지역에서 미송리형 토기는 토성리의 8구 남쪽 시굴구에서 전형적인 형태가 출토된 바 있다. 토성리 출토 이외에는 미송리형 특유의 횡조문이나 다른 속성을 찾아보기 어렵다는 점을 볼 때 미송리형토기는 이 지역에서 극히 제한적으로 존재했을 가능성이 크다. 즉, 砣頭 적석묘의 유사 미송리형토기는 비파형동검 이전시기 馬城子문화와 요동반도의 雙砣子 3기문화간의 교류에 의해 만들어진 것이며, 쌍방 대석개묘의 미송리형토기는 석관묘 문화가 요동반도지역으로 유입되는 과정에서 만들어진 것이다. 석관묘의 영향은 매우

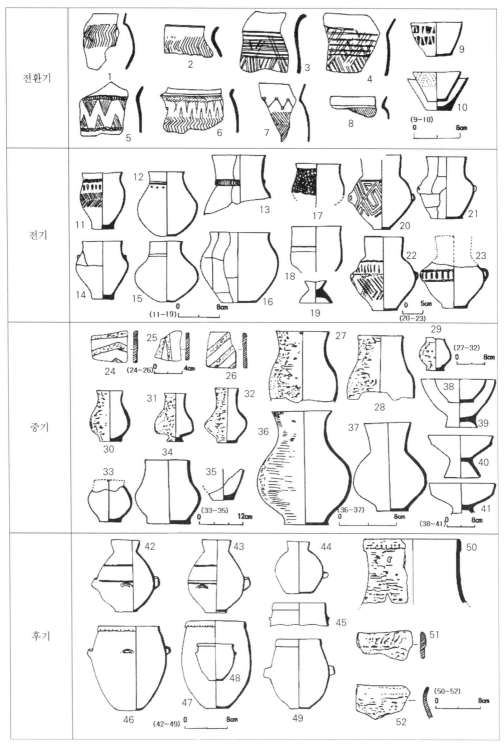

전환기	
전기	
중기	
후기	

1~23. 제1문화층, 24~32 · 36 · 37. 제3지점 제2문화층, 33~35. 제1문화층, 38~41. 제3지점 제1문화층,
42~49. 제2문화층, 50~52. 모래산유적 제2문화층

그림 1 _ 압록강 상류 토기변천(신암리)

커서 雙砣子 석관묘에서 보듯이 요동반도 지역이 지속적으로 적석묘를 만드는 시기에 이 지역의 토착문화와 공존했던 것으로 생각된다.

2. 압록강 중상류지역(그림 2)

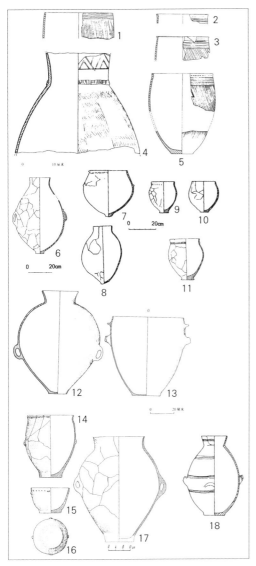

1~5. 오녀산성 1기(48호 주거지)(전기), 6~11. 심귀리
2호(중기 이른단계), 12 · 13. 오녀산성 2기(8호 주거지)
(중기), 14~17. 공귀리 5호(중기 늦은 단계~후기),
18. 토성리 8구 남쪽 시굴갱 출토(후기)
그림 2 _ 압록강 중상류 토기분기

압록강 중상류지역은 상대적으로 전환기 및 전기 시기의 청동기시대를 밝힐만한 자료가 부족하다. 왜냐하면 중기시기가 되면서 요중지역의 馬城子문화가 급격히 확산되어 공귀리 유형이 형성되었지만, 그 이전 시기의 유물은 거의 출토되지 않았기 때문이다. 대표적인 유적인 공귀리 유적(김용간 1959)에서는 모두 6개의 주거지가 발견되었고, 그 한 가운데로 구상유구가 지나간다. 발굴자는 교통호로 보았으나 넓이가 70~80cm에 불과해서 굳이 사람이 지나가는 교통로라기보다는 구상유구에 가깝다. 이 구상유구는 Ⅱ, Ⅲ호 주거지를 관통하여 지나가며 Ⅳ, Ⅴ호 주거지와는 연접한다. 유구의 정황은 Ⅱ, Ⅲ호 주거지는 이른 시기이며 Ⅳ, Ⅴ호 주거지는 구상유구와 동시기임을 보여준다. 또한 Ⅵ호의 경우 교통호와 주거지가 서로 자연스럽게 이어지는 것으로 표현되어 있으나, 주거지의 규모나 형태로 볼 때 Ⅴ호 주거지와 마찬가지로 서벽바깥으로 구상유구가 지나가는 것으로 생각된다. 한편, 출토된 토기의 경우 Ⅴ호의 공반상황이 알려졌으며, 이른 시기의 경우 뚜렷하지 않다. 층위적으로 퇴적되었다는 양상을 감안할 때 공귀리에 이른 시기의 문화층이 존재했을 가능성을 제시할 수 있다.

중기는 심귀리 1호, 2호, 토성리 1호 주거지, 五女山城 주거지 40호(제2기문화층) 등이 있지만, 층위적인 증거가 없기 때문에 상대적인 서열관계를 토기의 형태를 기준으로 파악할 수 밖에 없다. 우선 주목되는 부분은 馬城子문화에서 출토되는 양이부 호형토기계통이 주로 출토된다는 점이다. 특히 심귀리 1호에서는 경부가 좁아진 외반구연호의 견부에 돌대문이 부착되어 있는데, 이는 馬城子문화의 전기에서도 보이기 때문에 이른 시기의 특징으로 생각된다. 즉, 공귀리형 토기가 반출되는 토기는 미송리형토기 성립 이전에 청동기시대 전기 후반부 시기에 유입된 것으로 보는 것이 합당하다.

3. 두만강 일대(그림 3)

북한에서 전환기의 양상이 비교적 뚜렷하게 보이는 지역은 압록강하류유역과 두만강유역이 있다. 두만강유역의 강인욱(2007)에서 정리된 바를 중심으로 볼 수 있다.

두만강유역에서는 특히 전기시기의 문화변천과정이 화룡 흥성 및 오동 유적 등을 잘 알려져있다. 청동기시대 전기의 돌대문토기를 위주로 하는 유적은 회령 오동이 대표적이다. 회령 오동 2~4기는 각각 和龍 興城의 3~5기와 대응된다. 따라서 기원전 15~11세기의 돌대문토기를 표지로 하는 문화단계를 '오동유형'으로 부를 수 있다. 이 단계에 연해주 지역은 신석기시대의 영향이 많이 남은 마르가리토프카문화가 대표적이다. 오동 2기는 흥성 3기와, 최대경이 구경인 심발형토기가 주류를 이루는 오동 3기는 각각 흥성 4기와 대응된다. 흥성유적과 회령 오동유적의 관련성은 주거지의 구조에서도 확인된다. 흥성유적 청동기시대 주거지는 모두 21기가 확인되었다. 주거지의 평면형태는 말각방형이며 면적은 20~40m² 정도이다. 노지는 주로 토광식이며 주거지의 한쪽 단변쪽에 위치한다. 동북한 나진 초도에서도 장방형의 주거지에 위석식 노지가 발견되었다. 두만강 유역은 신석기시대말기~청동기시대의 양상이 뚜렷하게 보이며 문화적 계승성이 뚜렷하다. 和龍 興城이나 러시아 연해주 레티호프카(rettikhovka) 유적에서 보듯이, 신석기시대 말기의 주민들은 돌대문토기를 쓰며 좀 더 집약적인 농경을 통해서 기원전 15세기 전후한 시기의 기후 및 환경의 변동에 성공적으로 적응했다. 이 점은 한반도에서는 신석기시대 중기에 널리 퍼진 원시농경이 신석기시대 후기에는 기후의 악화 등을 이유로 다시 그 비중이 감소하는 데에 반해, 자이사노프카문화는 저장성의 강화, 무문토기의 공반, 농경의 강화라는 점과 다른 양상으로 무문토기의 진입을 이해하는 데에 핵심적인 요소로 생각된다.

중기의 경우 크게 유정동 유형, 호곡 유형, 송평동 유형 등으로 세분된다.

柳庭洞유형은 小營子로 대표되는 석관묘가 이 지역에 유입되면서 형성된 것으로 주로 동북한 지역의 북쪽, 즉 연변일대에 등장한다. 이는 태자하 유역을 중심으로 하던 석묘가 주변지역으로 확산된 결과이다. 즉, 小營子로 대표되는 두만강유역 석관묘는 한반도를 포함한 동북아시아의 기원전 12세기 전후로 한 시기의 석관묘의 확산과 연동해서 해석할 수 있다. 이러한 청동기시대 문화의 동진과정은 延吉지역뿐 아니라 동북한의 호곡 2~4기, 연해주의 시니가이 문화 등에서도 간취되는 상당히 광범위한 흐름이다. 柳庭洞유형은 심발형의 기형에 구연부가 직립하고 표면이 수직으로 매끄럽게 마연되어 있는 것이 특징이 토기를 주체로 하는 유형이다. 직립심발형토기는 柳庭洞식 토기라고 부를 수 있다. 이 柳庭洞 유형은 1973

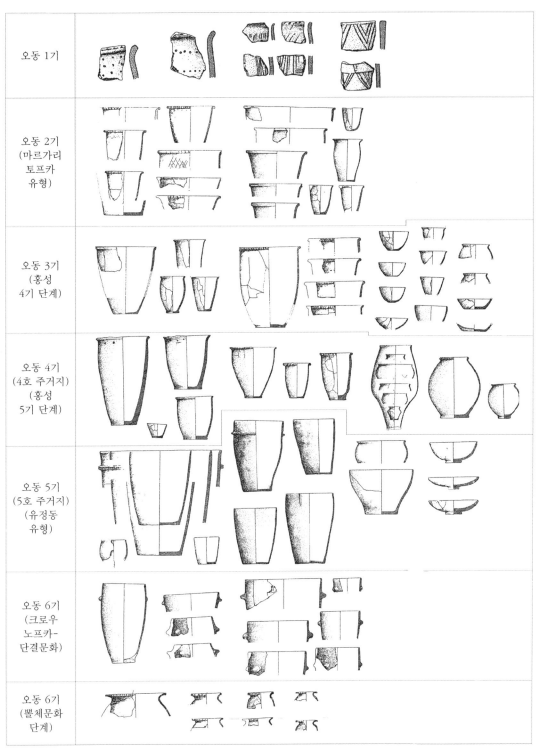

오동 1기	
오동 2기 (마르가리토프카 유형)	
오동 3기 (홍성 4기 단계)	
오동 4기 (4호 주거지) (홍성 5기 단계)	
오동 5기 (5호 주거지) (유정동 유형)	
오동 6기 (크로우노프카-단결문화)	
오동 6기 (뽈체문화 단계)	

그림 3 _ 두만강유역 회령 오동의 분기

년에 주거지 1기가 발굴된 延吉 柳庭洞[3])의 유물에 의거하여 林沄에 의해 설정되었다(林沄 1985). 단결-크로우노프카로 대표되는 청동기시대 후기~초기 철기시대의 유적과 차이는 파수부, 고배, 유상돌기 등이 없다는 데에 있다.

송평동 유형은 동북한 해안 지역에서 돌대문에 반관통공렬문이 결합된 유적군을 의미한다. 즉, 돌대문토기에 다양한 반관통공렬문 장식을 베푼 토기는 '송평동식 토기'를 특징으로 한다. 토기를 제외한 문화상은 제대로 밝혀지지 않았지만, 패총을 영위하고 문화층이 두껍게 발달한 것으로 보아 바닷가에서 독특한 문화를 발달시킨 것으로 생각된다. 송평동유형을 대표하는 송평동식 토기는 구연부에 돌대문을 하고 구연 바로 밑에는 바깥에서 안쪽으로 반관통공렬문, 죽관문, 점열문, 단사선문 등 공렬의 다양한 형태를 표현한 것이 특징이다. 함경북도의 송평동에는 점열문에 가까운 공열문이 주를 이루며, 모두 구연에 돌대문이 부착된 것이 특징이다. 순수한 공렬토기는 두만강유역에서 전혀 발견되지 않는다. 송평동 유적이 층위가 없이 여러 문화층이 뒤섞인 상태이지만 공렬문이 시문된 모든 토기는 돌대문이 있다. 반면에 돌대문이 없이 공렬문만 있는 것은 없다. 회령 오동 및 무산 범의구석에서 송평동식의 반관통공렬문이 시문된 돌대문토기는 거의 없다는 점을 감안하면, 송평동 유적의 공렬문은 금야유형에서 유입된 것으로 생각된다. 즉, 송평동 유형의 토기는 심발형 돌대문토기의 전통이 해체되면서 금야유형으로 대표되는 공렬문계통의 토기전통이 해안선을 따라서 유입되어 형성된 것으로 추정된다.

중기 시기에 두만강 유역의 내륙지역에는 호곡(범의구석)유형이 있다. 두만강유역의 청동기시대 중기는 무산 범의구석이 대표적이다. 범의구석은 필자가 재편년한 바, 청동기시대 초기 돌대문토기 문화군이 부재하기 때문에 중기부터 시작되는 유적이다. 호곡의 중심연대는 연변지역에서는 柳庭洞유형에 해당하기 때문에 '범의구석유형'으로 부를 수 있다.[4]) 범의구석유형은 범의구석 2~4기에 해당하는데, 연변지구의 柳庭洞유형과 거의 같은 문화상을 보인다. 단, 범의구석의 2~3기는 단각고배가 거의 없으며 심발형토기의 경우도 동체는 약간 배가 부르며 외반구연보가 주류를 이루어서 柳庭洞유형의 전기단계에 해당하며, 호곡 4기는 고배가 출현하고 동체부에 유상돌기가 부착되는 등 柳庭洞 유형의 후기 단계에 가깝다.

청동기시대 후기는 바닷가에서 얀콥스키문화계통(초도 4기)와 단결-크로우노프카문화 유형이 있다. 초도 4기는 전형적인 얀콥스키문화에 속하며, 함경북도 해안가의 여러 유적에서 비슷한 유적이 알려져있다.[5]) 청동기시대 후기 내륙지역은 榧本杜人(1980)이 보고한 종성 행영면 地境洞 수혈주거지 유적이 대표적이다. 이 유적은 1940년 藤田亮策과 榧本杜人에 의해 수혈 주거지 1기와 구덩이 1기가 조사되었으며, 有光敎一(1953)과 배진성(2007)에 의해 출토 유물의 도면이 비교적 자세하게 보고된 바 있다. 출토된 토기들은 전면마연된 갈색토기들로서 단각고배, 발형, 심발형 등의 기형이 있으며 동체부에 유상돌기와 퇴화돌대문이 부착된 것이 특징이다. 일제시대 조사된 유적으로 드물게 공반관계가 명확하며 그 양상은 온

---

3) 延吉 柳庭洞은 현재 행정구역의 변화로 용정 石井鄕 龍泉유적으로 개명되었다.

4) 한편 북한의 해안가인 나진 초도에는 연해주 시니가이문화 계통이기 때문에 '초도-시니가이유형'이라고 명명할 수도 있겠지만 나진 초도는 층위가 없이 출토된 것이어서 북한 해안가의 유형설정의 표지유적으로 삼기에는 다소 곤란한 바, 일단은 가능성만 제시하기로만 하겠다.

5) 일제시대 八木將三郞 및 鳥居龍藏이 조사한 유적들 몇 예가 알려져있다.

성 강안리 제 2, 3문화층과 같은 시기이며, 延吉 지역에서도 후기 柳庭洞유형(延吉 新光, 汪靑 安田, 水北 上層, 西崴子 등)에서도 비슷한 토기유형이 확인되었다. 따라서 두만강유역 내륙지역의 청동기시대 후기 는 柳庭洞 후기유형, 얀콥스키문화와 동시기로 '지경동유형'을 설정할 수 있다. 한편, 이 시기에서 이후 크로우노프카문화로 전환되는 과정에서 연해지역의 얀콥스키문화의 영향도 적지않았음도 주목된다(김 재윤 2008).

4. 함남~강원도 북부(그림 4)

한편 함남지역의 경우 워낙 자료가 없기 때문에 이 시기의 양상을 엿볼 수 있는 자료는 많지 않다. 먼 저 전환기~전기 시기와 관련된 유적으로는 강원도 중평리에서는 공렬토기와 단사선점열문으로 소위 '강 상리유형'의 문양이 시문된 빗살문토기가 같이 나온 바 있다. 물론, 미것만으로는 자세한 정보가 결여되 어 있는 상태에서 이를 같은 시기라고 단정할 근거는 없다. 한편, 2008년에 예맥문화재연구소에서 발굴한 평창 후평제유적에서도 빗살문토기와 공렬토기가 같이 출토된 바가 보고된 바 있다(강인욱 2009c). 약간 지역적으로 달리하지만 경기도 강화 삼거리에서도 빗살문토기와의 공반이 보고 된 바 있다.

함남지역을 대표하는 청동기시대 유적은 최소한 압록강하류나 두만강유역과 비교해서 지나칠 정도로 전환기적 양상이 없다. 따라서 금야유형으로 대표되는 함남지역도 한강유역의 전환기적 양상과 맥락을 같이할 가능성이 매우 높다고 하겠다.

금야유형은 금야군 금야읍에서 10개의 주거지, 그리고 북청군 중리 및 토성리 유적에서 조사된 3개의 주거지 등이 대표적이다. 주거지는 장방형으로, 공반된 유물로는 흑도, 홍도 및 공렬문이 돌아가는 심발 형토기 등이 출토가 되었다. 또한 청동기로 비파형동검의 거푸집과 동부 등이 있다. 금야유형의 후기 역 시 다소 불명확한데, 이 지역은 초기철기시대와 세형동검 단계의 유물이 출토되는 바가 많은 바, 그 하한 은 그와 맞물릴 것으로 생각된다.

5. 대동강 일대

팽이형토기문화의 경우도 전환기 양상이 비교적 뚜렷하지 않다. 이는 압록강유역과 차이로 아마도 신 석기시대의 즐문토기 전통이 강하게 남아있기 때문일 것이다. 대체로 팽이형토기문화에서 남쪽으로 나아 갈 수록 이러한 전환기 양상은 거의 보이지 않는다. 팽이형토기문화의 경우 정가와자 하층 또는 偏堡유형 과 같이 신석기시대 말기에 덧띠를 한 호형토기가 남경유적에서 발견된 바 있다(그림 4). 남경유적 31호 는 이러한 덧띠무늬 신석기시대 토기, 즐문토기 등이 혼재하여 현재까지 팽이형토기문화의 가장 뚜렷한 전환기적 양상이라고 생각된다. 이러한 신석기시대 말기의 덧띠무늬는 대동강유역에서 남경이외에는 출 토된 바가 없는 바, 대체로 서북한-丹東地區의 영향이 일부 미친 결과로 생각된다.

전기는 신석기시대의 기형을 계승하여서 성립되었다고 보는 견해를 따른다면 이때부터 팽이형토기가 출현했을 것으로 충분히 생각할 수 있다. 〈그림 4〉는 비교적 최근에 북한에서 체계적으로 보고가 된 마

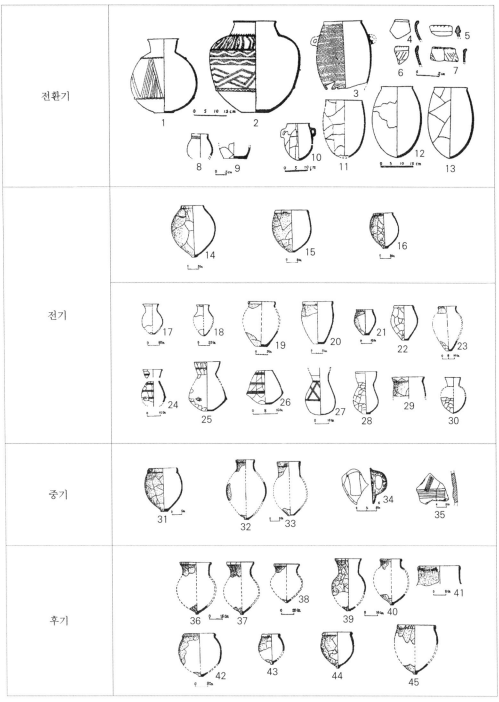

전환기	
전기	
중기	
후기	

1. 덧무늬그릇(31호), 2. 번개무늬그릇(37호), 3·10. 손잡이달린 단지(31호), 11~13. 단지(31호)(이상 남경유적)
4~45. 표대유적, 14·15(32호), 17(23호), 18·23(3호), 26·27(11호), 29·30(23호), 42(54호)
(발굴보고서의 분기에 의거하여 필자가 재분류함, 별도의 표시가 없는 것은 유구미상)

그림 4 _ 대동강유역 팽이형토기 분기

산리와 반궁리유적의 보고서(김동일 외 2003)에 제시된 분기를 도표화 시킨 것인데, 잠정적으로 그 편년 안을 따라서 보고자 한다. 팽이형토기에 대한 편년은 5단계 설(최종모 외 2006)도 있지만, 전반적인 북한 청동기시대의 편년과 비교하기에는 자세한 지나친 세분이라고 판단되는 바, 3단계로 구분한 문수균(2011)의 안이 대체로 전반적 편년을 보기에 무난하다. 그의 3기는 각각 전기, 중기, 후기 등에 대입될 수 있다. 전기는 남경11호, 석교리1호, 표대 1군, 금탄리1, 2 등의 유적에 해당된다. 이 시기에 해당하는 연천 삼거리 9호주거지에서 절대연대는 BC.1130(BP.2930+50년)이 참고가 된다. 따라서 북한 대동강 일대는 이보다는 다소 이른 시기부터 출현한다고 볼 수 있다. 2단계는 전기의 토기도 일부 보이며 늦은 시기의 토기로 넘어가는 점진적인 형식의 변천을 보인다. 3단계는 미송리형토기, 점토대토기 등이 공반되는 단계이다. 대체로 기원전 6세기대를 하한으로 설정한다. 특히 3단계는 변형각형토기와 함께 다양한 물질문화상의 변천이 뚜렷하다.

이와같이 팽이형토기문화는 대동강 일대에서 상당히 배타적으로 시공간적인 위치를 점했으며, 남한에서도 최근 출토예가 증가하고 있다. 하지만 크게 토기상으로 보면 이른 시기와 늦은 시기간의 차이가 뚜렷할 뿐 점진적인 문화의 변천상은 다소 이견이 있다.

Ⅲ. 결어

기원전 20~15세기에 하가점상층층문화, 高臺山문화, 小拉哈문화, 홍성문화 등 대체로 동북아시아의 한랭지역에 분포한 문화에서 이른 시기에 무문토기가 출현했다. 북한의 청동기시대 형성에는 기존에 요동반도의 雙砣子문화, 요중~요북지역의 馬城子문화, 두만강유역의 홍성문화가 지목되는데, 이중 雙砣子문화는 비교적 고립된 문화권을 이루어 북한의 무문토기와는 큰 관련이 없었다. 청동기시대 전기에 석관묘와 함께 馬城子계통의 문화가 급격히 확산되어 압록강유역에 분포하는 것으로 볼 수 있다. 한편 대동강유역의 경우 일부 미송리형토기 계통의 요소가 보이지만 팽이형토기문화가 지속적으로 유지되었던 것으로 생각된다.

북한을 제외한 주변지역의 자료는 비약적으로 증가하는 데에 반해시 북한의 자료는 1960년대 수준이기 때문에 북한의 편년체계는 매우 기형적일 수 밖에 없다. 또한 남한과 중국 동북지역 사이의 편년적 괴리가 크다는 점도 큰 문제가 된다. 즉, 한국과의 국경만 넘으면 같은 문화의 편년이 500~1000년 정도 뛰어버리는 편년의 단층현상을 풀 수 있는 방법이 현재로서는 많지 않다. 그럼에도 불구하고 북한의 편년에 대한 정립이 없다면 만주와 한국을 포함하는 광의의 한국사를 보려는 우리의 노력도 의미가 없게 될 것이다.

정치한 편년체계를 강조하며 문화의 기본적인 전파흐름을 북쪽에서 찾고 있는 남한 고고학계의 방법을 북한의 편년에 그대로 적용할 수 없기 때문에 본 장의 서술 및 편년이 남한고고학의 편년체계와 어울리지 않다는 점을 자인할 수 밖에 없다. 이는 단순한 편년의 차이를 넘어서 연구방법의 괴리에서도 기인한 것이다.

표 1 _ 북한과 그 주변지역의 청동기시대 획기안

기원전 20~15세기 (전환기)	무문토기문화권의 형성시기, 북한 및 남한에서는 무문토기의 독자적인 문화는 보이지 않음. 하가점하층문화의 형성
기원전 15~11세기 (전기)	高臺山문화(요중), 홍성유형의 성립, 신암리 제 1지점 지역별로 무문토기문화가 급격히 진행됨 요동지역은 초기 청동기문화가 소규모 권역으로 확산 (望花유형, 順山屯유형, 馬城子문화) 요동반도는 약간 늦게(기원전 13세기) 雙砣子 3기 출현 요중지역은 동혈묘, 요동지역은 砣頭 적석묘 등 집단묘 출현
기원전 11~9세기 (중기)	카라숙청동기의 확산, 요중~요북의 馬城子-미송리문화로 재편 (신암리유형, 공귀리유형, 석관묘의 확산) 요동지역은 雙砣子 3기문화-上馬石상층의 확산 고인돌축조의 확산 두만강유역은 柳庭洞유형의 확산
기원전 9~6세기 (후기)	비파형동검문화의 확산에 따른 미송리형토기문화의 확산 팽이형토기문화 요동 및 송화강유역에 석관묘의 확산 연해주~함북 일대는 내륙 및 연해유형으로 세분 (연해지역의 얀콥스키문화는 철기시대로 편년)
기원전 5~3세기	토광묘 및 세형동검으로 대표되는 초기 철기문화 확산

참고문헌

박진욱, 1992, 「고조선의 성립에 대하여」 『조선고대및 중세초기사연구』, 교육도서출판사.

강인욱, 1996, 「遼寧地域琵琶形銅劍에 대한 一考察」 『한국상고사학보』 제21호, 한국상고사학회.

강인욱, 2007, 「두만강 유역 청동기시대 문화의 변천 과정에 대하여」 『韓國考古學報』 62.

강인욱, 2009a, 「환동해선사문화권의 설정과 분기」 『동북아문화연구』 제17집, 동북아시아문화학회.

강인욱, 2009b, 「러시아 연해주 청동기문화 조사연구의 성과와 과제」 『동북아 청동기문화 조사연구의 성과와 과제』, 학연문화사.

강인욱 외, 2009, 『박물관소장 두만강 유역 선사시대 유물 연구 -연길小营子유적을 중심으로』, 서울대학교박물관 학술총서 16.

김광혁, 2005, 「금야유적에 대한 간단한 고찰」 『조선고고연구』, 사회과학 출판사.

김동일 · 서국태 · 지화산 · 김종혁, 2003, 『마산리, 반궁리, 표대유적 발굴보고』.

김용간, 1959, 『강계시 공귀리 원시유적 발굴보고』, 유적발굴보고 6집, 사회과학 출판사.

사회과학원 고고학연구소, 1969, 「기원전 천년기전반기의 고조선문화」 『고고민속론문집』 1.

김용간 · 석광준, 1984, 『남경유적에 관한 연구』, 과학백과사전출판사.

김일성종합대학출판사, 1971, 『조선원시고고학개요』, 평양.

김재윤, 2008, 「동북한과 중국 연변지구의 초기 철기시대 문화」 『고고학으로 본 옥저문화』.

김재윤, 2009, 「서포항 유적의 신석기시대 편년 재고」 『한국고고학보』 71집.

김종혁, 1991, 「석불산유적의 유물갖춤새에 대하여」 『조선고고연구』 제4호.

도유호, 1960, 『조선원시고고학』.

문수균, 2011, 「서북한 지역 각형토기문화의 양상 -주거지를 중심으로」 『고고학』 10-2.

배진성, 2007, 「豆滿江 無文土器의 實狀」 『嶺南考古學報』 42.

배진성, 2009, 「압록강~청천강유역 무문토기 편년과 남한 -조기~전기를 중심으로」 『한국상고사학보』 64.

사회과학원 고고학연구소, 1977, 『조선고고학개요』.

석광준, 1999, 「대동강유역은 청동기시대문화의 발원지이며 중심지」 『조선고고연구』, 사회과학 출판사.

석광준, 2002, 「강아리유적발굴보고」 『강안리 고연리 구룡강 유적발굴보고』, 백산자료원.

안재호, 2009, 「남한 청동기시대 연구의 성과와 과세」 『동 북아 청동기문화 조사연구의 성과와 과제』, 학연문화사.

정찬영, 1983, 「토성리유적」 『유적발굴보고』 13.

지화산 · 차달만, 2005, 「팽이그릇 관계유적에서 발견된 유물에서 주목되는 몇가지 문제」 『조선고고연구』, 사회과학 출판사.

차달만, 1992, 「당산조개무지 유적 발굴 보고」 『조선고고연구』, 사회과학 출판사.

차달만, 1993, 「청천강 유역 청동기 시대 유적들의 년대」 『조선고고연구』, 사회과학 출판사.

천선행, 2005, 「한반도 돌대문토기의 형성과 전개」 『한국고고학보』 57.

최몽룡 · 이헌종 · 강인욱, 2003, 『시베리아의 선사고고학』, 주류성.

최종모 · 김권중 · 홍주희, 2006, 「각형토기문화유형의 연구」 『야외고고학』 창간호, 한국문화재조사연구기관협회.

한창균, 1994, 「도유호와 북한의 고고학」 『조선 원시고고학』(도유호 저), 백산자료원.

황기덕, 1970, 「두만랑류역의 청동기시대문화」 『고고민속론문집』 2.

황기덕, 1984,『조선의 청동기시대』, 사회과학출판사.

王 巍, 1992「論先秦時期朝鮮西北部和遼東半島考古學文化的相關關係」『中國考古學論叢』考古學專刊 甲種第二十二號.

宮本一夫, 1993「遼東半島周代倂行土器の變遷」『考古學雜誌』76-4.

大貫靜夫, 1999,「東北アジアの考古学」, 同成社.

中村大介, 2008,「靑銅器時代와 初期鐵器時代의 編年과 年代」『韓國考古學報』68, 韓國考古學會.

庄田愼矢, 2009,「朝鮮半島南部靑銅器時代の編年」『考古學雜誌』93-1.

後藤直, 1971,「西朝鮮の無文土器について」『考古學研究』17(4).

Андреев Г.И. Некоторые вопросы культур южного Приморья III-Iтысячелетий до н.э.(안드레예프 1960 기원전 3~1천년기 남연해주의 고대문화에 대한 몇가지 문제)

Окладников, А.П., Далекое прошлое Приморья, -Владивосток, -1958.(오끌라드니꼬프, 연해주의 먼과거, 1958).

제2장
중부지역

김권중 중부고고학연구소

중부지역은 물질문화 양상에 따라 경기지역과 강원지역으로 대별되고, 강원지역은 다시 영서와 영동으로 구분된다. 또한 영서지역은 북한강유역과 남한강유역으로 세분되므로 모두 4개 지역권 설정이 가능하여 이에 따라 기술하고자 한다.

Ⅰ. 경기지역

1. 조기

경기지역은 돌대문토기가 표지 유물인 하남 미사리유적이 조기로 설정(李相吉 1999; 安在晧 2000)되는데 이중구연과 외반구연의 요소도 일부 확인할 수 있다. 돌대문토기가 출토되는 유적은 미사리(서울대 A-1호, 고려대 011 · 015 · 017 · 018호) 주거지를 비롯하여 가평 연하리, 화성 정문리와 돌대문토기가 출토되지 않았지만 가평 대성리도 주거지 구조로 볼 때 조기로 판단된다. 중 · 대형의 평면 방형에 편재된 위석식노 1~2기를 갖추었으며, 유물은 각목돌대문토기가 대표적이고 장경호, 유부토기(瘤附土器), 삼각만입의 무경식석촉, 장방형석도, 어망추, 방추차 등도 공반된다. 미사리에서는 즐문토기 계통의 환저토기가 출토되는 것이 특징이다.

다른 하나는 이중구연단사선문토기가 출토되는 유적으로 군포 부곡동(Ⅱ지구 1호), 인천 동양동(1지구 1 · 2호)과 운서동(Ⅲ지점 5호), 김포 운양동(2-9지점 5호, 2-10지점 6~12호) 등으로 모두 구릉에 입지하고, 소형이나 중 · 대형의 평면 (장)방형을 띠며 수혈식노를 갖춘 주거지이다. 유물은 옹에 가까운 이중구연단사선문토기와 삼각만입의 무경식석촉, 역자식의 이단경식석촉이 특징적이다. 이러한 이중구연단사선문토기는 팽이형토기문화와 가락동유형과의 관계 속에서 논의되어 왔는데, 이중구연단사선문 요소는 동일하지만 주거지 내부시설에서 초석과 위석식노와 같은 속성에서 차이가 있기 때문에 가락동유형과는 다른 계통일 가능성이 있는 것으로 판단하고, 서울 가락동유적도 이 계통에 속한다고 보았다(金權中 2010).

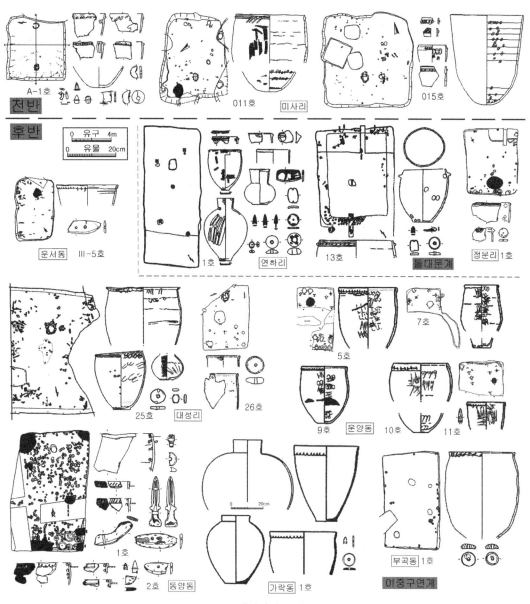

그림 1 _ 경기지역 조기의 편년

조기의 편년은 미사리유적이 즐문토기 계통의 환저토기가 돌대문토기와 공반되는 점을 들어 이른 단계로 편년하고 있으며(安在晧 2000; 千羨幸 2005), 연하리, 정문리 등의 돌대문토기 관련 유적과 이중구연단사선문토기 유적은 전기의 이른 단계(이형원 2010)로 편년되기도 하지만 돌대문토기 요소라는 측면에서 볼 때 조기 후반으로 편년될 수 있다.

조기의 절대연대는 미사리(3360±40BP), 운서동 5호(3370±50BP), 동양동 1호(3050±70BP), 정문리 1호(2970±50BP), 운양동 5호(2940±25BP), 대성리 25호(2945±20BP) 등의 주거지에서 검출되었으며 상한은 명확하지 않지만 하한은 2950BP를 전후한 시점으로 판단된다.

2. 전기

경기지역의 전기의 편년은 주로 김한식(2003 · 2006)과 이진민(2008)에 의해 실시되었다. 이 가운데 주목되는 것은 김한식(2006)의 연구로 그는 후기의 점토대토기단계를 제외하여 전기와 중기로만 구분하고, 역삼동I유형을 전기의 늦은 단계로, 역삼동II유형을 송국리유형과 동일 단계인 중기로 파악하였다. 또한 미사리유형을 비롯한 팽이형토기문화와 가락동유형, 흔암리유형을 모두 전기의 이른 단계로 편년하고 있는 것이 특징이다.

전기는 전반과 후반으로 구분될 수 있는데 전반에는 다양한 계통의 요소가 혼재하고 있다. 먼저 이중구연계토기로 인천 검단2지구(2구역 1호), 화성 동화리(한얼 1호), 평택 소사동(가2호, 다3 · 7호, 라13호) 등의 주거지로 조기 후반의 이중구연(단사선문)토기 요소가 지속된 것으로 판단된다.

복합문계토기(흔암리식토기)가 출토되는 주거지로 이중구연(단사선문)토기와 (구순각목)공렬문토기가 공반되거나 결합되는 경우이다. 김포 양촌(I-D구역 4 · 13 · 24호), 평택 현화리(4호), 연천 강내리(6호), 강화 장정리(3-1~5호), 김포 마송(II-1구역 1호), 용인 봉명동(1호), 하남 미사리(숭실대 A8호) 등이 대표적이다. 주거지의 구조는 소형~대형의 방형, 장방형, 세장방형 등으로 다양하고 모두 수혈식노를 설치하였다. 이중구연단사선문토기의 이중구연 형태로 보아 조기 후반의 이중구연단사선문토기가 영향을 끼친 것으로 판단된다.

복합문계의 또 다른 하나는 사격사문(단사선문)과 공렬문(구순각목)이 결합된 요소로 수원 이목동 1호와 율전동 3호 주거지가 해당된다. 수혈식노를 갖추었고 공통적으로 중 · 대형의 장방형주거지 1· 2기 정도가 확인된다. 명확하지 않지만 용유도 을왕동I유적 신석기시대 말기 토기에서 공렬문과 격자문이 결합된 것이 있으므로 이 계통이 이어졌을 가능성이 있다. 이후 단계에는 평택 소사동 가10호와 오산 내삼미동 출토품으로 계승되었을 것으로 판단된다.

다른 하나는 팽이형토기문화의 직 · 간접적 영향을 받은 것으로 주로 경기 북서부지역을 중심으로 확인되는데 강화도 삼거리와 오상리, 연천 삼거리(9호), 광주 장지동을 비롯하여, 최근 김포 양곡(1지구 5호)과 학운리(3-1지점 1호), 인천(강화도) 신봉리 · 장정리(4지구 1~5호, 이하 신봉리) 등의 주거지에서도 관련 유물이 다수 출토되었다. 공렬문이나 이중구연단사선문이 결합된 것도 있지만 삼거리(강화)와 양곡 1지구 5호, 신봉리의 1~5호 주거지 출토 토기는 이중구연에 3~5조의 단사선문을 거치상으로 엇갈

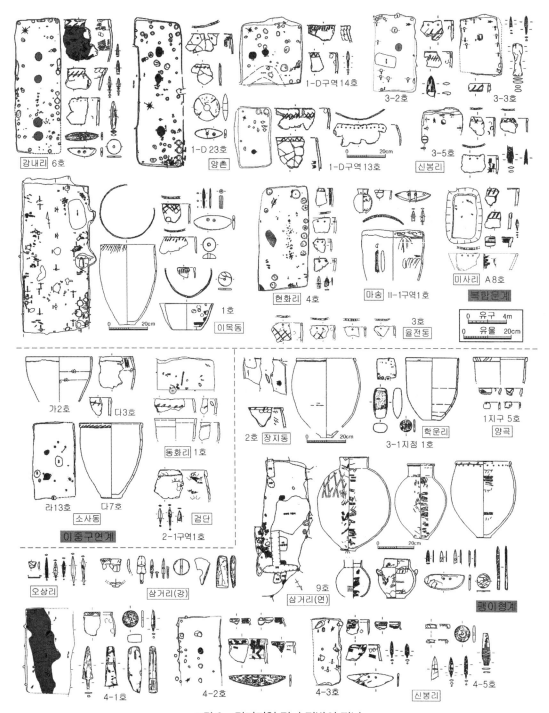

강내리 6호 1-D 23호 양촌 1-D구역 14호 1-D구역 13호 3-2호 3-3호 3-5호 신봉리

1호 이목동 현화리 4호 마송 II-1구역1호 율전동 3호 미사리 A8호 복합문계

0 유구 4m
0 유물 20cm

가2호 다3호 동화리 1호 라13호 다7호 소사동 검단 2-1구역1호 다7호 이중구연계

2호 장지동 3-1지점 1호 학운리 1지구 5호 양곡

오상리 삼거리(강) 9호 삼거리(연) 팽이형계

4-1호 4-2호 4-3호 신봉리 4-5호

그림 2 _ 경기지역 전기 전반의 편년

리게 시문한 것이 특징이며, 시문방법과 구연부의 형태를 비롯하여 신봉리의 유단석부(4-1호), 유경식석창(4-1호), 석도(4-2·3호) 등의 석기 조성으로 볼 때 대동강유역 팽이형토기문화와 직접적인 접촉의 결과라고 생각된다.

후반에는 전반의 다양한 요소가 사라지고 주로 구순각목공렬문이 남거나 이중구연단사선문이 퇴화하여 구순각목공렬문요소와 결합되거나 공반되는 단계이다. 화성 쌍송리, 오산 내삼미동, 미사리 3기(숭실

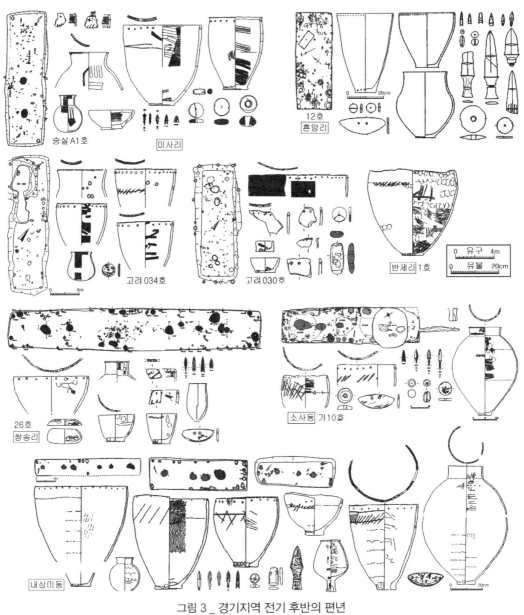

그림 3 _ 경기지역 전기 후반의 편년

대 A-10호 서울대 A-3·5·6·7·9호 등)와 파주 옥석리와 교하리, 서울 역삼동, 시흥 목감동 등의 유적이 해당된다. 퇴화된 이중구연단사선문 요소는 안성 반제리 1·9호, 미사리 고려대034호·숭실대A9호가 대표적이다.

전기의 절대연대는 다수가 확인되었는데 전반과 후반을 명확하게 구분하는 것이 어렵지만 상한은 돌대문토기가 소멸되는 2950BP를 전후한 시점으로 판단되고, 하한은 중기와의 구분이 모호하지만 2700BP 전후로 생각된다.

3. 중기

경기지역의 중기는 유구와 유물의 변화가 전기로부터 지속되는 경향이 강하기 때문에 전기와의 구분이 매우 어렵다. 이 지역 중기의 편년에 관해 크게 두 가지의 견해가 있다. 하나는 퇴화된 혼암리식토기가 소멸된 단계부터 중기의 시작으로 보는 견해(宋滿榮 2001·2010; 李亨源 2002)로, 이후 이형원(2010)은 선송국리유형이 출현하는 시기를 중기로 설정하기도 하였다. 다른 하나는 역삼동유형을 두 단계(I~II기)로 구분하고 역삼동II유형을 중기로 파악한 것으로, 김한식(2006)은 석기 구성상의 변화를 기준으로 하였고, 이진민(2008)은 주거지 구성상의 변화를 기준으로 하였다. 이와 같은 견해들은 전기와 중기의 구분을 모두 역삼동유형의 변화를 기준으로 하는 것이지만 획기를 정하는 것이 유물상으로 매우 모호하고, 한편으로는 송국리유형 또는 송국리유형 요소의 출현과 관련하여 설정되기도 하는데 경기 남부지역에 집중되고 있다는 문제점을 안고 있다.

이 가운데 김한식(2006, 20~22쪽)의 견해를 종합하면 전기에서 중기로의 변화 양상은 세장방형 주거지의 비율이 급감하고 장방형화(이동, 고강동 6호, 관양동 2·3호)와 중형화가 진행되고, 또한 장방형 주거지의 소형화도 진행된다고 보았다. 유물에서는 이중구연단사선문 요소의 소멸, 공렬토기의 지속, 일단병식석검, 일단경식석촉, 유경식석검 등의 존재는 미미하나마 중기의 설정을 가능하게 한다. 이에 덧붙여 金權中(2010, 60쪽)은 전기의 유물상이 이어지지만 호, 내만구연(공렬)토기와 같은 새로운 기종이 증가하고 일체형 석촉과 유구석부의 존재도 주목된다고 보았다.

같은 시기 경기 남부지역은 송국리식주거지나 이와 유사한 주거지(이하 송국리계)가 등장한다. 이러한 송국리계는 충청지역 송국리유형의 유물조합과 차이를 보이기 때문에 이를 송국리문화와 접촉 또는 접변의 결과(宋滿榮 2001)로 이해할 것인가, 시간상의 선후관계(안재호 1992; 羅健柱 2005·2009; 李亨源 2007)로 이해할 것인가가 큰 쟁점이 되고 있다.

송국리계는 크게 송국리식주거지와 반송리식주거지로 구분되는데 송국리식주거지는 화성 천천리(2호, 9-2호), 화성 반월동, 평택 토진리, 칠괴동, 소사동(가-4·13·15호, 라-7호), 안성 만정리, 의왕 이동(2-2호) 등의 유적이 대표적이다. 원형계와 방형계로 구분되고 내부에는 타원형수혈과 2·4·6주식의 중심주공이 설치된다. 유물은 토진리 산29-1번지 유적에서 출토된 삼각형석도와 같이 극히 일부를 제외하면 송국리유형과 관련된 유물은 거의 없지만 공렬토기, 구순각목토기, 유구석부, 일단병식석검, 유구병식석검, 일단경식석촉 등이 출토된다. 반송리식주거지는 반송리유적의 검토를 통하여 이형원(2006,

181~189쪽)에 의해 설정되었는데 말각방형 또는 타원형의 평면형태에 중심2주공이나 타원형수혈이 설치된 주거지이다. 두 가지 형태로 구분되는데 A형주거지는 노가 있고 중심2주공이나 타원형수혈이 없는 주거지이고, B형주거지는 노가 없고 중심2주공이나 타원형수혈이 있는 주거지이다. A형주거지와 유사한 구조의 주거지로 구성된 대규모 취락으로 인천 중산동유적(34기)도 주목된다.

한편, 반송리식주거지를 역삼동식주거지와 송국리식주거지(휴암리식주거지)의 과도기적 단계의 주거

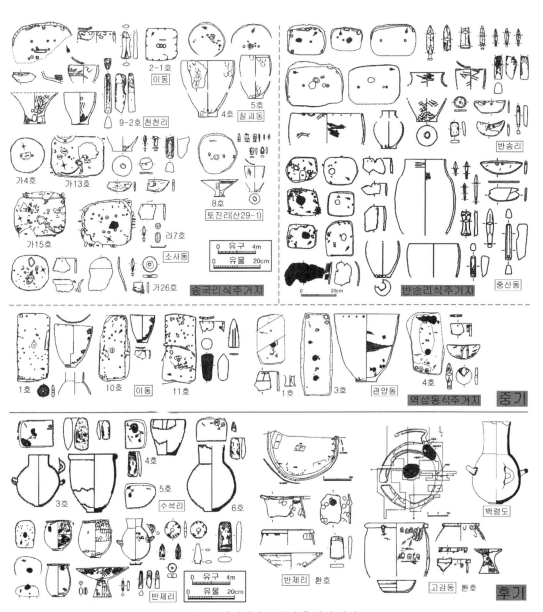

그림 4 _ 경기지역 중기와 후기의 편년

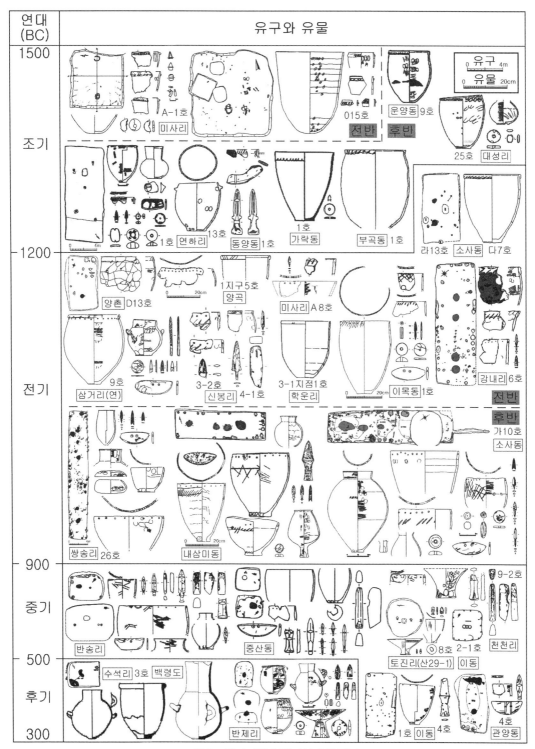

그림 5 _ 경기지역 청동기시대의 편년

지로 보고 휴암리식주거지에 선행하는 것으로 판단하여 송국리유형의 발생이 역삼동유형과 관련이 있는 것으로 보고 있는데, 이에 대해 금강 중하류에서 발생한 송국리유형이 주변지역으로 확산된 결과로 파악하는 견해(송만영 2010)와 첨예하게 대립되고 있다.

경기지역 중기의 절대연대는 2800~2400BP로 폭넓게 확인되며, 2400BP의 문제도 있으므로 검토의 여지가 많다. 이 가운데 소사동 가-13호(2550±50BP), 천천리 9-2호(2560±80BP), 칠괴동 5호(2570±50BP), 중산동 3지역(2750~2500BP) 주거지의 연대를 감안하여 2700~2550BP 정도로 판단하고자 한다.

4. 후기

경기지역의 후기는 원형점토대토기 요소가 중심을 이루는데 남양주 수석리와 안성 반제리를 비롯하여 수원 장안리, 인천 원당동(4-나구역 1호) 등에서 주거지와 수원 율전동(구·수혈), 부천 고강동(환호), 화성 발안리(목관묘)와 동학산(환호·수혈), 죽전리 대덕골(소성유구·수혈) 등에서 원형점토대토기와 관련 유물이 확인되었다. 주거지의 수는 반제리(74기)와 수석리(6기)를 제외하면 많지 않고 이와 관련된 구나 환호, 수혈유구, 소성유구, 목관묘(토광묘) 등의 유구를 통해 일면을 엿볼 수 있다. 유물은 원형점토대토기, 흑도장경호, 두형토기, 조합우각형(환상)파수, 개, 석촉, 석부 등이 대표적이다. 한편, 화성 고금산, 부천 고강동, 군포 대야미동 등의 유적에서 공렬토기와 점토대토기가 공반된다고 알려져 있으나, 고금산유적은 전후시기 유물이 혼재되어 있고, 고강동유적도 구순각목공렬토기가 소수 확인되지만 편으로 후대에 유입되었을 가능성이 높다. 군포 대야미동에서 확인된 점토대토기는 이중구연단사선문토기의 가능성이 높기 때문에, 전반적으로 경기지역에서 공렬토기와 점토대토기의 명확한 공반관계를 가진 것은 없다고 할 수 있다.

후기의 편년은 박진일(2006)에 의해 제시되었는데, 그의 편년안에 따르면 삼각형점토대토기가 등장하는 IV기를 포함하여 점토대토기문화를 4시기(I~IV)로 편년하였다. 원형점토대토기문화의 편년에서 I기는 A유형(원형점토대토기, 환상파수)에 해당하는 기원전 5세기경, II기는 B유형(원형점토대토기, 환상파수, 조합우각형파수, 1·2식 두형토기, 유구석부)에 해당되고 기원전 5세기대, III기는 C유형(원형점토대토기, 조합우각형파수, 1·2식 두형토기, 유구석부)에 해당되고 기원전 5세기 혹은 4세기경~기원전 3세기 정도로 파악하고 있다.

후기의 절대연대는 반제리 11호 주거지(2360±50BP), 19호 주거지(2530±60BP), 60호 주거지(2450±80BP), 목책열(2550±40BP), 구 3호(2520±40BP)와 율전동 I 4호 수혈(2520±40BP), 원당동4-나구역 1호 주거지(2510±60BP) 등을 감안하면 2550~2350BP 정도로 판단된다.

Ⅱ. 북한강유역

1. 조기

　북한강유역의 조기는 춘천, 화천, 홍천 등의 지역에서 돌대문토기 관련 유적이 다수 조사되어 편년 연구(朴榮九 2012; 鄭元喆 2012; 김권중 2013)가 활발해지고 있으며 전반과 후반으로 대별할 수 있다.

　전반은 돌대문계 요소가 중심이 되는데 홍천 외삼포리(3·5호)와 철정리Ⅱ(C-1·5호·A-28·56호)의 주거지가 해당된다. 주거지 구조는 (중)대형의 방형이며 2열의 초석을 설치하였고, 장방형이나 타원형의 점토상이나 토상의 위석식노 1기를 강의 반대편 단벽쪽으로 치우쳐 설치하는 것이 일반적이다. 유물은 심발의 각목돌대문토기와 절상돌대문토기가 주류를 이루며 내만구연의 옹형인 것도 다수 있다. 이외에 이중구연토기(철정리Ⅱ C-1호)와 이중구연거치문토기(외삼포리 5호)가 공반되고, 호(외삼포리 3호, 철정리Ⅱ A-56호)와 천발(철정리Ⅱ A-28·C-5호), 외반구연토기(철정리Ⅱ C-1호)도 일부 공반된다. 유상돌기가 부착된 토기(瘤附土器 : 철정리Ⅱ C-1·5호)와 마연토기(외삼포리 5호)도 존재한다. 석기는 이단병식석검을 비롯하여 양인의 장방형과 제형 석도, 방형의 편인석부, 횡단면이 두꺼운 합인석부, 삼각만입의 무경식석촉, 단면 반원형과 장방형의 토제방추차와 단면이 얇은 석제방추차, 장방형과 (타)원형의 토제어망추, 공구형석기, 환상석기, 단추형토제품(철정리Ⅱ C-5호) 등이 특징적인 유물이다.

　후반은 돌대문계와 비돌대문계로 구분된다. 돌대문계는 철정리Ⅱ A-1·2·3·11·12·21호, 신매제방 1호, 하화계리 1호 등과 최근 조사된 화천의 거례리(1~5구간)와 원천리의 주거지도 이에 속한다. 일부 소형(철정리Ⅱ A-11호)과 세장방형(거례리(예맥) 20호)을 제외하면 중·대형의 (장)방형이 주류인데, 2열의 주공식과 초석식의 중심기둥을 설치한 것이 많다. 노는 위석식이며 바닥은 石床, 粘土床, 土床 등으로 다양한데 일반적으로 1기를 단벽쪽으로 편재하여 설치하지만, 거례리 45호와 61호는 위석식이나 수혈식의 노를 1~2기 더 설치한 것이 특징이다. 거례리(3구간-江考) 34·41·43·45·61호는 출입구시설을 갖추기도 하였다. 유물에서 토기는 전반과 큰 차이가 없지만 변형된 것으로 판단되는 하화계리 1호 출토품을 제외하면 무문양인 내만구연의 옹류는 사라지고 장경호와 호의 증가가 눈에 띈다. 이중구연단사선문(철정리Ⅱ A-12호)이나 외반구연(하화계리 1호)의 요소도 일부 존재하고, 구순각목토기(거례리-江文)와 높이가 낮으면서 저부가 넓은 대각이 부착된 대부토기(신매제방 1호, 하화계리 1호)가 등장하기 시작한다. 연하리 13호 출토품 중에서는 구순각목문이 시문된 유부토기가 특징적인데 각목의 양상으로 볼 때 가장 이른 단계의 구순각목문으로 판단된다. 현암리 2호와 하화계리 1호 돌대문토기는 전주하거나 절상의 무각목이 특징적이다. 석기상은 전반과 큰 차이가 없지만 동북형석도(연하리 1호)가 등장하고 중앙이 투공된 토제어망추(연하리 13호, 신매제방 1호)가 공반된다.

　비돌대문계는 이중구연(단사선문) 요소를 가진 춘천 현암리가 해당되는데 1·3호 주거지는 소형의 방형이 특징이며 위석식노(石床·粘土床)가 설치되어 있다. 유물은 무문양이거나 단사선이 시문된 이중구연이 주류이며, 이외에 돌대문(절상)도 일부 확인되고 외반구연이나 거치문(호)도 존재한다. 이중구연단사선문과 구순각목문이 결합된 토기(2호)도 있다. 석기 조성은 소량이어서 자세하지 않지만 돌대문계와

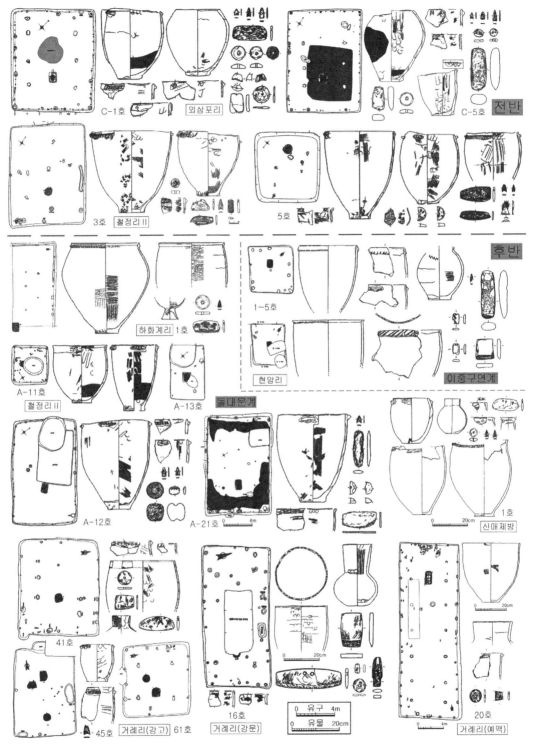

そ의 6 _ 북한강유역 조기의 편년

유사하다.

조기 전반의 절대연대는 철정리Ⅱ A-1호와 C-5호 주거지 등 다수의 시료가 매우 이르게 형성되어 있어 기존의 절대연대와 비교해 볼 때 상한은 재고의 여지가 있다고 판단된다. 많은 연대는 검출되지 않았지만 3100BP 전후가 전반의 하한연대로 판단된다. 조기 후반은 다수의 유적에서 확인되듯이 다소 늦은 연대도 있지만 대략 2950BP를 전후한 시기까지 집중되므로 하한은 이 연대로 판단된다.

2. 전기

북한강유역의 전기 편년은 다양하고 복잡한 요소가 공존하고 있기 때문에 조기 후반과 전기 전반의 구분이 다소 모호하다. 이러한 양상은 이 지역 편년 연구(朴榮九 2012; 鄭元喆 2012; 김권중 2013)에도 잘 드러나는데 세세한 차이가 있지만, 대체로 김권중은 돌대문토기 요소 가운데 조기 후반으로 편년된 것을 朴榮九와 鄭元喆은 전기의 이른 단계까지 내려 보는 관점의 차이가 있다.

전기 전반은 주로 공렬문계A · B와 이중구연계, 복합문계 등 다양한 계통으로 구분되고 돌대문계는 다른 요소와 복합되어 일부만 확인된다. 공렬문계 A와 B는 유사한 계통이지만 평면형태, 노의 구조, 중심주공 배치방식, 일부 유물(대부토기, 어망추 등)의 유무 등에서 다소 차이를 보인다.

공렬문계A는 용암리 93 · 115호 주거지가 대표적이며 대형의 세장방형이 중심을 이루고 소형의 방형(용암리 130호)도 있다. 중앙 1열 또는 3열의 주공식 중심기둥을 설치하며 수혈식노를 갖춘 것이 특징이다. 유물은 주로 공렬문만 시문되고 심발과 (천)발, 대형의 호, 적색마연토기 등 기종이 비교적 단순하며, 석기는 (유혈구)이단병식석검, 합인석부, 무경식과 이단경식의 석촉, 장방형계의 편인석부, 단면이 두꺼운 방추차, 부리형석기 등이 출토된다.

공렬문계B는 홍천 철정리Ⅱ A-54호와 외삼포리 1호, 춘천 거두2지구(북지구) 1~6호, 달전리 33호, 신매대교 18 · 21 · 26호 등의 주거지가 대표적이고 유물상으로 볼 때 달전리 36호와 39호도 이 계통에 속할 가능성이 있다. 주거지는 중(대)형의 장방형이나 세장방형을 띠고 위석식과 수혈식의 노를 갖추었으며, 중심주공은 2열의 주공식이나 초석식(신매대교 21호)이다. 공렬문과 구순각목문이 결합된 것이 많고, 신매대교 21호 출토품에는 단사선문이나 X자문이 시문되기도 한다. 이외의 유물은 공렬문계A와 대부분 유사하지만 단각의 대부토기, 어망추(원판형, 통형)가 특징적이다.

이중구연계는 천전리 121-16번지 10호, 와수리 4호 등이 해당되는데 와수리 4호는 대형의 세장방형에 위석식과 수혈식의 노를 갖추고, 중앙 1열과 내측 2열의 주공식 중심기둥을 설치한 구조이다. 유물은 단사선문, 거치문, 사격자문 등이 시문된 이중구연이 중심이고 공렬문, 구순각목문, 돌대문(절상) 등이 소량 확인된다. 석기상은 공렬문계와 유사한데 어망추는 공렬문계B와 동일하다.

복합문계는 금산리 A-1 · 2호 · B-1 · 4 · 6호, 천전리 121-16번지 2 · 7호 등의 주거지가 해당된다. 주거지는 조기의 구조를 이어가고 있는데 소형~대형 등 다양하고 방형이나 장방형을 띤다. 주로 점토상이나 토상의 위석식노가 갖추어져 있고 일부(금산리 B-6호)는 수혈식이 설치되기도 한다. 주거지의 구조는 돌대문계와유사하지만 토기는 돌대문(각목-절상), 공렬문(구순각목문), 이중구연(거치문 · 단사선문), 외

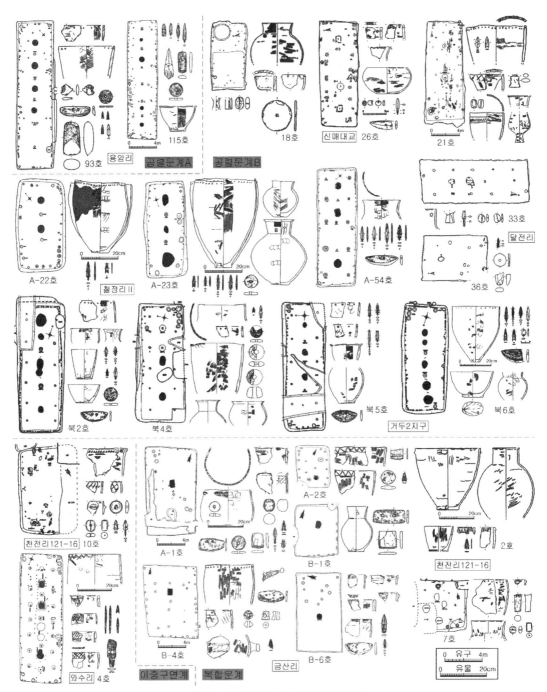

그림 7 _ 북한강유역 전기 전반의 편년

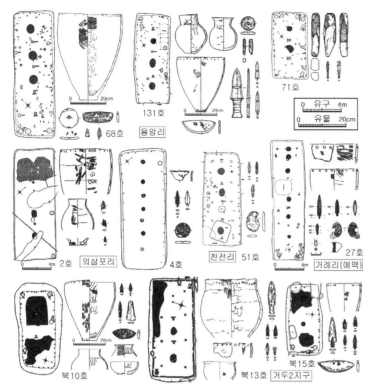

반구연 등 매우 다양한 요소가 복합되는데 문양에서 중심 주체가 무엇인지 분명하지 않고 금산리 B-4호와 천전리 121-16번지에서는 대상파수나 봉상파수와 같은 요소가 확인되기도 한다. 석기는 무경식석촉, 장방형석도, 방형 편인석부, 단면이 얇은 석제방추차 등 전단계의 요소를 그대로 이어가는 것도 있지만 새로이 이단경식식석촉, 주형석도, 어망추(원판형, 통형)가 새로이 등장한다.

전기 후반은 다른 요소는 대부분 소멸되고 공렬문계A의 요소만 확인된다. 용암리 62·68·71·77·126호, 천전리 56·59호,

그림 8 _ 북한강유역 전기 후반의 편년

외삼포리 2·4호, 거두리 북지구 10·13·15호 등이 대표적이며 대형의 (세)장방형의 주거지가 중심을 이룬다. 내부시설은 전단계와 차이 없이 중앙 1열식이나 3열식의 주공식 중심기둥이 배치되고 수혈식노(일부 위석식)가 설치되며, 일부 주거지[용암리 131호, 천전리 51호, 거례리(예맥) 27호]는 작업공을 갖추기도 한다. 출토유물에서 토기는 전단계와 큰 차이 없이 심발의 공렬토기, 호, 적색마연토기가 주류를 이루고 구순각목문이 대부분 사라진다. 석기는 전반과 큰 차이는 없다.

북한강유역의 전기 전반은 철정리Ⅱ A-22호(3000±50BP), 용암리 104호(3010±60BP), 달전리 36호(3110±60BP：퇴적층)와 39호(3140±60BP) 주거지 등이 절대연대상 조기로 소급될 가능성이 있지만, 유물상으로는 이 단계에 해당된다. 용암리 93호(2930±50BP), 115호(2870±60BP), 130호(2860±50BP), 거두2지구 3호(2910±50BP), 천전리 121-16번지 10호(2910±50BP, 2930±60BP) 주거지 등의 연대로 볼 때 대부분 2950~2850BP 사이에 집중된다. 전기 후반은 거두2지구 북지구 10호(2740±50BP), 외삼포리 2호(2810±50BP)와 4호(2820±50BP), 용암리 131호(2800±50BP) 주거지 등을 감안하면 2850~2750BP로 판단된다.

3. 중기

　북한강유역의 중기는 2000년대에 들어 춘천과 화천, 가평 등을 중심으로 실시된 대규모 유적 조사의 결과를 바탕으로 설정(金權中 2004 · 2005)된 이후 여러 연구자(鄭元喆 2007; 洪周希 2009)에 의해 검토되었다. 중기는 천전리식주거지(金權中 2008)를 표지로 하는 천전리유형단계라고 할 수 있는데, 화천 용

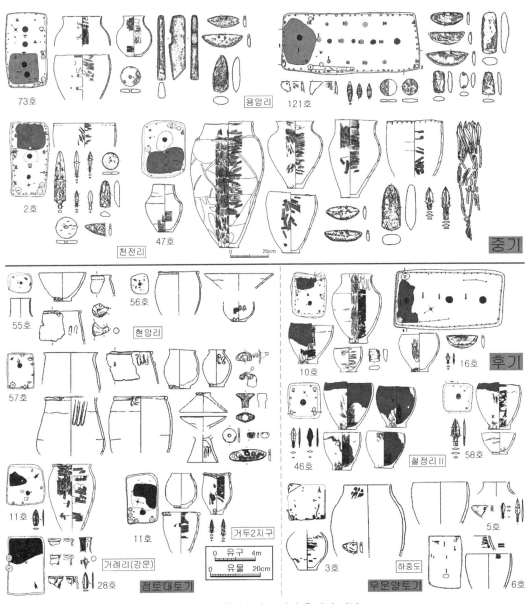

그림 9 _ 북한강유역 중기와 후기의 편년

암리와 거례리(1~5구간), 춘천 천전리, 가평의 달전리와 대성리 Ⅲ지구 등 북한강유역의 많은 청동기시대 주거지가 이 단계에 속한다. (장)방형의 중·소형 주거지가 취락의 중심을 이루며, 내부에는 수혈식노를 갖추고 분리된 작업구역에 작업공과 함께 이색점토구역이라는 특수한 시설을 설치하게 된다. 중심기둥은 1~2개의 중앙주공과 함께 2×3주식 또는 2×4주식의 내측주공 배치가 특징이다. 전기에 비해 주거지 내부의 저장공 수는 현저하게 감소하는 반면, 옥외의 전문저장시설(방형수혈유구)과 전문공방시설을 갖추고 이색점토구역만을 갖춘 주거지가 등장하기도 한다. 유물은 공렬토기와 함께 소형호, 적색호 등의 특징적인 토기와 일단경식석촉, 유경식과 일단병식의 마제석검, 일체형석촉, 유구석부 등이 대표적이다.

한편, 역삼동식주거지가 변형되어 작업공을 갖춘 주거지(용암리Ⅱ단계)를 천전리유형의 앞선 단계인 과도기(金權中 2008)와 중기 전반(金權中 2010)으로 편년하였는데, 용암리 131호 주거지나 천전리 51호 주거지와 같이 이단병식석검이나 이단경식석촉이 확인되기도 하지만 소형의 호형토기가 등장하고 있어 '先천전리유형단계'로 설정하였으나 용암리와 천전리, 거례리(예맥 27호) 등 일부 유적에 한정되고 존속기간이 짧아 별도의 단계로 편년하기 보다는 전기 후반과 후기 초에 걸치는 것으로 판단하고자 한다.

중기는 유구와 유물로써 전반과 후반의 구분이 명확하지 않고, 용암리 91호(2540±50BP, 2480±50BP), 49호(2700±60BP), 65호(2620±80BP), 천전리 18호(2710±60BP, 2600±50BP), 47호(2620±60BP, 2580±50BP), 72호(2600±50BP) 주거지 등의 절대연대를 감안하면 중기는 2750~2550BP 정도로 판단된다.

4. 후기

후기는 크게 두 가지 계통으로 구분된다. 하나는 재지계로 춘천 하중도유적의 전환기적 성격을 지적하면서 공렬문이 사라지는 무문양토기단계의 설정에 대해 가능성을 제기한 바(박성희 2002) 있었다. 이후 필자도 철정리Ⅱ유적의 많은 주거지에서 공렬문이 확인되지 않는 것을 들어 무문양토기의 설정이 가능할 것으로 판단(金權中 2008)하였다. 출토유물은 무문양의 심발, 적색과 갈색의 호, 내만구연토기, 소형의 호가 주종을 이루고, 석기는 전단계의 일체형석촉, 유구석부, 일단경식석촉이 지속된다. 철정리Ⅱ A-55호 주거지와 화천 거례리(5구간-江文)의 11호와 28호 천전리식주거지에서는 점토대토기가 공반되는 것이 큰 특징이다. 주거지는 중기의 천전리식주거지 구조를 그대로 계승하거나 소형의 방형화가 두드러진다.

다른 하나는 낮은 구릉을 중심으로 새로이 유입된 점토대토기문화이다. 춘천의 거두2지구, 현암리, 칠전동, 양구 해안 만대리 등의 유적에서 확인되었다. 주거지의 평면형태는 소형의 방형과 장방형이며 모두 소수의 주거지로 구성되어 취락의 규모가 작지만, 천전리유적 B지역에서는 200기 이상의 수혈유구가 확인되기 때문에 대규모 취락의 존재 가능성도 있다. 구릉을 중심으로 분포하지만 현암리의 경우에는 점토대토기와 관련 유물이 출토되는 주거지(55~57호)가 확인되었고, 신매리 47-1번지유적(수혈), 철정리Ⅱ유적 등의 상황으로 볼 때 점토대토기문화가 충적지대로의 확산도 확인되고 있다.

후기의 절대연대는 철정리Ⅱ 46호(2460±50BP), 현암리 55호(2340±40BP)와 57호(2460±50BP), 거례리(江文) 11호(2410±40BP, 2360±40BP) 주거지 등에서 검출되어 2500~2350BP 사이로 판단된다.

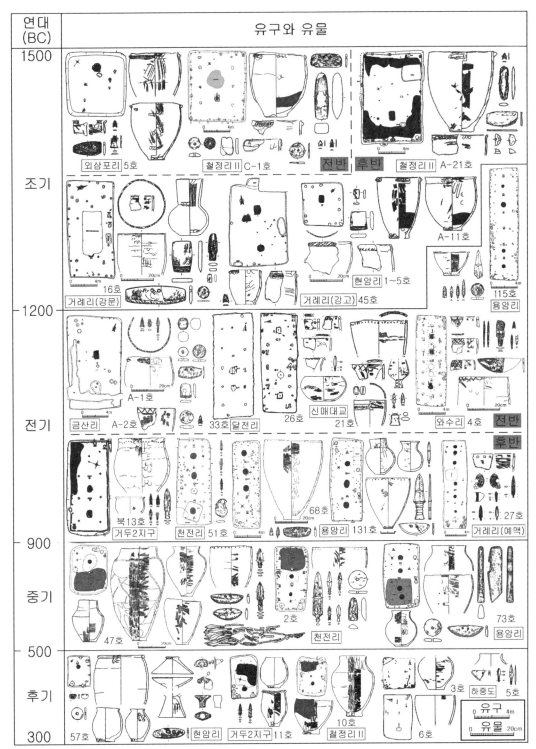

그림 10 _ 북한강유역 청동기시대의 편년

Ⅲ. 남한강유역

1. 조기

남한강유역의 청동기시대 조기에 관한 연구는 남한 전체를 대상으로 한 광역적 편년에서 일부 유적이 검토되기는 하였지만 세밀하게 연구가 진행된 것은 최근(朴榮九 2012; 김권중 2013)에 이르러서이다.

조기는 경기지역이나 북한강유역에 비해 다소 늦은 시점에 형성되는데 여러 계통의 요소가 존재한다. 먼저 돌대문토기 요소를 가진 유적으로 제원 황석리을 비롯하여 정선 아우라지(1·6·8·9·11·12·13호), 영월 주천리(14·17호), 평창 천동리(예맥 2호), 평창 종부리(Ⅱ-2호) 등의 주거지가 해당된다. 주거지는 (중)대형의 방형과 장방형의 평면형태에 石床이나 粘土床의 위석식노를 단벽에 편재하여 1~2기 설치하는 것이 일반적이고 격벽시설을 갖추거나 연접한 것(아우라지 1·8·11·12호)이 많은데 남한강유역의 지역적 특징이다. 중심기둥 배치는 2열의 초석식과 주공식이다.

유물은 주로 옹이나 심발의 돌대문토기(전주하는 각목문과 절상의 각목문과 무각목)가 출토되고 장경호(마연)와 무문이거나 단사선이 시문된 이중구연토기(아우라지 1·8호), 외반구연토기(아우라지 6·8호), 다양한 형태의 호, 대부토기(아우라지 1·6호) 등이 주류인데, 대부토기는 아우라지 1호와 공렬문계인 2호는 내만구연의 기형에 넓게 벌어진 낮은 대각이 부착된 것으로 가장 이른 단계의 대부토기로 판단된다. 주천리 14호와 종부리Ⅱ-2호에서는 구순각목문이 시문된 토기가 공반된다. 석기는 석검을 비롯하여 삼각만입의 무경식석촉, 역자식의 이단경식석촉, 양인의 장방형과 제형 석도, 방형의 편인석부, 합인석부, 환상석부, 방추차, 어망추, 부리형석기 등이 출토되었다. 역자식의 이단경식석촉은 다수의 주거지(아우라지 1·6·8·12호, 천동리 2호)에서 출토되었는데 남한강유역의 지역적 특색이 강한 유물로 판단된다.

다른 하나는 이중구연단사선문토기 요소를 가진 것으로 원주 동화리 1호 주거지가 해당된다. 중형급의 방형주거지로 粘土床의 위석식노를 갖추었으며, 유물은 심발형의 이중구연단사선문토기가 주를 이루고, 유상돌기가 부착된 심발(瘤附土器), 호, 토제방추차가 출토되었다. 토기는 이중구연의 폭이 다소 좁은 이중구연단사선문이 주류이며, 무경식석촉, 합인석부, 편인석부, 장방형과 주형의 석도 등이 출토되었다. 이중구연단사선문의 요소를 갖추고 있지만 충적대지에 입지하며 초석을 갖추지 않았다는 점에서 가락동유형과는 차이가 있다.

또 다른 하나는 이른 단계의 공렬문토기 요소를 가진 것으로 주천리 6·7호가 해당된다. 주거지는 중형급의 방형 구조를 띠며 중심기둥 배치는 주천리 6호와 7호는 2열 구조를 보이는데, 7호는 주공식과 초석식이 결합된 구조이며, 6호는 주공식인 것이 특징이다. 노는 1기가 설치되는데 단벽쪽으로 편재된 토상의 위석식이다. 토기는 심발 위주의 공렬문과 구순각목문이 공반되거나 결합되고, 바닥이 좁고 낮은 대각이 부착된 대부토기와 마연장경호 등도 공반된다. 석기 조성은 돌대문토기 요소와 거의 동일한데 이단병식석검(주천리 7호), 삼각만입의 무경식석촉과 역자식의 이단경식석촉, 직배호인의 제형석도, 동북형석도, 환상석기, 어망추, 방추차 등이다.

한편, 아우라지 2호에 불과하지만 위의 제 요소가 함께 확인되기도 하는데 주거지 구조는 공렬문계로

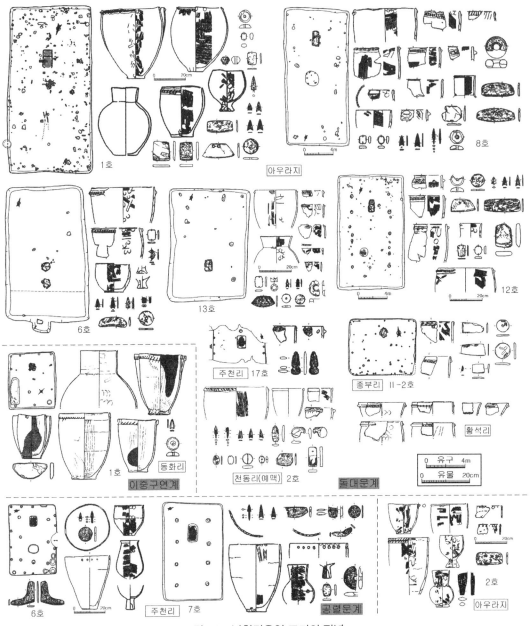

그림 11 _ 남한강유역 조기의 편년

판단되지만 공렬토기를 비롯하여 이중구연토기와 장경호, 대부토기, 장방형석도 등 돌대문계의 요소가
복합된 양상을 보이기도 한다.

남한강유역은 아직까지 조기 전반으로 소급될 만한 유구와 절대연대가 없으며, 조기 후반도 동화리 1
호(3050±50BP), 아우라지 1호(3010±60BP)와 같이 몇몇을 제외하면 3000BP 이상인 것이 많지 않고 주

로 3000~2900BP 사이에 집중되고 있다.

2. 전기

남한강유역 전기에 관한 편년 연구는 거의 실시되지 않았는데 이 지역 편년의 문제는 중복관계가 확인되지 않는다는 것과 시간적 흐름에 따른 유구와 유물의 형식학적 변화상을 파악하기 어려워 전반과 후반의 구분은 물론 중기와의 구분도 매우 모호하다. 돌대문토기의 요소가 일부 잔존하지만 공렬문계가 중심을 이루고, 소수이지만 이중구연의 요소도 일부 존재한다.

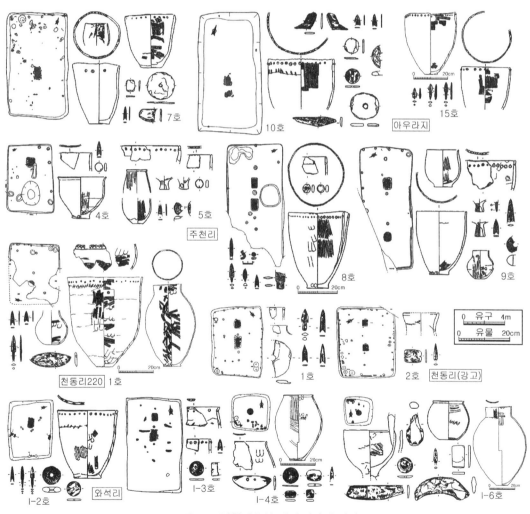

그림 12 _ 남한강유역 전기 전반의 편년

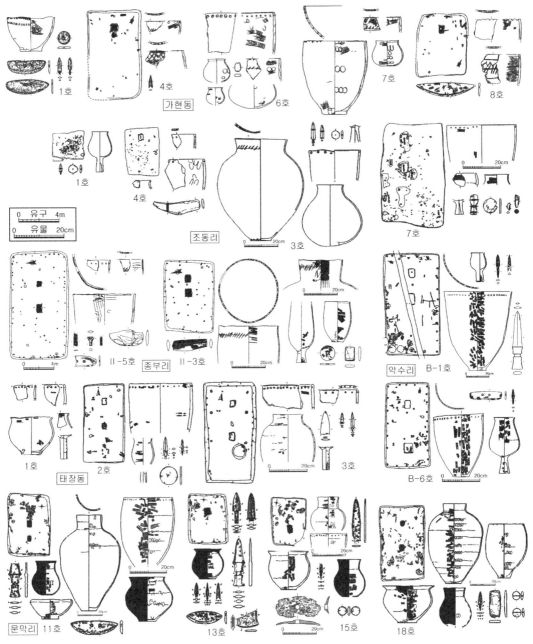

그림 13 _ 남한강유역 전기 후반의 편년

전반은 정선 아우라지 3~5 · 7 · 10 · 14~18호, 영월의 주천리 2 · 4 · 5 · 8 · 9 · 12호와 와석리I-4~6
호, 평창의 천동리(江考) 1 · 2호와 천동리 220번지 1호, 종부리 Ⅱ-1 · 3~6 등의 주거지가 해당된다. 주
거지는 소형의 방형(주천리 4호, 와석리I-4~6호, 천동리 220번지 1호)도 있지만 중형의 (장)방형이 많

다. 노는 주로 土床이나 粘土床의 위석식이며 1~2기가 단벽쪽으로 편재하지만 중앙이나 중앙 부근에 설치되기(아우라지 16・18호, 주천리 8・12호)도 하며, 지면식인 것(아우라지 18호)도 있다. 격벽시설이 확인되는 것은 없고 2기가 설치되는 경우 근접하기도 하지만 전단계(조기)와 달리 점차 간격이 넓어진다. 중심주공은 확인되지 않는 경우가 많지만 주천리 8・9호와 같이 중앙 1열의 배치를 보이는 것이 있다.

유물에서 토기는 전반적으로 공렬문계가 주류를 점하는데, 대부분 심발의 공렬문과 구순각목문이 공반되거나 결합되고, 퇴화된 이중구연에 단사선문이나 거치문, X자문이 시문된 것(아우라지 10호, 와석리I-2・3호, 천동리 220번지 1호)과 횡대구획문과 같은 요소도 일부(천동리 220번지 1호) 확인되며 전형적인 적색마연토기호가 등장한다. 대부토기는 바닥이 좁고 낮은 대각의 옹과 호가 주류인 것이 특징이고, 이외에 구순외연각목(아우라지 4・11호)토기도 출토된다. 석기는 전단계의 석기상과 유사하지만 석촉은 무경식식과 이단경식이 주류이고, 석제방추차는 두꺼워 진 것(아우라지 18호)도 확인되며, 주형석도(아우라지 17호), 대형방추차(아우라지 7・10・17・18호, 주천리 4・8호)가 특징적으로 출토되었다. 전기 전반의 절대연대는 많은 수가 검출되었는데 대부분 2950~2800BP 사이에 집중된다.

후반은 전반과의 구분이 어렵지만 가능성이 있는 것들로 원주 문막리 11~18호와 태장동 1~4호, 원주 가현동 1~8호, 평창 약수리 A・B지구, 충주 조동리 1~9호 등의 주거지가 해당된다. 주거지는 전기 전반과 거의 동일한 구조인 중형의 (장)방형이 대부분이다. 노는 전반과 큰 차이 없는 배치를 보이는데 2기인 것이 많고 여전히 위석식이 주류이지만 가현동 3~6호나 후평리 4・6호와 같이 수혈식이나 지면식이 복합되기도 한다. 유물상으로 토기는 주로 심발의 공렬문과 구순각목문이 주류이고, 퇴화된 단사선문이 시문된 토기(가현동 1・4・6호, 약수리 A-3호・B-4・8호)나 횡대구획문(약수리 B-8・9호, 가현동 8호)도 확인되며, 긴 대각이 부착된 옹형의 대부토기(조동리 1・3호, 태장동 1~3호, 약수리 B-1・6호)가 특징적이다. 석기는 전단계의 석기상과 큰 차이는 없지만 새로이 일단경식석촉이 증가하고 퇴화된 이단병식석검(조동리 7호)도 등장한다.

후반의 절대연대는 조동리 1호와 7호의 경우 오차가 크기 때문에 채택하기 어렵고, 문막리의 경우 다수의 주거지 연대가 2950~2850BP 사이로 검출되어 문제가 있다. 유구와 유물로는 전반과 뚜렷하게 구분하기 어렵지만 공렬문과 구순각목문 중심의 문양 구성, 퇴화된 이중구연단사선문과 같은 요소로 본다면 전반과는 차이가 있다고 생각되는데, 가현동 4호(2830±40BP), 태장동 2호(2840±50BP)와 3호(2850±40BP), 문막리 13호(2830±40BP)와 15호(2780±40BP) 등의 연대를 감안하여 2850~2750BP 정도로 판단하고자 한다.

3. 중기

남한강유역 중기의 편년 연구는 최근까지도 거의 이루어지지 않았다. 그 이유는 조사 자료가 부족한 것이 원인이었지만, 유구와 유물의 변화상이 파악되지 않아 전기와의 구분 자체가 매우 모호하였기 때문이었다. 이 지역 조사 자료의 검토를 통하여 중기의 편년 가능성을 제시한 바(金權中 2010)가 있었는데, 공방시설로 판단되는 원주 태장동 8호 유구와 출토유물인 공렬토기, 적색마연호, 지표에서 일체형석촉,

일단병식석검, 원주 가현동 지표에서 유구석부, 일체형석촉, 일단병식석검 등과 주거지 구조는 명확하지 않지만 횡성 화전리 중·소형의 (장)방형 주거지와 수혈유구에서 출토된 공렬토기, 소형호, 일체형석촉, 일단경식석촉 등의 존재를 통한 것이다.

최근 조사 보고서가 간행되면서 중기의 설정이 가능한 구체적인 자료가 증가하였는데, 가현동은 전체적으로 전기로 편년되지만 14호 주거지는 다소 세장한 형태를 띠며 초기 형태의 유구석부를 비롯하여 일단병식석검, 일단경식석촉, 일체형석촉 등의 존재로 보아 중기로 편년이 가능하다. 평창 종부리 Ⅲ-1호는 주거지 내부에 북한강유역의 중기로 편년되는 천전리식주거지의 이색점토구역과 작업공이 확인되고 있어 참고가 된다. 또한 평창 마지리의 경우도 전기에 비해 세장화된 3호와 8호 주거지의 일단병식석검을 비롯하여, 일단경식석촉 등의 존재도 가능성을 높이고 있다. 한편, 동굴유적이지만 영월 연당리 피난굴(쌍굴)의 무덤에서 출토된 공렬토기와 소형호, 일체형석촉 등의 유물을 볼 때 중기의 설정 가능성은 점차 높아지고 있다.

남한강유역의 중기 설정이 어려운 것은 조사 자료가 전기의 문화상이 지속되고 유물이나 유구의 변화상이 간취되지 않기 때문이기도 하지만 절대연대도 대부분 전기로 검출되는 한계가 있다. 이 단계의 절대연대는 검출된 것이 많지 않지만 태장동 8호 유구(2520±50BP), 종부리 Ⅲ-1호(2740±60BP), 마지리 4호(2685±50BP)와 8호(2620±50BP) 등으로 볼 때 2750~2550BP 정도로 판단된다.

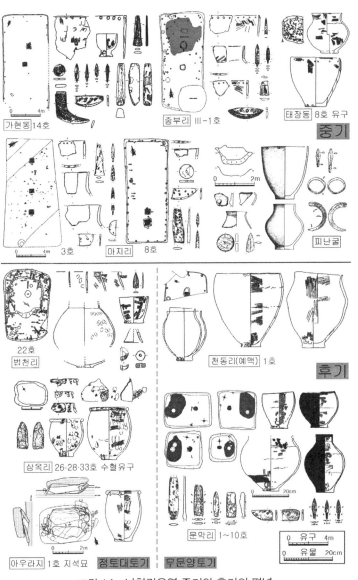

그림 14 _ 남한강유역 중기와 후기의 편년

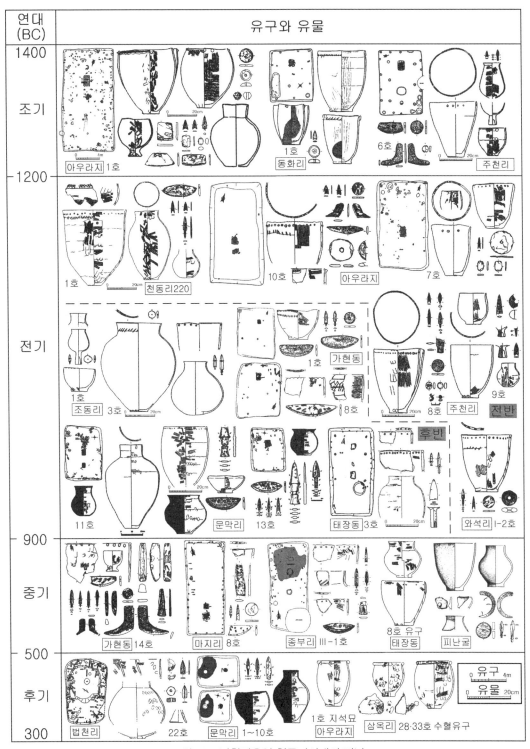

연대(BC)	유구와 유물
1400 조기 1200	아우라지1호　　　　　　　　　동화리 1호　6호　　주천리
전기	1호　천동리220　10호　아우라지　7호 1호　조동리 3호　가현동 1호　8호　주천리 8호 9호 **전반** 11호　문막리 13호　태장동 3호　와석리 I-2호 **후반**
900 중기 500	가현동14호　마지리 8호　중부리 III-1호　태장동 8호 유구　피난굴
후기 300	법천리　22호　문막리 1~10호　아우라지 1호 지석묘　삼옥리 28·33호 수혈유구 유구 4m 유물 20cm

그림 15 _ 남한강유역 청동기시대의 편년

4. 후기

　남한강유역 후기의 편년에 관한 연구는 자료의 부족으로 거의 실시되지 않았다. 남한강유역에서 후기로 판단되는 유적은 많지 않지만, 金權中(2012)의 편년안을 참고하면 두 가지 계통으로 구분할 수 있다. 먼저 원형점토대토기문화와 관련된 유적으로 주거지는 원주 법천리유적이 유일하고, 주거지는 확인되지 않았지만 원형점토대토기 관련 유적으로 영월 삼옥리유적 Ⅲ지구 26·28·33호 수혈유구에서 점토대토기와 파수 등이 출토되었다. 법천리 22호 주거지는 중형의 평면 장방형을 띠며 수혈식노를 갖춘 주거지이다. 이들 유적에서 출토된 유물은 원형점토대토기, 흑도장경호, 조합우각형파수, 무경식석촉, 유경식석촉 등이 있다. 한편, 정선 아우라지유적 1호 지석묘에서도 원형점토대토기가 출토되어 이 단계의 묘제로 판단된다.

　다른 하나는 최근 원주 문막리유적에서 천전리식주거지를 비롯하여 10기의 주거지가 조사되었는데 공렬문이 소멸된 토기의 구성을 보이고 있다. 북한강유역의 철정리Ⅱ유적과 동일한 단계의 주거지로 판단되고, 천전리유형의 문화가 후기에 이르러 남한강유역까지 확산된 결과로 생각된다. 평창 천동리(예맥) 1호 주거지에서도 호와 무문양의 심발이 출토되었는데 수혈식노 1기를 갖춘 소형의 방형 구조를 띤다.

　남한강유역 후기의 절대연대는 법천리 22호 주거지(2370±30BP), 천동리(예맥) 1호 주거지(2460± 40BP), 문막리 3호 주거지(2560±50BP), 4호 주거지(2620±40BP), 6호 주거지(2590±40BP, 2580± 40BP), 10호 주거지(2460±40BP, 2550±50BP) 등으로 볼 때 2600~2350BP 정도로 판단된다.

Ⅳ. 강원 영동지역

1. 조기

　영동지역의 조기는 중부지방의 다른 지역과 달리 조기의 표지로 볼 수 있는 돌대문토기문화와 관련된 요소가 확인되지 않기 때문에 설정이 어려운 지역이다.

　강릉 교동유적 정도가 조기로 편년될 수 있는데 이마저도 전기와의 구분이 모호하다. 이 지역의 연구를 담당한 朴榮九(2008)의 편년안에 따르면 유물의 조합상과 공반관계의 검토

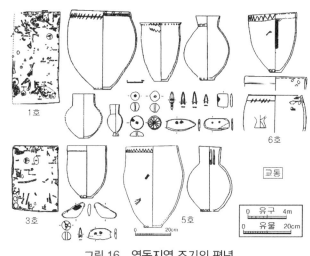

그림 16 _ 영동지역 조기의 편년

를 통해 서북지방 이중구연토기 요소와 두만강유역의 공렬토기요소가 보이는 교동단계(Ⅰ기)를 조기~전기전반으로 편년하고 있다. 裵眞晟(2007)도 교동유적이 조기로 소급될 가능성이 있다고 보았다. 교동유적의 주거지 구조는 중·대형의 규모와 (장)방형 평면형태에 위석식이나 수혈식(평지식) 노가 설치되고, 가락동유형의 주거지 구조와 유사하지만 초석은 설치되지 않는다. 유물은 이중구연에 단사선이나 거치문이 시문된 심발과 공렬문이 시문된 외반구연의 심발을 비롯하여 (장경)호, 단각의 대부토기, 단면 반원형의 방추차가 특징이며, 석기는 삼각만입의 무경식석촉과 이단경식(역자식)석촉, 방형이나 어형의 석도, 동북형석도가 대표적이다.

절대연대는 교동 1호 주거지(3390±60BP), 2호 주거지(3100±50BP), 3호 주거지(3230±50BP)의 연대를 감안하면 조기까지 소급될 가능성이 있지만, 유구와 유물에서 전기와의 구분이 선명하지 않아 뚜렷한 문화적 획기로 구분하기 어려운 점이 있다.

2. 전기

영동지역 청동기시대 자료의 많은 주거지가 전기에 집중되는데 朴榮九(2008)의 편년에 따르면 이중구연이 퇴화된 양상을 보이고, 이중구연 요소에 공렬토기 요소가 결합하기 시작하는 사천리단계(Ⅱ기)는 전기전반, 장식성이 강한 이중구연+공렬토기 요소를 보이는 조양동단계(Ⅲ기)는 전기중반, 순수 공열토기가 성행하는 방내리단계(Ⅳ기)는 전기후반으로 편년하고 있다.

전기는 전반과 후반으로 구분하였는데 朴榮九(2008)의 편년안에서 사천리단계인 전기 전반은 필자와 동일하고, 전기 후반은 조양동단계인 전기 중반과 방내리단계(A군)인 전기 후반이 유구와 유물에서 큰 차이가 없으므로 동일 단계로 판단하였다(金權中 2010). 전반은 양양 임호정리(B지구 2호 수혈)와 고성 사천리가 이 단계에 해당된다. 주거지는 평면 방형과 장방형의 중대형이며, 위석식과 수혈식의 노를 설치하였다. 유물은 옹형에 가까운 이중구연이나 심발의 이중구연에 단사선문, 거치문, 구순각목문, 공렬문이 결합되거나 공반되며 (장경)호와 단각의 대부토기도 함께 확인된다. 석기는 무경식과 이단경식(역자식)의 석촉, 편평편인석부, 어형과 장방형의 석도, 단면 반원형의 토제방추차, 어망추 등이 출토되었다. 전기 전반의 절대연대는 임호정리 1호(2980±60BP) 주거지와 2호 수혈(2980±50BP) 정도만 검출되어 범위를 한정하기 어려운 상황이다.

전기 후반은 속초 조양동과 강릉 방내리 A군(1~2호)이 속한다. 전반에 비해 주거지의 평면형태나 규모에서 큰 변화는 없다. 심발의 공렬토기가 주류를 이루며 이중구연토기는 전반에 비해 이중구연의 폭이 넓어지거나 퇴화되며, 공렬문과 구순각목문이 결합되거나 적색마연토기, 대부토기가 공반된다. 방내리A군 주거지에서는 ×자문과 거치문이 시문되기도 한다. 석기는 여전히 이단병식석검, 무경식과 이단경식의 석촉, 합인석부, 소형 편평편인석부, 동북형석도(주걱칼), 주형과 어형의 석도가 출토된다. 대대리유적의 경우 다른 지역과 비교하면 검출된 절대연대 거의 대부분이 이른 단계(2850BP 내외)에 속하지만, 유물에서 구순각목문의 요소는 극히 일부이고 순수 공렬토기로만 구성되어 있으며, 통형에 가까운 대부토기(11호), (유구식)이단병식석검, 환상석부, 적색마연토기 등을 고려하면 늦은 단계로 설정될 가능성이 있

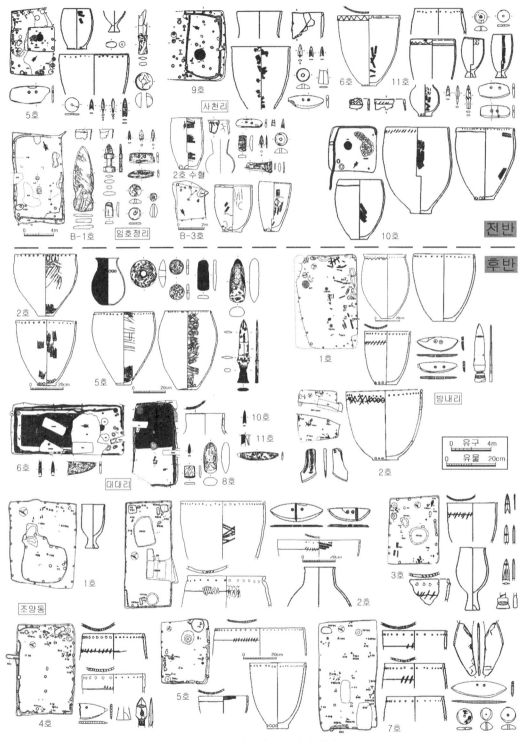

그림 17 _ 영동지역 전기의 편년

다. 전기 후반의 절대연대는 대대리 1호(2820±50BP), 조양동 5호(2820±60BP)가 확인되어 참고가 된다.

3. 중기

영동지역의 중기는 입지와 주거지 구조, 출토유물에서 전기와 차별성이 확인되지 않아 전기로 편년(朴榮九 2007)한 강릉 방내리 B군(5·6·8·12호) 주거지와 기존 편년안을 수정하여 중기로 편입(朴榮九 2008)시킨 양양 포월리 주거지가 대표적이다. 중기의 주거지는 형태나 규모에서 전기와 큰 변화가 없지만 수혈식노가 주로 설치되는데, 이들과 달리 지흥동 3호 주거지는 세장한 평면형태에 외부돌출구가 특징이다.

토기에서 이중구연요소나 구순각목문이 사라져 공렬문만 남은 심발이 주류를 이루고 무문양의 호가 공반되며, 긴 대각이 부착된 대부토기(지흥동 3호)가 확인되기도 한다. 석기상은 여전히 이단병식석검을 비롯하여 무경식과 이단경식의 석촉이 주류를 이루며 전단계(전기 후반)에 비해 큰 차이가 없지만 퇴화된 이단병식과 일단병식의 석검, 일단경식석촉의 출토가 증가한다.

한편 방내리유적(江文-가축위생처리장)은 절대연대가 다양하게 검출되어 편년에 어려움이 있는데, 일부 주거지(1·5·10·12호)는 중앙에 수혈식노만 설치되고 구순각목문도 시문되지만 공렬문이 중심이며, 有溝式의 유병식석검(1·3호), 일단경식석촉(8호), 통형의 대각이 부착된 대부토기(10·12호) 등의 양상으로 볼 때 포월리와 방내리 B군, 지흥동 3호와 유사한 양상을 보이고 있기 때문에 이 단계로 편년될 가능성이 있다.

현재까지 자료로 볼 때 중기의 절대연대는 지흥동 3호(2710±50BP, 2750±40BP, 2770±50BP, 2790±40BP), 방내리 10호(2760±40BP) 등과 전후 시기의 연대를 감안하여 2800~2700BP 정도로 판단하고자 한다. 다만 하한은 후기와의 연대차가 커 더 내려갈 가능성이 있다.

4. 후기

영동지역 후기는 공렬토기가 소멸된 단계로 재지계인 무문양토기요소와 외래계인 원형점토대토기요소로 대별된다. 무문양토기는 방동리 A지구를 朴榮九(2008)는 점토대토기가 공반하지 않는 것을 들어 중기 후반으로 편년하였지만, 방동리 B·C취락과 비교해 볼 때 점토대토기를 제외하면 유물상으로 큰 차이가 없고 연대상(2호: 2440±40BP)으로도 동일한 단계로 설정할 수 있다. 주거지는 입암동 3호와 같은 경우도 있지만 전단계에 비해 규모와 평면형태에서 차이가 큰 소형의 말각방형에 수혈식노가 설치되고, 외반구연호, 천발, 흑도장경호, 무경식석촉과 유엽형 유경식석촉, 석창, 반월형석도, 유구석부가 출토되었다.

원형점토대토기가 출토되는 송현리 B취락(2·10호 주거지), 방동리 C취락(2·4·8·11·17·26호 주거지), 입암동(3호 주거지)과 초도리(1~6호 주거지), 지리, 송림리 등의 유적이 해당된다. 유물은 외반구연호, 직립구연호, 흑도장경호, 환상파수, 일체형석촉, 반월형석도, 검파두식 등의 유물구성을 보인다.

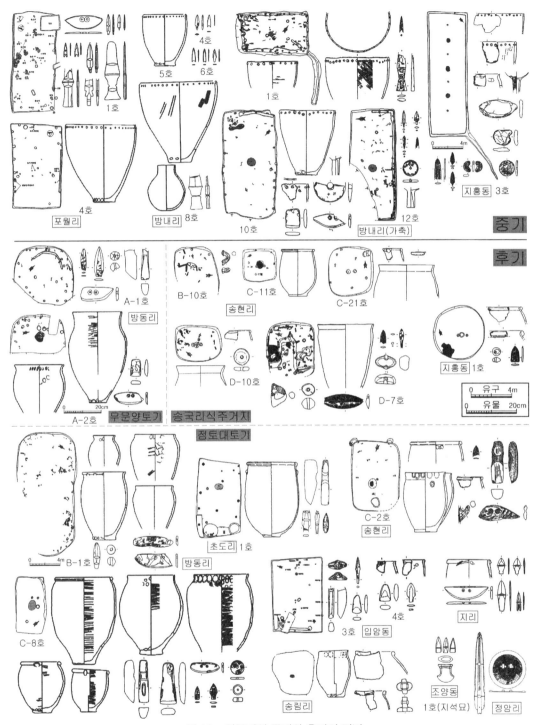

중기

후기

지흥동 3호

A-1호

B-10호

C-11호

C-21호

송현리

방동리

D-10호

D-7호

지흥동 1호

무문양토기

송국리식주거지

점토대토기

A-2호

0 ～ 20cm

0 유구 4m

0 유물 20cm

초도리 1호

C-2호

송현리

B-1호

방동리

4호

지리

입암동

3호

C-8호

송림리

조양동

1호(지석묘)

정암리

포월리

4호

5호

6호

방내리

8호

10호

방내리(가축)

12호

1호

4호

그림 18 _ 영동지역 중기와 후기의 편년

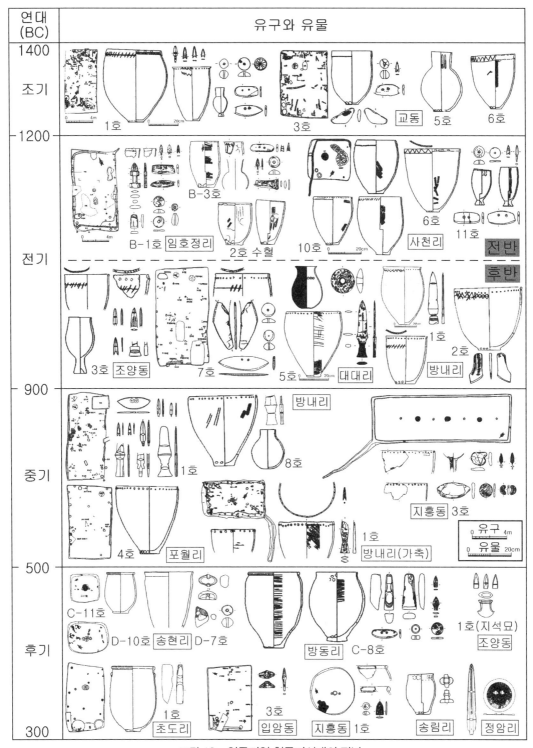

그림 19 _ 영동지역 청동기시대의 편년

연대 (BC)	유구와 유물

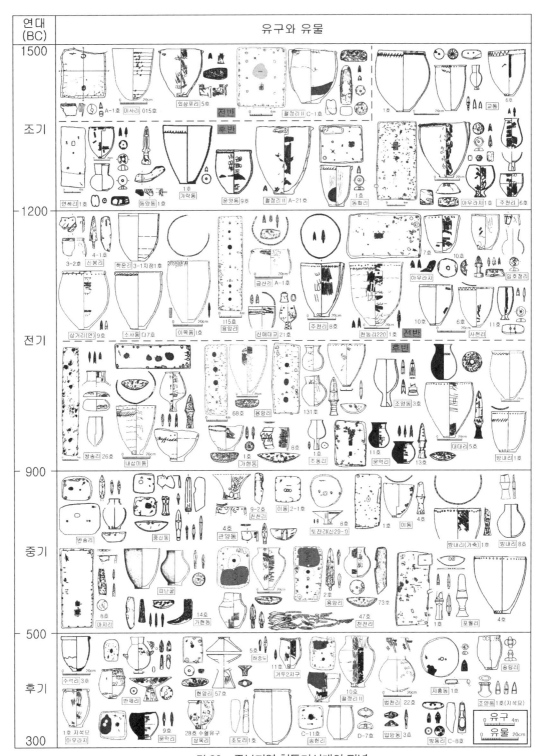

그림 20 _ 중부지역 청동기시대의 편년

한편, 영동지역에서는 지흥동 1호 주거지, 송현리 B-10·C-11·21호·D-7·10호 주거지 등과 같이 송국리식주거지가 다수 확인되는데, 송국리유형과 관련된 유물은 확인되지 않지만 점토대토기문화와 관련된 유물이 출토되는 특징이 있다.

후기는 3단계(朴榮九 2010)와 2단계(李亨源 2011)로 세분하기도 하는데, 朴榮九는 점토대토기의 동최대경 위치(Ⅰ~Ⅲ식)와 유물 조합에 따라 1기는 기원전 5세기 전반으로 송현리 B취락(2·10호), 방동리 C취락(2·4·8·11·17·26호), 입암동 3호가 해당되고, 2기는 기원전 5세기 후반에서 4세기 전반으로 송현리 C·D취락, 초도리, 방동리 B·C취락, 지리 등이 해당되며, 3기는 기원전 4세기 후반에서 3세기 전반으로 방동리 C-6호·환호2, 송림리 4·5·21호 유구와 양양 정암리(세형동검, 다뉴세문경)가 해당된다고 보았다. 李亨源은 유구석부와 석촉, 검파두식 등의 유물을 통한 편년으로 초도리 1호 주거지, 송현리 C-11·17호·D-7호 주거지, 방동리 C-8호 주거지를 비파형동검단계(기원전 500~400년)로, 송림리 주거지, 송현리 B-6호 주거지, 조양동 1호 지석묘, 정암리 등을 세형동검단계(기원전 400~300년)로 편년하였다.

후기의 절대연대는 다수 검출되었는데 방동리 A-2호 주거지(2440±40BP), 방동리 A-10호 주거지(2450±60BP), 송림리 주거지(2460±30BP), 지리 1호 주거지(2370±50BP, 2430±50BP) 등의 연대를 감안하면 중기와 연대차가 큰 편이다.

참고문헌

金權中, 2004, 「北漢江流域 青銅器時代 住居 類型과 中期 設定 試論」『文化史學』22, 韓國文化史學會.

金權中, 2005, 「北漢江流域 青銅器時代 住居址 研究 -龍岩里 · 泉田里遺蹟을 中心으로」, 檀國大學校 大學院 碩士學位論文.

金權中, 2008, 「江原 嶺西地域 青銅器時代 住居址와 聚落 構造의 變遷」『한일취락의 연구 -생산유적과 취락유적』 한일취락연구회 제4회 공동연구회 발표요지.

金權中, 2010, 「청동기시대 중부지방의 시 · 공간적 정체성」『중부지방 고고학의 시 · 공간적 정체성(I)』 2010년 중부고고학회 정기학술대회, 중부고고학회.

金權中, 2012, 「江原嶺西地域における青銅器時代集落の編年と變遷」『日韓集落の研究』, 日韓集落研究會.

김권중, 2013, 「강원 영서지역 청동기시대 조기 -전기문화의 편년」『한국 청동기시대 편년』, 한국청동기학회, 서경문화사.

김한식, 2003, 「경기지역 청동기시대 문화유형 재검토 -前期를 중심으로」『고고학』2-1, 서울경기고고학회.

김한식, 2006, 「경기지역 역삼동유형의 정립과정」『고고학』5-1, 서울경기고고학회.

羅健柱, 2005, 「中西部地方 松菊里類型 形成過程에 대한 研究」『錦江考古』2, 忠清文化財研究院.

나건주, 2009, 「송국리유형 형성과정에 대한 검토」『고고학』8-1, 서울경기고고학회.

박성희, 2002, 「하중도유적의 전환기적 성격에 대하여」『강원고고학회 제1회 학술발표회』 발표요지.

박진일, 2006, 「서울 · 경기지방 점토대토기문화 試論」『고고학』5-1, 서울경기고고학회.

朴辰一, 2007, 「粘土帶土器, 그리고 青銅器時代와 初期鐵器時代」『韓國青銅器學報』1, 韓國青銅器學會.

朴榮九, 2007, 「嶺東地域 青銅器時代 聚落構造의 變遷」『古文化』69, 한국대학박물관협회.

朴榮九, 2008, 「嶺東地域 無文土器文化의 展開樣相」『江原考古學報』11, 江原考古學會.

朴榮九, 2010, 「嶺東地域 粘土帶土器文化의 展開樣相」『韓國青銅器學報』7, 韓國青銅器學會.

朴榮九, 2012, 「中部地域 突帶文土器文化의 展開樣相 -江原嶺西地域을 中心으로」『韓國上古史學報』75, 韓國上古史學會.

裵眞晟, 2007, 「無文土器文化의 成立과 階層社會」, 釜山大學校大學院 博士學位論文.

宋滿榮, 2001, 「南韓地方 農耕文化形成期 聚落의 構造와 變化」『韓國 農耕文化의 形成』 제25회 한국고고학전국대회 발표요지.

宋滿榮, 2010, 「중부지방 청동기시대 중기 편년 재검토」『中央考古研究』7, 中央文化財研究院.

안재호, 1992, 「松菊里類型의 檢討」『嶺南考古學』11, 영남고고학회.

安在晧, 2000, 「韓國農耕社會의 成立」『韓國考古學報』43, 韓國考古學會.

李相吉, 1999, 「晉州 大坪 漁隱1地區 發掘調査槪要」『남강선사문화 세미나 요지』, 東亞大學校博物館.

이진민 2008, 「서울 · 경기지역 전기 무문토기 문화의 시공간적 전개」『전통과 변화-서울경기 무문토기문화의 흐름』 2008년도 서울경기고고학회 추계학술대회 발표요지.

李亨源, 2002, 「韓國 青銅器時代 前期 中部地域 無文土器 編年 研究」, 忠南大學校 大學院 碩士學位論文.

이형원, 2006, 「泉川里 聚落의 編年的 位置 및 變遷」『華城 泉川里 青銅器時代 聚落』, 한신대학교박물관.

李亨源, 2007, 「南韓地域 青銅器時代 前期의 上限과 下限」『韓國青銅器學報』1, 韓國青銅器學會.

金權中, 2004, 「北漢江流域 靑銅器時代 住居 類型과 中期 設定 試論」『文化史學』22, 韓國文化史學會.

金權中, 2005, 「北漢江流域 靑銅器時代 住居址 硏究 -龍岩里·泉田里遺蹟을 中心으로」, 檀國大學校 大學院 碩士
  學位論文.

金權中, 2008, 「江原 嶺西地域 靑銅器時代 住居址와 聚落 構造의 變遷」『한일취락의 연구-생산유적과 취락유적』
  한일취락연구회 제4회 공동연구회 발표요지.

金權中, 2010, 「청동기시대 중부지방의 시·공간적 정체성」『중부지방 고고학의 시·공간적 정체성(I)』 2010년
  중부고고학회 정기학술대회, 중부고고학회.

金權中, 2012, 「江原嶺西地域における靑銅器時代集落の編年と變遷」『日韓集落の硏究』, 日韓集落硏究會.

김권중, 2013, 「강원 영서지역 청동기시대 조기 -전기문화의 편년」『한국 청동기시대 편년』, 한국청동기학회, 서
  경문화사.

김한식, 2003, 「경기지역 청동기시대 문화유형 재검토 -前期를 중심으로」『고고학』2-1, 서울경기고고학회.

김한식, 2006, 「경기지역 역삼동유형의 정립과정」『고고학』5-1, 서울경기고고학회.

羅健柱, 2005, 「中西部地方 松菊里類型 形成過程에 대한 硏究」『錦江考古』2, 忠淸文化財硏究院.

나건주, 2009, 「송국리유형 형성과정에 대한 검토」『고고학』8-1, 서울경기고고학회.

박성희, 2002, 「하중도유적의 전환기적 성격에 대하여」『강원고고학회 제1회 학술발표회』발표요지.

박진일, 2006, 「서울·경기지방 점토대토기문화 試論」『고고학』5-1, 서울경기고고학회.

朴辰一, 2007, 「粘土帶土器, 그리고 靑銅器時代와 初期鐵器時代」『韓國靑銅器學報』1, 韓國靑銅器學會.

朴榮九, 2007, 「嶺東地域 靑銅器時代 聚落構造의 變遷」『古文化』69, 한국대학박물관협회.

朴榮九, 2008, 「嶺東地域 無文土器文化의 展開樣相」『江原考古學報』11, 江原考古學會.

朴榮九, 2010, 「嶺東地域 粘土帶土器文化의 展開樣相」『韓國靑銅器學報』7, 韓國靑銅器學會.

朴榮九, 2012, 「中部地域 突帶文土器文化의 展開樣相 -江原嶺西地域을 中心으로」『韓國上古史學報』75, 韓國上
  古史學會.

裵眞晟, 2007, 「無文土器文化의 成立과 階層社會」, 釜山大學校 大學院 博士學位論文.

宋滿榮, 2001, 「南韓地方 農耕文化形成期 聚落의 構造와 變化」『韓國 農耕文化의 形成』제25회 한국고고학전국대
  회 발표요지.

宋滿榮, 2010, 「중부지방 청동기시대 중기 편년 재검토」『中央考古硏究』7, 中央文化財硏究院.

안재호, 1992, 「松菊里類型의 檢討」『嶺南考古學』11, 영남고고학회.

安在晧, 2000, 「韓國農耕社會의 成立」『韓國考古學報』43, 韓國考古學會.

李相吉, 1999, 「晉州 大坪 漁隱1地區 發掘調査槪要」『남강선사문화 세미나 요지』, 東亞大學校博物館.

이진민, 2008, 「서울·경기지역 전기 무문토기 문화의 시공간적 전개」『전통과 변화-서울경기 무문토기문화의 흐
  름』2008년도 서울경기고고학회 추계학술대회 발표요지.

李亨源, 2002, 「韓國 靑銅器時代 前期 中部地域 無文土器 編年 硏究」, 忠南大學校 大學院 碩士學位論文.

이형원, 2006, 「泉川里 聚落의 編年的 位置 및 變遷」『華城 泉川里 靑銅器時代 聚落』, 한신대학교박물관.

李亨源, 2007, 「南韓地域 靑銅器時代 前期의 上限과 下限」『韓國靑銅器學報』1, 韓國靑銅器學會.

이형원, 2010, 「청동기시대 조기설정과 송국리유형 형성 논쟁에 대한 비판적 검토」『고고학』9-2, 중부고고학회.

李亨源, 2011, 「中部地域 粘土帶土器文化의 時間性과 空間性」『湖西考古學』21, 호서고고학회.

鄭元喆, 2007, 「강원 영서지역 청동기시대의 편년 연구 -주거지 출토 무문토기를 중심으로」『韓國上古史學報』
  56, 韓國上古史學會.

鄭元喆, 2012,「中部地域 突帶文土器의 編年 研究」『韓國青銅器學報』11, 韓國青銅器學會.

千羨幸, 2005,「한반도 돌대문토기의 형성과 전개」『韓國考古學報』57, 韓國考古學會.

洪周希, 2009,「북한강유역 청동기시대 취락의 전개와 석기제작시스템의 확립」『韓國青銅器學報』5, 韓國青銅器
學會.

제3장
호서지역

나건주 금강문화유산연구원

Ⅰ. 조기

1. 연구현황

한반도 청동기시대 조기는 각목돌대문토기, 판석부위석식 노지가 설치된 장방형 주거지 등이 표지적 문화요소에 해당하는 미사리유형으로 대표된다. 호서지역의 경우 연기 대평리유적이 조사되기 전까지 순수 미사리유형에 해당하는 유적은 확인되지 않았다. 다만, 절상돌대문토기, 계관형파수부토기, 유상파수부토기 등이 가락동유형 유적 안에서 간헐적으로 확인되는 정도에 불과하였다. 이와 같은 가락동유형과의 공반양상을 토대로 각목돌대문토기 단순유적이 상대적으로 이르고, 절상돌대문토기 등은 시기적으로 가락동유형과 병행하는 것으로 상정되기도 하였다(박순발 2003, 88~90쪽). 이후 세종시 건설부지의 하안 충적대지에서 대평리유적이 조사되면서, 호서지역에서도 각목돌대문토기가 공반되는 전형적인 미사리유형에 해당하는 유적이 확인되었다. 그런데 각목돌대문토기 단순기 설정 및 시간성과 관련한 문제가 제기되기도 하였는데, 조기를 설정(안재호 2000)할 수 있을 만큼의 자료축적이 이루어지지 않았고 시기적으로도 이중구연토기와의 상한연대에서 큰 차이를 보이지 않는다는 문제가 제기되었다(김장석 2008). 한편, 연기 대평리 유적에서는 각목돌대문토기와 함께 다수의 이중구연토기가 공반되었는데, 이러한 양상은 강원도 영서지역에서도 동일하게 확인되며, 가락동식 이중구연토기의 상한을 조기로 상향하는 결과로 이어졌다(배진성 2009; 김현식 2008; 김병섭 2009).

그런데 각목돌대문토기와 공반된 이중구연토기의 형태를 자세히 살펴보면, 일반적인 가락동식 이중구연토기에 비해서 이중구연의 폭이 좁고 이중구연처리된 단부의 형태가 뚜렷한 점에서 차이를 보인다. 이러한 차이를 토대로 각목돌대문토기와 공반되는 이중구연토기를 상마석계(안재호 2010, 10~14쪽) 또는 요동계 이중구연토기로 상정하고 가락동계 이중구연토기보다 이른 시기의 형태로 비정하기도 하였다(배진성 2012, 14~22쪽). 이러한 형태구분은 타당한 것으로 보이나, 시기 비정에 있어 선명하지 않은 점은 풀어야할 과제일 것이다. 이와 같은 선행연구에 드러난 조기 편년의 주안점은 각목돌대문토기 단순기의 설정과 이중구연토기의 형태구분에 따른 시간성 설정이라고 판단되며, 이러한 점을 고려하여 호서지역에서 확인된 조기관련자료들의 공반양상을 토대로 편년안을 제시하고자 한다.

2. 편년과 분기설정

각목돌대문토기의 형태변천에 대해서는 박순발(2003, 88~90쪽)과 안재호(2010, 10쪽)의 분류안을 토대로 각목돌대문토기, 절상돌대문토기, 계관형파수부토기, 류상파수부토기로 분류하고자 하며, 이중구연토기의 경우 소위 '요동계'를 이중구연 A형, 가락동계를 B형으로 구분하고자 한다. 아울러 노지의 형태 또한 유형 설정의 핵심적 요소에 해당하므로 판석부위석식(A), 무시설식(B), 위석식 노지(C)로 분류하여 토기와의 공반관계를 살펴보고자 한다(표 1).

표 1 _ 호서지역 청동기시대 조기 토기의 배열

유구명	각목돌대문토기	절상돌대문토기	계관형파수부토기	유상파수부토기	이중구연		노지			입지	탄소연대
					A	B	A	B	C		
연기 대평리A 12호	■				■					충적지	3070±50
대전 원신흥동 1호					■		■			충적지	3070±50 3010±50
증평 송산리 1호					■		■			충적지	3070±50 2980±50
연기 대평리A 1호					■		■			충적지	
연기 대평리B 12호	■				■					충적지	3540±60 2830±40
연기 대평리A 5호	■				■		■	■		충적지	2950±50
연기 대평리A 3호					■		■			충적지	
연기 대평리A 6호					■		■			충적지	
연기 대평리C 4호					■		■			충적지	
연기 대평리C 14호	■				■			■		충적지	
연기 대평리C 24호	■				■			■		충적지	
연기 대평리A 4호					■			■		충적지	
연기 대평리B 10호					■			■		충적지	
연기 대평리C 10호					■			■		충적지	
연기 대평리C 13호					■			■		충적지	
연기 대평리C 21호					■					충적지	

유구명	각목돌대문토기	절상돌대문토기	계관형파수부토기	유상파수부토기	이중구연 A	이중구연 B	노지 A	노지 B	노지 C	입지	탄소연대
연기 대평리B 2호					■			■		충적지	
증평 송산리 2호					■			■		충적지	3230±50 2910±50
연기 대평리B 13호	■				■			■		충적지	2950±40 2720±50
연기 대평리C 1호	■				■			■	■	충적지	2970±50
연기 대평리C 2호	■				■				■	충적지	2920±50 2870±50
연기 대평리C 6호	■	■					■			충적지	2930±50
대전 원신흥동 3호			■		■		■			충적지	3020±50 2940±50 2900±50
연기 대평리B 16호					■				■	충적지	
연기 대평리B 4호					■			■	■	충적지	2970±40 2930±50
연기 대평리C 3호		■			■				■	충적지	2990±50 2810±50
연기 대평리B 8호		■			■			■		충적지	2970±40 2900±40
연기 대평리B 17호			■		■			■		충적지	2930±40
연기 대평리B 5호					■			■	■	충적지	2890±40 2880±40
대전 용산탑립동 4-5호		■			■					구릉지	2860±60
연기 대평리B 14호					■			■		충적지	2850±60
금산 수당리 6호		■	■							구릉지	2830±50
연기 대평리C 22호					■				■	충적지	
연기 대평리B 18호					■				■	충적지	2720±50
청주 봉명동IV A14호			■		■					구릉지	
연기 보통리 5호			■			■				구릉지	2880±60 2750±60
연기 보통리 3호			■		■	■			■	구릉지	2850±60 2720±60
대전 용산탑립동 4-4호			■							구릉지	
청주 비하동II 5호				■		■		■		구릉지	2950±50 2950±60 2930±60 2850±60 2800±50
청주 봉명동IV A1호				■				■		구릉지	
청주 용정동II 7호				■		■			■	구릉지	2880±70 2764±50

먼저 토기의 경우, 각목돌대문토기와 절상돌대문토기는 모두 이중구연 A형과 공반되었고, 계관형파수부토기는 A·B형과의 공반이 확인된다. 이에 반해서 유상파수부토기는 모두 B형과 공반되었다. 이중구연 A형과 B형은 후술할 전기의 편년에서도 유의미한 시기적 선후관계를 가지는 것으로 파악되며, 〈표 1〉

표 2 _ 충청남동지역 미사리유형의 편년

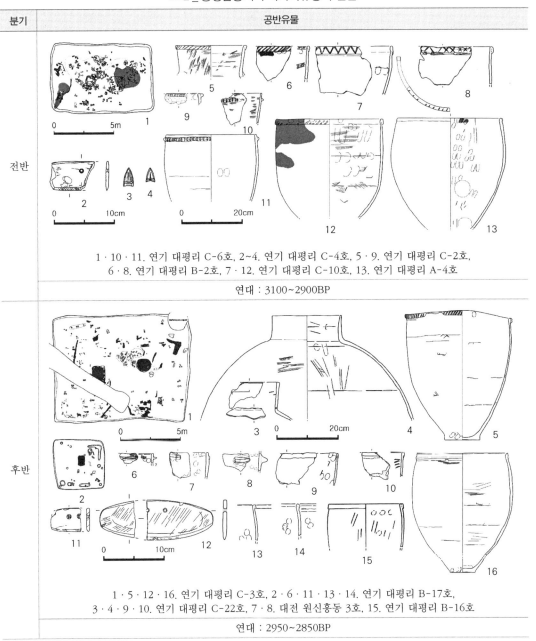

분기	공반유물
전반	1·10·11. 연기 대평리 C-6호, 2~4. 연기 대평리 C-4호, 5·9. 연기 대평리 C-2호, 6·8. 연기 대평리 B-2호, 7·12. 연기 대평리 C-10호, 13. 연기 대평리 A-4호
	연대 : 3100~2900BP
후반	1·5·12·16. 연기 대평리 C-3호, 2·6·11·13·14. 연기 대평리 B-17호, 3·4·9·10. 연기 대평리 C-22호, 7·8. 대전 원신흥동 3호, 15. 연기 대평리 B-16호
	연대 : 2950~2850BP

(유구 : 1/300, 토기 : 1/12, 석기 : 1/6)

의 방사성탄소연대를 통해서도 B형이 시기적으로 늦다는 점을 확인할 수 있다. 따라서 계관형파수와 유상파수가 각목돌대문과 절상돌대문토기보다 후행하는 요소로 볼 수 있을 것이다. 절상돌대문의 경우는 일부 계관형파수와의 공반관계가 확인되므로 각목돌대문토기에 후행하는 것으로 판단된다. 이러한 공반관계와 방사성탄소연대로 보아 기존 연구자들의 연대관은 대체로 유효한 것으로 판단된다.

한편 각목돌대문은 충적지대에 입지하는 전형적인 미사리유형 취락에서 확인되었고, 절상돌대문의 경우, 극히 일부는 가락동유형 취락에서 혼재되어 확인되지만 대다수는 충적지대에서 출토되었다. 따라서 이들은 미사리유형에 해당하는 토기의 속성으로 판단된다. 이에 반해서 계관형파수의 상당부분은 구릉지대의 가락동유형 취락에서 확인되며, 유상파수는 모두 가락동유형 취락에서 확인된다. 따라서 유상파수는 가락동유형 토기의 세부요소로 판단되며, 계관형파수 또한 전형적인 미사리유형 토기요소로 보기에는 무리이다. 양 유형이 시기적으로 공존하면서 발생한 일종의 문화접변에 의한 현상으로 보고자 한다.[1] 따라서 각목돌대문토기와 절상돌대문토기가 출토되는 충적지대의 취락에 한해서 미사리유형으로 보고자 하며, 이를 대상으로 분기를 설정하고자 한다.

각목돌대문과 절상돌대문은 모두 이중구연 A와 공반되며, 방사성탄소연대에서도 큰 차이를 보이지 않는다. 그리고 유구의 중복관계를 통해 직접적인 선후관계가 확인된 예도 아직까지 보고된 바가 없다. 따라서 양자는 크게 보아 동시간대에 해당하는 것으로 생각된다. 미사리유형에 해당하는 유적의 수가 많지 않은 것으로 보아 타유형에 비해 상대적으로 짧은 시간대에 존속했던 것으로 생각된다. 그런데 절상돌대문의 일부는 계관형파수와 공반되며, 이는 양자의 시간적 위치 내지 존속기간에 일부 차이가 있음을 반증하는 것으로 보고자 한다. 계관형파수는 가락동유형과의 공반비율이 높고 확인된 방사성탄소연대도 각목돌대문과 절상돌대문에 비해 이르지 않다. 적어도 계관형파수와 공반되는 절상돌대문토기가 각목돌대문토기에 비해 시기적으로 늦다고 볼 수 있을 것이다. 따라서 미사리유형은 각목돌대문과 절상돌대문 단계를 전반, 계관형파수가 공반되는 단계를 후반으로 구분하고자 한다. 전반기에는 각목돌대문토기를 비롯하여, 절상돌대문 그리고 거치문, X자문, 단사선문 등의 문양이 시문된 이중구연토기(A형)가 높은 빈도로 확인되는 것에 반해서, 후반기에는 문양의 시문빈도가 낮아지고 무문양의 이중구연토기(A형)가 높은 빈도로 출토된다.

Ⅱ. 전기

한반도 청동기시대 전기에 해당하는 유적은 일반적으로 역삼동·흔암리유형과 가락동유형으로 분류된다. 유형의 설정은 청동기시대 취락유적을 범주화하여 일정한 시·공간적 범위로 포괄할 수 있는 장

---

1) 미사리유형과 가락동유형에서 측정된 방사성탄소연대를 살펴보면 전반적으로 미사리유형이 다소 이르게 나타나지만 상당부분은 동일한 연대범위로 확인된다(나건주 2013).

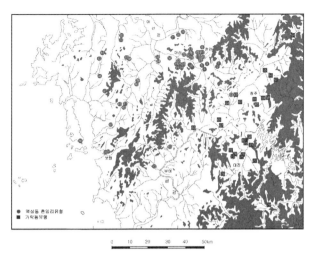

그림 1 _ 호서지역 청동기시대 전기 유적 분포(나건주 2009)

점이 있다. 하지만 청동기시대의 유형은 구체적인 실체가 있는 집단을 염두에 둔 개념으로 사용되기 보다는 단순한 고고학적 형태단위로 파악되어야 한다는 비판(이성주 2006; 안재호 2006)이 제기되기도 하였고, 이를 수용한 연구결과가 발표되기도 하였다(庄田愼矢 2007). 그렇지만 호서지역의 경우 양 유형의 유적분포가 차령산맥을 경계로 이북의 천안-아산지역 일대에는 역삼동·흔암리유형의 유적이 분포하며, 이남의 대전-청주지역 일대에는 가락동유형에 해당하는 유적이 집중적으로 확인되고 있다(그림 1). 따라서 호서지역의 경우, 양 유형은 특정한 공간적 범위에 일정 시간대에 존재했던 별개의 집단으로 인식하고자 하며, 전기의 편년은 각 유형별로 별도의 편년안을 구축한 이후에 양자간의 병행관계에 대해 살펴보고자 한다.

1. 역삼동 · 흔암리유형

충청북서지역의 역삼동·흔암리유형의 유적에 대한 편년은 대체로 발형토기의 구연부형태변화와 시문문양을 토대로 이루어지고 있다(나건주 2010·2013b; 이홍종·허의행 2010; 김현경 2012). 발형토기는 청동기시대 전기 유적에서 가장 높은 빈도로 출토되는 토기이며, 가락동식, 흔암리식, 역삼동식 등 유형 설정에 중요한 기준이 되는 유물이다. 발형토기의 여러 요소들 중에서도 구연부 제작방법과 시문문양은 시간적 흐름에 민감하게 변화하는 것으로 파악되고 있다. 따라서 발형토기의 구연부형태의 변화를 통해 대략적인 시간적인 순서를 정하고, 공반유물 및 방사성탄소연대의 검토를 통해 이를 검증하여 편년의 기준으로 삼고자 한다.

구연부의 형태는 이중구연과 홑구연으로 크게 분류할 수 있는데, 이중구연의 후행하는 형태로 퇴화이중구연이 일반적으로 논의 되고 있으므로, 이중구연처리된 것 중에서도 폭이 넓은 것을 후행하는 형태

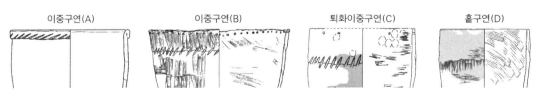

| 이중구연(A) | 이중구연(B) | 퇴화이중구연(C) | 홑구연(D) |

그림 2 _ 청동기시대 전기 발형토기의 구연부형태 분류

로 볼 수 있을 것이다. 따라서 구연부 처리방식은 폭이 좁은 이중구연(A), 폭이 넓은 이중구연(B), 퇴화이중구연(C), 홑구연(D)으로 구분하고자 한다.[2] 다만, 이중구연의 경우 일반적으로 폭이 좁은 이중구연(A)이 시기적으로 이른 구연부 형태로 파악되고 있지만, 아산만 일대에서는 그 출토례가 매우 희박하여, 폭이 넓은 이중구연(B)과의 적극적인 선후관계가 명확하게 확인되지 않는다. 다만 퇴화이중구연이 후행한다는 구연부 형태변화의 경향상 가장 이른 시기에 성행하였을 가능성 정도는 인정할 수 있을 것이다. 홑구연의 경우 전기 전엽의 이른 단계에서 후엽까지 전 시기에 걸쳐 확인되지만, 후엽으로 가면서 그 빈도가 높아지며, 가장 늦은 시기에는 홑구연만 제작되는 것으로 판단된다. 유구간 중복에 의한 선후관계에서 이중구연이 홑구연으로만 구성된 유구보다 선축유구에서 확인되며, 퇴화이중구연보다는 방사성탄소연대가 대체로 이르게 확인된다는 점에서, 구연부 형태변화에 따른 시간성은 타당하다고 생각된다(나건주 2013b).

다음은 구연부 시문문양의 시간적 위치에 대한 검토이다. 청동기시대의 토기 제작과 관련하여 구체적인 발굴자료가 조사된 예가 거의 없고, 학계의 연구또한 일반론적인 언급정도에 불과한 것이 우리의 현실이다. 당시의 토기제작이 '전문장인에 의한 것인지 아니면 농한기에 각각의 취락내부에서 이루어졌는지'와 같은 제작집단, 제작·사용 그리고 유통의 범위 등 알려진 것은 많지 않다. 이러한 문제들은 무문토기의 시문문양이 어떠한 고고학적 의미를 내포하는지와 직결된다. 일례로 전기의 대표적 문양인 단사선문의 경우 길이, 배치간격 등에 따라 세분할 수 있는데, 시간에 따른 변천과정을 나타내는 것인지 아니면 집단에 따른 변이, 혹은 제작자의 개인적인 버릇 내지 성향이 반영된 것인지 모호한 부분이 있다. 이러한 내용들이 분명하게 확인되지 않은 상황에서, 문양의 형식을 지나치게 세분하여 편년의 기준으로 삼는 것은, 자료가 가지는 본질을 왜곡시킬 수 있기 때문에 조심스럽다. 무문토기의 제작은 비전문장인에 의해 취락집단 내부에서 자체적으로 제작되었다 점을 전제로, 작게 세분하지 않고 큰 범주로 묶어서 접근하는 것이 오류를 줄이는 방법이라 판단된다.

충청 북서지역의 전기 유구에서 출토되는 발형토기의 시문문양의 종류는 단사선문, X자문, 격자문으로 분류할 수 있다. 공렬문과 무문양의 경우는 전기 전엽에서 후엽까지 확인되고 있어 시간적 위치 파악에 큰 의미가 없다고 볼 수 있다. 호서지역에서 유구간 중복관계를 통해 시문문양 사이의 선후관계가 확인된 사례는 당진 우두리 유적 II(I구역 41호와 40호 주거지)의 사례가 유일한데, 선축유구에서는 단사선문과 격자문, 후축유구에서는 격자문과 X자문이 출토되었다. 유일한 사례에 불과하지만 이를 적극적으로 해석하면, 단사선문은 선축유구에서만 출토되었고, 격자문은 선·후축 유구 모두 공반되었으며, X자문은 후축유구에서만 출토되었으므로, 단사선문, 격자문, X자문 순으로 정리할 수 있을 것이다.

---

2) 폭이 좁은 이중구연은 대체로 폭이 3cm 미만이며, 폭이 넓은 이중구연은 5cm 내외에 해당한다. 폭이 넓은 이중구연의 경우, 표면 박락으로 등으로 인해 단이 지는 부위가 밋밋해져, 퇴화이중구연과 정확하게 구분하기 어려운 것들이 존재한다. 그렇지만 퇴화이중구연의 경우 실제 이중구연을 만들기 위해 조정된 것이 아니고 테쌓기 후에 정면을 마무리하지 않고 이중구연 효과를 연출한 것이다. 따라서 단이 형성되지 않고 시문부위도 테쌓기 라인을 따라 이루어지기 때문에 평행하지 않고 폭도 일정하지 않게 된다. 따라서 넓은 이중구연은 미약하더라도 단이 형성되어 있고 시문대가 일정하고 평행을 이루는 것들에 해당한다.

앞의 내용은 한 건의 중복관계에 불과하기 때문에 충청 북서지역 전체로 확대하는 것은 무리이다. 하지만 한편으로는 의미있는 유일한 사례에 해당한다. 따라서 이에 대한 내용을 방사성탄소연대 측정치와 구연부형태와의 공반관계를 통해 검토하고자 한다.

표 3 _ 구연부형태와 문양간 결합비율

구연형태 문양	이중구연 A	이중구연 B	퇴화이중구연	홑구연	합계
단사선문	5(2.6%)	81(42.6%)	44(23.1%)	60(31.5%)	190
X자문	2(3.2%)	5(7.9%)	37(58.7%)	19(30.2%)	63
격자문	1(2.1%)	9(19.1%)	13(27.7%)	24(51.1%)	47
거치문			1(50%)	1(50%)	2
총계	8	95	95	104	302

〈표 3〉은 충청 북서지역의 전기 유구 전체에서 출토된 발형토기를 대상으로 시문문양과 구연부형태의 결합양상을 집성한 것이다. 문양이 시문된 발형토기는 모두 302점이 확인되었다. 단사선문이 190점으로 가장 높은 빈도로 시문되었고, X자문 63점, 격자문 47점이 확인되었다. 거치문은 2점 확인되었다. 각각의 문양들은 상호간에 복잡한 공반관계를 보이는데, 이는 각각의 문양이 시간대별로 따로 존재한 것이 아니고 유행시기가 중복되면서 빈도변천된 결과에 기인할 것이다. 앞에서 중복유구와 방사성탄소연대의 검토를 통해, 구연부형태는 이중구연이 이르고 퇴화이중구연을 거쳐 홑구연으로 변화를 상정한 바 있다. 각각 의 시문문양과 구연부형태와의 결합비율을 살펴보면, 해당 구연부형태의 제작이 성행했던 시기에 어떤 문양들이 선택적으로 시문되었는지 알 수 있을 것이다. 이 결과를 토대로 각 문양별 빈도에 따른 순서배열을 시도하고자 한다.

각각의 구연부 형태와 각 문양간의 결합 양상을 구체적으로 살펴보기에 앞서, 폭이 좁은 이중구연(A)의 경우는 단사선문 5개, X자문 2개, 격자문 1개씩 확인되었는데, 확인된 개체 수가 매우 적어 폭이 넓은 이중구연(B)에 포함하여 해석하고자 한다. 먼저 단사선문의 경우

전체 190점 중 이중구연 86짐(45.26%), 퇴화이중구연 44점(23.1%), 홑구연 60점(31.5%)과 결합되었다. 이중구연과의 결합빈도가 가장 높은 결합도를 보였다. X자문의 경우 전체 63점 중, 이중구연 7점(11.1%), 퇴화이중구연 37점(58.7%), 홑구연 19점(30.2%)과 결합되었다. 퇴화이중구연과의 결합도가 가장 높은 것으로 확인되었다. 격자문의 경우 전체 47점 중 이중구연 10점(21.3%), 퇴화이중구연 13점(27.2%), 홑구연 24점(51.1%)과 결합되었다. 홑구연과의 결합도가 가장 높은 것으로 확인되었다.

정리하면, 단사선문은 가장 선행하는 구연부형태인 이중구연과의 결합도가 가장 높다. 이후 퇴화이중구연을 거쳐 홑구연이 제작되던 시기에도 꾸준히 시문되었던 것으로 확인된다. X자문은 퇴화이중구연 단계에 시문비율이 급격히 증가하다가, 홑구연 단계에 다시 감소하는 것으로 확인된다. 격자문은 이중구연과 퇴화이중구연 단계에 양적으로는 적지만 일정비율의 결합률을 보이며 유지되다가, 홑구연 단계에 시문비율이 급격하게 증가하게 되며, 양적으로도 X자문보다 높은 수치를 보인다. 이러한 결과를 토대로 구

연부 시문문양을 순서배열하면 〈표 4〉와 같다.

단사선문의 경우 충청 북서지역의 중심 문양으로, 이중구연 단계에서부터 구연부문양이 소멸되기 전까지 주된 문양으로 시문되었던 것으로 판단된다. 이에 반해서 X자문과 격자문은 마이너적인 성격의 문양에 해당하며, X자문은 퇴화이중구연 단계에, 격자문은 홑구연 단계에 상대적으로 높은 점유율을 보였던 것으로 생각된다. 정리하면, 구연부 시문문양은 이중구연에서 홑구연까지 모두 확인되는 것으로 보아, 시간성을 크게 반영하지 않으며, 전기 후엽으로 가면서 문양의 시문행위 자체가 사라지는 것으로 판단된다.

표 4 _ 충청 북서지역 발형토기 구연부 형태 및 시문문양의 순서배열(█ =10%)

구연부 \ 문양	단사선	X자문	격자문	거치문	합계
이중구연	86(83.5%)	7(6.8%)	10(9.7%)		103
퇴화이중구연	44(46.3%)	37(38.9%)	13(13.7%)	1(1.1%)	95
홑구연	60(57.7%)	19(18.3%)	24(23.1%)	1(0.9%)	104

구연부 \ 문양	단사선	X자문	격자문
이중구연	██████	▌	█
퇴화이중구연	███	████	██
홑구연	████	██	██

1) 共伴遺物에 대한 檢討

지금까지 중복유구의 선후관계, 방사성탄소연대와 발형토기의 구연부 형태변화 및 시문문양의 빈도변천 양상에 대해 살펴보았다. 다음은 공반유물 중 시간 흐름에 따른 형태변화가 비교적 뚜렷한 유물을 선정하고, 발형토기와의 공반양상을 토대로 종합편년안을 구축하고자 한다.

충청북서지역에서는 호형토기, 대부토기, 석도, 석검, 방추차 등의 유물이 시간에 따른 형태변화가 비교적 뚜렷한 것으로 파악되고 있다(나건주 2011, 49~54쪽). 먼저 호형토기는 A형, B형, C형의 3가지 형태로 구분하였다. A형은 경부가 길고 뚜렷하며, 단사선문 또는 X자문 등의 문양이 시문되는 것이 특징적이다. 동체의 형태는 최대경이 중상위에 형성되어 동체의 상반부가 구형으로 잘 발달된 모습이다. B형은 경부의 길이가 A형에 비해 짧아지는 경향을 보이기 시작한다. 동부의 경우도 동최대경의 위치가 동체 상위에서 중위로 내려오며 장동한 형태이다. C형은 경부가 급격히 짧아지고 일부는 외반구연화되어가는 경향을 보이는 것이다.

대부토기는 신부가 남아있는 것이 거의 없고 대부분 각부만 잔존된 것들이다. 이러한 이유로 형식분류도 대각의 형태만 고려하여 분류하였다. 세 가지 형태로 분류하였는데 A형은 각부의 형태가 八자 모양으로 뚜렷하고 높은 것에 해당한다. B형은 A형에 비해 각부의 폭이 좁고 낮은 것으로, 신부내저의 두께가 두꺼

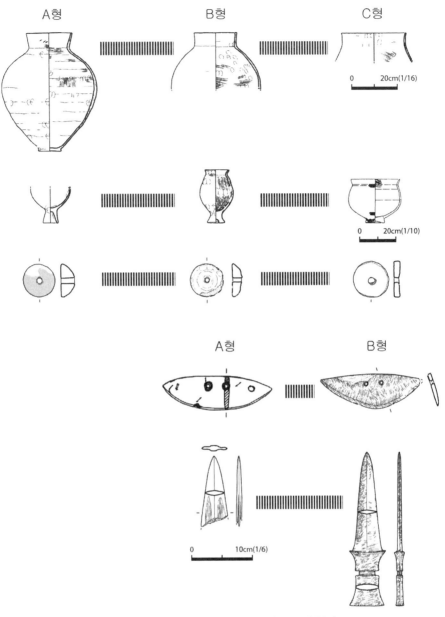

그림 3 _ 충청 북서지역 청동기시대 전기 유물의 형식분류

운 것들이 많다. C형은 대각의 폭이 넓어지고 높이도 짧아져 전체적으로 안정된 형태를 보이는 것이다.

석도는 두 가지 형태로 분류하였는데, A형은 배부와 인부가 완만한 곡선을 그리는 것으로, 사용흔이 인부의 중앙에 집중되는 형태이다. B형은 주형석도의 틀은 유지하고 있으나, 인부와 등부위가 각이 지는 경향을 보인다. 특히 인부는 삼각형에 가깝게 조정되었는데, A형이 인부의 중앙부를 주로 사용한 반면, B

형은 인부 중앙에서 좌우 양쪽으로 치우친 쪽의 인부를 사용하였을 것으로 추정된다.

석검은 두 가지 형태로 병부는 모두 이단병식이나 A형은 유혈구식, B형은 무혈구식에 해당한다.

방추차는 3가지 형태로 구분하였다. A형은 단면이 반원형에 가까운 형태의 것이다. B형은 A형의 형태에서 두께가 얇아진 형태에 해당한다. C형은 두께가 일정하고 상하 좌우가 대칭인 형태이다.

표 5 _ 중복유구에서 확인된 유물의 형식별 선후관계

유적	선축		후축	
아산 남성리 2지점	호 A(주10)	·	호 B(7)	
아산 용두리 진터	호 A(주10)	·	호 B(수7)	·
당진 기지시리	호 B(주14)	·	호 C(주15)	·
서산 부장리 II	호 B(주3)	방추차 B(주3)	호 C(주4)	방추차 C(주4)
아산 명암리 밖지므레 2-2지점	호 C(주9)		호 B(수5)	

〈표 5〉는 유구간 중복을 통해 유물의 형식별 선후관계가 확인된 것들을 정리한 것이다. 먼저 호의 경우를 살펴보면, 호 A는 호 B와 두 건의 중복관계가 확인되었고 모두 선축유구에서 출토되었다. 호 B의 경우는 호 C와 세 건의 중복관계가 확인되었다. 2건은 선축유구에서 출토되었고 나머지 한 건에서는 후축유구에서 출토되었다. 명암리 밖지므레를 제외한 나머지 4건의 중복관계를 살펴보면, 호의 형식변화의 방향성은 대체로 타당한 것으로 볼 수 있을 것이다. 방사성탄소연대(조정연대)를 시간별로 나열한 〈표 6〉을 보면, 호 A는 상단에 배열된 연대가 오래된 유구에서 공반되었고, 호 C는 반대로 하단의 젊은 연대의 유구에서 공반되고 있다. 따라서 호는 경부가 점차 짧아지고 외반구연화되며, 동체는 구형에서 장동해지는 형태로 변화되는 경향성을 보이는 것으로 판단된다. 그 중간형태에 해당하는 호 B의 경우는 호 A · C와 공반되고 있는데 이는 호 B가 A에서 C로 변해가는 과정의 점이적인 형태라는 점을 시사하는 것으로 보여진다.

115건의 중복관계 중에서 호 이외에 선후관계가 확인된 것은 방추차가 유일하다. 서산 부장리 II지역의 선축유구인 3호 주거지에서 B형 방추차가 출토되었고, 후축된 4호에서는 C형이 공반되었다. 유일한 중복관계이지만 〈표 6〉에서 방추차 공반양상을 보면, B형은 오래된 연대를 보이는 유구에서 출토되고 있고, C형은 하단의 젊은 연대쪽에 밀집되어 있어, B형을 앞선 형태로 보아도 타당할 것이다. A형은 아산 용두리 산골 II-1지점 4호 주거지 출토례가 유일한데, 대체로 오래된 연대범위에 해당한다. A형과 B형은 형태적으로 매우 유사한데 후자가 전자에 비해 두께가 얇아진 형상이기 때문에 시간적으로도 가까울 것으로 판단된 다. 각 형식간 공반양상을 확인하면, 아산 장재리 안강골I 4호 주거지, 아산 용두리 산골 II-1의 7호, 백석동 고재미골 IV지역 17호 주거지에서 A형과 B형이, 백석동 고재미골 II지역 2호 주거지에서 A와 C형이 공반되었고, 백석동 A지역 5호, 천안 신방동 II지역 1호, 아산 대흥리 큰선장 1호, 서산 기지리 유적 16호 주거지 등에서 B형과 C형이 공반되었다. A형은 B형과 3차례, C형과 1차례 공반되었다. B형은 A형 외에 C형과 4차례 공반되었다.

표 6 _ 복수의 탄소연대가 확보된 유구의 순서와 유물 형식간 공반 양상(■=1점)

유구명	Bi	Bii	Cii	Di	Div	Dv	호			대각			석도		석검		방추차			조정연대(BP)
							A	B	C	A	B	C	A	B	A	B	A	B	C	
천안 운전리 A지구 주2					■	■	●	●											●		2943
예산 신가리 1지점 주1						■		●													2910
서산 일람리 주2			■																		2903
예산 신가리 2지점 주5				■	■																2870
아산 용두리 산골 II-1 주4	■			■	■	■	●										●		●		2865
아산 대흥리 큰선장 주14					■	■		●		●			●								2860
당진 우두리 (I) 주1					■	■															2853
천안 백석동 95-II 주2		■			■	■		●		●		●									2850
천안 백석동 새가라골 주1					■																2845
아산 용두리 산골 II-1 주5			■	■	■		●			●									●		2830
아산 용두리 산골 II-1 주1					■			●		●											2823
천안 백석동 95-II 주7					■	■	●			●									●		2810
아산 대흥리 큰선장 소성유구					■	■															2805
아산 명암리 11지점 주14					■	■		●	●				●		●		●			2795
천안 용곡동 주2					■	■						●	●		●				●	2783
천안 용곡동 주1					■	■														2780
아산 대흥리 큰선장 주1					■	■		●				●						●	●	2780
아산 남성리 1지점 주12					■															·
당진 자개리 II 주19					■	■		●	●											2745
천안 쌍용동 주1								●	●							●		●	●	2703

유구명	Bi	Bii	Cii	Di	Div	Dv	호			대각			석도		석검		방추차			조정 연대 (BP)
							A	B	C	A	B	C	A	B	A	B	A	B	C	
천안 백석동 94-B 주19								●					●	●						2595
아산 명암리 11지점 주7					■	■		●	●										●	2590
아산 남성리 I -1지점 주14																			●	2570

공반양상을 보면 A형은 B형과 C형은 B형과 대체로 공반되었다. 앞서 살펴본 중복유구의 선후관계, 방사성탄소연대를 통한 검토와 형식간 공반관계를 종합하면. 방추차의 형식변화는 A형에서 B형을 거쳐 C형으로 변화되는 것으로 판단된다.

대부토기는 중복관계를 통한 직접적인 선후관계는 확인되지 않았다. 방사성탄소연대가 확보된 유구간 공반양상을 살펴보면 B형은 확인되지 않았고, A형과 C형만 공반되었다. 확인된 예에 한해서 A형은 대체로 상단, C형은 하단에 분포하고 있어 전기 말로 가면서 높고 뚜렷한 각부의 형태는 사라지고 넓고 안정적인 낮은 굽의 형태로 변화되는 것으로 판단된다. 충청 북서지역 전체의 공반양상은 대부분 A형과 B형에 해당한다.

석도와 석검은 모두 A형과 B형 두 가지 형태로 분류하였다. 석도의 경우 인부의 중앙부를 사용하는 A형에서, 좌우 양쪽의 인부를 주사용면으로 이용하는 B형의 형태로 변화되는 것으로 판단하였다. 복수의 방사성탄소연대가 측정된 유구에서의 공반양상을 보면, A형 석도가 출토된 아산 대흥리 큰선장 14호 주거지가 비교적 이른 연대구간에 위치하고 있는데, 이를 적극적으로 수용한다면 A형이 앞선 형태로 볼 수 있을 것이다. 이후 송국리단계의 삼각형석도로의 변화를 고려하여 B형이 A형에 비해 후행하는 형태로 판단된다.

석검의 경우 직접적인 중복관계는 확인되지 않았고, 방사성탄소연대 측정 유구에서도 단 2기에서만 공반이 확인되었다. 모두 B형인 무혈구식이다. 연대구간은 대체로 중하단부에 위치하고 있다. 충청 북서지역의 전기 유구에서 완형으로 출토된 석검의 거의 대부분은 무혈구식(B형)에 해당하며, A형인 유혈구식은 파손된 상태로 출토되고 있어 온전한 형태의 것들은 확인되지 않고 있다.

2) 편년과 분기설정

아산만지역에 존재했던 청동기시대의 취락들은 각각의 존속기간이 모두 다르고, 취락이 조성되는 시점이 다르더라도 영위된 기간은 충분히 중복 가능할 것이다. 그리고 취락 내에서도 개별 주거지 간의 축조시차도 다를 것이기 때문에, 취락간 또는 개별 유구간의 정치한 편년을 도출하는 것은 매우 어려운 작업이다. 유물이 종류별로 다양하게 출토된 유구의 편년이라면 정치한 편년뿐만 아니라 직관적인 편년도 유효할 것이다. 하지만 편년의 단위를 개별 취락 전체로 확대할 경우, 그것도 많은 수의 유구로 구성될 경우는, 편년의 기준이 명확해야 객관적인 편년안을 수립할 수 있을 것이다. 특히 몇몇 유물 내지 유구를 토대로 직관적인 편년을 하는 것은 더더욱 지양하여야 할 것이다. 앞서 살펴본 바와 같이 아산만지역의 취락유적은 출토유물의 편년조건이 양호하게 갖춰진 유구의 수도 매우 적을 뿐만 아니라 편년에 유리한 유물들의 경우도 출토 빈도가 매우 낮기 때문에, 단순하게 취락 전체의 공반유물을 토대로한 편년은 실효성이 매우 떨어진다. 이러한 점을 고려했을 때, 출토빈도가 가장 높고 시간의 흐름에 따른 변화에도 민감한 발형토기의 구연부형태의 빈도변화를 편년의 기준으로 하고자 하며, 순서의 배열의 기준은 홑구연의 빈도순으로 하였다.[3]

표 7 _ 곡교천유역 청동기시대 전기 주거지 출토 발형토기 구연부 형태 일람

유적명	Ai형	Aii형	Bi형	Bii형	Ci형	Cii형	Di형	Dii형	계(%)
천안 두정동			3(75)					1(25)	4
아산 용두리 산골 I			3(75)					1(25)	4
아산 장재리 안강골			11(42.3)	3(11.5)	1(3.8)			11(42.3)	26
서산 갈산리 무리치			6(33.3)	1(5.5)			2(11.1)	9(50)	18
백석동 고재미골 3지역	1(1.1)		24(26.9)		3(3.3)	4(4.4)	7(7.8)	50(56.1)	89
백석동 III			2(25)				1(12.5)	5(62.5)	8
용두리 산골 II			3(12)				6(24)	16(64)	25
아산 명암리 6			1(11.1)	1(11.1)			1(11.1)	6(66.6)	9
홍성 교항리 탁골				1(11.1)			2(22.2)	6(66.6)	9
아산 용화동 가재골 2지점							3(30)	7(70)	10
백석동 II			8(25.8)					23(74.1)	31
홍성 송월리 1, 2							3(25)	9(75)	12
고재미골 4지역			13(20.6)	1(1.5)		1(1.5)		48(76.1)	63
운전리 B·C			3(20)					12(80)	15
아산 풍기동 앞골			6(9)	1(1.5)	3(4.5)	?(3)	1(1.5)	53(80.3)	66
아산 풍기동 밤줄길			1(5)	1(5)	1(5)		1(5)	16(80)	20
고재미골 2지역	1(0.6)		14(9.1)	1(0.6)	2(1.3)	6(3.9)	5(3.2)	124(81)	153
신방동 II							6(18.7)	26(81.2)	32
천안 백석동 A			3(14.2)					18(85.7)	21
백석동 새가라골			1(14.2)					6(85.7)	7
백석동 I			1(4)				2(8)	22(88)	25

3) 시문문양의 경우 앞서 살펴본 바와 같이 문양별 성행시기가 다르긴 하지만, 전체적인 유행기간은 대부분 중복되며, 전기 후엽으로 가면서 무문양화되어 간다. 시간성을 가장 잘 반영하는 것은 구연부 형태로 홑구연이 차지하는 빈도의 변화가 편년에 가장 적합한 기준으로 판단된다. 따라서 시문문양의 경우 세부적으로 구분하지 않고 유문양과 무문양으로 크게 구분하고자 한다.

유적명	Ai형	Aii형	Bi형	Bii형	Ci형	Cii형	Di형	Dii형	계(%)
천안 용정리 I							3(9.6)	28(90.3)	31
백석동 B			3(6.6)		1(2.2)			41(91.1)	45
아산 용화동 가재골 1지점			1(1.4)	3(4.3)			1(1.4)	64(92.7)	69
아산 대흥리 큰선장			1(3.1)				1(3.1)	30(93.7)	32
아산 와우리				1(1.2)			2(2.4)	79(96.3)	82
천안 용곡동 두터골							2(3.6)	53(96.3)	55
당진 원당리							1(20)	4(80)	5
천안 용곡동 눈돌								6(100.0)	6
천안 쌍용동								10(100)	10
천안 신방동 I								15(100)	15
백석동IV								17(100)	17
당진 자개리 II								20(100)	20
아산 신달리								19(100)	19
당진 자개리 II								20(100)	20
아산 군덕리								25(100)	25
천안 불당동								63(100)	63
아산 명암리 11								83(100)	83

※A : 좁은 이중구연 B : 넓은 이중구연 C : 퇴화이중구연 D : 단순구연, i : 유문양 ii : 무문양

표 8 _ 곡교천유역 일대 청동기시대 전기 취락의 편년과 시기 구분(■ =10%)

번호	유적명	조정연대 분포범위	발형토기 구연부 형태						
			Ai	Bi	Bii	Ci	Cii	Di	Dii
1	천안 두정동	3140-2930		■■■					■
2	아산 용두리 산골 I	.		■■■					■
3	아산 장재리 안강골	2980-2790		■■	■	❘			■■
4	서산 갈산리 무리치	2960-2880		■■	❘			■	■■
5	천안 백석동 고재미골 3지역	2950-2750	❘	■■		❘	■	■	■■
6	아산 용두리 산골 II	2865-2802		■				■■	■■■
7	아산 명암리 6지점	.		■	■			■	■■■

번호	유적명	조정연대 분포범위	발형토기 구연부 형태						
			Ai	Bi	Bii	Ci	Cii	Di	Dii
8	아산 용화동 가재골 2지점	2865						■	■
9	홍성 송월리	2925						■	■
10	천안 백석동 고재미골 4지역	2940-2780		■					■
11	천안 운전리 B·C	2860-2720		■					■
12	아산 풍기동 앞골	3040-2690		■					■
13	천안 백석동 고재미골 2지역	2930-2770		■					■
14	천안 신방동 II	2930-2740						■	■
15	천안 백석동 새가라골	2845		■					■
16	천안 백석동 B	2850-2595		■					■
17	아산 용화동 가재골 1지점	2850-2810							■
18	아산 대흥리 큰선장	2890-2520							■
19	천안 용곡동 두터골	2840-2770							■
20	천안 불당동	2834-2708							■
21	당진 자개리 II	2745-2603							■
22	천안 신방동 I	2810-2740							■
23	천안 쌍용동	2745							■
24	아산 명암리 11	2795-2590							■

〈표 7〉은 곡교천유역 일대의 청동기시대 전기 유적의 주거지에서 출토된 발형토기를 대상으로 정리한 것이다. 홑구연만 출토된 주거지들로 구성된 취락은 가장 늦은 시기로 볼 수 있고, 가장 이른 시기의 경우는 대체로 퇴화이중구연을 포함하여 이중구연처리되거나, 단사선문 등의 문양이 시문된 발형토기의 비율이 50% 이상인 유적들로 보고자하며, 전기 전엽에 해당한다. 고고자료의 특성상 이 시기의 자료들 또한 부분적이고 훼손 또는 유실된 채 남겨진 것들만이 확인된 것이므로, 수치가 모든 것을 대변해 주지는 않

는다. 일부는 존속기간에 있어 다음 단계까지 확인될 가능성 또한 배제할 수 없고, 그 반대의 경우도 상정할 수 있다. 하지만 전체적인 유물상과 취락을 구성하는 유구의 내용과 구조에 있어서, 하나의 획기로 구분하여도 충분할 것으로 판단된다. 중엽 단계에는 이전 시기에 비해 이중구연의 비율이 비율이 줄어드는 대신에, 퇴화이중구연의 출토빈도가 증가하며 홑구연에 문양이 시문되는 비중도 높아진다.

전기 중엽과 후엽의 구분은 이중구연과 문양이 시문되는 비율이 급격하게 줄어들기 시작하는 때로, 홑구연의 비율이 90% 이상인 유적을 후엽으로 보고자 한다. 물론 단순하게 수치를 통해 양자를 분명하게 가를 수는 없을 것이다. 하지만 아산 용화동 가재골 유적(1지점), 대흥리 큰선장 유적과 같이, 취락의 구조에서 앞선 시기와 분명한 차이를 보이는 유적에서 단순구연의 비율이 대체로 92.7%, 93.7%로 확인되는데, 이를 토대로 90%를 전기 중엽과 후엽을 구분하는 획기로 보고자 한다.

이와 같이 역삼동·흔암리유형의 유적은 크게 전·중·후엽의 3시기로 구분 가능할 것이다. 〈표 8〉은 앞서 검토한 발형토기를 통한 편년과 해당 유적의 주거지에서 채집된 시료들에서 측정된 방사성탄소연대 측정치를 변환한 조정연대와 비교한 것이다. 전기 전엽에 해당하는 유적들의 조정연대의 상·하한은 3140±2790BP이며, 중엽은 3040±2690BP에 분포한다. 전엽과 중엽의 경우 일부 중복되는 범위도 존재하지만, 상한과 하한 각각을 비교하면 전엽이 중엽에 비해 상한과 하한 모두 100년 정도 이르다. 후엽에 해당하는 유적들의 조정연대의 상·하한은 2890-2520BP이다. 중엽과 비교하면 역시 중복되는 범위가 확인되지만, 상한은 150년, 하한은 170년 정도 늦는 것으로 확인된다. 이상의 내용을 정리하면 〈표 9〉와 같다. 방사성탄소연대의 특성상 측정된 연대의 폭이 넓다보니 연대가 중복되는 부분이 존재하지만, 발형토기를 토대로 구축한 상대편년과 대체로 일치하는 결과로 판단된다.

표 9 _ 청동기시대 전기 취락 조정 탄소연대의 상한과 하한

시기	상한	하한	3100	3000	2900	2800	2700	2600
전기 전엽	3140	2790						
전기 중엽	3040	2690						
전기 후엽	2890	2520						

2. 가락동유형

충청남동지역의 가락동유형 유적의 편년은 주거의 형태와 발형토기의 구연부형태 및 시문문양을 토대로 진행되어 왔다. 시문문양의 경우 충청북서지역에서와 마찬가지로 빈약한 일괄유물과 복잡한 공반양상으로 인해서 편년의 실효성에 대해 섣불리 단정을 내리기가 쉽지 않다. 이에 반해서 가락동유형의 주거형태는 시계열적인 변화를 보이며, 연구자들 사이에서도 그 변화방향성에 대한 공통된 시각이 형성되어 있고, 양호한 편년 대상에 해당한다. 따라서 주거지 구조변화를 토대로 순서를 배열하고, 부족한 일괄유물은 주거별로 중첩해서 살펴보면 해결할 수 있을 것으로 판단된다.

가락동유형 주거지의 시간에 따른 구조변화에 대한 연구자들의 공통된 견해는 초석과 노지의 형태와

배치를 통해 확인된다. 초석의 경우 2열 초석에서 중앙의 1열초석으로 변화(공민규 2011)되고 마지막에는 소멸(이형원 2007)되는 것으로 논의되고 있다. 이러한 변화상은 유구중복에 따른 선후관계로 보아 타당한 것으로 판단된다(표 10). 노지의 경우 위석식에서 토광식으로 변화되는 것으로 상정하고 있는데(이형원 2007; 공민규 2011), 역시 중복관계를 통해 그 타당성이 인정된다. 그리고 설치된 개수에서도 시간성이 반영되는 것으로 보고 있는데, 이른 단계에는 1개의 노지만 설치되고 점차 2개에서 3개로 증가한다는 것이 공통된 견해이다(이형원 2007; 공민규 2011).

표 10 _ 중복관계를 통해 확인된 가락동유형 주거지 구성 요소의 변화

주거 구성 요소	중복 유구 (선축·후축)	선후 관계		주거지 형식	
		선	후	선	후
초석	관평동 6호 · 11호	2열 초석	중앙 1열 초석	A	E
	송담리 28-15호 · 16호	2열 초석	중앙 1열 초석	B	E
	송담리 28-15호 · 17호	2열 초석	중앙 1열 초석	B	E
	송담리 28-15호 · 18호	2열 초석	중앙 1열 초석	B	E
	송담리 28-15호 · 19호	2열 초석	중앙 1열 초석	B	E
	송담리 28-19호 · 20호	중앙 1열 초석	초석 소멸	E	G
	송담리 34-5호 · 4호	중앙 1열 초석	초석 소멸	E	F
	관평동 11호 · 7호	중앙 1열 초석	초석 소멸	E	F
노지	송담리 28-19호 · 20호	위석식노지	토광식노지	E	G
	송담리 30-8호 · 9호	위석식노지	토광식노지	E	G
	송담리 34-5호 · 4호	토광식노지	위석식 · 토광식노지	E	F

이와같은 연구자들의 공통된 견해를 참고하여 가락동유형 주거지를 다음과 같이 A에서 G까지 7개의 형식으로 구분하고자 한다.

A형 난수의 위석식노지와 2열 주초석이 결합된 형태에 해당한다.
B형 A형에 1개의 위석식노지가 추가된 형태에 해당한다.
C형 A형에서 2열 주초석이 사라진 형태에 해당한다.
D형 B형을 기본으로하며, 일부 토광식노지가 확인되거나 3개 이상의 노지가 설치된다.
E형 D형을 기본으로하며, 2열 주초석식을 중앙 1열 주초석식이 대체한다.
F형 E형을 기본으로하며, 주초석식이 소멸된 형태에 해당한다.
G형 F형을 기본으로하며, 위석식노지가 소멸되고 토광식노지만 조성된다.

〈표 10〉의 중복관계를 보면 A형과 B형은 E형보다 선축유구에 해당하며, E형은 F형과 G형보다 이른 단계에 조성된 것으로 확인된다. 중복관계가 많지 않기 때문에 다음은 방사성탄소연대를 통해 주거형식별

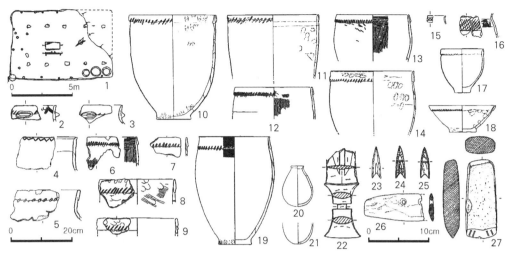

1 · 10 · 11 · 14 · 17 · 18 · 20 · 21 · 23 · 26 · 27. 대전 용산동 1호, 2 · 3. 연기 보통리 76-2호,
4. 대전 용산 · 탑립동 4-1호, 5 · 15. 대전 용산 · 탑립동 4-2호, 6 · 12 · 13. 연기 보통리 76-7호,
7 · 19 · 24 · 25. 대전 둔산 2호, 8 · 9 · 22. 대전 궁동 2호, 16. 연기 송원리 33호

그림 4 _ A형 주거지와 출토유물

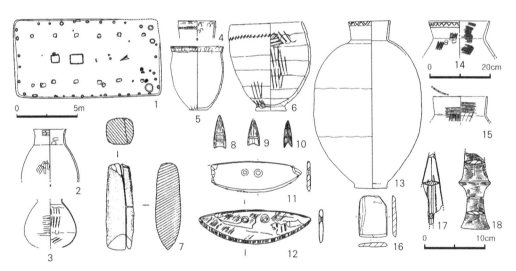

1 · 6. 연기 송원리 35호, 2 · 3 · 14 · 15. 연기 송담리 28-3호, 4 · 5 · 10 · 18. 대전 용산탑립동 2-1호,
7 · 17. 대전 관평동 Ⅱ-3호, 8 · 9 · 13. 대전 원신흥동 2차 1호, 11 · 16. 연기 송담리 28-15호, 12. 청원 학소리 Ⅰ-1호

그림 5 _ B형 주거지와 출토유물

시간성을 살피고자 한다.

방사성탄소연대는 측정된 수가 적은 경우에, 측정된 연대가 상 · 하한의 한극단으로 치우칠 가능성을 배제할 수 없고, 측정치가 다수일 경우는 확인된 연대의 범위가 넓어져 고고학적 활용도가 현저하게 낮아

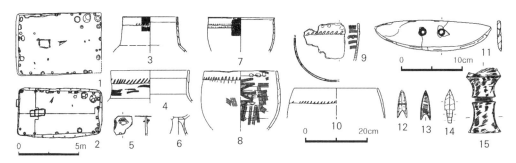

1 · 11. 연기 송담리 29-3-6호, 2 · 3 · 6 · 7. 대전 둔산 1호, 4 · 5. 청주 비하동 25호,
8 · 9 · 12. 연기 송담리 28-54호, 10 · 14. 연기 송담리 29-1-2호, 13 · 15. 청주 비하동 28호

그림 6 _ C형 주거지와 출토유물

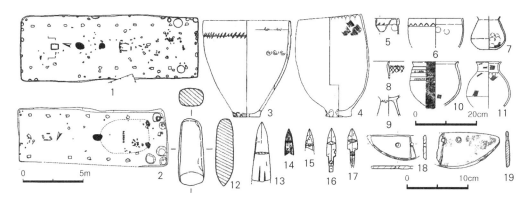

1 · 8. 연기 송원리 28호, 2 · 18. 연기 송원리 22호, 3 · 9 · 17. 금산 수당리 1호, 4. 대전 용산탑립동 2-5호,
5 · 6. 연기 송담리 30-1호, 7 · 19. 음성 하당리 6호, 10 · 12 · 14. 청원 풍정리 1호, 11 · 13 · 15 · 16. 연기 연기리 74-1호

그림 7 _ D형 주거지와 출토유물

질 수 밖에 없다. 따라서 고고학적 활용도를 높이기 위해서, 앙극단의 이상측정치를 제거하고, 단일유구에서 측정된 복수의 측정치에 대해서는 중간값을 취하고자 한다(김장석 2012, 20~21쪽). 이렇게 조정한 결과 3100BP보다 오래된 측정치는 제척하였고, 연기 연기리 74-3호 · 76-3호, 대전 방동뜰 9호의 가장 낮은 연대를 분석에서 제외하였다. 분석결과는 〈표 11〉과 같은데 각 주거별 형식변화의 상대적 순서와 대체로 일치하는 결과로 판단된다.

연대가 가장 밀집되는 연대범위를 주거별로 살펴보면, A의 경우 3000~2850, B는 2950~2900, C와 D는 2900~2850, E는 2900~2800, F는 2900~2850, G는 2850~2800 범위에 해당한다. A와 B는 밀집범위가 서로 중복되는데 A의 경우가 이른 연대범위(3050~3000)에서도 높은 빈도의 분포를 보이는 것으로 확인된다. C와 D의 경우 대체로 동일한 밀집범위에 해당한다. E와 F도 가장 높은 밀집범위 구간이 서로 중복되지만, F가 상대적으로 하한쪽의 빈도가 다소 높게 확인된다. G의 경우 F의 하한 연대범위에 가장 높은

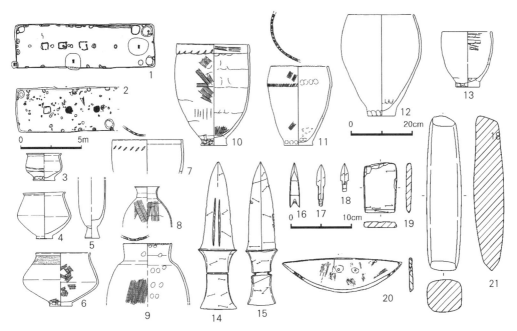

1. 연기 연기리 78-3호, 2 · 11 · 13 · 18. 연기 송원리 31호, 3~5 · 9 · 14 · 19 · 21. 연기 송담리 34-1호,
6. 연기 송담리 28-8호, 7. 청주 용정동Ⅱ-2호, 8 · 15. 연기 송담리 16호, 10. 연기 송원리 16호, 12. 연기 송담리 30-5호,
16. 연기 송원리 5호, 17. 연기 송담리 28-39호, 20. 대전 용산탑립동 2-3호

그림 8 _ E형 주거지와 출토유물

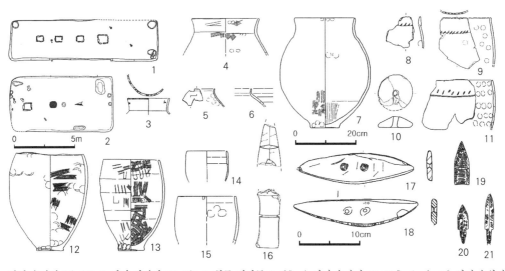

1. 연기 송담리 34-4호, 2. 연기 연기리 78-1호, 3. 청주 비하동Ⅱ-6호, 4. 연기 송담리 28-29호, 5 · 6 · 16. 연기 송원리
44호, 7. 대전 관저동 9호, 8 · 20 · 21. 청주 비하동Ⅱ-7호, 9. 연기 송담리 29-1-1호, 10 · 15. 연기 송담리 28-25호,
11 · 14. 대전 관저동Ⅱ-9호, 12 · 19. 오창 학소리Ⅰ-2호, 13. 송담리 28-45호, 17. 연기 송원리 34호,
18. 대전 용산탑립동 2-3호

그림 9 _ F형 주거지와 출토유물

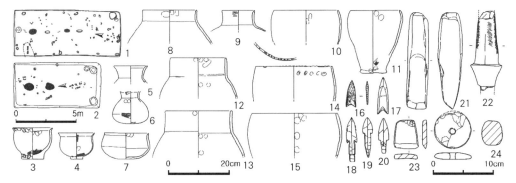

1 · 17. 연기 송담리 28-51호, 2 · 19 · 24. 연기 송담리 28-4호, 3. 대전 상대동 1호, 4 · 10. 연기 송담리 29-2-1호,
5~9 · 11~13 · 15. 대전 관저동 19호, 14. 연기 송담리 29-3-7호, 16 · 22. 보은 상장리 2호, 18 · 23. 연기 송담리 28-6호,
20. 연기 송담리 29-2-1호, 21. 연기 송담리 28-49호

그림 10 _ G형 주거지와 출토유물

빈도로 측정치가 분포한다. 대체로 A와 B는 3000~2900 사이에 분포하며, C와 D는 2900~2850, E~G는 2900~2800 범위에 분포한다. 지금까지 조사된 가락동유형의 취락을 살펴보면 개별 주거형식이 단독으로 조성된 취락은 존재하지 않고 여러 형식의 주거지들이 함께 확인된다. 유구별 축조 의 시차는 존재할 수 있겠지만 다수는 동시간대에 공존했던 것으로 판단된다. 따라서 주거별 방사성탄소연대의 측정범위도 상당부분 중복될 수 밖에 없다고 생각된다.

〈그림 4~10〉은 주거형태별 공반유물을 나타낸 것이다. 일부 유물에서 시간의 흐름에 따른 시계열적인 변화상이 확인된다. 호형토기의 경우 이른 단계에는 경부가 길고 뚜렷하며, 구연부는 이중구연처리되었는데 단사선문이 시문된다. 반면에 늦은 단계로 가면서 이중구연과 문양의 시문은 사라지고, 경부가 짧아지며 외반구연화되어 간다. 발형토기의 경우 역삼동 · 흔암리유형과 동일한 변화상을 보인다. 문양이 소멸되는 현상은 일부 마연기종의 토기에서도 동일하게 확인된다. 석검과 석도 또한 역삼동 · 흔암리유형과 동일한 변화를 보이는데, 석검은 유혈구식이단병식석검에서 무혈구식으로 변화되며, 석도는 이른 단계에 인부의 중앙부를 사용하는 완만한 곡선형에서 'V'자형으로 변화되는데, 중앙을 경계로 양쪽의 인부를 사용하는 형태로 판단된다. 석촉은 이른 단계에는 삼각만입촉이 높은 비중을 차지하며, 점차 이단경식석촉이 증가하는 경향을 보인다. 이러한 유물상의 변화를 획기로 하여 3시기(전엽 · 중엽 · 후엽)로 분기를 설정하고자 한다(표 12).

표 11 _ 가락동유형 주거유구에서 확인된 방사성탄소연대 측정치

주거형식	유구	측정연대(BP)	3100	3050	3000	2950	2900	2850	2800	2750	2700	2650	2600
A	대전 궁동 2호	**3370**											
	대전 궁동 2호	3030		■									
	대전 방동뜰 11호	3000			■								

주거 형식	유구	측정연대(BP)	3100	3050	3000	2950	2900	2850	2800	2750	2700	2650	2600
	대전 용산탑리동 4-1호	2970			■								
	연기 송담리 28-31호	2960			■								
	연기 송담리 28-31호	2960			■								
	청주 용정동 1-1호	2930				■							
	연기 보통리 76지점 7호	2895(2940, 2850)					■						
	연기 보통리 76지점 9호	2875(2900, 2850)					■						
	연기 송원리 33호	2860					■						
	연기 송담리29-3호	2860					■						
	대전 용산탑립동 4-2호	2850						■					
	대전 용산동 유적 1호	2840(2860, 2820)						■					
	대전 용산동탑립동 5-1호	2790							■				
	연기 보통리 76지점 3호	2785(2850, 2720)							■				
B	대전 방동뜰 17호	3100(3130, 3070)	■										
	대전 원신흥동2차 1호	3040(3070, 3010)		■									
	연기 송원리 32호	2940				■							
	연기 연기리 74지점 3호	2940, **2680**				■							
	청주 용정동 1-1호	2930				■							
	오창 학소리 1-1호	2930				■							
	대전 용산동탑립동 2-1호	2890					■						
	연기 송원리 35	2850						■					
	대전 노은동 3호	2826 (2860, 2810, 2810)						■					
C	오창 학소리 II 1호	3010		■									
	연기 보통리 76지점 4호	2950				■							
	연기 송담리 29-3지점 1호	2890					■						
	청주 비하동 2-5호	2887					■						
	연기 송담리 29-3지점 6호	2880					■						
	청주 비하동 2-8호	2810						■					
D	연기 송원리 22호	2930				■							
	연기 보통리 74-1호	2912(2920, 2904)				■							
	연기 송원리 42호	2880					■						
	대전 용산동탑립동 2-5호	2880(2900, 2860)					■						
	대전 관저동 17호	2880					■						
	연기 송담리 30-1호	2870					■						
	대전 가오동 1호	2715(2760, 2670)											
	음성 하당리 6호	2643 (2750, 2610, 2570)										■	

주거 형식	유구	측정연대(BP)	3100	3050	3000	2950	2900	2850	2800	2750	2700	2650	2600
E	대전 원신흥동 2차 2호	**3230**											
	청주 용정동2-4호	3030		■									
	대전 용산동탑립동 2-2호	2940				■							
	연기 송담리 30-5호	2890					■						
	대전 용산동탑립동 2-5호	2880(2900, 2860)					■						
	연기 연기리 78-3호	2833 (2880, 2810, 2810)						■					
	대전 용산동탑립동 2-3호	2810						■					
	연기 송담리 34-1호	2760								■			
	대전 용산동탑립동6-12호	2750									■		
	연기 송원리 11호	2590											■
F	오창 학소리 1-2호	3000			■								
	청주 비하동 2-4호	2950				■							
	연기 송원리 36호	2930				■							
	연기 송원리 34호	2920				■							
	대전 관저동 8호	2887(3000, 2900, 2880, 2770)					■						
	연기 송원리 25호	2870					■						
	청주 비하동 2-7호	2870					■						
	대전 관저동 9호	2860(2910, 2810)					■						
	대전 노은동 4호	2855 (**3240**, 2910, 2800)					■						
	대전 관저동 15호	2850(2890, 2810)						■					
	청주 비하동 2-6호	2830						■					
	대전 노은동 10호	2780							■				
	대전 방동뜰 15호	2780							■				
	연기 보통리 78-1호	2765(2810, 2780, 2770, 2700)							■				
G	대전 관저동 20호	2910				■							
	연기 보통리 76-1호	2870(**3100**, 2870)					■						
	연기 송원리 30호	2860					■						
	대전 관저동 6호	2860 (2890, 2880, 2810)					■						
	대전 관저동 7호	2850						■					
	대전 관저동16호	2840						■					
	연기 보통리 78-2호	2835(2850, 2820)						■					

주거 형식	유구	측정연대(BP)	3100	3050	3000	2950	2900	2850	2800	2750	2700	2650	2600
	대전 관저동 21호	2830						■					
	연기 송원리 41호	2790							■				
	대전 방동뜰 18호	2780(2880, 2760)							■				
	연기 송원리 17호	2760							■				
	대전 방동뜰 9호	2670, **2530**									■		
	대전 가오동 2호	2630										■	

※ 고딕체 수치는 이상수치로 분석에서 제외함, 복수의 측정치는 중간값을 사용함

표 12 _ 충청남동지역 가락동유형의 편년

분기	공반유물
전엽	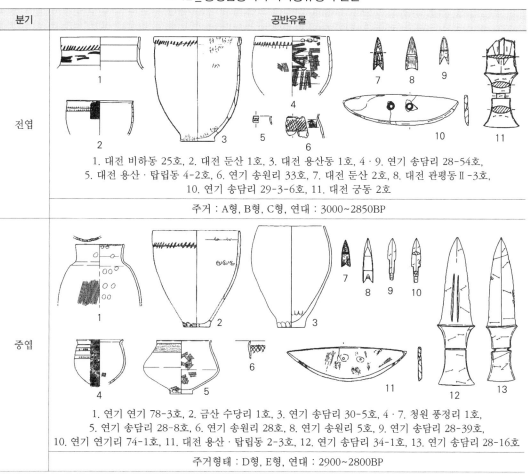

1. 대전 비하동 25호, 2. 대전 둔산 1호, 3. 대전 용산동 1호, 4 · 9. 연기 송담리 28-54호,
5. 대전 용산 · 탑립동 4-2호, 6. 연기 송원리 33호, 7. 대전 둔산 2호, 8. 대전 관평동Ⅱ-3호,
10. 연기 송담리 29-3-6호, 11. 대전 궁동 2호

주거 : A형, B형, C형, 연대 : 3000~2850BP

1. 연기 연기 78-3호, 2. 금산 수당리 1호, 3. 연기 송담리 30-5호, 4 · 7. 청원 풍정리 1호,
5. 연기 송담리 28-8호, 6. 연기 송원리 28호, 8. 연기 송원리 5호, 9. 연기 송담리 28-39호,
10. 연기 연기리 74-1호, 11. 대전 용산 · 탑립동 2-3호, 12. 연기 송담리 34-1호, 13. 연기 송담리 28-16호

주거형태 : D형, E형, 연대 : 2900~2800BP

분기	공반유물
후엽	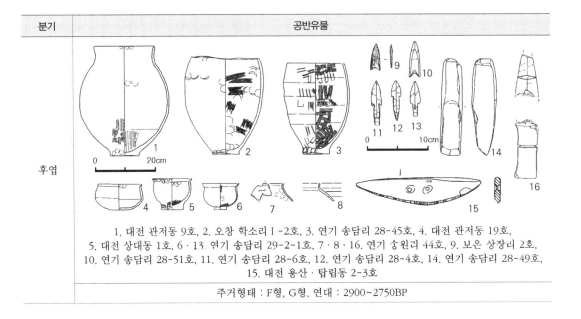

1. 대전 관저동 9호, 2. 오창 학소리 I -2호, 3. 연기 송담리 28-45호, 4. 대전 관저동 19호,
5. 대전 상대동 1호, 6 · 13. 연기 송담리 29-2-1호, 7 · 8 · 16. 연기 송원리 44호, 9. 보은 상장리 2호,
10. 연기 송담리 28-51호, 11. 연기 송담리 28-6호, 12. 연기 송담리 28-4호, 14. 연기 송담리 28-49호,
15. 대전 용산 · 탑립동 2-3호

주거형태 : F형, G형, 연대 : 2900~2750BP

Ⅲ. 중기

호서지역의 청동기시대 중기의 편년은 토기 및 공반유물을 통한 세밀한 편년보다는 주거지의 형태를
통해 대략적인 편년만이 논의되고 있다. 한국 고고학에서 대부분의 편년작업은 자료의 양이 가장 많은 토
기를 중심으로 이루어지고 있다. 하지만 중기의 경우에는 토기자료들이 시간적인 변화에 민감하지 않아
편년수립에 어려움을 겪고 있다. 또한 선송국리유형의 물질문화에서 나타나는 전기적 요소들에 대해서도
시간성을 반영하는 것이라는 견해와 문화접변에 의한 것이라는 견해가 첨예하게 대립되어 있는 상황이
기 때문에, 토기와 같은 유물을 통한 시간성 검토는 큰 의미가 없는 상황이다. 따라서 본고에서는 전통적
방법인 층서적 선후관계 파악과 최근 인용사례가 늘고 있는 방사성탄소연대를 집중적으로 검토하여 편
년안을 수립하고자 한다.

1. 반송리식 주거지의 시간적 위치

이 시기의 주거지 형태는 반송리식, 휴암리식, 송국리식으로 크게 구분되는데, 기술한 순서대로 출현
하였을 것이라는 견해를 제시한 바 있다(나건주 2009). 반송리식 주거지는 바닥 중앙에 2주식의 중심주
공이 설치되고 중심에서 벽가로 약간 치우쳐 타원형 또는 원형의 토광이 설치된 주거지로, 전기의 장방형
주거지에서 중기의 휴암리식 주거지로 변화되는 과정의 이행기에 해당하는 주거형태로 설명되고 있다

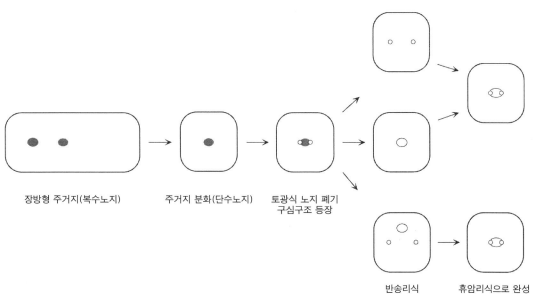

장방형 주거지(복수노지)　　주거지 분화(단수노지)　　토광식 노지 폐기　　　　　　　　　　　　　　반송리식　　　　휴암리식으로 완성
　　　　　　　　　　　　　　　　　　　　　　　　　구심구조 등장

그림 11 _ 반송리식과 휴암리식 주거지 형성과정(나건주 2009)

(이형원 2006). 반송리식 주거지의 시간적 위치 설정과 관련하여 공렬토기의 공반양상을 살펴보면 공렬토기의 공반이 휴암리식 주거지 보다 반송리식 주거지에서 강하게 나타나는데(나건주 2009), 이것은 시기적으로 반송리식이 휴암리식보다 앞선다는 것을 나타낸다고 생각된다.

　최근 전기의 장방형주거지에서 무시설식 노지가 폐기되고 그 자리에 구심구조의 기둥구멍이 조성된 사례가 전기 말기에 확인되고 있다. 이러한 예는 화성 반송리유적(5호), 평택 소사동유적(가-4호), 당진 자개리유적(43호), 서산 신송리유적(6호) 등에서 확인되고 있다. 이렇게 노지를 폐기하고 그 자리에 구심구조의 2주식 기둥이 조성되는 양상을 통해서 반송리식 주거지의 시간적 맥락이 전기말 중기초에 있음을 알 수 있다. 이와 같은 변화양상은 당진 자개리 유적에서 비교적 선명하게 확인되는데, 그 변화상을 살펴보면 다음과 같다. 먼저 첫 번째 단계로 장방형 주거지에서 노지가 1기 설치된 방형 주거지가 분화되고, 이후 방형 주거자에서 2주식의 구심구조가 채택된다. 이 때 중앙의 노지는 토광으로 대체되기도 한다. 마지막 단계로 2주식의 기둥과 중앙토광이 결합되면서 휴암리식 주거지가 형성된다(그림 11). 반송리식 이후의 휴암리식 주거지와 송국리식 주거지간의 선후관계는 유구간 중복관계를 통해 휴암리식이 선행하는 것으로 파악되고 있다(나건주 2009).

2. 층서적 선후관계를 통한 휴암리식과 송국리식의 시간적 위치

　층서관계에 의한 시기파악은 가장 기초적인 상대편년방법으로 고고학 연구의 기본이라 할 수 있다. 따라서 선송국리와 송국리유형의 시기파악에 있어서도 가장 선행적으로 검토되어야 할 것은 유구간 중복관계에서 확인된 층서적 선후관계 파악이다. 현재까지 조사된 유적들 중에서 역삼동식 주거지와 송국리식 주거지간의 중복관계가 확인된 유적으로는 보령 주교리유적(李弘鍾 · 孫俊鎬 2004), 천안 불당동유적(忠淸南道歷史文化院 2004), 서산 부장리유적(충청남도역사문화원 2008), 청원 쌍청리유적(중앙문화재연구원 2006) 등이 있다. 휴암리식 주거지와 송국리식 주거지간의 중복관계가 확인된 유적은 서산의 휴암리유적(尹武炳 외 1990), 기지리유적(충청남도역사문화연구원 2007), 기지리유적(이남석 · 이현숙 2009), 보령 관창리유적(李弘鍾 외 2001), 진죽리유적(충남대학교박물관 1998), 서천 도삼리유적(李弘鍾 외 2005), 부여 송국리유적 54지구, 계룡 입암리유적(충청남도역사문화원 2005), 아산 시전리유적(나건주 · 박현경 2007) 등이 있다.

〈표 13〉을 보면 역삼동식 주거지와 휴암리식 주거지 사이의 중복관계는 보령 주교리유적에서 1례가 확인되었는데 역삼동식이 이르고 휴암리식이 늦은 시기에 축조된 것으로 밝혀졌다. 역삼동식 주거지와 송국리식 주거지 간의 중복관계를 보이는 6개 사례의 경우는 예외없이 역삼동식 주거지가 송국리식 주거지에 선행되어 축조된 것으로 확인되었다. 휴암리식 주거지와 송국리식 주거지 간의 중복관계는 모두 10건인데 모두 휴암리식 주거지가 이르고 송국리식 주거지가 후에 축조된 것으로 확인되었다. 이들 주거지간 중복에 따른 층서관계를 정리하면 역삼동식 주거지는 휴암리식과 송국리식 주거지보다 이른 시기에 축조되었고, 휴암리식 주거지는 송국리식 주거지보다 이른 시기에 축조된 것으로 확인되었다. 따라서 역삼동식 주거지, 휴암리식 주거지, 송국리식 주거지 순으로 축조 순서를 정할 수 있다.

표 13 _ 호서지역 일대 송국리식 주거지 중복관계 일람(나건주 2009)

유적 · 유구명	중복관계	
	先	後
보령 주교리유적	KC-010(역삼동식 주거지)	KC-020(휴암리식 주거지)
천안 불당동유적	II-3호(역삼동식 주거지)	II-4 · II5호(송국리식 주거지)
천안 불당동유적	III-12호(역삼동식 주거지)	III-17 · III-18호(송국리식 주거지)
천안 신방동유적	I-6호(역삼동식 주거지)	I-5호(송국리식 주거지)
천안 신방동유적	III-12호(역삼동식 주거지)	III-11호 주거지(송국리식 주거지)
청원 쌍청리유적	II-8호 주거지(역삼동식 주거지)	II-9호 주거지(송국리식 주거지)
서산 부장리유적	I-5호(역삼동식 주거지)	I-4호(송국리식 주거지)
부여 송국리 54지구	31호(장방형 주거지)	32호(송국리식 주거지)
아산 시전리유적	1호 주거지(휴암리식 주거지	2호 주거지(송국리식 주거지)
서산 휴암리유적	4 · 5호(휴암리식 주거지)	3호(송국리식 주거지)
서산 기지리유적(공주대 박물관)	호수미정(휴암리식 주거지)	호수미정(송국리식 주거지)
서산 기지리유적(충남역사문화원)	34호 주거지(휴암리식 주거지)	33호 주거지(송국리식 주거지)
보령 진죽리유적	5호(휴암리식 주거지)	6호(송국리식 주거지)
보령 관창리유적	KC008-1(휴암리식 주거지)	KC008(송국리식 주거지)
부여 송국리 54지구	345 · 36호(방형 주거지)	37호(송국리식 주거지)
서천 도삼리유적	KC 023호(휴암리식 주거지)	KCC 024호(송국리식 주거지)

유적 · 유구명	중복관계	
	先	後
계룡 입암리유적	7호(휴암리식 주거지)	9 · 10호(송국리식 주거지)
계룡 입암리유적	14호(휴암리식 주거지)	13호(송국리식 주거지)
계룡 입암리유적	15호(휴암리식 주거지)	12 · 13호(송국리식 주거지)
구성동유적 C-3 · C-4호	C-4호(송국리식 주거지)	K-3호(송국리식 주거지)

현재까지 확인된 주거지간 중복관계를 통한 상대서열 설정에서는 역삼동식 주거지가 휴암리식과 송국리식 주거지보다 이르고, 휴암리식이 송국리식 주거지보다 이르다는 것을 확인할 수 있었다. 가장 중요한 중복관계는 부여 송국리유적 54지구의 경우이다. 2기의 방형 주거지(34 · 35호)를 송국리식 주거지인 37호가 파괴하고 조성된 사례인데, 송국리유형의 중심지역인 부여지역에서도 방형 주거지[4]가 송국리식에 앞서고 있음을 보여준다(정치영 2009). 따라서 층서적 선후관계에 의하면 역삼동식 → 선송국리 → 송국리유형 순으로 선후관계를 정리해 볼 수 있을 것이다.

3. 방사성탄소연대를 통한 시간적 위치 검토

여러 연구자들(金壯錫 2003, 35~36쪽, 庄田愼矢 2005, 57~58쪽)이 지적했던 바와 같이, 휴암리식과 송국리식 주거지에서 측정된 방사성탄소연대는 대부분 2600~2400BP에 몰려 있는데, 이구간의 보정연대는 보정곡선의 plateau로 인해 800~400BC에 해당하는 동일한 연대로 확인되고 있다. 따라서 선송국리와 송국리유형 간의 탄소연대를 통한 연대비교는 무의미하다. 따라서 여기에서는 역삼동 · 흔암리유형과 송국리유형 사이의 연대에 대해 먼저 검토하고자 한다.

송만영(2001, 76~78쪽)에 의해 전기 무문토기 문화의 늦은 단계와 송국리유형은 시간적으로 병행관계에 있고, 양자 간의 문화접변에 의해 선송국리적 문화요소가 나타난다는 의견이 제기된 이후, 이러한 견해는 여러 연구자들에 의해 수용되었다. 특히 이진민(2004, 46~51쪽)은 관련유적의 방사성탄소연대를 집성하고 이를 분석하여 역삼동 · 흔암리유형을 1기와 2기로 구분하고, 2기의 상 · 하한이 선송국리 · 송국리유형의 상 · 하한과 일치한다고 하였다. 그러나 이진민의 방사성탄소연대 분석에 대한 왜곡과 오류에 대해서는 이미 지적된 바 있다(김장석 2006, 45~51쪽; 나건주 2006, 41~44쪽).

한편 이홍종 역시 방사성탄소연대 측정치를 집성하고 베이지안 통계를 통해 원형계 주거지가 방형계 주거지보다 시기적으로 선행하며, 송국리유형의 개시기는 900~850BC라는 견해를 제시하였다(이홍종 2006, 121~122쪽). 하지만 분석대상이 되는 표본의 수(방형 9개, 원형 8개)가 적고 추출된 표본의 기준이 명확하지 않아 보다 자세한 분석이 요구된다.

---

4) 다만, 34 · 35호는 경사면 유실로 인해 내부시설이 확인되지 않았기 때문에 휴암리식 주거지 여부가 명확하지 않다. 하지만 단순 방형 주거지라 하더라도 송국리식과의 중복관계는 시사하는 바가 적지 않다고 판단된다.

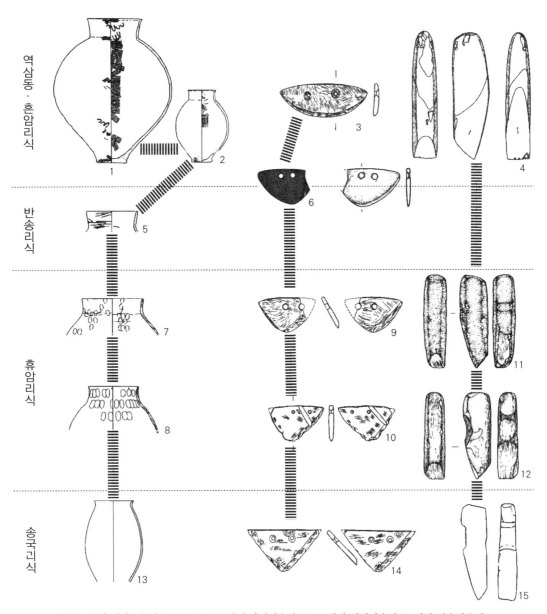

역삼동 · 흔암리식

반송리식

휴암리식

송국리식

1 · 2. 천안 백석동유적, 3 · 7~12 · 14. 당진 자개리유적(Ⅰ), 4. 화성 천천리유적, 5. 서산 신송리유적,
6. 화성 반송리유적, 13 · 15. 부여 송국리유적

그림 12 _ 송국리유형 물질문화의 시간적 변천(토기=1/16, 석기=1/6, 나건주 2009에서 일부수정)

방사성탄소연대의 측정연대(BP)는 오차범위가 ±50 내외인데, 대략 100년 정도의 연대구간을 나타낸
다. 역년 보정연대의 연대구간은 95.4% 신뢰구간인 2σ 연대의 경우 대체로 300~400년 내외의 연대 범위
로 확인되는데, 고고학적으로 활용하기에는 무의미하다. 고고학인 활용도를 높이기 위해서는 복수의

표 14 _ 호서지역 전·중기 유적의 방사성탄소연대 보정연대(2σ)의 중복범위 (나건주 2009)

	1400 BC	1200 BC	1000 BC	800 BC	600 BC	400 BC

역삼동·흔암리유형 유적
- 청양 학암리유적(2002)
- 서산 갈산리 우리치유적
- 천안 운전리유적
- 보령 관산리유적
- 천안 불당동유적
- 천안 백석동유적
- 천안 용곡동유적
- 보령 추교리유적
- 천안 쌍용동유적
- 당진 자개리유적 II
- 아산 명암리유적(11지점)

선송국리·송국리유형 유적
- 천안 석곡리유적
- 대전 자운동유적
- 당진 자개리유적 I
- 부여 좀산리유적
- 보령 관창리유적
- 서천 오석리유적
- 청원 쌍청리유적
- 공주 장원리유적
- 서천 월기리유적
- 아산 명암리유적(11지점)
- 아산 시전리유적
- 서천 도삼리유적
- 금산 수당리유적
- 대전 대정동유적

측정치에서 중복되는 연대구간을 확인하여 연대범위를 좁혀야 의미있는 결과를 얻을 수 있다. 충청지역에서 조사된 역삼동·흔암리유형 유적들과 선송국리·송국리유형 유적들에서 확보된 방사성탄소연대 중, 3개 이상의 연대측정치가 확보된 유적들을 대상으로, 최다 중복되는 연대의 구간을 확인해 보았다 (표 14).

먼저 역삼동·흔암리유형 유적 연대의 경우, 청양 학암리유적이 1310~1220BC로 가장 오래된 연대이고 아산 명암리유적이 800~780BC로 가장 젊은 연대로 확인된다. 대체로 기원전 800년 이전의 연대를 보인다. 선송국리·송국리유형 유적의 연대는 천안 석곡리유적이 780~760BC로 가장 이른 연대이며, 대전 대정동유적이 410~400BC로 가장 젊은 연대이고, 전체적으로 800~400BC의 연대로 확인된다.

방사성탄소연대로는 전술한 바와 같이 선송국리와 송국리유형 간의 시간적 차이를 확인할 수 없다. 하

지만 역삼동·흔암리유형 유적들이 송국리유형 유적들보다 이르다는 것이 유구 중복관계와 방사성탄소
연대를 통해 확인할 수 있다. 따라서 선송국리의 성립을 역삼동·흔암리유형과 송국리유형이 시간적으로
병행하며 양자간의 문화접변에 의해 형성되었다는 견해는 현재까지의 자료상으로는 성립하기 어렵다. 그
리고 유구 중복관계만을 보면 선송국리 는 역삼동·흔암리유형과 송국리유형 사이에 위치하는데, 이러한
시간적 위치를 고려한다면, 역삼동·흔암리유형에서 선송국리라는 점진적인 단계를 거쳐 송국리유형으
로 변화·발전되었다고 보는 것이 보다 타당할 것으로 생각된다.

다음은 가장 최근에 인지되기 시작한 반송리식에 대해서 검토하고자 한다. 반송리식 주거지에서 측정
된 방사성탄소연대는 대체로 2600~2400BP로 중기에 해당하는 연대를 보이나, 일부는 2600BP 이상으로
전기에 해당하는 연대도 확인된다(나건주 2009, 76쪽). 가장 많은 연대가 확보된 반송리유적의 경우를 집
중적으로 살펴보면(표 14), 2σ연대가 1260~390BC로 상·하한이 무려 900년 가까이 차이를 보인다. 조사
된 내용을 보면 반송리유적의 주거지들은 대체로 동시간대로 볼 수 있기 때문에 확인된 연대의 상하한을
좁힐 필요가 있다. 9호 퇴적층2층의 경우 $\delta(^{13}C)$값이 −31.65로 안정된 연대값이 도출되는 −25±3의 범위
를 크게 벗어나 있어 시료 채취 및 전처리 과정 등, AMS 측정에 대한 면밀한 검토가 필요할 것으로 판단
된다. 따라서 반송리유적의 방사성탄소연대상의 상한은 기원전 980년으로 볼 수 있을 깃이다. 다음은 하
한에 대한 것인데, 2600~2400BP 사이의 보정연대는 plateau 문제로 인해 기원전 800~400년 사이의 연
대로 확인되기 때문에, 구체적인 연대를 확정하기가 쉽지 않다. 반송리식 주거는 전기와 중기의 휴암리식
주거 사이의 이행기적 단계에 조성된 주거로, 그 존속기간은 비교적 짧았던 것으로 판단된다. 따라서 반
송리식의 하한은, 일부 전기에 해당하는 연대들이 존재하는 것으로 보아 대체로 기원전 800년 가까이를
하한으로 보아도 좋을 것이다. 따라서 반송리유적의 상하한 연대는 대체로 전기말에서 중기초에 위치하
는 것으로 보고자 한다.

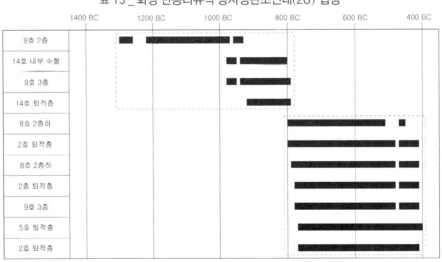

표 15 _ 화성 반송리유적 방사성탄소연대(2σ) 집성

Ⅳ. 후기

청동기시대 후기를 대표하는 토기는 점토대토기인데, 원형점토대토기와 삼각형점토대토기로 구분된다. 후자는 철기와 공반되며 초기철기시대에 해당한다는 것은 학계의 오래된 통설이었다. 그런데 최근 발굴자료에서 원형점토대토기와 철기의 공반사례가 확인되면서, 원형점토대토기까지 초기철기로 편입시키는 시기구분안이 제기(안재호 2006)되었고 많은 연구자들의 공감을 얻고 있다. 그렇지만 점토대토기는 철기를 공반하지 않는 단계가 분명하게 존재하며(이창희 2010, 83~89쪽), 점토대토기의 기원지인 중국 동북지방의 상황도 고려하여야 할 것이다. 요령지역의 점토대토기의 출현 연대에 대한 연구는 대체로 기원전 8~6세기 사이에 논의가 집중되고 있다(나건주 2013c, 14~15쪽). 沈陽의 鄭家窪子유적을 고려하면 적어도 6세기대에는 점토대토기문화가 분명한 실체를 가지고 존재했던 것으로 판단되며, 한반도 중부 이남 지방의 경우 송국리유형 단계에 해당한다. 요령지역의 이러한 정황을 고려한다면, 송국리유형 단계에 확인되는 점토대토기의 존재를 분명하게 인식하는 연구자들의 견해(박진일 2007; 이창희 2010; 이형원 2011)도 수용 가능할 것이다. 이러한 시기는 요령지역뿐만 아니라 한반도 중부 이남 지역 모두 청동기시대에 해당한다.

요령지역의 경우 기원전 4세기대에 구연부가 외반된 점토대토기가 출현하고, 이후 연 세력의 동진에 따라 점토대토기가 소멸되었다는 연구(李成載 2007)를 참고하면, 한반도의 경우도 이 시점 이후에 전국계 철기문화가 유입되었을 것이다. 세형동검기를 철기를 공반하지 않는 단면원형점토대토기 단계와 철기 단계의 단면삼각형점토대토기 이후의 시기로 구분했던 기존의 연대관(朴淳發 1993)은 여전히 유효한 것으로 판단된다. 단면원형점토대토기의 일부가 철기와 공반된다 하더라도, 그것은 하한 단계에 해당하는 것으로 생각된다. 최근 조사된 수석리식 주거지로 구성된 단면원형점토대토기 단계의 취락유적인 아산 대추리유적(朴大淳·安星泰 2009)의 경우, 취락의 입지, 석기의 구성 등 물질문화의 전반적인 양상이 이전의 송국리유형과 큰 차이를 보이지 않고, 전반적인 유물상은 청동기시대에 해당한다. 또한 아산 대추리 유적에서는 송국리유형의 표지적 유물인 송국리식 외반구연호와 삼각형석도가 공반되었는데(표 18: 상단2-4), 송국리유형과 시기적으로 병행관계에 있음을 반영하는 것으로 판단된다.

대추리유적과 점토대토기의 이른 단계유적으로 잘 알려진 보령 교성리 유적으로 대표되는 단면원형점토대토기 단계를 청동기시대 후기 전반으로 보고자 한다. 이 시기에는 재지세력에 해당하는 송국리유형의 취락사회와 병존했던 것으로 보여지며, 송국리유형만 존재했던 시기를 중기로 인식하고자 한다. 이후 세형동검 등 청동유물이 부장되는 대전 괴정동유적, 아산 남성리유적, 예산 동서리유적 등의 분묘유적을 후기 후반으로 상정하고자 한다. 철기가 공반되는 당진 소소리유적 단계는 초기철기시대에 해당한다.

아산 대추리유적에서 확인된 방사성탄소연대 측정결과를 살펴보면(표 17), 2600년을 상회하는 2호와 6호는 이상측정치로 판단되며, 나머지 6개 측정결과의 보정연대(2σ)의 최다중복범위를 살펴보면, 기원전 600~520년이다. 이러한 연대는 요령지방 정가와자 유적의 연대와 거의 동일한 결과이다. 하한은 기원전 400년이다. 세형동검이 공반되지 않는 이른 단계(후기 전반)의 점토대토기 유적의 편년은 대체로 기원전 5~400년으로 상정되고 있다(박진일 2007; 이형원 2011). 중국 요령지방에서 한반도로 유입되는 시간을

표 16 _ 호서지역 청동기시대 후기의 편년

분기	공반유물							

전반

1. 아산 대추리 3호, 2 · 7. 아산 대추리 9호, 3. 아산 대추리 16호, 4 · 5. 아산 대추리 13호,
6 · 9 · 10 · 14 · 15 · 17 · 18. 아산 풍기동 앞골 2호 수혈, 8. 아산 대추리 2호, 11 · 23. 아산 대추리 12호,
12 · 13 · 20 · 25. 아산 풍기동 앞골 1호 구상유구, 16. 아산 풍기동 앞골 4호 수혈, 19. 아산 대추리 6호,
21. 보령 교성리 5호, 22. 아산 대추리 3호, 24. 아산 풍기동 앞골 3호 수혈

연대 : 500~400BC

후반

1~15. 대전 괴정동 유적

연대 : 400~300BC

고려하여 경사편년을 한다면 기존의 연대관과 대체로 일치하는 결과로 생각된다. 청동유물이 공반되는 후기 후반 또한 기존 연구의 연대관인 기원전 400~300년으로 비정하고자 한다.

표 17 _ 아산 대추리유적 수석리식 주거지 방사성탄소연대 측정결과

측정유구	측정연대(B.P.)	보정연대(B.C.) (1σ, 68.2%)	보정연대(B.C.) (2σ, 95.4%)	측정기관
2호	2660±40	830~800	900~790	서울대 AMS
6호	2660±40	830~800	900~790	서울대 AMS
17호	2520±	780~740 690~660 640~550	790~520	서울대 AMS
12호	2510±40	780~730 690~540	790~510	서울대 AMS
16호	2510±50	780~720 700~540	800~410	서울대 AMS
3호	2490±40	720~700 540~410	750~680 670~610 600~400	서울대 AMS
13호	2480±40	760~520	780~410	서울대 AMS
4호	2420±40	720~700 540~410	750~680 670~610 600~400	서울대 AMS

Ⅴ. 종합편년

호서지역 미사리유형의 방사성탄소연대의 보정연대(2σ)를 살펴보면 대전 원신흥동유적 및 연기 대평리 유적(A) 등에서 기원전 1400년까지 올라가는 측정치가 일부 확인되지만, 절대다수는 기원전 1300년 이하의 연대에 해당한다. 대평리 유적의 3개 지점 보정연대(2σ)의 중복되는 연대범위를 보면 기원전 1300~1000년에 해당한다(나건주 2013a, 41쪽). 이러한 연대범위가 미사리유형의 존속기간에 해당하는 것으로 판단된다.

가락동유형의 경우 개별 유적의 보정연대(2σ)의 중복범위를 보면, 대체로 기원전 1220년 이하의 연대에 해당한다(나건주 2013a, 35~36쪽). 연기 보통리유적 보정연대의 중복범위를 보면 기원전 1270~820년으로 확인되는데, 상한과 하한의 폭이 450년이다. 9기의 주거로 이루 어진 취락의 존속기간으로 보기에는 연대의 폭이 매우 넓어서 고고학적 활용도가 떨어지는 결과로 판단된다. 가락동유형 역연대의 상한은 기원전 1200년으로 보는 것이 안정적이라 판단된다. 하한의 경우 취락의 존속기간이 가장 긴 유적으로 판단되는 연기 송원리 유적의 보정연대 중복범위가 기원전 1210~810년으로 확인되었고, 기원전 800

표 18 _ 호서지역 청동기시대의 편년

시기구분		연대			
조·전기		1300	미사리유형 전반	신석기시대 말기	
		1200		가락동유형 전엽	역삼동·흔암리유형 전엽
		1100	미사리유형 후반		
		1000		가락동유형 중엽	역삼동·흔암리유형 중엽
		900		가락동유형 후엽	역삼동·흔암리유형 후엽
		800		반송리식	
중기		700	휴 암 리 식		
		600			
		500	송 국 리 식		후기 전반
후기		400		후기 후반	
		300 BC		초기철기시대	

표 19 _ 호서지역 청동기시대 시기별 공반유물(토기=1/20, 석기=1/10, 동검=1/12)

미사리유형	가락동유형	역삼동 · 흔암리유형
전반 1. 대평리(C) 2호, 2. 대평리(A) 4호, 3. 대평리(B) 2호, 4. 대평리(C) 6호, 5·7. 대평리(C) 10호, 6. 대평리(B) 2호, 8·10. 대평리(C) 4호	**전엽** 1. 비하동 25호, 2. 둔산 1호, 3. 송원리 33호, 4·5. 둔산 2호, 6. 원신흥동(2차) 1호, 7. 송담리(29-3) 6호, 8. 궁동 2호	**전엽** 1. 고재미골Ⅰ-2호, 2·9. 안강골Ⅰ-9호, 3. 안강골Ⅰ-5호, 4. 안강골Ⅱ-1호, 5. 무리치 8호, 6. 무리치 2호, 7. 안강골Ⅰ-4호, 8. 안강골Ⅱ-2호, 10. 안강골Ⅰ-8호, 11. 신진리 1호
	중엽 1. 송담리(34) 1호, 2. 수당리 1호, 3. 풍정리 1호, 4. 송원리 28호, 5. 송담리(28) 8호, 6. 송원리 5호, 7. 송담리(28) 39호, 8. 연기리(74) 1호, 9. 용산·탑립동(2) 3호, 10. 송담리(34) 1호	**중엽** 1. 앞골 22호, 2. 고재미골Ⅲ-11호, 3. 앞골 15호, 4. 고재미골Ⅳ-2호, 5·7. 고재미골 Ⅲ-3호, 6. 백석동 B-2호, 8. 앞골 17호
후반 1. 대평리(C) 22호, 2·3. 원신흥동 3호, 4·7·10. 대평리(C) 3호, 5. 대평리(C) 22호, 6. 대평리(B) 16호, 8. 대평리(B) 17호	**후엽** 1. 관저동 9호, 2. 학소리(Ⅰ) 2호, 3. 송담리(29-2) 1호, 4. 관저동 19호, 5·11. 송원리 44호, 6. 송담리(28) 49호, 7. 송담리(28) 51호, 8. 송담리(28)-4호, 9. 송담리(29-2) 1호, 10. 용산 탑립동(2) 3호	**후엽** 1. 고재미골Ⅱ-11호, 2. 고재미골Ⅲ-28호, 3·6~9. 고재미골Ⅱ-16호, 4. 백석동Ⅳ-12호, 5. 가재골 4호, 10. 고재미골Ⅳ-12호, 11. 명암리(12지점) 23호, 12. 명암리(11지점) 14호

조 · 전기

중기

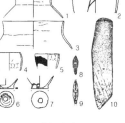

반송리식
1·3~7·9·10. 용화동 23호,
2·8. 명암리(12) 25호

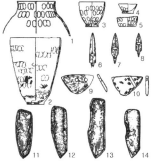

휴암리식
1~5·9·14. 자개리(Ⅰ) 54호, 6·7. 신송리 9호,
8. 신송리 15호, 10. 자개리(Ⅰ) 3호,
11·13. 신송리 14호, 12. 자개리(Ⅰ) 26호

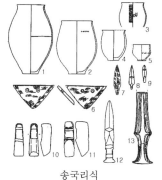

송국리식
1. 송국리(54) 2호, 2·4·5·12. 송국리(54) 3호,
6. 자개리(Ⅰ) 8호, 11. 송국리(55) 2호,
13. 부장리 37호

년을 그 하한으로 보고자 한다. 역삼동·흔암리유형 또한 동일한 기준에서 예산 신가리유적에 한해서 기원전 1270년의 상한연대가 확인되나, 이를 제외한 나머지 유적에서는 가락동유형과 동일한 기원전 1200년에 해당한다. 하한의 경우 〈표 14〉에서 확인되듯이 기원전 800년을 전후한 시기에 해당한다.

중기의 시발점에 해당하는 반송리식의 경우 그 상한은 전기의 종말기에 해당하는 기원전 800년을 전후한 시기로 판단되며, 〈표 15〉에 대한 해석을 통해 설명한 바 있다. 중기의 하한은 대다수 송국리유형 유적의 보정연대(2σ)를 통해 기원전 400년으로 확인된다(표 14). 후기의 상한과 하한은 전술한 바와 같이 기원전 500~300년에 해당한다.

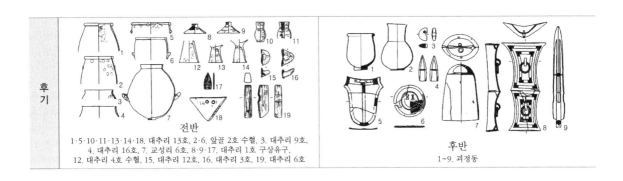

후기

전반

1·5·10·11·13·14·18. 대추리 13호, 2·6. 앞골 2호 수혈, 3. 대추리 9호, 4. 대추리 16호, 7. 교성리 6호, 8·9·17. 대추리 1호 구상유구, 12. 대추리 4호 수혈, 15. 대추리 12호, 16. 대추리 3호, 19. 대추리 6호

후반

1~9. 괴정동

참고문헌

공민규, 2011,「금강 중류역 청동기시대 전기 취락의 검토」『한국청동기학보』8.

김병섭, 2009,「남한지역 조·전기 무문토기 편년 및 북한지역과의 병행관계」『한국청동기 학보』4.

金壯錫, 2003,「충청지역 송국리유형 형성과정」『韓國考古學報』51.

김장석, 2006,「충청지역의 선송국리 물질문화와 송국리유형」『韓國上古史學報』51.

김장석, 2008,「무문토기시대 조기설정론 재고」『한국고고학보』69.

김장석, 2012,「남한지역 장란형토기의 등장과 확산」『고고학』11-3.

김현경, 2012,「호서지역 전기 무문토기 문양의 편년」『한국청동기학보』10.

김현식, 2008,「남한 청동기시대 조기-전기의 문화사적 의미」『고고광장』2, 부산고고학연구회.

羅建柱, 2006,「前·中期 無文土器 文化의 變遷過程에 대한 考察」, 忠南大學校 大學院 考古學科 碩士學位論文.

나건주, 2009,「송국리유형 형성과정에 대한 검토」『고고학』제8권 제1호.

나건주, 2010,「아산만지역 청동기시대 취락의 구조와 변천」『한국청동기학보』7.

나건주, 2013a,「세종시의 청동기시대」『세종시, 어제, 오늘 그리고 내일』, 2013년 제27회 호서고고학회 학술대회 발표요지문.

나건주, 2013b,「충청 북서지역의 청동기시대 전기 편년」『한국 청동기시대 편년』, 한국청동기학회 학술총서 2, 서경문화사.

나건주, 2013c,『청동기시대 전기 취락의 성장과 송국리유형 형성과정에 대한 연구』, 충남대학교 대학원 고고학과 박사학위논문.

羅建柱·朴賢慶, 2007,『牙山 柿田里 遺蹟』, (財)忠淸文化財研究院.

박순발, 1993,「우리나라 초기철기문화의 전개과정에 대한 약간의 고찰」『考古美術史論』, 충북대학교 고고미술사 학과.

朴淳發, 2003,「渼沙里類型 形成考」『湖西考古學』9, 湖西考古學會.

박진일, 2007,「粘土帶土器, 그리고 靑銅器時代와 初期鐵器時代」『韓國靑銅器學報』1.

배진성, 2009,「압록강~청천강유역 무문토기 편년과 남한 -조기~전기를 중심으로」『한국 상고사학보』64.

裵眞晟, 2012,「可樂洞式土器의 初現과 系統」『考古廣場』9.

송만영, 2001,「南韓地方 農耕文化形成期 聚落의 構造와 變化」『한국 農耕文化의 형성』제25회 한국고고학전국대 회, 韓國考古學會.

安在晧, 2000,「韓國 農耕社會의 成立」『韓國考古學報』43.

安在晧, 2006,『青銅器時代 聚落研究』, 釜山大學校 大學院 博士學位論文.

安在晧, 2010,「韓半島 青銅器時代의 時期區分」『考古學誌』16.

尹武炳·韓永熙·鄭俊基, 1990,『休岩里』, 國立中央博物館.

이남석·이현숙, 2009,『해미 기지리 유적』, 공주대학교박물관.

李成載, 2007,『중국동북지역 점토대토기문화의 전개과정 연구』, 崇實大學校 碩士學位論文.

李盛周, 2006,「韓國青銅器時代 ‘社會’考古學의 問題」『古文化』68.

李眞旼, 2004,「중부 지역 역삼동 유형과 송국리 유형의 관계에 대한 일고찰 -역삼동유형의 하한에 주목하여-」 『韓國考古學報』54.

이홍종, 2006,「송국리문화의 전개과정과 실년대」『금강:송국리형 문화의 형성과 발전』, 호남·호서고고학회 합동 학술대회 발표요지.

李弘鍾·姜元杓·孫俊鎬, 2001,『寬倉里遺蹟 -B·C區域-』, 高麗大學校 埋藏文化財研究所.

李弘鍾·孫俊鎬, 2004,『舟橋里 遺蹟』, 高麗大學校 埋藏文化財研究所.

李弘鍾·孫晙鎬·趙은지, 2005a,『道三里 遺蹟』, 高麗大學校 考古環境研究所.

이홍종·허의행, 2010,「호서지역 무문토기문화의 변화와 편년」『호서고고학』23.

이창희, 2010,「점토대토기의 실연대 -세형동검문화의 성립과 철기의 출현연대」『文化財』43.

이형원, 2006,「천천리 취락의 편년적 위치 및 변천」『華城 泉川里 靑銅器時代 聚落』, 한신대학교박물관.

이형원, 2007,「호서지역 가락동유형의 취락구조와 성격」『호서고고학』17.

이형원, 2011,「중부지역 점토대토기문화의 시간성과 공간성」『호서고고학』24.

庄田愼矢, 2005,「湖西地域 出土 琵琶形銅劍과 彌生時代 開始年代」『湖西考古學報』12.

庄田愼矢, 2007,『南韓 靑銅器時代의 生業活動과 社會』, 忠南大學校 大學院 考古學科 博士學位論文.

정치영, 2009,「송국리취락 '특수공간'의 구조와 성격」『한국청동기학보』4.

中央文化財研究院, 2006,『淸原 雙淸里 靑銅器時代遺蹟』.

충남대학교박물관, 1998,「보령 진죽리 유적」, 현장설명회자료.

忠淸南道歷史文化院, 2004,『天安 佛堂洞 遺蹟』.

忠淸南道歷史文化院, 2005,『鷄龍 立岩里 遺蹟』.

충청남도역사문화연구원, 2007,『瑞山 機池里遺蹟』.

충청남도역사문화연구원, 2008,『瑞山 副長里遺蹟』.

제4장
호남지역

김규정 전북문화재연구원

Ⅰ. 조기

　돌대문토기를 표지로 하는 미사리유적이 조기로 설정(이상길 1999; 안재호 2000; 김재윤 2003; 천선행 2005)된 이후 정설로 받아들여졌으며 돌대문토기 단독기로서 조기 설정이 이루어졌다(안재호 2006; 천선행 2007). 이에 대한 반론으로 미사리유형의 조기설정에 대한 비판적 견해(김장석 2008)와 조기는 돌대문토기 뿐만 아니라 다른 토기들과 공반되기 때문에 돌대문토기 단독기에 대한 확실성이 불분명하며 조기부터 다양한 토기들이 나타난다고 보고 있다(김병섭 2009).

　호남지역에서 조기에 대한 실체는 명확하지 않다. 최근 일부 지역의 경우 신석기시대 말기의 이중구연토기와 청동기시대 조기가 병행된다는 연구결과(천선행 2007)로 광주 노대동, 순천 마륜유적 출토 신석기시대 이중구연토기에 주목하여 마륜유적의 절대연대(3010±40BP)와 각목돌대문토기가 출토되어 청동기시대 조기로 편년되는 유적의 절대연대가 비슷한 시기로 편년되어 호남지역 신석기시대 말기에서 청동기시대 조기로의 전환과정에 있는 유적으로 보고 있다(홍밝음 2013).

　그동안 호남지역 조기는 원촌 1호 주거지가 유일한 것으로 보았으나(이형원 2007; 양영주 2009), 최근 전주 동산동유적(전북문화재연구원 2015)에서 돌대문토기가 출토되는 주거지가 조사됨으로써 조기가 돌대문토기를 특징으로 하는 것을 알 수 있다. 또한, 이중구연에 단사선이 시문된 토기가 출토된 영등동 Ⅰ-17호 주거지를 전기의 가장 이른 시기인 Ⅰ기 전반으로 편년하여(김규정 2013) 이 시기부터 조기로 편년 가능할 것으로 본다.

　절대연대는 자료의 축적이 많지 않지만, 전주 동산동 주거지 4동의 AMS연대가 방형의 위석식노지가 설치되어 있는 1-1호 시료(탄화목) 2점이 2978±22BP · 2943±22BP로, Ⅰb · c식, Ⅱa식, Ⅳa · b식의 토기가 출토되었다. 한편, 세장방형에 위석식노지와 무시설식노지가 설치된 1-2호 시료(탄화목과 탄착물) 2점은 2894±22BP · 2933±21BP이며, Ib · c식, Ⅳa식의 토기가 출토되었다. 방형(소형)에 무시설식노지가 설치된 16호는 시료(탄화목) 1점은 2935±21BP로 유물은 Ib식의 토기가, 장방형 주거지에 석상위석식 노지가 설치되어 있는 39호는 시료(탄화목) 2점은 2965±23BP · 2964±22BP로 Ib식, Ⅱa식의 토기가 출토되었다. 동산동 AMS연대는 1-2호 탄화목 1점을 제외하면 모두 2930BP 이전으로 편년된다. 특히, 중복관계를 이루고 있는 1-1호와 1-2호는 조사과정에서 1-1호가 1-2호에 선행하는 것으로 확인되었으며, 절대연대에서도 1-1호가 1-2호에 앞선 것으로 나타나고 있다. 원촌 1호 주거지는 평면 방형에 석상위석식노지가 설치되고 유물은 구연을 일주하는 각목돌대문토기, 대부발 대각편, 석착, 지석, 토제어망추 등이 공반되었고, 영등동 Ⅰ-17호 주거지는 평면 방형에 가까운 장방형에 무시설식노지가 설치되고 전형

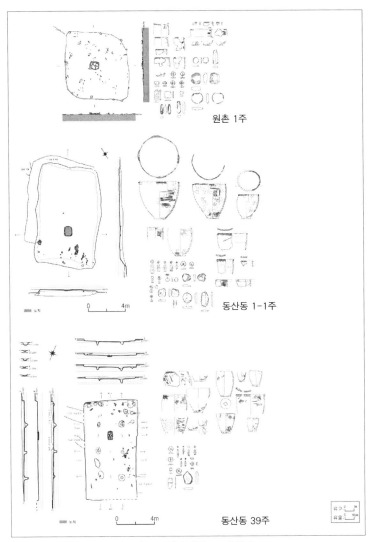

적인 이중구연단사선문토기와 일단경식석촉, 석검편이 공반되었다. 이외에도 부안 격하패총 출토 이중구연거치문토기를 신석기시대 말기 내지는 청동기시대 조기로 편년하기도 하지만(천선행 2007), 이중구연단사선문토기와 이중구연거치문토기는 전기의 특징적인 토기로 볼 수 있어 호남지역에서 조기는 순창 원촌유적이 유일한 것으로 보았다(이형원 2007).

그러나 조기에 돌대문토기 뿐만 아니라 다양한 토기들이 공반되는 것으로 보아(김병섭 2009) 원촌, 동산동 출토 돌대문토기 뿐만 아니라 영등동 Ⅰ-17호 주거지 출토 전형적인 이중구연단사선문토기도 조기로 편년될 수 있다.

호남지역 조기의 절대연대는 동산동을 제외하면 아직 조사된 유적이 많지 않

원촌 1주

동산동 1-1주

동산동 39주

0   4m

그림 1 _ 호남지역 조기편년

아 상한은 명확하지 않지만, 각목돌대문토기가 출토되는 유적들의 연대를 참고할 때 기원전 15~14세기로 보는 견해도 있고(홍밝음 2013), 다른 지역의 경우 조기의 상한을 절대연대상으로 3200BP를 전후한 시기로 보고 하한을 2900BP로 보고 있다(천선행 2007). 호남지역 조기의 연대도 동산동에서 얻어진 AMS 연대를 고려할 때 2900BP 이전으로 볼 수 있다. 중부지역 조기의 절대연대는 2950BP(김권중 2013; 강병학 2013)와 금강유역 가락동유형의 절대연대 가운데 3100BP 이상의 연대를 조기로 보고 있어(공민규 2013) 지역에 따라 약간의 연대차이가 있을 가능성도 있지만 동산동의 절대연대가 대체로 2930BP 이전으로 편년되기 때문에 호남지역에서 조기의 상한은 금강유역의 편년을 고려할 때 3200BP 이전까지 올려볼 수 있을 것으로 보이며 하한은 전기의 시작과 일정부분 공존할 가능성이 있는 것으로 보아 2900BP까지 편년할 수 있다.

Ⅱ. 전기

호남지역 전기는 조기에 비해 유적의 수가 증가하지만, 다른 지역에 비해 조사된 유적은 많지 않다. 호남지역 전기의 편년은 김규정(2007·2011·2013), 양영주(2009·2013), 김문국(2010), 홍밝음(2010·2013)에 의해 실시되었다.

양영주(2009·2013)는 호남 중북부지역 전기를 전반-중반-후반으로 세분하였다. 전반은 가락동유형 I기가 해당되며 주거지는 평면 방형에 단수의 노지가 설치되고 전형적인 이중구연단사선문토기가 출토된다. 중반은 가락동유형 Ⅱ기와 역삼동·흔암리유형 I기로 평면 (세)장방형에 복수의 노지가 설치되고 이중구연단사선이 퇴화되고 복합문계토기가 대표되며, 후반은 가락동유형 Ⅲ기와 역삼동·흔암리유형 Ⅱ기로 주거지는 장방형 평면에 규모가 소형화·규격화되고 무시설식 노지가 설치되거나 노지가 사라지고 이중구연토기의 소멸과 역삼동식 공열토기로 대표되는 것으로 보았다.

김문국(2010)은 호남지역에서 가락동유형과 역삼동·흔암리유형이 비슷한 시기에 공존하며 절대연대와 상대연대 분석을 통해 기원전 13~11세기로 편년하였다.

홍밝음(2010·2013)은 전남지역 전기를 4기로 구분하여 1기는 전북에 한정되며 2기에 전남지역에 유입되고 중심연대는 기원전 12~11세기로 보았다. 3기는 가락동유형이 영산강유역, 섬진강유역, 남해안으로 본격적으로 확산되는 시기로 중심연대는 기원전 11~10세기로 보았다.

필자는(2000·2007·2011·2013) 호남지역을 5개의 권역으로 구분하여 북서부·중서부지역은 가락동식토기문화권, 동부내륙·동남해안은 역삼동·흔암리식토기문화권, 영산강유역은 가락동과 역삼동·흔암리식토기문화가 공존하며 동부내륙과 동남해안지역은 역삼동식토기가 늦은 시기까지도 지속된 것으로 보았다. 호남지역 전기는 출토유물과 절대연대를 고려하여 Ⅲ기로 세분하여 I기는 전반, Ⅱ기는 중반, Ⅲ기는 후반으로 구분되고 연대는 기원전 13~9세기까지로 편년하였다.

1. 북서부지역

　북서부지역 전기의 편년은 김규정(2011 · 2013)과 양영주(2009 · 2013)에 의해 실시되었다. 전기는 I~Ⅲ기로 구분되는데 I기는 조기에 형성된 미사리유형과 가락동유형의 확산기로 유적은 익산 섬다리, 영등동, 김제 제상리, 전주 동산동 · 장동, 군산 비응도 패총 등이다. 주거지는 평면 장방형으로 변화되고 복수의 노지가 설치된다. 유물은 각목돌대문토기, 이중구연단사선문토기, 공열토기, 복합문계토기(흔암리식토기)가 출토된다. 각목돌대문토기는 구연을 일주하는 형식이 사라지고 절상돌대와 유상돌대로 변화된다. 돌대문토기는 익산 섬다리 2호 1예만 확인되었다. 이중구연단사선문토기는 익산 영등동 I-3호 · Ⅱ-7호, 김제 제상리 A-1호 · 부거리 I-2호 · I-4호가 있다. I기는 새롭게 공열토기와 복합문계토기(흔암리식토기)가 등장하는 시기로 유적은 전주 장동 I-9호, 완주 구암리 3호, 비응도 패총이 있다. 지금까지 북서부지역은 이중구연단사선문토기 중심분포권으로 보았는데 전주 장동 I-9호, 완주 구암리 3호 등에서 복합문계토기(흔암리식토기)가 출토되는 것으로 보아 이중구연단사선을 특징으로 하는 가락동유형 취락집단이 역삼동 · 흔암리유형의 특정 요소를 채용한 결과로 볼 수 있다(김규정 2011 · 2013).

　Ⅱ기는 각목돌대문토기가 완전히 소멸되고, 이중구연단사선문토기가 중심을 이루고 있다. 그러나 이중구연단사선문토기도 세부 속성의 변화가 간취되는데 I기에 비해 이중구연은 폭이 넓어지고 두께가 얇아지는 등 대부분 이중구연단사선이 퇴화되어 유사이중구연단사선문토기(김병섭 2009)로 변화된다. 그리고 구순각목문과 무문양토기가 증가한다. 유적은 익산 영등동 I-18호, 용기리 2호 · 3호 수혈, 전주 효자4 I-5호, 성곡 1호 · 2호 등이다. 주거지는 평면 장방형에 단수의 노지가 설치되고 이중구연단사선은 동체 중상위까지 내려온다.

　Ⅲ기는 주거지의 평면형태가 방형에 가까운 장방형으로 변화 단수의 노지가 설치되거나 노지가 사라진다. 유물은 이중구연의 요소는 완전히 퇴화되어 선상으로만 남아 있으며 단사선문도 형식적으로 변화되어 길이와 간격이 일정하지 않고 정형성이 없다. 구순각목문토기와 무문양의 심발이 급격하게 증가하고 외반구연토기도 출토된다. 유적은 익산 영등동 I-2호, 전주 장동 I-36호, 마전 Ⅳ구역 1호 등으로 대표되며 이 시기에 비로소 무덤이 등장하는데 북서부지역에서는 석관묘와 옹관묘가 축조되기 시작한 것으로 보이며 대표적인 유적은 익산 화산리 신덕 석관묘 · 석천리 옹관묘가 있다.

　절대연대는 I기 유적인 익산 섬다리 2호는 2720±60BP · 2860±50BP이며 주거지의 평면형태가 장방형에 무시설식노지 2기가 설치되고 유물은 절상돌대문토기, 이중구연단사선문토기, 토제어망추, 주형석도, 석착이 공반된다. 장동 9호는 3080±80BP이며 주거지의 평면형태는 장방형이며, 노지는 무시설식이고 유물은 이중구연단사선문토기와 복합문계인 흔암리식토기, 토제어망추, 주형석도가 공반된다. I기의 연대는 섬다리, 장동의 절대연대를 참조할 때 2900~2800BP까지로 볼 수 있다. Ⅱ기는 절대연대 자료는 없지만 2800BP를 전후할 것으로 보이며 Ⅲ기는 2700BP를 전후할 것으로 보인다.

2. 중서부지역

　중서부지역은 전기의 문화양상이 뚜렷하지 않아 아직은 세부편년이 불가능한 지역으로 볼 수 있다.

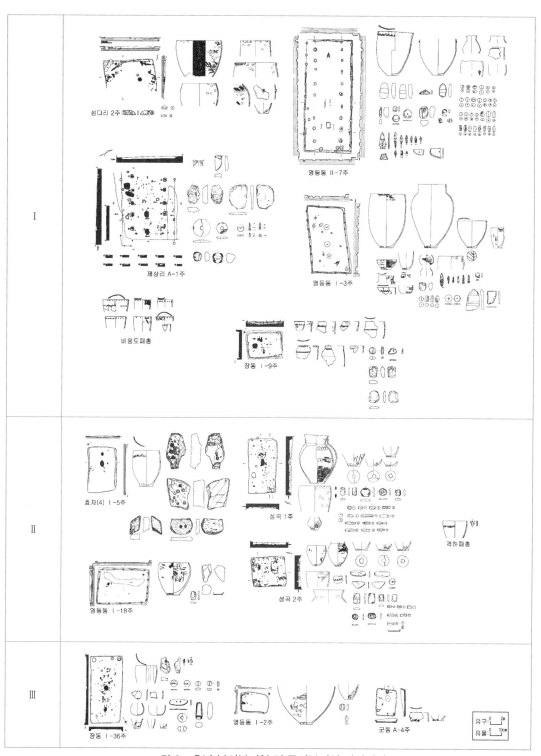

그림 2 _ 호남 북서부지역 및 중서부지역 전기편년

I

섬다리 2주

영등동 II-7주

제상리 A-1주

영등동 I-3주

비응도패총

장동 I-9주

II

효자(4) I-5주

성곡 1주

격하패총

영등동 I-18주

성곡 2주

III

장동 I-36주

영등동 I-2주

군동 A-4주

유구 0___2m
유물 0___10cm

I기 유적은 아직 확인된 예가 없으며 Ⅱ기부터 유적이 확인된다. 주거지는 영광 군동 장방형주거지 4기가 이 시기에 해당된다. 군동 주거지는 평면형태가 방형에 가까운 장방형으로 변화되고 중앙에서 한쪽으로 치우친 무시설식의 노지 1기가 설치된다. 유물은 이중구연단사선문토기, 구순각목토기, 무문양토기가 출토된다. 군동 A-2호와 A-4호가 대표적인데 A-2호는 평면 장방형에 한쪽으로 치우쳐 무시설식노지가 설치되고 유물은 이중구연단사선에 구순각목이 결합된 토기가 출토되었다. A-4호는 평면 장방형에 한쪽으로 치우쳐 무시설식노지가 설치되고 유물은 구순각목토기가 출토되었다. 석기의 공반양상은 확인되지 않는다.

　Ⅲ기 유적은 아직 확인된 예는 없으나 부안 격하 패총 출토 이중구연단사선문의 형식으로 보아 Ⅲ기로 편년 가능하다. 중서부지역 Ⅲ기는 지석묘가 중심묘제로 자리하고 있지만 지석묘에서 출토된 유물이 거의 없어 세부편년은 불가능하다.

　중서부지역의 절대연대는 아직까지 확인된 유적이 없어 정확하지 않지만, 상한은 2800BP를 전후할 것으로 보이며 하한은 2700BP 이후로 내려올 가능성도 있다.

3. 영산강유역

　영산강유역 전기의 편년은 홍밝음(2010 · 2013)에 의해 실시되었다. 그는 전남지역 전기를 4기로 구분하였으며 2기와 3기가 전기에 해당되는 것으로 보았다. 영산강유역에서는 2기부터 유적이 등장하는데 나주 횡산 1호 주거지, 담양 태목리 1호 주거지가 해당된다. 그는 절대연대를 근거로 중심연대는 기원전 12~11세기로 보았다. 3기는 가락동유형이 영산강유역으로 본격적으로 확산되는 시기로 중심연대는 기원전 11~10세기로 보았다.

　영산강유역 전기 유적은 담양 태목리, 광주 산정동 · 수문 · 용두동, 나주 횡산 · 이암 · 재성 · 대안리, 함평 신흥동 · 고양촌 등에서 확인되었다. 전기의 편년은 북서부지역 전기의 편년과 대비되어 I~Ⅲ기로 구분된다.

　I기는 조기의 미사리유형과 가락동유형의 확산기로 미사리유형은 담양 태목리 1호 주거지가 해당된다. 주거시의 평면형태는 상방형에 석상위석식노지가 설치되고 유물은 절상돌대문토기, 유상돌대문토기, 직구호, 천발, 소호, 주형석도가 공반된다. 조기의 돌대문토기의 전통이 남아 있지만, 주거지는 평면형태가 장방형으로 변화되는 등 조기와는 차이를 보이고 있다. 가락동유형은 함평 신흥동과 나주 매성리 재성이 해당된다. 신흥동 Ⅱ-8호 주거지는 평면형태가 방형이며 3기의 위석식노지가 설치되고 유물은 직립구연호, 어형석도, 삼각만입촉, 편평편인석부, 석제방추차, 석부, 석착, 지석이 공반된다. 매성리 재성 1호 주거지는 평면형태 장방형이며 복수의 무시설식노지가 설치되었다. 유물은 이중구연단사선문토기, 구순각목토기, 호, 주형석도, 이단경식석촉, 일단경식석촉 등이 공반된다. 역삼동유형은 나주 동곡리 횡산 1호가 해당된다. 주거지의 평면형태는 장방형에 복수의 토광식노지가 설치되고 유물은 공열토기, 구순각목토기, 호, 심발, 일단경식석촉, 석부, 석착 등이 공반된다.

Ⅱ기는 영산강유역에 유적이 급증하는 단계로 미사리유형은 소멸하고 이중구연단사선문토기와 복합문양계토기가 중심을 이루고 있다. 유적은 광주 산정동·수문·용두동·동림동 저습지, 함평 신흥동, 나주 이암 등이다. 산정동 1호는 평면형태 세장방형에 복수의 무시설식노지가 설치되고 유물은 이중구연단사선문토기, 이중구연토기, 심발 등이 출토되었다. 이중구연은 폭이 넓어지고 단사선도 일정한 정형성을 보이지 않는다. 무문양의 심발과 공반된다. 수문 1호는 평면형태 세장방형에 복수의 무시설식노지가 설치되었고, 유물은 폭이 넓은 이중구연단사선문토기, 구순각목토기, 심발, 삼각만입촉이 공반된다. 이중구연은 흔적만 남은 퇴화형식이다. 신흥동 I-5호는 평면형태 장방형이며 위석식노지+무시설식노지가 설치되고, 유물은 복합문양계토기(이중구연단사선문+공열+구순각목), 구순각목토기, 이중구연단사선문토기, 호, 삼각만입촉, 어형석도, 편평편인석부 등이 공반된다. I-5호 주거지는 주거구조는 가락동유형이지만, 유물은 복합문양계토기(이중구연단사선문+공열+구순각목), 구순각목토기, 이중구연단사선문토기가 공반된다. 이는 가락동유형 집단에 의해 역삼동유형의 일부 요소를 채용하면서 나타난 것으로 볼 수 있다. 신흥동 Ⅱ-5호는 평면형태 장방형에 복수의 무시설식노지가 설치되고 유물은 이중구연단사선문토기, 심발이 공반된다. 나주 이암 1호 주거지는 평면형태 장방형에 토광식노지가 설치되고 유물은 유사이중구연단사선문토기와 양인석부가 공반된다.

Ⅲ기는 주거지의 규모가 소형화·규격화되고 무문양계토기가 중심을 이루고 있다. 편년은 정확하지 않지만 전기의 가장 늦은 단계로 볼 수 있으며 전기에서 중기로 전환되는 시기의 주거지로 볼 수 있다. 주거지는 평면 방형이며 중앙에 원형의 무시설식노지가 설치된다. 유적은 수문 2호·2-1호주거지·용두동 방형주거지, 고양촌 2호·5호 주거지·신흥동 I-4호·I-6호·I-8호·I-11호 주거지가 해당된다.

수문 2호는 평면형태 세장방형에 복수의 토광식노지가 설치되고 유물은 밖에서 안으로 반투공한 돌류문토기, 이단병식석검 병부편, 직립구연호편, 삼각만입촉, 반월형석도편, 어망추, 방추차가 공반된다. 용두동 방형주거지의 경우 대부분 중앙에 무시설식노지가 설치되었다. 고양촌 2호는 평면 방형에 가까운 장방형으로 단수의 무시설식노지가 설치되고, 유물은 퇴화이중구연단사선문토기, 적색마연토기 호편, 석촉편 등이 공반되고 고양촌 5호 주거지는 평면 원형에 중앙에 무시설식노지가 설치되고 유물은 이중구연단사선문토기, 삼각만입촉이 공반된다. 고양촌에서 출토된 이중구연단사선문토기는 이중구연의 폭이 넓어지고 단사선도 정형성이 없는 유사이중구연단사선문토기이다. 신흥동 I-8호 주거지는 평면 방형에 중앙에 무시설식노지가 설치되고 유물은 복합문계토기(단사선문+구순각목), 일단경식석촉이 공반된다. 이중구연의 흔적은 선상으로만 확인된다. 신흥동 I-4호·I-6호 주거지는 평면 방형에 무시설식노지가 설치되고 유물은 무문양계 심발이 주를 이루고 있다. I-11호 주거지는 평면 장방형에 노지는 확인되지 않으며 유물은 심발이 중심을 이루고 있으며 유구석부가 공반된다. 그리고 동림동 저습지에서도 이중구연단사선문토기, 점열문토기가 공반된다. 이중구연은 흔적만 남아 있고 단사선은 길이가 일정하지 않다.

영산강유역 전기의 절대연대는 I기는 태목리 1호가 2,980±60BP, 함평 신흥동 Ⅱ-8호 2910±20BP·2925±20BP·2945±20BP·2880±50BP, 동곡리 횡산 1호 3060±60BP·2860±50BP·2930±50BP·2880±50BP 등이다. 특히 동곡리 횡산 주거지는 절대연대와 반관통돌류문토기로 보아 공열문토기 가운데 영산강유역에서 가장 이른 시기의 주거지로 볼 수 있다. Ⅱ기는 수문 1호(2920±60BP)·동림동 저습지 목기(3880±30BP)·고무래(3210±40BP)·목재(2920±40BP), 신흥동 Ⅱ-5호(2866±20BP), 이암

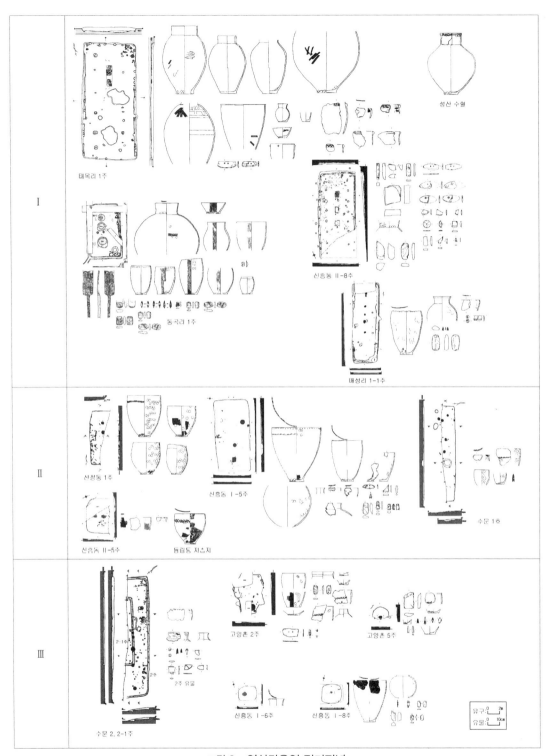

그림 3 _ 영산강유역 전기편년

1호(2960±50BP · 3010±50BP · 3070±50BP) 등으로 I기에 비해 절대연대가 많이 축적되었다. III기는 광주 수문 2호(2690±60BP) · 수문 28호(2820±60BP), 고양촌 2호(2700±40BP · 2790±60BP)이다.

영산강유역 전기의 절대연대는 동일한 유구 내에서도 연대 폭의 범위가 상대적으로 넓어 세부편년이 쉽지 않지만, 대체로 2900±2700BP에 집중 분포하고 있다. 전기의 상한은 태목리 1호, 신흥동 II-8호, 동곡리 횡산 1호 등 I기의 절대연대와 유물을 통해 볼 때 2900BP 이상이 될 것으로 보이며 하한은 III기의 수문 2호, 고양촌 2호의 절대연대와 유구 및 유물을 통해 볼 때 2700BP를 전후할 것으로 보인다.

4. 동부내륙지역

동부내륙지역은 금강수계권과 섬진강수계권으로 구분되고 문화양상도 차이를 보이고 있지만, 조사된 유적의 수가 많지 않아 전기의 편년연구가 거의 이루어지지 않은 지역이다. 특히 금강수계권에서는 분묘를 제외하면 전기의 문화양상이 명확하지 않아 세부편년은 현재로서는 불가능한 지역이라 할 수 있다. 다만 금강상류에 위치하고 있는 금산 수당리 유적 주거지에서 절상돌대문토기, 구순각목토기가 출토되어 전기 이른 단계로 편년되고 있어(공민규 2013) 동부내륙지역의 전기문화의 양상도 이와 유사할 것으로 보인다.

금강수계권 전기의 편년은 김승옥(2004)에 의해 실시되었다. 그는 용담댐수몰지역에서 조사된 안자천과 정자천 일대의 청동기문화를 III단계로 구분하여 I단계를 청동기시대 전기로 보았다. 전기는 안자천 일대에서 조사된 개별 묘역을 가진 지석묘로 모두 묘역지석묘이다. 묘역은 단독으로 조성되어 있고 평면은 방형이며 중앙으로 갈수록 높아지는 저분구형이다. 묘실은 석곽형으로 이 가운데 대표적인 무덤은 진안 안자동 1호 · 9호 지석묘가 해당된다. 이들 지석묘에서 출토된 유물은 1호 지석묘에서는 이단병식석검, 삼각만입촉이 출토되었고, 9호 지석묘에서는 유혈구이단병식석검, 삼각만입촉, 삼각형석도, 적색마연토기호, 심발 등이 출토되었다. 유구의 구조와 형태, 층위, 출토유물로 보아 안자동 일대의 지석묘는 금강상류에서 가장 이른 시기에 축조된 무덤으로 볼 수 있으며 청동기시대 전기인 기원전 10~9세기에 축조된 것으로 보고 있다.

섬진강수계권도 조사된 유적은 많지 않아 전기의 세부 편년은 이루어지지 않았지만, 대체로 주거지를 통한 편년연구가 진행되었다(양영주 2009; 김규정 2011). 섬진강수계권의 전기 I기는 남원 고죽동 1호 주거지로 대표된다. 1호 주거지는 평면 (세)장방형에 무시설식노지가 설치되고 유물은 복합문계토기(이중구연단사선+공열+구순각목, 이중구연단사선+구순각목, 공열+구순각목), 공열토기와 반월형석도, 삼각만입촉, 일단경식석촉, 이단경식석촉, 석착, 방추차, 지석 등이 공반된다.

II기와 III기로 편년할 수 있는 유적이 많지 않아 명확하지 않지만 남원 고죽동 2호 주거지, 구례 봉북리 유적이 있다. 유구의 구조, 출토유물을 통해 볼 때 전기 III기로 편년할 수 있다. 고죽동 2호 주거지는 평면 장방형에 무시설식노지가 설치되고 유물은 무문양의 심발과 단사선문토기편. 토제방추차, 석착, 양인석부가 공반된다. 구례 봉북리유적에서는 주거지와 수혈, 야외노지 등이 조사되었는데 주거지는 평면 방형에 노지는 없으며 유물은 공열문토기, 심발, 일단경식석촉 등이 공반되며 10호 수혈에서는 구순각목

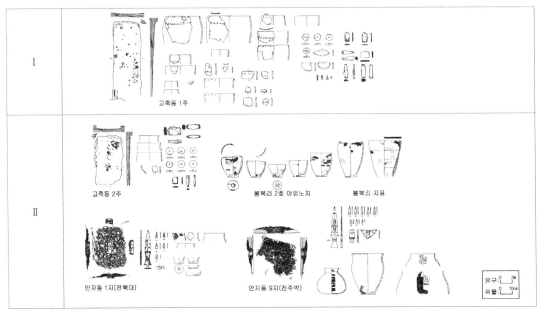

I	
II	

그림 4 _ 동부내륙지역 전기편년

토기, 돌류문토기가 2호 야외노지에서는 구순각목토기와 복합문계토기(돌류문+구순각목), 천발, 갈판 등이 출토되었다.

동부내륙지역은 전기유적이 거의 확인되지 않았으며 절대연대 자료 또한 없어 시기를 편년하는데 한계가 있다. 다만 전기 III기로 편년될 수 있는 안자동 지석묘를 기원전 10~9세기로 보고 있어(김승옥 2004) 그보다 이른 시기인 I기의 남원 고죽동 1호 주거지의 연대는 기원전 10세기 이전까지 올라갈 가능성이 있으며 III기로 편년되는 고죽동 2호 주거지 구례 봉북리유적은 기원전 9세기를 전후할 것으로 추정된다.

5. 남해안지역

남해안지역 전기의 편년은 홍밝음(2013)에 의해 실시되었다. 남해안지역 전기 I기는 순천 마륜 I-2호가 해당되는데 평면 장방형에 한쪽으로 치우친 무시설식 노지가 설치되고 유물은 이중구연단사선문토기(이중구연단사선+구순각목), 호가 공반된다. 이중구연의 형태가 뚜렷한 것으로 보아 전기 I기로 편년 가능한 주거지이다.

II기는 I기에 비해 유적의 수가 급증한다. 대표적인 유적은 순천 마륜 I-1호·I-3호·II-1호·II-2호, 여수 상촌 II-1호·III-1호, 보성 옥평 1호, 고흥 장동 장방형주거지·신촌 1호, 강진 양유동 주거지가 해당된다. 마륜 I-1호는 평면형태 장방형에 단수의 무시설식노지가 설치되고, 유물은 안에서 밖으로 반관통된 돌류문토기, 복합문계토기(공열+구순각목), 구순각목토기, 주형석도, 어형석도, 석착, 편평촉, 방추차, 어망추가 공반된다. I-3호는 평면형태 장방형에 단수의 토광형노지가 설치되고, 유물은 이중구연단사선문토기, 복합문계토기(돌류문+이중구연단사선), 공열토기(관통), 구순각목토기, 직구호, 어망추가 공반된다. 마륜 II-1호는 평면형태 장방형에 복수의 토광형과 무시설식노지가 설치되고 유물은 안에서 밖으로 반관통된 돌류문토기, 복합문계토기(공열+구순각목), 구순각목토기, 양인석부가 공반된다. II-2호는 평면형태 장방형에 단수의 무시설식노지가 설치되고 유물은 복합문계토기(이중구연단사선+돌류문+구순각목·돌류문+구순각목), 돌류문토기, 공열토기, 석도, 석착, 편평편인석부, 방추차, 어망추 등이 공반된다. 마륜유적 주거지의 중심연대는 기원전 12~10세기로 보고 있다.

상촌 II-1호는 평면형태 장방형에 노지는 없고 유물은 복합문계토기(이중구연단사선+돌류문+구순각목·돌류문+구순각목)가 출토되었다. II-2호는 평면형태 장방형에 복수의 무시설식노지(2기)가 설치되고 유물은 양인석부, 미완성석기가 공반된다. III-1호는 평면형태 장방형에 복수의 토광식노지 2기가 설치되고 유물은 안에서 밖으로 반관통된 돌류문토기, 갈돌, 지석이 공반된다.

보성 옥평 1호는 평면형태 장방형에 복수의 무시설식노지(4기)가 설치되고 유물은 복합문계토기(이중구연단사선+공열), 구순각목토기와 석검편, 무경식석촉, 유경촉편, 갈돌, 토제어망추 등이 공반된다. 고흥 장동유적 장방형주거지는 4기(6호·7호·13호·15호)로 대부분 반파되어 정확하지 않지만 평면 장방형으로 추정된다. 노지는 주거지의 유실로 확인할 수 없다. 유물은 6호 주거지에서 찰절천공석, 13호 주거지에서 안에서 밖으로 반관통된 돌류문토기, 일단경식석촉, 환상석부가 공반되었다. 신촌 1호는 평면 장방형에 복수의 무시설식노지(2기)가 설치되고 유물은 구연부가 결실된 단사선문토기, 천발이 공반된다. 2호는 평면 장방형에 노지는 명확하지 않으며 유물은 무문토기편과 방추차가 공반된다. 양유동 1호 주거지는 평면형태 장방형에 노지는 명확하지 않으며 유물은 이중구연단사선문토기, 구순각목문토기, 편평편인석부 등이 공반된다.

III기 유적은 II기에 비해 조사된 유적은 많지 않지만, 소형의 방형주거지들이 대부분 이 시기에 해당될 것으로 보인다. 이중구연단사선문토기와 복합문계토기가 소멸하고 역삼동식 공열토기가 중심을 이룬다. 유적은 광양 복성리 1호 주거지, 순천 강청 8호 주거지, 보성 옥평 2호 주거지, 강진 호산유적 등이 있다. 복성리 1호주거지는 평면형태 장방형에 노지는 없으며 유물은 공열문토기, 호, 삼각만입촉 등이 공반된다. 강청 8호 주거지는 평면형태 장방형에 토광형 노지가 설치되고 유물은 구순각목토기, 직구호, 석착 등이 공반된다.

III기에는 분묘가 축조되기 시작하는데 대표적인 유적은 순천 남가 지석묘이다. 남가 지석묘는 상석과 묘실이 교란되어 정확한 구조는 파악할 수 없지만, 토광을 굴광하고 석곽형묘실을 축조하고 그 위에 묘역을 축조하였을 가능성이 있다. 유물은 이단병식석검, 삼각만입촉, 이단경식석촉이 공반되었다. 강진 호산에서는 이중구연단사선문토기가 출토되었는데 이중구연은 완전히 퇴화된 형식으로 흔적도 남아 있지 않으며 동체상위에 단사선문이 시문되어 있다.

남해안지역 절대연대는 I기는 순천 마륜 I-2호 1기에 불과하고 절대연대는 없으며, II기는 마륜 I-1호(2910±40BP·2880±50BP)·I-3호(2820±50BP)·2-1호(2920±50BP)·2-2호(2880±60BP·2940±40BP·2920±40BP), 상촌 II-1호(2720±50BP)·II-2호(2680±50BP·2820±50 BP)·III-1호(3840±50BP·2950±40BP·2740±40BP), 옥평 1호(2770±50BP), 신촌 1호(2820±40BP·2810±40BP) 등

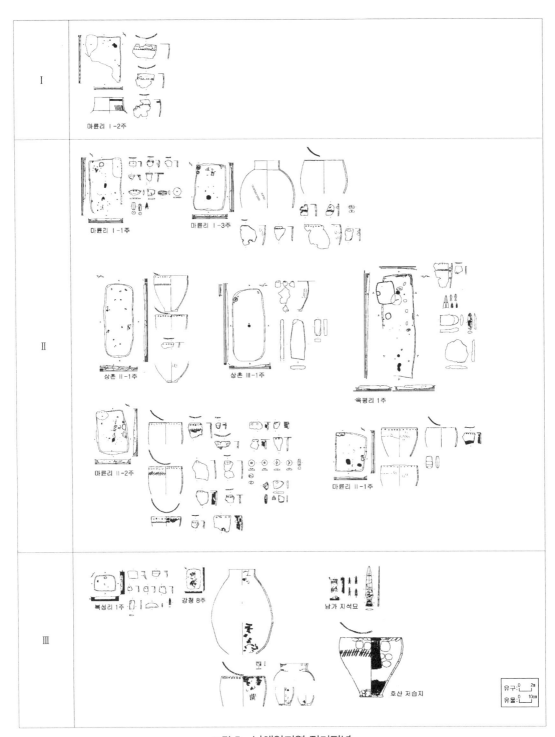

그림 5 _ 남해안지역 전기편년

대체로 2900~2700BP에 집중된다. Ⅲ기의 절대연대는 복성리 1호(2840±50BP · 2830±50BP), 강청 8호(2890±40BP) 등 2예에 불과하며 2800BP로 편년되지만, Ⅲ기는 주거지의 소형화 · 규격화와 노지의 소멸 등으로 보아 Ⅲ기로 편년 가능하다. 남해안지역의 전기는 상한을 2900BP, 하한을 2700BP로 보는 것이 무방할 것으로 보인다.

절대연대를 통해 볼 때 호남지역 청동기시대 전기는 기원전 13~9세기 편년 가능한데 유형별로는 가락동유형은 기원전 13~10세기, 역삼동 · 흔암리유형은 기원전 12~9세기로 편년가능하다. 그러나 역삼동 · 흔암리유형의 특징적인 토기인 역삼동식토기는 전기는 물론 중기유적에서도 확인되기 때문에 지역에 따라서는 역삼동유형의 공열토기는 상당히 늦은 시기까지 내려갈 가능성도 배제 할 수 없다.

Ⅲ. 중기

중기는 송국리문화로 대표되며 주거지, 지상건물지, 수혈, 분묘 등 다양한 유구들이 확인되었다. 기존의 연구성과에 따르면 대체로 호남지역 중기의 상한은 기원전 8세기, 하한은 기원전 4세기 전후로 편년하고 있다(김규정 1999 · 2000 · 2006; 이종철 2000 · 2002; 김승옥 2004; 양영주 2009). 그러나 주거지에서의 변화양상이 뚜렷하지 않고, 유물에서도 시간의 흐름에 따른 속성의 변화가 뚜렷하지 않기 때문에 세부 편년이 가장 어려운 시기이다.

중기는 호남 전역에서 고르게 확인되고 있으며 시기에 따른 변화양상은 뚜렷하지 않지만, 주거지의 특징과 유물에 있어 지역적인 차이를 보이고 있다. 이러한 차이는 호남지역 중기 즉, 송국리문화가 어느 한 지역으로부터 파급된 것이 아니라 것을 증명한다고 볼 수 있다.

필자(2013)는 중기가 송국리문화의 형성과 밀접한 관련이 있고 상한은 절대연대로 볼 때 기원전 9세기까지 올라갈 가능성이 있으며, 하한은 점토대토기문화의 유입과 관련하여 기원전 5세기로 편년하였다. 지역에 따라서 하한이 5세기 이후로 내려올 가능성이 있다고 보았다.

호남지역 중기의 절대연대는 2700~2400BP로 측정되는데 북서부지역은 2600~2400BP, 중서부지역은 2700~2400BP, 영산강유역은 2600~2400BP, 동부내륙지역은 2700~2300BP, 남해안지역은 2700~2400BP로 측정된다. 이상의 절대연대를 통해 볼 때 중기 전반은 2700~2600BP, 후반은 2500~2400BP로 편년된다.

1. 북서부지역

북서부지역은 송국리문화로 대표되지만, 주거지의 특징에 있어 전기 후반에 시작된 평면 방형주거지의 지속과 직립구연 심발, 삼각만입촉 등 전기의 요소가 일부 남아있다. 북서부지역 중기의 편년은 양영주

(2009)에 의해 실시되었는데 그는 송국리문화로 대표되는 중기를 후기로 편년하고 주거지를 평면형태에 따라 방형(휴암리식)과 원형(송국리식)으로 분류하여 각각 I기(전반)와 II기(후반)로 세분하였다. 휴암리식의 경우 평면 방형과 말각방형으로 구분하였는데, 방형은 전기의 전통이 남아 있어 전반으로 편년되고 말각방형은 원형 송국리식주거지의 영향으로 타원형구덩이가 정형화된 것으로 보고 후반으로 편년하였다.

필자(2010 · 2013)도 양영주의 견해에 전적으로 동의하지만, 송국리문화를 후기가 아닌 중기로 보고 있으며 전기 후반에 주거지의 소형화 · 규격화로 방형주거지가 등장하고 중앙에 노지가 사라지는 단계를 거쳐 휴암리식주거지가 등장하는 것으로 보았다. 평면 방형에 노지와 타원형구덩이가 없는 영등동 I-2호 주거지와 신동리 주거지는 전기의 마지막 단계에 등장하며 송국리형주거지가 축조되기 전 단계의 주거지로 볼 수 있다. 이들 주거지에서는 퇴화형식의 이중구연단사선문토기가 출토되고 있다.

북서부지역 중기는 전반과 후반으로 편년되는데 절대연대를 통해 볼 때 중기 전반은 2700~2600BP로 볼 수 있으며 유적은 전주 송천동 2가 3호와 효자 4유적 III-1호 주거지가 대표적이다. 송천동 2가 3호(원형)는 2770±40BP로 유물은 무문토기편, 유구석부, 미완성석기가 출토되었다. 효자 4유적 III-1호(송국리식)는 2610±60BP · 2740±60BP로 편년되며 유물은 심발형토기, 옹형토기, 일단경식석촉, 삼각형석도, 지석이 출토되었다. 효자 4유적 III-1호는 절대연대로 보면 북서부지역에서 조사된 송국리형주거지 가운데 가장 이른 시기로 볼 수 있으며 타원형구덩이를 중심으로 중앙에 대칭으로 4개의 주혈이 배치되어 있고 유물은 내만구연의 심발의 비중이 높다.

중기 전반에는 휴암리식주거지의 경우 평면형태 방형에 타원형구덩이가 설치되지만 깊이가 얕고 평면도 부정형으로 정형성이 없다. 유물은 직립구연토기가 출토되는데 이는 전기의 전통이 남아 있는 것으로 이해된다. 대표적인 주거지는 영등동 I-7호 · 모현동 휴암리식주거지 · 율촌리 휴암리식주거지가 해당된다. 송국리식주거지의 경우 타원형구덩이가 정형화되고 유물은 송국리식토기, 적색마연토기, 일단경식석촉, 삼각형석도, 유구석부 등이 출토되었다. 대표적인 유적은 영등동 I-16호 · 원수리 2호 · 4호, 효자 4 · 효자 5유적 등이 해당된다.

중기 후반은 휴암리식주거지의 경우 평면형태 말각방형으로 변화되고 타원형구덩이도 정형화된다. 송국리식주거지도 특별한 변화없이 지속되며 북서부지역 전역으로 확산되는데 북서부지역에서 조사된 송국리식주거지 대부분이 중기 후반에 해당된다. 절대연대의 경우 흥암리 1호(송국리식) 2350±60BP로 유물은 옹형토기, 적색마연토기 호 · 완, 삼각형석도, 지석이 출토되었고, 광암리 1호(휴암리식)는 2290±60BP · 2420±50BP로 유물은 심발형토기, 적색마연토기호, 일단경식석촉, 지석이 출토되었다. 송천동 B유적 1호(휴암리식)는 2320±60BP로 유물은 무문토기편, 석검편이 출토되었고, 오송리 4호(송국리식)는 2310±60BP로 유물은 무문토기편, 적색마연토기편, 석촉, 합인석부가 출토되었다. 이들 주거지의 절대연대로 보면 중기 후반이 2300BP 이후로 내려갈 가능성도 있지만, 절대연대가 대체로 2500~2400BP에 집중되고 있다. 북서부지역에서 중기 상한은 송천동 2가 유적 3호와 효자 4 III-1호 주거지의 절대연대로 볼 때 2700BP 이전으로 올라갈 가능성이 있으며 하한은 흥암리 1호, 송천동 B유적 1호, 오송리 4호의 절대연대로 볼 때 2300BP를 전후까지 내려갈 것으로 보인다.

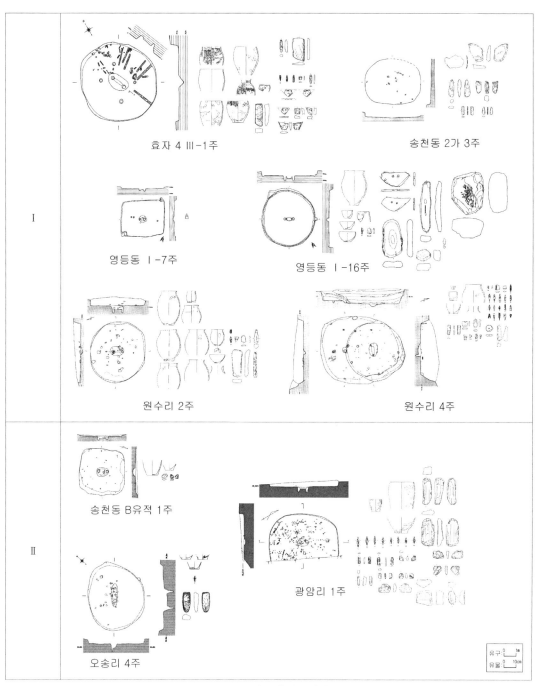

Ⅰ

효자 4 Ⅲ-1주

송천동 2가 3주

영등동 Ⅰ-7주

영등동 Ⅰ-16주

원수리 2주

원수리 4주

Ⅱ

송천동 B유적 1주

광암리 1주

오송리 4주

유구 0 ___ 1m
유물 0 ___ 10cm

그림 6 _ 북서부지역 중기편년

2. 중서부지역

중서부지역은 전기의 문화양상이 아직 뚜렷하지 않아 전기에서 중기로의 전환이 명확하지 않다. 다만 전기는 지석묘문화로 대표되며 지석묘문화 집단에 의해 송국리문화의 특징적인 요소 가운데 하나인 송국리형주거지가 받아들여지는 시기를 중기의 시작으로 볼 수 있을 것이다. 중서부지역 중기는 전반과 후반의 구분이 명확하지 않아 세부편년에 있어 어려움이 있다. 필자는 중서부지역 중기의 편년에 있어 영광 마전 유적의 절대연대와 출토유물로 볼 때 중기 전반은 휴암리식주거지, 후반은 송국리식주거지로 보았다(김규정 2006). 그러나 주거지의 특징이 휴암리식주거지와 송국리식주거지로 구분될 뿐 유물에 있어 뚜렷한 차이는 보이지 않고 북서부지역과는 달리 송국리식토기와 적색마연토기가 거의 출토되지 않는 것은 지역적인 차이로 볼 수 있다.

중서부지역 중기는 전반과 후반으로 편년되는데 절대연대를 통해 볼 때 중기 전반은 2700~2600BP, 후반은 2500~2400BP로 볼 수 있다. 중기 전반은 정읍 장수동 1호 · 2호 · 5호 주거지, 영광 마전 2호 · 5호 · 6호 주거지, 영광 운당리 6호 · 7호 주거지가 해당된다. 장수동 1호 주거지(송국리식)는 2700±50BP로 유물은 무문토기, 유구석부, 석촉, 석착, 지석이 출토되었으며, 2호 주거지(송국리식)는 2630±50BP로 석도, 일단경식석촉, 지석이 출토되었다. 5호 주거지(송국리식)는 2690±50BP로 유물은 심발형토기, 옹형토기, 호형토기, 어망추, 환상석부, 어형석도, 지석이 출토되었다. 마전 2호 주거지(휴암리식)는 2730±40BP로 유물은 삼각만입촉, 석착, 지석이 출토되었고, 5호 주거지(휴암리식)는 2740±40BP로 유물은 일단경식석촉이 출토되었다. 6호 주거지(송국리식)는 2620±40BP로 유물은 지석이 출토되었다. 마전 2호와 5호에서는 비록 토기가 출토되지 않았지만, 2호 주거지 출토 삼각만입촉의 경우 전기주거지에서 주로 출토되는 유물로 절대연대와 유물이 일치한다. 영광 운당리 6호 주거지(송국리식)는 2610±60BP로 유물은 방추차, 지석이 출토되었고, 7호 주거지(송국리식)는 2610±50BP로 유물은 저부편, 연석, 지석이 출토되었다.

중기 후반은 정읍 상평동 유적 1호 · 2호 · 4호 주거지, 고창 석교리 9호 주거지, 마전 1호 · 10호 주거지가 해당된다. 상평동 1호 주거지(송국리식)는 2560±80BP · 2340±80BP · 2760±40BP · 2280±40BP로 유물은 외반구연옹, 적색마연토기호 · 와, 관옥, 일단경식석촉, 지서이 출토되었으며, 2호 주거지(휴암리식)는 2570±60BP · 2650±50BP로 유물은 편평편인석부, 석제방추차가 출토되었다. 4호 주거지(타원형)는 2560±60BP · 2600±80BP로 유물은 외반구연옹, 적색마연토기완, 유경식석검편, 석착 등이 출토되었다. 석교리 9호 주거지(송국리식)는 2509±22BP로 유물은 구연편, 저부편, 석촉이 출토되었다. 마전 1호 주거지(송국리식)는 2470±90BP로 유물은 저부편, 석촉편, 석도편, 지석 등이 출토되었고, 10호 주거지(송국리식)는 2440±80BP로 유물은 내만구연의 옹형토기, 개, 적색마연토기호가 출토되었다.

중서부지역 중기의 절대연대는 연대폭이 큰 상평동 1호를 제외하면 대체로 2700~2500BP로 절대연대에 있어 휴암리식주거지와 송국리식주거지 간의 시기 차이는 보이지 않지만, 휴암리식주거지와 송국리식주거지가 모두 확인된 마전에서는 휴암리식주거지의 절대연대가 빠르고 고창 삼인리와 봉산리에서는 층위상에서 휴암리식주거지가 송국리식주거지에 선행하고 있다. 중서부지역 중기의 상한은 장수동 1호 주거지와 마전 2호 · 5호 주거지의 절대연대로 볼 때 2700BP 이전으로 올려볼 수 있으며 하한은 마전 10호

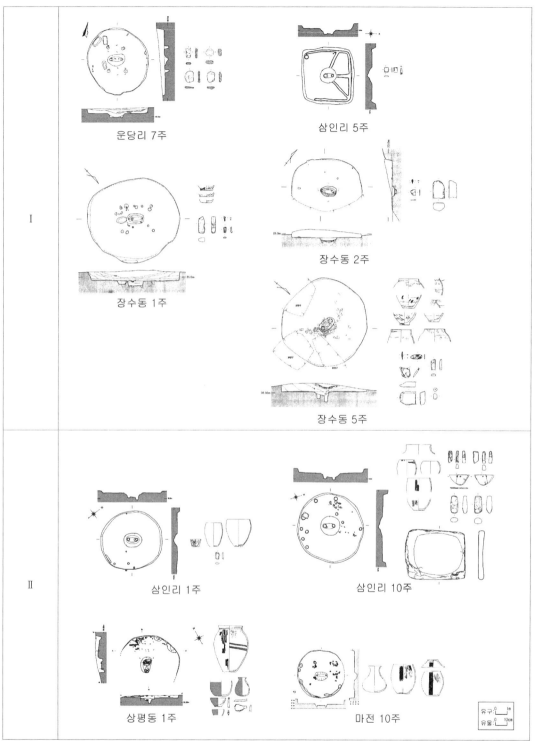

I	II

운당리 7주

삼인리 5주

장수동 2주

장수동 1주

장수동 5주

삼인리 1주

삼인리 10주

상평동 1주

마전 10주

유구:
유물:

그림 7 _ 중서부지역 중기편년

주거지의 절대연대로 볼 때 2400BP 정도로 편년될 수 있다.

3. 영산강유역

영산강유역 중기는 송국리문화로 대표되며 중기의 편년은 유향미(2006)에 의해 실시되었다. 그는 영산강유역 송국리형주거지는 가장 단순한 주거유형으로 원형주거지가 중심이며 상류는 타원형구덩이 주변에 4주가 추가되는 구조적인 변화와 함께 대형화된 주거지가 주거 집단 내에서 1~3기 정도 분포하고, 하류는 타원형구덩이가 노지로 변화되는 것으로 보았다. 영산강유역 송국리형주거지는 평면 형태가 원형계가 줄어들고 방형계가 증가하면서 철기시대의 장방형 주거지로 이행되는 것으로 보았는데, 필자(2006)는 평면 방형의 휴암리식주거지는 전기 후반의 방형주거지에서 변화과정을 거쳐 발생한 것으로 층위상으로 원형의 송국리식주거지보다 빠른 것으로 보았다.

영산강유역 중기도 송국리문화의 유입과 관련되며 주거지의 특징에 따라 휴암리식주거지와 송국리식주거지로 분류되지만 유물에 있어 뚜렷한 차이를 보이지 않기 때문에 세부편년에 어려움이 있다.

영산강유역 중기는 전반과 후반으로 편년되는데 절대연대를 통해 볼 때 중기 전반은 2700~2600BP, 후반은 2500~2400BP로 볼 수 있다. 중기 전반의 대표적인 유적은 광주 수문 5호 주거지, 나주 영천 4호

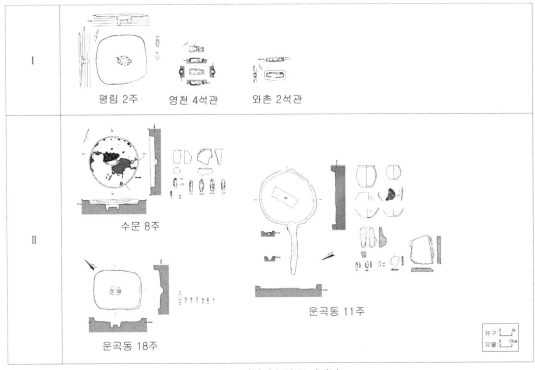

그림 8 _ 영산강유역 중기편년

석관묘, 함평 와촌 2호 석곽묘, 무안 평림 2호 주거지와 토광묘이다. 수문 5호 주거지(휴암리식)는 2610 ±50BP로 유물은 삼각형점토대토기, 무문토기가 출토되었다. 영천 4호 석관묘는 2660±60BP로 유물은 출토되지 않았으며, 와촌 2호 석곽묘는 2950±60BP로 유물은 출토되지 않았다. 평림 2호 주거지(휴암리식)는 2620±50BP로 유물은 방추차편, 석기편이 출토되었으며 토광묘는 2600±60BP로 유물은 출토되지 않았다. 중기 후반은 영산강유역에서 조사된 대부분의 주거지가 해당된다. 그리고 2300BP 이하로 편년되는 주거지는 수문 8호 주거지, 나주 운곡동 11호·18호 주거지가 해당된다. 수문 8호 주거지(송국리식)는 2310±60BP로 유물은 저부편, 옥, 일단경식석촉, 석부편, 지석 등이 출토되었다. 운곡동 11호 주거지(휴암리식)는 2300±60BP로 유물은 어망추가 출토되었으며 18호 주거지(휴암리식)는 2130±60BP로 유물은 무문토기편, 갈돌이 출토되었다. 영산강유역 중기의 절대연대는 몇 예를 제외하면 대체로 2500~2400BP에 집중된다.

영산강유역 중기의 연대는 절대연대를 통해 볼 때 상한은 수문 5호와 평림 2호 주거지의 절대연대 2600BP로 편년되며 하한은 수문 8호 주거지와 운곡동 11호 주거지의 절대연대 2300BP를 전후할 것으로 보인다.

4. 동부내륙지역

동부내륙지역 중기는 전기와 마찬가지로 금강수계권과 섬진강수계권에서 문화양상이 다르게 나타난다. 송국리문화로 대표되지만, 분묘에 있어서는 전기부터 지석묘문화가 형성되어 중기까지 이어지는 것으로 보인다.

동부내륙지역 중기의 편년은 금강수계권을 중심으로 김승옥(2004)의 연구가 주목된다. 그는 안자천과 정자천 일대의 청동기문화를 Ⅰ~Ⅲ단계로 구분하였는데 Ⅰ단계는 전기로 편년하고, Ⅱ단계부터 송국리문화가 유입되는데 Ⅱ·Ⅲ단계에는 정자천 일대에 유적이 집중되는 것으로 보았다. 특히 정자천 일대의 진안 여의곡과 농산유적의 절대연대는 일부 기원전 9~8세기까지 올라가지만, 대부분 기원전 7~6세기를 전후하여 밀집되어 있고, 일부 연대는 기원전 4세기까지 떨어지고 있는 것으로 보아 Ⅱ단계는 기원전 8~6세기, Ⅲ단계는 기원전 5~4세기로 보았다.

중기의 세부편년에 있어 전반과 후반으로 구분되는데 금강수계권에서는 전반과 후반의 구분이 명확하지 않다. 휴암리식주거지는 농산에서 확인되고 송국리식주거지는 여의곡, 농산, 진그늘에서 확인된다. 여의곡 유적은 절대연대와 유구의 특징을 통해 볼 때 기원전 8세기 전후에 형성되기 시작하여 최전성시기는 기원전 7~6세기이고, 일부 가장 늦은 시기의 유구는 기원전 4세기까지 존속하는 것으로 보았다(全北大學校 博物館 2001). 금강수계권의 여의곡 B-1호 주거지(오곡리식)는 2330±50BP·2510±40BP로 유물은 무문토기편, 석검편, 일단경식석촉, 일체형석촉, 미완성석도, 지석이 출토되었다. 농산 5호 주거지는 2680±60BP로 유물은 직립구연편이 출토되었다. 여의곡과 농산유적의 절대연대는 대체로 2500~2,400BP에 집중된다.

섬진강수계권은 전반과 후반으로 구분되는데 전반에는 평면 방형의 휴암리식주거지가 축조되며 유물

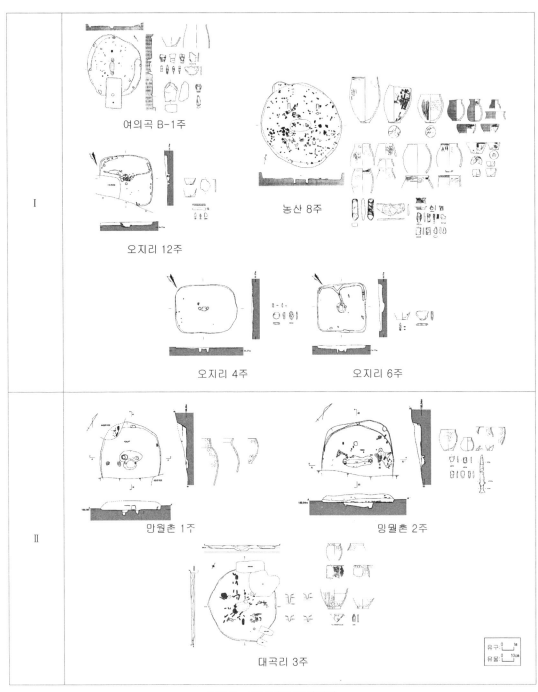

그림 9 _ 동부내륙 중기편년

<table>
<tr><td rowspan="4">Ⅰ</td><td>여의곡 B-1주</td></tr>
<tr><td>오지리 12주</td><td>농산 8주</td></tr>
<tr><td>오지리 4주</td><td>오지리 6주</td></tr>
</table>

여의곡 B-1주

농산 8주

오지리 12주

오지리 4주

오지리 6주

Ⅱ

만월촌 1주

망월촌 2주

대곡리 3주

유구: 0   1m
유물: 0   10cm

은 공열토기, 심발이 출토되고 있어 전기의 전통이 지속되는 것으로 볼 수 있다. 대표적인 유적은 곡성 오지리유적 4호·6호·12호·14호 주거지로 절대연대는 4호 주거지(휴암리식)는 2670±60BP, 6호 주거지(휴암리식)는 2650±50BP, 12호 주거지(휴암리식)는 2640±60BP, 14호 주거지(대평리식)는 2710±50BP로 편년되며 유물은 4호에서 미완성석기가 출토되었고, 6호에서 심발형토기, 무경식석촉, 지석이 출토되었다. 12호에서는 발형토기, 석촉, 미완성석기, 지석이 출토되었고, 14호에서는 무문토기편, 미완성석기가 출토되었다. 오지리유적의 경우 절대연대가 2600BP 이전으로 편년되고 있다.

후반은 섬진강수계권 대부분의 유적이 해당되는데 절대연대는 순천 죽내리 1호 3260±135BP·2790±130BP로 연대 폭이 상당히 크고 절대연대로 보면 청동기시대 조기까지로 편년되고 있어 신뢰도의 문제가 있다. 임실 망월촌 1호 주거지(송국리식)는 2200±50BP로 유물은 직구호, 옹형토기, 심발형토기가 출토되었으며 2호 주거지(송국리식)는 2490±60BP·2510±60BP로 유물은 소호, 심발형토기, 일단병식석검, 지석 등이 출토되었다. 임실 대곡리 3호 주거지(효자동식)는 2480±20BP로 유물은 구연편, 저부편, 삼각형석도가 출토되었다. 죽내리유적을 제외하면 절대연대는 대체로 2500~2400BP에 집중된다.

동부내륙지역 중기의 연대는 절대연대를 통해 볼 때 상한은 농산 5호 주거지, 오지리 4호·6호·12호·14호 주거지가 2700BP를 전후할 것으로 보이며 하한은 망월촌 1호 주거지의 절대연대를 통해 볼 때 2200BP까지 내려갈 가능성이 있으며 중심연대는 2600~2400BP로 볼 수 있다.

5. 남해안지역

남해안지역 중기는 기존 지석묘문화에 의해 송국리문화가 유입되는 시기로 볼 수 있으며 남해안지역 중기의 편년 연구는 이종철(2010)에 의해 실시되었다. 그는 남해안지역 송국리형주거지는 기원전 8~5세기에 분포하고 있으며, 기원전 7~6세기에 집중되지만, 절대연대 폭의 범위가 상대적으로 넓어 획기를 구분하기 쉽지 않다고 보았다. 그리고 하한에 대해서는 순천 대석유적 출토 삼각형점토대토기를 근거로 기원을 전후한 시기까지 여수반도권역에 잔존하였던 것으로 보았다.

그러나 대석유적의 경우 송국리형주거지로 볼 수 있는지 의문이며(김규정 2010), 또한 중기의 대체적인 편년에서 벗어난 예외적인 주거지들이 확인되었다고 하여 여수반도의 송국리형주거지를 기원을 전후한 시기까지 내려 보기는 무리가 있다고 본다.

남해안지역을 세분하여 살펴보면 가장 많은 주거지가 조사된 탐진강유역 신풍유적 주거지의 절대연대를 근거로 할 때 유적은 기원전 8세기부터 기원전 4세기까지 지속된 것으로 보았으며(湖南文化財研究院 2006). 갈두유적은 기원전 7세기를 전후하여 성장한 집단으로 보았다(이종철 2010).

갈두 취락과 신풍 취락은 서로 다른 문화전통을 가진 집단으로서 갈두 취락이 휴암리식주거지가 중심이 되는 취락이라면 신풍 취락은 송국리식주거지가 중심인 취락으로 볼 수 있다(김규정 2013). 갈두 취락의 경우 주거지의 중복관계에 따라 2단계로 구분할 수 있지만 유물에서의 뚜렷한 차이를 보이지는 않으며 주거지에서 출토된 원형점토대토기로 볼 때 기원전 4세기까지 지속된 것으로 보인다.

남해안지역은 주거지와 함께 많은 지석묘가 조사되었으며 주거지와 지석묘의 중복도 다수 확인되고 있다. 주거지와 지석묘가 중복되어 확인된 유적은 순천 가곡동, 여수 화동리 안골유적이 있다. 두 유적 모두 주거지가 폐기되고 난 이후에 지석묘 축조되고 있어 지석묘가 늦은 시기까지 축조된 것으로 볼 수 있다.

화동리 안골유적에서도 2호 지석묘와 3-1호 주거지, 29호 · 30호 지석묘와 3 · 4호 주거지가 중복되는데 지석묘는 모두 주거지가 폐기된 이후에 축조되고 있다. 절대연대를 근거로 지석묘보다 선행하는 주거지를 기원전 8~5세기, 지석묘는 기원전 5~1세기로 편년하였다(順天大學校 博物館 2006). 그러나 주거지와 지석묘가 중복되었다고 하여 지석묘의 시기를 지나치게 늦게 보는 것은 무리가 있으며, 주거지와 관련하여 주변에 다른 묘제가 전혀 확인되지 않는 것으로 보아 유적 내에서 약간의 시간 차이는 있다 하더라도 큰 시기차이가 없으며 거의 동시에 축조된 것으로 볼 수 있다.

남해안지역 중기의 편년은 절대연대를 통해 볼 때 전반은 2700~2600BP로 볼 수 있는데 유적은 해남 분토 9호 주거지(원형)는 2680±50BP, 여수 안골 1호 주거지(송국리식)는 2600±40BP, 안골 16-2호 석곽묘는 2620±20BP, 순천 가곡동 고지 가 2-3호 지석묘는 2610±60BP, 광양 용강리 관동 2호 주거지(하촌리식)는 2650±80BP, 광양 칠성리 4-2호 주거지(휴암리식)는 2640±60BP, 장흥 신풍 3호 주거지(송국리식)는 2680±80BP, 장흥 갈두 Ⅱ-10호 지석묘는 2790±80BP, 48호 지석묘는 2710±40BP, 보성 월평 6호 주거지(휴암리식)는 2740±60BP, 7호 주거지(휴암리식)는 2720±50BP로 편년된다. 이 가운데 2개 이상 측정되어 연대폭이 큰 용강리 기두 20-1호 주거지, 신풍 3호 주거지, 갈두 10호 · 48호 지석묘를 제외하면 중심연대는 2600BP 정도이다.

유물은 분토 9호 주거지는 대부분 유실되어 유물은 출토되지 않았다. 안골 1호에서는 구연편, 저부편, 적색마연토기편, 지석이 출토되었다. 용강리 관동 2호에서는 편평편인석부와 방추차가 출토되었으며 칠성리 4-2호에서는 구연편, 석촉, 석착, 지석이 출토되었다. 월평 6호에서는 구순각목토기, 심발, 지석이 출토되었고, 7호에서는 공열토기, 호, 심발, 발, 지석, 어망추 등이 출토되었다.

후반은 주거지의 형식에 있어 크게 휴암리식과 송국리식으로 대별되는데 휴암리식의 경우 분토 1호 주거지는 2430±50BP, 갈두 Ⅱ-8호 주거지는 2520±60BP, 거석리 1호 주거지는 2560±50BP · 2420±50BP, 안골 3호 주거지는 2560±40BP · 2510±40BP · 2650±40BP, 가곡동 2호 주거지는 2500±50BP, 관동 3호 주거지는 2520±70BP, 기두 1호 주거지는 2510±60BP · 20-1호 주거지는 2570±70BP · 2660±120BP, 칠성리 32호 주거지는 2550±60BP · 33호 주거지는 2520±80BP로 편년되며, 송국리식은 신풍 1호 주거지는 2520±60BP · 2520±60BP, 2호 주서시는 2450±80BP, 14호 주거지는 2410±40BP · 2470±40BP · 2420±40BP, 21호 주거지는 2490±60BP · 24호 주거지는 2460±60BP · 27호 주거지는 2530±40BP · 40호 주거지는 2560±80BP, 장동 5호 주거지는 2480±20BP, 기두 3-1호 주거지는 2470±30BP로 편년된다. 그 외에 대평리식은 기두 4호 주거지는 2430±30BP · 2510±50BP, 칠성리 15-1호 주거지는 2520±60BP로 편년된다. 장동 1호 주거지는 2500±20BP로 편년되며 효자동식으로 분류된다.

중기 후반의 절대연대는 2500~2400BP가 중심연대로 볼 수 있지만, 절대연대가 2400BP 이후로 내려오는 유적은 갈두 Ⅱ-5호 주거지(휴암리식)는 2280±40BP, 안골 4호 주거지(송국리식)는 2340±40BP · 2410±40BP, 7호 석곽묘는 2340±40BP, 13-2호 석곽묘는 2420±50BP · 2350±30BP, 17호 석곽묘는 2120±30BP, 28호 석곽묘는 2020±40BP, 기두 6호 주거지(휴암리식)는 2360±30BP, 11호 주거지(휴암리식)는 2310±40BP · 2160±80BP, 칠성리 2호 주거지는 2390±40BP로 편년되고 있어 2400BP 이하로

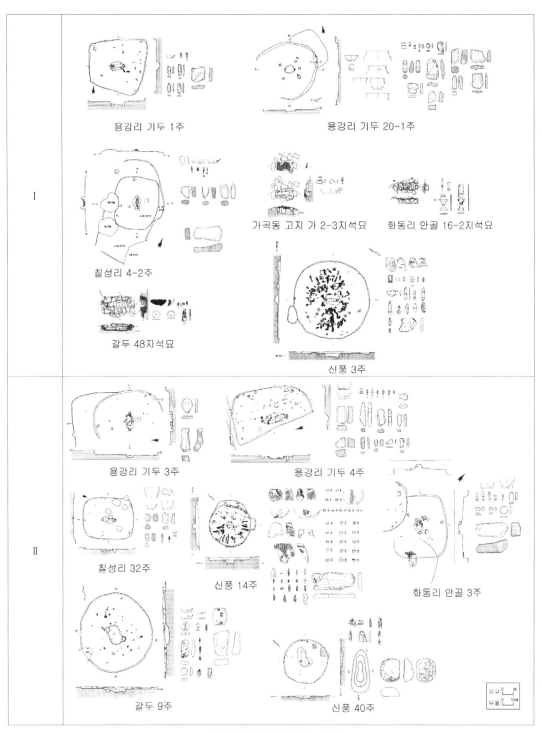

I

용강리 기두 1주   용강리 기두 20-1주

가곡동 고지 가 2-3지석묘   화동리 안골 16-2지석묘

칠성리 4-2주

갈두 48지석묘

신풍 3주

II

용강리 기두 3주   용강리 기두 4주

칠성리 32주

신풍 14주

화동리 안골 3주

갈두 9주

신풍 40주

그림 10 _ 남해안지역 중기편년

내려오는 유적들도 상당수 분포하고 있는 것으로 보아 중기의 문화전통이 늦은 시기까지 지속된 것으로 볼 수 있다.

유물은 공열토기, 구순각목토기, 심발이 주를 이루며 송국리문화의 특징적인 외반구연의 옹형토기와 적색마연토기 호·완 등은 거의 출토되지 않으며 분묘에 있어서도 대부분 지석묘가 축조되고 있는데, 이는 남해안지역이 전기는 지석묘문화를 특징으로 하면서 중기에 송국리문화의 특정 요소를 수용하지만 그들의 문화전통은 그대로 유지하고 있었다고 볼 수 있다.

남해안지역 중기는 세부편년에 있어 전반은 2700~2600BP, 후반은 2500~2400BP로 편년되며 절대연대는 대체로 2500~2400BP에 집중된다. 남해안지역의 연대 상한은 보성 월평 6호·7호 주거지의 절대연대로 볼 때 2700BP 이전으로 올라갈 것으로 보이며 하한은 갈두 Ⅱ-5호 주거지의 절대연대로 볼 때 2300BP 이후로 내려갈 가능성이 있다.

절대연대를 보면 송국리문화의 형성지로 보고 있는 금강유역과 인접한 북서부지역, 가장 멀리 떨어진 남해안지역의 연대가 비슷하다. 절대연대의 신뢰성에 문제가 있다 하더라도 통계적인 수치로써 유용하다고 본다면 그동안 전파론적인 입장에서 남해안지역의 송국리문화를 모두 늦은 시기로 편년하는 것에 문제가 있다고 볼 수 있으며, 이와 관련하여 남해안지역 여수 화장동유적의 절대연대는 2770BP, 2744BP, 2630BP 등 3개의 시료와 일단병식 석검으로 보아 기원전 8~9세기로 편년한 이영문(2002)의 견해는 문화전파론적인 해석에 문제가 있음을 보여주는 것으로 남해안지역의 청동기문화가 결코 중서부지역보다 뒤지지 않음을 알 수 있다. 따라서 남해안지역 비파형동검의 시기를 청동기시대 중기 전반 내지는 전기 후반까지 올려볼 수 있는 자료라 할 수 있다.

Ⅳ. 후기

후기는 시기구분에 있어 가장 논란이 되는 시기로 청동기시대 후기(김규정 2007; 박영구 2010; 이형원 2010), 초기철기시대(박진일 2007), 한국식동검기(이건무 2003), 삼한시대(안재호 2006) 등 다양한 의견이 있다. 그러나 이 시기가 비로소 한반도에서 청동기제작이 가장 활발하게 이루어진 시기라는 데는 이견이 없다.

한반도에 철기가 유입된 시점은 기원전 3세기 말에서 기원전 2세기 초로 보거나(이건무 2003), 청천강 이북은 기원전 3세기, 청천강 이남의 서북한지역, 원산만지역 및 금강유역은 기원전 2세기에 주조철부와 소수의 청동기가 공반된다는 점에서 공통된 문화유형이며(이남규 2002) 남한지역 초기철기의 중심연대를 기원전 2세기로 파악하고 있어(박진일 2007) 철기가 공반되지 않은 시기까지를 청동기시대 후기로 보는 것이 타당하다.

최근 절대연대 자료가 증가하면서 청동기시대의 연대를 전체적으로 올려보고 있으며 한반도 점토대토기와 관련된 중국 동북지역 점토대토기 유적도 기원전 5세기 이전으로 편년되고 있고, 절대연대도 5세기

이전까지 올라가는 연대가 증가하면서 한반도에 점토대토기가 유입되는 시기는 늦어도 기원전 5세기 이전으로 보아야 한다는 의견(김규정 2004; 이형원 2005; 박진일 2006; 서길덕 2006; 송종열 2008)이 지배적이다.

한반도 점토대토기의 유입 시기에 대해서는 대체로 기원전 4세기 경 연나라 장군 진개와 고조선의 무력 충돌에 의한 것으로 보기도 하지만(이건무 1992; 박순발 1993; 이재현 2002; 임설희 2010), 한반도 원형점토대토기와 흡사한 토기가 비파형동검의 말기형식과 공반된 요동지역 본계 상보촌유적을 근거로 세형동검문화 형성 이전에 점토대토기가 한반도에 유입된 것으로 보고 있다(이청규 2000).

호남지역 후기의 편년은 송종열(2008), 최성락(2009), 한수영(2011), 김규정(2013) 등의 연구가 있다. 송종열(2008)은 한반도에 점토대토기가 유입되는 시기는 절대연대로 보면 기원전 8세기까지 올라가지만, 연나라의 요서진출로 이주민이 유입되는 시기인 기원전 5세기 후반으로 보았다. 이 시기에 호남지역에서는 중화산동 토광묘가 축조되며 기원전 4세기 후반에서 기원전 2세기 초반에 전주 여의동, 익산 신동리, 완주 갈동유적이 형성된 것으로 보았다. 그러나 최성락(2009)은 호남지역의 기원전 3~2세기는 아직 철기문화가 시작되기 전인 청동기시대의 마지막 단계로써 청동기가 가장 활발하게 제작된 시기로 보고 철기가 공반되는 시기는 기원전 2세기 대로 이 시기에 철기문화가 시작되지만, 본격적으로 철기문화가 시작되는 시기는 기원전 1세기부터로 보았다. 한수영(2011)도 만경강유역에서 청동기가 가장 발달하는 시기는 기원전 2세기로 보았다.

필자(2013)는 호남지역 청동기시대 후기를 유구와 유물의 특징에 따라 4기로 구분하여 I기는 재지의 송국리문화에 외래의 점토대토기문화가 유입되는 단계로 기원전 5세기 전반~4세기 전반, II기는 재지의 송국리문화의 지속과 청동유물이 유입되는 단계로 기원전 4세기 후반~3세기 전반, III기는 청동유물의 종류와 양이 급증하며 특히 中國系 청동유물이 다량으로 유입되는 단계로 기원전 3세기 후반~2세기 전반, IV기는 초기철기시대로 삼각형점토대토기문화와 중국 전국시대의 철기문화가 유입되는 단계로 기원전 2세기 후엽~1세기 말로 편년한 바 있다.

따라서 호남지역 후기는 송국리문화의 쇠퇴와 외래적 요소인 점토대토기문화 유입과 밀접한 관련이 있으며 한반도에서 청동기가 가장 활발하게 제작·사용되는 시기를 청동기시대에서 제외될 수 없다고 보기 때문에(김규정 2007·2013), 호남지역에서 후기는 철기가 공반되지 않은 시기까지 볼 수 있다.

호남지역 후기의 절대연대는 아직 많은 자료가 축적되지 않았으며 조사된 유구도 분묘에 편중되어 있어 후기의 문화양상을 파악하는데 한계가 있지만, 후기는 점토대토기로 대표된다. 따라서 점토대토기가 출토되는 유구를 후기로 편년한다면 먼저 점토대토기가 출토된 주거지는 송국리형주거지인 군산 도암리, 광주 수문 5호, 장흥 갈두 II지구 4호·7호·9호 주거지가 있다. 방형주거지는 완주 상운리, 전주 중동, 고창 율계리 주거지가 있다. 절대연대를 알 수 있는 주거지는 광주 수문 5호, 전주 중동 1호·2호·5호 주거지가 있다. 수문 5호 주거지는 휴암리식으로 절대연대는 2610±50BP이며 유물은 무문토기 저부와 함께 삼각형점토대토기가 출토되었다. 주거의 구조와 절대연대로 본다면 청동기시대 중기로 편년 가능하지만, 유물의 경우 삼각형점토대토기는 기원전 2세기 이전으로 올려 보기에는 무리가 있고, 주거지도 절반 이상이 유실된 상태로 확인되었다는 점에서 검토가 필요하다. 중동 주거지는 3기 모두 평면형태 방형으로 절대연대를 살펴보면 1호 주거지는 2260±50BP·2360±50BP·2250±40BP이며 유물은 원형점토대토기, 흑색마연장경호, 두형토기, 개, 조합우각형 파수부편, 토제방추차, 석기, 청동기가 출토되었다. 2호 주거지는 2260±40BP이며 유물은 원형점토대토기, 두형토기, 개, 조합우각형파수부호가 출토되었다. 5호 주거지는 2360±40BP·2190±40BP·2280±40BP이며 유물은 원형점토대토기, 소형토기, 고배, 두형토기, 조합우각형파수부편, 토제방추차, 삼각형석촉, 지석 등이 출토되었다. 중동 주거지의 중심연대는 2300~2200BP로 볼 수 있다.

溝는 완주 갈동·덕동, 전주 마전에서 조사되었는데 절대연대는 갈동 2540±80BP이며 유물은 원형점토대토기와 두형토기가 출토되었고, 덕동 D-4호 구는 6개의 시료가 1920±50BP~2540±50BP 사이에 분포하고 있으며 유물은 원형점토대토기, 두형토기, 조합우각형파수부편이 출토되었다. 마전에서는 4기의 구가 조사되었는데 절대연대는 I-1 구 2320±80BP·Ⅱ-1호 2240±50BP·Ⅱ-2호 2220±60BP·Ⅱ-4호는 2160±60BP·2260±50BP로 유물은 원형점토대토기편, 두형토기편, 조합우각형파수편 등이 출토되었으며 절대연대에서 I-1호 구 2320±80BP을 제외하면 대체로 2200~2100BP 사이에 분포하고 있다. 특히 Ⅱ-4 溝에서는 원형점토대토기편, 두형토기편, 조합우각형파수편과 함께 방추차, 석촉, 석도, 지석, 석기편, 철부편이 출토되었다.

후기의 분묘는 적석목관묘, 석곽묘, 목관묘, 토광묘 등 다양하게 확인되고 있는데 다양한 청동유물이 출토되고 있다. 호남 전역에서 확인되고 있지만, 만경강과 영산강유역에 집중되어 있다. 절대연대는 갈동 5기와 대곡리 2기에서 측정되었다. 갈동 토광묘의 절대연대는 3호 토광묘는 2180±60BP, 6호 토광묘 2290±60BP·2560±80BP, 9호 토광묘 2220±60BP, 12호 토광묘 2200±60BP, 14호 토광묘 2140±80BP·2560±50BP 등으로 6호와 14호는 2개 이상의 시료의 연대폭이 워낙 크기 때문에 신뢰도에 문제가 있고 14호 토광묘를 제외한 4기의 토광묘에서는 모두 철기가 출토되고 있어 3호·9호·12호 토광묘의 절대연대를 참조한다면 2200BP를 전후한 시기가 중심연대로 볼 수 있을 것이다.

화순 대곡리에서는 2기의 적석목관묘가 조사되었다. 2기에서 모두 절대연대가 측정되었는데 1971년 조사된 목관편은 2560±120BP(미국), 목탄편은 2200±90BP(일본 나고야대)로 각각 측정되었으며, 2008년 조사된 목관편은 2170±50BP, 목재는 2400±50BP·2470±50BP로 측정되었다. 1971년에 조사된 적석목관묘의 경우 절대연대를 근거로 기원전 5~4세기로 보았으나(조유전 1984) 시료의 연대폭이 크기 때문에 신뢰도의 문제가 있다고 보면 2008년 조사된 목관재에 대한 분석자료를 참고한 기원전 3세기 중반경(조현종·은화수 2013)으로 보는 것이 타당할 것으로 판단된다.

호남지역 후기는 절대연대와 출토유물을 통해 볼 때 4단계로 구분 가능한데 I단계는 한반도에 점토대토기문화가 유입되는 단계로 재지문화가 강하게 남아 있으며 청동기는 명확하지 않다. 유적은 군산 도암리 주거지, 장흥 갈두 주거지, 장흥 신풍 수혈 등이며 무덤은 재지의 무덤이 그대로 사용되는 시기이다. 연대는 기원전 5세기 전반~4세기 전반으로 볼 수 있다. Ⅱ기는 중국 청동기의 영향으로 한반도에서 본격적으로 청동기가 제작되기 시작하는 단계로 동검, 동부, 동착, 원개형동기 등이 등장하며 유적은 완주 상림리, 익산 다송리·오룡리, 전주 여의동, 완주 상운리, 화순 대곡리, 함평 초포리 등이 해당된다. 시기는 기원전 4세기 후반~3세기 전반이다. Ⅲ기는 만경강 일대에 유적이 집중되며 집단 묘역이 조성되고 세문경과 동검이 중심이다. 유적은 익산 평장리, 구평리, 완주 갈동, 덕동, 전주 원장동, 중인동, 중화산동 등이 해당된다. 시기는 기원전 3세기 후반~2세기 전반이다. Ⅳ기는 중국 연나라 철기가 유입되며 청동기와 함

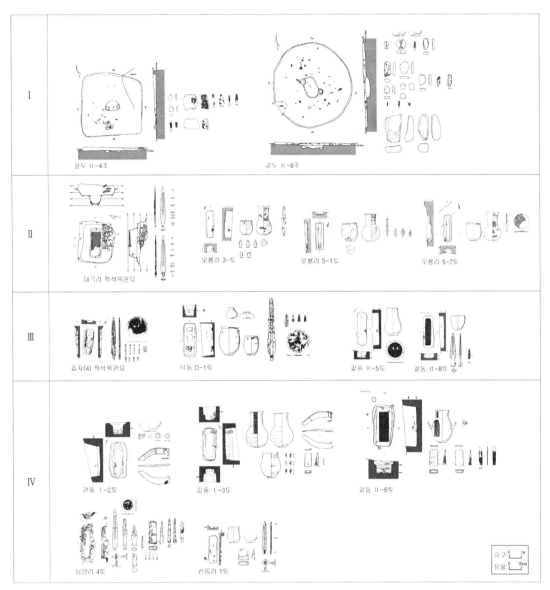

그림 11 _ 호남지역 후기편년

께 철기가 공반된다. 토기는 흑색마연장경호가 사라지고 조합우각형파수부호와 삼각형점토대토기가 출토된다. 유적은 익산 신동리 · 계문동, 완주 갈동 · 신풍, 장수 남양리유적이 해당된다. 시기는 기원전 2세기 후반으로 볼 수 있다.

호남지역 후기의 상한은 점토대토기문화의 유입과 관련되며 재지의 송국리문화에 새롭게 점토대토기가 유입되는 기원전 5세기로 볼 수 있고, 하한은 호남지역에 철기문화가 등장하는 시점을 기원전 2세기

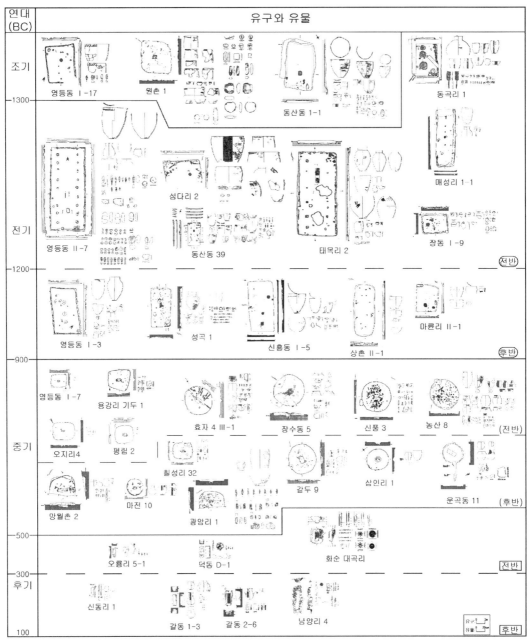

연대 (BC)	유구와 유물

조기

-1300-

전기

-1200-

(전반)

(후반)

-900-

중기

(전반)

(후반)

-500-

-300-

후기

-100-

영등동 I-17　원촌 1　동산동 1-1　동곡리 1

매성리 1-1

영등동 II-7　섬다리 2　동산동 39　태목리 2　장동 I-9

영등동 I-3　성곡 1　신흥동 I-5　상촌 II-1　마륜리 II-1

영등동 I-7　용강리 기두 1　효자 4 III-1　장수동 5　신풍 3　농산 8

오지리4　평림 2　칠성리 32　갈두 9　삼인리 1　운곡동 11

망월촌 2　마전 10　광암리 1

화순 대곡리

오룡리 5-1　덕동 D-1

신동리 1　갈동 1-3　갈동 2-6　남양리 4

그림 12 _ 호남지역 청동기시대 편년

로 보고 있어 철기가 유입되기 이전인 기원전 3세기까지로 편년 가능할 것이다(김규정 2013). 그러나 위의 연대가 모든 지역에 일률적으로 적용될 수 있는 것이 아니기 때문에 지역에 따라 상한과 하한이 약간씩 달라질 가능성도 있다.

참고문헌

1. 논문

강병학, 2013,「서울·경기지역의 조기-전기문화 편년」『한국 청동기시대 편년』한국청동기학회편, 서경문화사.

고은별, 2012,「경남서부지역 粘土帶土器문화 생계경제연구」『韓國考古學報』82, 한국고고학회.

공민규, 2013,「충청 남동지역의 청동기시대 조기~전기 편년」『한국 청동기시대 편년』한국청동기학회편, 서경문화사.

공민규, 2013,『靑銅器時代 前期 錦江流域 聚落 硏究』, 숭실대학교대학원 박사학위논문.

김권중, 2013,「강원 영서지역 청동기시대 조기-전기 편년 연구」『한국 청동기시대 편년』한국청동기학회편, 서경문화사.

金奎正, 1999,「湖南地域 靑銅器時代 住居址」『湖南考古學報』9, 호남고고학회.

金奎正, 2000,『湖南地方 靑銅器時代의 住居址 硏究』, 木浦大學校大學院 碩士學位論文.

金奎正, 2004,「湖南地方 粘土帶土器文化의 檢討 -圓形粘土帶土器를 中心으로-」『研究論文集』4, (재)호남문화재연구원.

金奎正, 2006,「湖西·湖南地域의 松菊里型 住居址」『금강: 송국리형문화의 형성과 발전』, 호남·호서고고학회 합동학술대회 발표요지.

金奎正, 2006,「湖南 中西部海岸地域의 靑銅器文化」『南江文物』6, 경상고고학연구회.

金奎正, 2007,「靑銅器時代 中期設定과 問題」『韓國靑銅器學報』1, 한국청동기학회.

金奎正, 2010,「호서·호남지역 송국리형 주거지연구」『인문학연구』, 원광대학교 인문학연구소.

金奎正, 2011,「湖南地域 靑銅器時代 前期文化의 特徵」『韓國靑銅器學報』9, 한국청동기학회.

金奎正, 2013,『湖南地域 靑銅器時代 聚落硏究』, 慶尙大學校大學院 博士學位論文.

김문국, 2010,『호남지역 청동기시대 전기 주거지 고찰』, 木浦大學校大學院 碩士學位論文.

金炳燮, 2009,「남한지역 조·전기 무문토기 편년 및 북한지역과의 병행관계」『韓國靑銅器學報』4, 한국청동기학회.

김병섭, 2013,「남강유역 조기~전기 무문토기의 편년」『한국 청동기시대 편년』한국청동기학회편, 서경문화사.

金承玉, 2004,「龍潭댐 無文土器時代 文化의 社會組織과 變遷過程」『湖南考古學報』19, 호남고고학회.

金壯錫, 2001,「欣岩里類型 再考 : 起源과 年代」『嶺南考古學』28, 영남고고학회.

金壯錫, 2008,「무문토기시대 조기 설정론 재고」『韓國考古學報』69, 한국고고학회.

(財)馬韓文化硏究院, 2009,『순천 가곡동 유적』.

(財)馬韓文化硏究院, 2009,『순천 가곡동 지석묘』.

박수현, 2004,『장흥 신풍리 청동기시대 취락연구』, 조선대학교대학원 석사학위논문.

박수현, 2008,「光州 東林洞遺蹟 出土 木器 檢討 -靑銅器時代 低濕地 出土品을 對象으로-」『研究論文集』8, (재)호남문화재연구원.

朴淳發, 2004,「遼寧 粘土帶土器文化의 韓半島 定着 過程」『錦江考古』創刊號, (재)충청문화재연구원.

朴榮九, 2010,「嶺東地域粘土帶土器文化의 展開樣相」『韓國靑銅器學報』7, 한국청동기학회.

박영구, 2013,「강원 영동지역의 조기~전기 편년 연구」『한국 청동기시대 편년』한국청동기학회편, 서경문화사.

박진일, 2006,「서울·경기지방 점토대토기문화 試論」『고고학』5-1, 서울경기고고학회.

박진일, 2007,「粘土帶土器, 그리고 靑銅器時代와 初期鐵器時代」『韓國靑銅器學報』1, 한국청동기학회.

裵眞晟, 2007,「無文土器文化의 成立과 階層社會」, 釜山大學校大學院 博士學位論文.

白雲翔, 2010,「삼한시대 문화유적에서 출토된 漢代 문물 및 그 인식」『東亞文化』8, (재)동아세아문화재연구원.

서길덕, 2011,「경기지역 동검문화의 전개양상」『先史와 古代』35, 한국고대학회.

順天大學校 博物館, 2006,『여수 화동리 · 관기리 유적』.

宋永鎭, 2012,「南江流域 磨研土器의 變化와 時期區分」『嶺南考古學』60.

宋宗烈, 2008,『錦江流域 圓形粘土帶土器文化 研究』, 全北大學校大學院 碩士學位論文.

申相孝, 2007,『韓國 西南部地域 青銅器時代 聚落研究』, 全南大學校大學院 博士學位論文.

安在晧, 2000,「韓國 農耕社會의 成立」『韓國考古學報』34, 한국고고학회.

安在晧, 2006,『青銅器時代 聚落研究』, 釜山大學校大學院 博士學位論文.

安在晧, 2009,「南韓 青銅器時代 研究의 成果와 課題」『동북아 청동기문화 조사연구의 성과와 과제』, 학연문화사.

安在晧, 2010,「韓半島 青銅器時代의 時期區分」『한반도 청동기시대의 쟁점』, 국립중앙박물관.

梁英珠, 2009,『湖南中北部地域 青銅器時代 住居址의 變化樣相』, 忠南大學校大學院 碩士學位論文.

양영주, 2013,「전북지역 전기 무문토기의 전개양상」『한국 청동기시대 편년』한국청동기학회편, 서경문화사.

劉香美, 2006,「榮山江流域 松菊里型住居址의 樣相」『研究論文集』6, (재)호남문화재연구원.

李健茂, 2003,『韓國式細形銅劍文化의 研究』, 高麗大學校大學院 博士學位論文.

이남규, 2002,「韓半島 初期鐵器文化의 流入 樣相 -樂浪설치 以前을 중심으로-」『韓國上古史學報』36, 한국상고사학회.

이동희, 2002,「全南地方 支石墓社會와 發展段階 -전남동부지역을 중심으로-」『湖南考古學報』15, 호남고고학회.

李東熙, 2005,『全南東部地域 複合社會 形成過程의 考古學的 研究』, 成均館大學校大學院 博士學位論文.

李相吉, 1999,「晉州 大坪 漁隱1地區 發掘調查概要」『남강선사문화 세미나 요지』, 東亞大學校 博物館.

李榮文, 2000,「韓國 支石墓 年代에 대한 檢討」『先史와 古代』14, 한국고대학회.

李榮文, 2002,『韓國 青銅器時代 研究』, 주류성.

李榮文, 2002,『韓國 支石墓社會 研究』, 學研文化社.

李榮文, 2011,「韓國 青銅器時代 前期 墓制의 樣相」『文化史學』35, 한국문화사학회.

이영문, 2013,「청동기시대 편년연구의 현황과 과제」『한국 청동기시대 편년』한국청동기학회편, 서경문화사.

이종철, 2000,「송국리형 주거지에 대한 연구」『호남고고학보』12, 호남고고학회.

이종철, 2002,「호남지역 송국리형 주거문화」『한국상고사학보』36, 한국상고사학회.

이종철, 2010,「전남 남해안의 송국리형 주거문화」『韓國青銅器學報』6, 한국청동기학회.

李清圭, 2000,「遼寧 本溪縣 上堡村 출토 細形銅劍과 土器에 대하여」『考古歷史學志』16, 동아대학교 박물관.

李清圭, 2010,「청동기시대 사회 성격에 대한 논의 -남한에서의 고고학적 접근-」『한반도 청동기시대의 쟁점』, 청동기시대 마을풍경 특별전 학술심포지엄, 국립중앙박물관.

李賢惠, 2005,「한반도 서남부지방 청동기 생산활동의 쇠퇴 배경」『한국고대사연구』40, 한국고대사학회.

李亨源, 2002,『韓國 青銅器時代 前期 中部地域 無文土器 編年研究』, 忠南大學校大學院 碩士學位論文.

李亨源, 2005,「松菊里類型과 水石里類型의 接觸樣相」『湖西考古學』12, 호서고고학회.

李亨源, 2007,「南韓地域 青銅器時代 前期의 上限과 下限」『韓國青銅器學報』創刊號, 한국청동기학회.

李亨源, 2009,『韓國 青銅器時代의 聚落構造와 社會組織』, 忠南大學校大學院 博士學位論文.

李亨源, 2011,「中部地域 粘土帶土器文化의 時間性과 空間性」『湖西考古學』24, 호서고고학회.

李弘鍾, 2006,「송국리문화의 전개과정과 실연대」『금강 : 송국리형문화의 형성과 발전』, 호남·호서고고학회 합동학술대회 발표요지.

李弘鍾·許義行, 2010,「湖西地域 無文土器의 變化와 編年」『湖西考古學』 23, 호서고고학회.

林雪姬, 2009,『韓國 粘土帶土器의 變遷過程 研究』, 全南大學校大學院 碩士學位論文.

林雪姬, 2010,「南韓地域 粘土帶土器의 登場과 擴散過程」『湖南考古學報』 34, 호남고고학회.

全南大學校 博物館, 2007,『務安 平山里 平林遺蹟』.

全北大學校 博物館, 2001,「如意谷遺蹟」『鎭安 龍潭댐水沒地區內 文化遺蹟 發掘調査 報告書』.

(재)전북문화재연구원, 2015,『全州 東山洞 青銅器時代 聚落』, 1~4권.

全榮來, 1976,「完州 上林里 出土 中國式銅劍에 關하여 -春秋末·戰國初 中國 青銅器文化의 南韓流入問題-」『全北遺蹟調査報告』 6, 전주시립박물관.

정인성, 2009,「다호리유적에 보이는 중국계 요소 -토기를 중심으로-」『考古學誌』 特輯號.

정지선, 2010,「남강유역 이중구연토기에 대한 재고」『南江文物』 8, 경상고고학연구회.

趙由典, 1984,「全南 和順 青銅遺物一括 出土遺蹟」『尹武炳博士 回甲紀念論叢』, 尹武炳博士 回甲紀念論叢刊行委員會.

趙現鐘·殷和秀, 2013,『國寶 第143號 青銅器 出土 和順 大谷里 遺蹟』, 國立光州博物館.

千羨幸, 2005,「한반도 돌대문토기의 형성과 전개」『韓國考古學報』 57, 한국고고학회.

千羨幸, 2007,「無文土器時代의 早期設定과 時間的 範圍」『韓國青銅器學報』 1, 한국청동기학회.

최성락, 2009,「호남지방 마한의 성장과 대외교류」『마한 숨쉬는 기록』 특별전도록, 국립전주박물관.

최완규, 2009,「마한묘제의 형성과 전북지역에서의 전개」『마한 숨쉬는 기록』 특별전도록, 국립전주박물관.

한수영, 2011,「만경강유역의 점토대토기문화기 목관묘 연구」『湖南考古學報』 39, 호남고고학회.

玄大煥, 2010,「湖西地域 青銅器時代 後期 方形住居址의 展開」『韓國青銅器學報』 7, 한국청동기학회.

(財)湖南文化財研究院, 2005,『完州 葛洞遺蹟』.

(財)湖南文化財研究院, 2006,『長興 新豊遺蹟 I』.

홍밝음, 2010,「호남지역 청동기시대 전기 주거지의 변천과정」『湖南考古學報』 36, 호남고고학회.

홍밝음, 2013,「전남지역 청동기시대 조-전기문화의 변천과정」『한국 청동기시대 편년』 한국청동기학회편, 서경문화사.

中村大介, 2008,「青銅器時代와 初期鐵器時代의 編年과 年代」『韓國考古學報』 68, 한국고고학회.

2. 단행본

李榮文, 2002,『韓國 青銅器時代 研究』, 주류성.

제5장
영남지역

김병섭 극동문화재연구원

영남지역의 청동기시대 문화는 하천의 수계나 특정 지역을 중심으로 지역성이 발현한다(안재호 2006, 쇼다 2007). 조기부터 중기까지 전 기간에 대한 청동기시대 문화의 변천상을 쉽게 파악하기 위해 서남부 지역(남강 · 황강유역 · 남해안지역), 중부내륙지역(낙동강 · 금호강 · 감천 · 밀양강유역 등), 동남부지역 (태화강 · 형산강유역) 등 크게 세 지역(동진숙 2003)으로 나누어 살펴보았다. 후기는 원형점토대토기문 화로 대표되는데, 지금까지 확인된 자료와 연구성과에서 영남지역 내에서의 세부적인 지역성을 찾기가 어렵기 때문에 영남지역 전체를 묶어서 살펴보았다.

Ⅰ. 서남부지역

1. 조기

1990년대 후반 남강댐수몰지구에 대한 대대적인 발굴조사가 이루어졌는데, 대평리유적과 상촌리유적 에서 석상위석식노지를 갖춘 방형 · 장방형주거지와 돌대문토기가 동반되어 청동기시대 조기 설정의 계 기가 되었다. 안재호(2000 · 2006)와 천선행(2005 · 2007)은 옥방 5-D2호, 상촌리 D-B2 · B10호 주거지 를 표식으로 하는 돌대문토기 단독기로서 조기를 설정하였고, 신석기시대 말기와 공존하는 것으로 보았 다. 안재호는 어은 1지구(2850±60BP, 2830±60BP)도 조기에 포함시키는 반면 천선행은 어은 1지구에 서 적색마연토기가 공반되는 양상은 전기적인 특징으로 파악하였다. 한편 김병섭(2009 · 2013) · 고민정

(2011) · 정지선(2010)은 조기에 돌대문토기 외에도 이중구연 · 공열문 · 적색마연토기 등도 나타나는 것으로 보고 있고, 배진성(2003 · 2007)도 돌대문토기와 더불어 상촌리식 이중구연토기의 경우 조기에 등장한 것으로 보았다.

대평리유적 외에도 평거동 · 가호동 · 초장동유적에서도 돌대문토기와 이중구연토기가 출토되는 주거지가 조사됨에 따라 조기의 토기상이 보다 명확해졌고, 조기를 다시 전반과 후반 또는 1단계, 2단계 등으로 세분하고 있는데, 그 내용에 있어서는 연구자마다 약간의 차이를 보이고 있다.

고민정(2011)은 평거동유적의 조사성과를 통해 남강유역 돌대문토기를 모두 4단계로 나누었는데, 1~2단계는 조기, 3~4단계는 전기 전반으로 편년하였다. 조기 1단계에는 석상위석식노지가 있는 소형 방형 · 장방형 주거지에 구연단에서 이격되어 돌대가 부착된 돌대문토기만이 출토되며, 안재호 · 천선행의 견해처럼 신석기말기와 공존 가능성이 있는 것으로 보았다. 조기 2단계에는 석상위석식 · 위석식노지와 초석 · 주혈 · 단시설 · 저장혈 등이 있는 중형의 장방형주거지에 구연단에 연접하여 돌대가 부착된 돌대문토기가 출토되며, 공열문토기가 등장하는 것으로 파악하였다.

정지선(2010)은 조기 전반은 돌대문토기가 처음 유입되는 단계로 돌대문토기와 이중구연토기가 공반되지 않고 별개의 주거지에서 출토되며, 위석식노지와 무시설식노지를 갖춘 소형의 방형 · 장방형, 중형의 장방형 주거지에서 구연단에 이격되어 돌대가 부착된 돌대문토기와 상촌리 시굴주거지(동아대) 출토품과 같이 신석기시대 전통을 잇는 이중구연토기(김병섭 2003; 배진성 2003)가 출토되는 것으로 파악하였다. 옥방 5-D2호와 어은 1-107호 주거지 출토품의 사례를 통해 볼 때, 전기와는 다른 적색마연토기가 공반되는 것으로 보았다. 조기 후반에는 위석식노지를 갖춘 중 · 대형의 장방형주거지에서 구연단에 연접하여 돌대가 부착되는 돌대문토기와 절상돌대 · 유상돌대가 부착되는 돌대문토기가 등장하며, 이중구연토기에 있어서는 점토띠 폭이 좁은 형식이 새롭게 등장하는데, 돌대문토기와 공반하는 것으로 보았다.

김병섭(2009 · 2013)은 조기에 돌대문토기를 비롯하여 이중구연토기 · 공열문토기 · 구순각목문토기 · 적색마연토기 등 다양한 토기가 함께 성립하는 것으로 보았다. 돌대의 부착위치나 一周 혹은 絶狀의 형태에 따른 시간성은 남강유역에서는 찾기 어려운 것으로 보고, 돌대문과 이중구연, 이중구연각목문(배진성 2013)이 중심이 되는 전반과 전반의 토기구성에 공열문 · 구순각목문, 이중구연복합문이 새로이 등장하는 후반으로 나누어질 수 있을 것으로 보았다. 장방형 · 어형석도, 단면 방형의 합인석부, 석제어망추, 부리형석기, 석영제천공구 등 조기의 석기 조합상을 제시하였다. 그리고 상촌리식이중구연토기는 조기에서 가장 늦은 조기 말~전기 초에 해당되는 것으로 보았고, 초장동유적 29호 주거지에서 출토된 가락동식토기에 절상돌대가 부착된 것을 통해 돌대문요소가 전기 초까지 이어지는 것으로 보았다.

최근 연구성과를 종합하면, 남강유역에 있어서 조기 단계의 주거지는 위석식노지와 초석 등을 갖춘 대소의 장방형주거지가 주를 이루고, 돌대문토기와 이중구연토기, 이중구연각목문토기 등의 토기와 장방형석도 · 평면 방형의 편인석부 · 단면 방형의 합인석부 · 삼각만입촉 · 석제어망추 · 석영제 천공구 등의 석기가 출토한다. 조기의 유적은 모두 남강변의 충적지에서만 확인된다. 남강유역 조기 단계의 유적에서의 탄소연대는 옥방 5-D2호 주거지(3230±30BP, 3180±60BP)만 3100BP를 상회하고, 상촌리 D-B2호(3030±50BP), B10호(3010±50BP), 평거동 3-1지구 3호(3020±50BP), 11호(3010±25BP · 2980±25BP), 5호(2945±25BP), 4호(2950±25BP) 등 3000~2950BP대를 중심으로 하고 있다. 이는 중부지역보

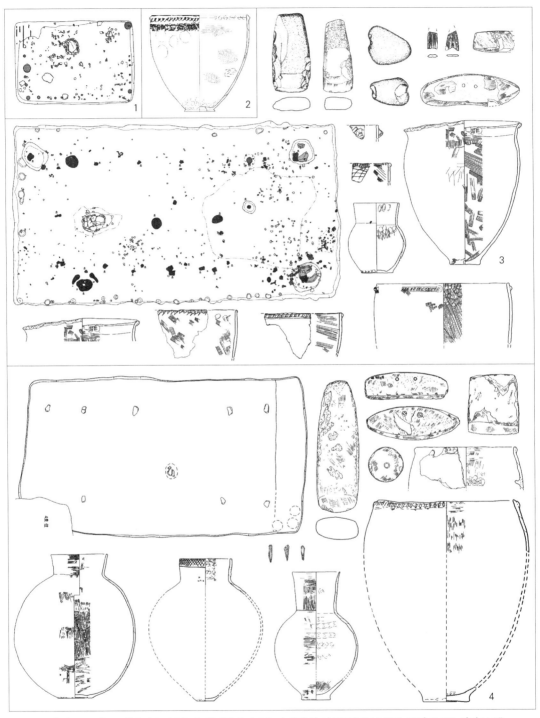

1. 옥방 5-D2호, 2. 상촌리 D-B2호, 3. 평거동 3-1 7호, 4. 본촌리 나3호(유구 : 1/200, 토기 : 1/10, 석기 : 1/6)

그림 1 _ 서남부지역 조기 전반 주거지 및 출토유물

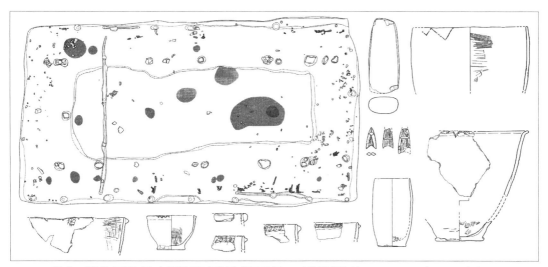

그림 2 _ 서남부지역 조기 후반 주거지 및 출토유물 – 가호동 2호(유구 : 1/200, 토기 : 1/10, 석기 : 1/6)

다 다소 늦은 연대측정치인데, 중부지역보다 조기의 하한이 좀 더 내려올 가능성이 있다.

한편 남해안지역에서는 조기에 해당되는 유적은 아직 확인되지 않았고, 황강유역에서는 거창 양평리 2호 주거지에서 이중구연각목문토기가 출토되었는데, 위석식노지를 갖춘 중형의 방형주거지로서 조기에 포함시킬 수 있다.

2. 전기

조기 설정에 대한 논의가 진전되기 전에는 전기를 주로 2단계로 편년하였다(동진숙 2003; 고민정 2003; 庄田 2007). 전기 전반에는 절상돌대문과 이중구연 · 단사선문 등이 공반되며, 후반에는 흔암리식토기 · 역삼동식토기가 중심이 된다고 하였다. 조기가 설정되면서 전기 토기양상에 대한 논의는 완전히 달라지게 되었다. 천선행(2005)은 돌대문토기와 이중구연사선문토기를 통해 전기를 I~III기로 나누었지만, 돌대문토기에 대한 최근 연구에서는 돌대문토기를 전기 후반까지 내려보지 않고, 조기에 모두 소급시키거나(김병섭 2009), 하안을 전기 전반경에 두고 있다(정지선 2010; 고민정 2011; 송영진 2012).

남강유역 전기는 3단계 정도로 편년할 수 있다(김병섭 2013). 전기 전반은 초전동 42 · 45 · 55호, 평거 4-2지구 3호 등이 대표되는데, 가락동식토기가 중심이며, 공열문 · 구순각목문이 공반된다. 평거 4-2지구 3호와 초장동유적을 통해 볼 때, 절상돌대의 요소는 전기 전반까지 지속되는 것으로 보이며, 이중구연각목문토기와 상촌리식이중구연토기도 전기 전반까지 확인된다. 석기에 있어서는 석검의 등장, 장방형 · 어형석도가 유행, 합인석부 단면이 원형으로 변화, 석제어망추 · 부리형석기 소멸 등이 특징이라 할 수 있다.

전기 중반은 사월리 3 · 11호, 본촌리 나6호, 옥방 5-C4호 등이 대표되는데, 흔암리식토기 · 역삼동식토기가 중심이며, 마연토기에 있어서 채문호와 이중구연천발이 등장한다. 석기에서는 장방형석도가 사라

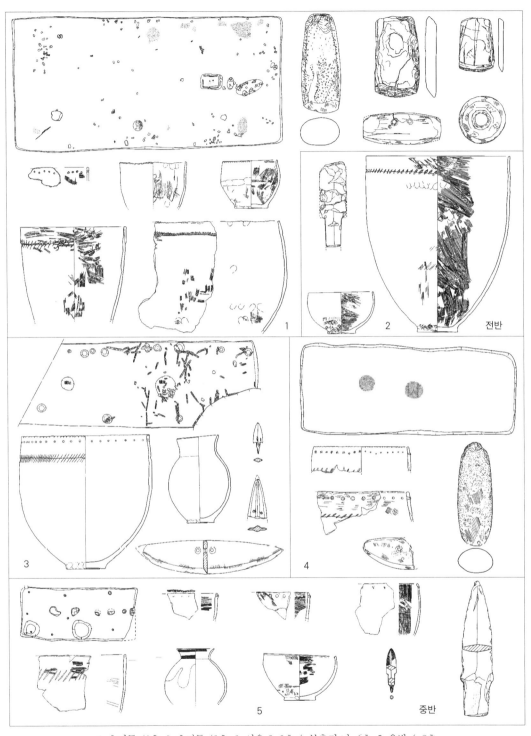

1. 초전동 42호, 2. 초전동 43호, 3. 어은 2-2호 4. 본촌리 나-6호, 5. 옥방 4-8호

그림 3 _ 서남부지역 전기 전·중반 주거지 및 출토유물(유구 : 1/200, 토기 : 1/10, 석기 : 1/6)

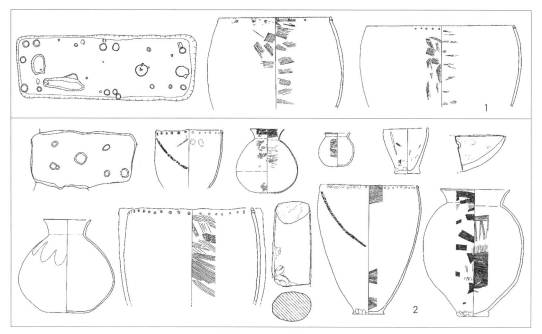

1. 옥방 8-15호, 2. 옥방 4-11호

그림 4 _ 서남부지역 전기 후반 주거지 및 출토유물(유구 : 1/200, 토기 : 1/10, 석기 : 1/6)

지고 어형·주형석도가 주류를 이룬다.

전기 후반은 옥방 1-1·2호, 2-20호, 4-11호, 5-C2호, 본촌리 나8호 등이 대표적이다. 역삼동식토기와 주형석도가 주류를 이루고, 조기의 것과는 다른 전면 가공된 부리형석기가 등장한다. 남강유역 전기중·후반에 주류를 이루는 돌류문과 구순각목문의 경우 단독문양으로서는 돌류문의 출토비율이 매우 높은 점이 특징이다.

한편 마연토기(송영진 2012a)를 살펴보면, 조기~전기 전반에는 대부호·소형심발과 경부와 동체부의 경계가 뚜렷한 평저장경호가 확인되며, 전기 후반이 되면 동체 구형의 채문호(동체부 구형에서 편구형으로 변화), 경부와 동체부의 경계가 희미한 평저장경호가 확인되는 변화상을 보인다.

남해안지역과 황강유역의 경우 조사된 자료가 남강유역에 비해 적기 때문에 세부 편년은 어렵다. 남해안에서는 전기 후반으로 편년할 수 있는 이금동 30·44호와 망곡리 4호를 통해 보면, 단독의 돌류문과 구순각목+돌류문이 확인된다. 황강유역에서는 전기 후반으로 편년할 수 있는 산포 1호 주거지, 저포 E2호 주거지, 봉계리 적석유구 등에서 구순각목문, 돌류문, 구순각목+돌류문의 역삼동계 문양만이 확인되는데, 역삼동계토기의 지역양상으로 파악되기도 하였다(안재호 2006).

서남부지역의 전기 후반에는 남강유역과 남해안지역에서는 돌류문이 우세한 반면, 내륙 쪽의 황강유역에는는 구순각목문의 비율이 높은 점이 특징적이다.

3. 중기

남강유역의 중기는 세부적인 내용에는 약간의 차이가 있지만, 전반과 후반의 2단계로 편년되는 것이 일반적이다(고민정 2003; 동진숙 2003). 庄田(2007)의 경우 황강유역을 포함하여 4단계(전체 8기 중 5~8기)로 세분하였는데, 남강유역에는 1~3단계만 확인되고, 황강유역에는 3~4단계만 확인된다. 최근 전기에서 중기로 변화되는 하촌리단계가 설정(김병섭 2011; 송영진 2012a)되어 중기를 3단계로 나누어 볼 수 있다.

중기로의 전환기인 하촌리단계는 소형의 장방형주거지에 중앙수혈만이 확인되는 점이 큰 특징이며, 돌류문과 구순각목문토기가 출토되었다. 마연토기에 있어서는 이중구연천발과 이중구연천발에서 파생된 횡침선문완의 등장, 채문호에 적색마연기법의 채용, 채문호의 영향을 받은 적색마연호의 출현 등 전기 후반의 토기 속성도 이어지지만 새로운 요소가 등장한다.

중기 전반에는 중앙수혈과 양주혈이 있는 방형주거지(대평리형주거지)에 구순각목돌류문, 돌류문토기, 무문의 내만구연심발, 외경·직립구연 호가 출토되며, 주형석도와 심·병부 연결이 단을 이루는 일단병식 석검 등이 공반된다. 중기 전반의 돌류문의 경우 주거지에서 완형으로 출토되지 않고, 대부분 파편

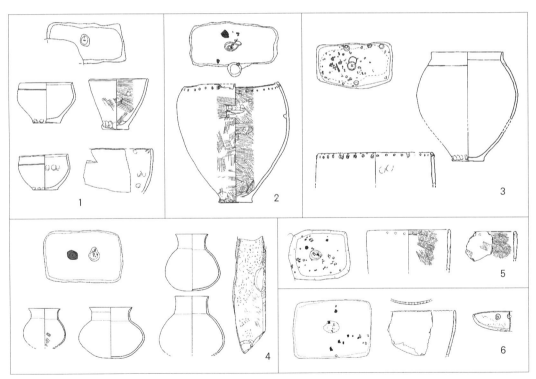

1. 하촌리 1B-6호, 2. 하촌리 1B-15호, 3. 하촌리 3-2호, 4. 하촌리 3-7호, 5. 이곡리 2호, 6. 이곡리 5호
그림 5 _ 서남부지역 중기로의 전환기(중기 초) 주거지 및 출토유물(유구 : 1/200, 토기 : 1/10, 석기 : 1/6)

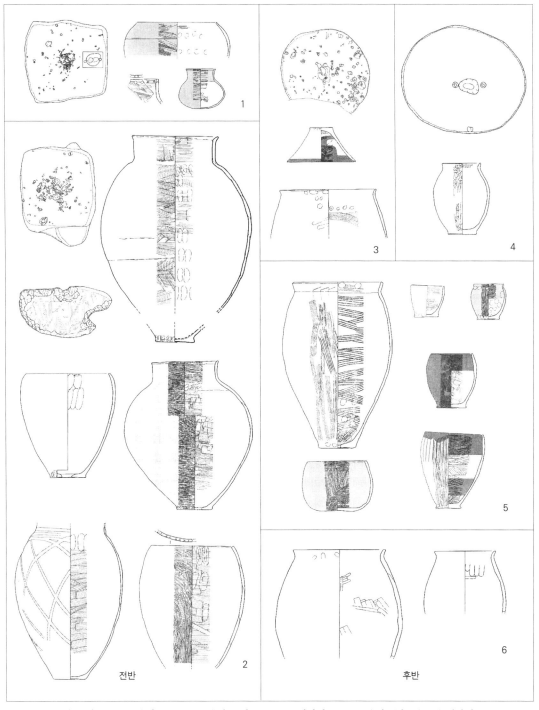

1. 옥방 1(진)-3호, 2. 옥방 2-28호, 3. 옥방 1(진)-14호, 4. 대야리 13호, 5. 옥방1(진)-6호, 6. 대야리 11호

그림 6 _ 서남부지역 중기 전·후반 주거지 및 출토유물(유구 : 1/200, 토기 : 1/10, 석기 : 1/6)

으로만 확인되기 때문에 확실한 공반유물로 보기 어렵다는 견해(김병섭 2011)도 있다.

중기 후반에는 중앙수혈과 양주혈이 있는 원형주거지(오곡리형주거지)에 돌류문(고민정 2003) 혹은 구순각목문(동진숙 2003)토기와 외반구연호가 출토되고, 삼각형석도, 유구석부, 심부와 병부 연결이 절을 이루는 일단병식 석검 등이 공반된다. 돌류문의 경우 파편으로만 확인되어 공반유물로 단정하기 어려우나, 옥방 2-27·28호에서 외반구연호와 함께 완형에 가까운 형태로 구순각목문토기가 출토되어 구순각목문의 요소는 중기 후반까지 공반된다고 볼 수 있다. 그런데 옥방 2-27·28호 주거지는 평면형태가 말각방형을 띠고 있기 때문에 방형 주거지가 중기 후반까지도 이어지는 점을 보여준다. 이는 남강유역에서는 중기 전반 방형주거지에서 중기 후반 원형주거지로의 단절적인 변화상이 아니고 전반에는 방형주거지의 비율이 높고, 후반에는 원형의 비율이 높은 계기적인 변화상을 보여주는 것으로 파악된다. 마연토기의 경우 전반과 달리 채문기법이 완전히 사라지고 다양한 형태의 적색마연호가 출토된다.

황강유역에서는 대야리·양평리·지산리유적 등에서 원형주거지(오곡리형주거지)가 주로 확인되며, 중앙수혈 내에 주혈이 배치되는 방형(휴암리형)·원형(송국리형)주거지도 일부 확인된다. 외반구연호·유구석부, 심·병부연결이 절을 이루는 일단병식석검 등이 출토되는데, 남강유역과 비교하면 다소 늦은 중기 후반경에 대부분 해당되는데, 휴암리형과 송국리형 주거지의 경우 중기 전반경으로 올라갈 가능성도 있다. 한편 남해안지역의 사천 이금동, 마산 신촌리·망곡리, 거제 대금리, 김해 율하리유적에서는 대부분 원형주거지이며, 중앙수혈 주변으로 다수의 주혈이 배치되는 다주식주거지가 다수 확인되는 점이 특징인데, 양주혈식에서 다주식으로 변화된다는 연구(배덕환 2005)를 참조하면, 중기 후반경으로 편년할 수 있다.

II. 중부내륙지역

1. 조기

1990년대 초 낙동강 중상류지역의 하나인 감천유역의 송죽리유적에서 돌대문토기가 출토되는 주거지가 다수 조사되어 주목을 받았다. 송죽리유적은 3단계로 편년되는데, 그 중 1단계에 속하는 1·4·5·6·7·23·35호 주거지는 조기의 특징을 가지고 있다. 주거지는 석상위석식노지를 갖춘 대형장방형 혹은 노지가 없거나 위석식노지를 갖춘 소형 방형 내지 장방형이며, 돌대문토기·절상돌대문토기·이중구연각목문토기·구순각목문토기와 삼각만입촉·장방형석도·단면 방형의 합인석부·편인석부 등의 석기가 공반한다. 탄소연대는 6호 주거지에서 2910±60BP으로 측정되었는데, 송죽리유적이 절상돌대문토기가 많고, 구순각목문토기도 공반되는 점에서 조기의 하한연대를 보여준다고 생각된다.

대구를 중심으로 하는 금호강유역에서는 그 동안 돌대문토기가 확인되지 않아 조기 구분없이 전기로 설정하여 시기를 구분하는 경향이 많았다(동진숙 2003; 유선영 2012; 하진호 2008·2013). 그렇지만 시

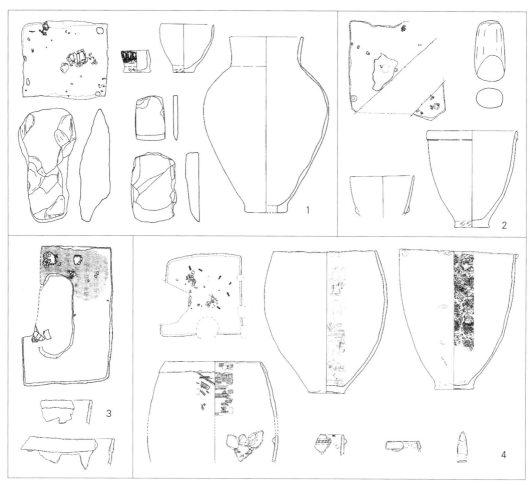

1. 시지동 1호, 2. 시지동 2호, 3. 월성동 1274-16호, 4. 삼덕동 3호

그림 7 _ 중부내륙지역 조기 주거지 및 출토유물(유구 : 1/200, 토기 : 1/10, 석기 : 1/6)

지동 Ⅱ-1호 주거지 및 Ⅱ-2호 출토 이중구연토기를 상촌리식토기와 주거지로 설정하여 조기에 포함시키기도 하였다(배진성 2003 · 2007). 최근에 충적지유적에서 돌대문토기가 출토되어 조기 양상을 살펴볼 수 있게 되었다. 하진호(2013)는 대구지역 전기를 4기로 구분하였는데, 1기에서 조기의 양상을 찾을 수 있다. 이중구연과 각목돌대 · 절상돌대 · 유상돌대문토기가 공반이 되거나 이중구연토기만 출토되며, 삼덕동 3호 · 봉산동 1호 · 봉무동 1 · 2호 · 월성동 1275-5 · 15호 · 대천동 511-1 · 16호 주거지 등이 해당된다. 석상위석식노지 혹은 위석식노지를 갖춘 중대형의 방형주거지나 대형의 장방형주거지이며, 이중구연거치문토기 · 구순각목문토기 · 삼각만입촉이 공반하기도 한다. 대구지역 조기 단계 유적에서 탄소연대는 월성동 1275-15(3100±60BP), 대천동 511-16(3000±50BP), 상인동 28-12호(3100±50BP), 봉무동 2호(2960±50BP), 월성동 1275-5호(2970±40BP) 주거지에서 측정되었는데, 상인동과 월성동유적은 3100BP 전후, 나머지는 3000~2950BP 전후에 해당된다.

밀양강유역에서 조기 단계를 볼 수 있는 유적은 금천리유적과 살내유적이다. 금천리유적에서도 이중구연토기가 출토되는 주거지가 확인되었고, 살내유적에서는 위석식노지를 갖춘 대형장방형주거지인 3호 주거지에서도 돌대문토기와 이중구연토기가 출토되었다.

영남중부내륙지역의 조기의 문화는 돌대문토기와 이중구연토기가 중심이며, 감천 · 금호강유역에서는 구순각목토기도 공반이 된다. 유적이 충적지에 입지하고 있는 점과 주거지의 형태와 출토되는 유물의 내용을 보면 서남부지역의 남강유역과 동일한 양상이라 할 수 있다.

2. 전기

대구를 중심으로 하는 금호강유역의 전기는 2단계 편년(동진숙 2003)과 3단계 편년(庄田 2007; 유선영 2012; 하진호 2013)으로 나누어진다. 2단계 편년에서는 전기 전반은 대형의 세장방형 · 장방형 주거지에 이중구연단사선 · 구순각목문 등이 중심이 되며, 전기 후반은 중소형의 장방형 · 방형 주거지에 퇴화된 이중구연단사선문 · 구순각목문 등이 중심된다고 한다(동진숙 2003).

3단계로 편년한 연구를 살펴보면, 먼저 庄田(2007)는 낙동강상류역을 전체 7기로 편년하였는데 전기는 2~4기에 해당된다. 2기에는 위석식노지가 있는 주거지에서에서 가락동식토기 출토되며, 3기에는 일부 위석식노지가 있는 소형주거지에서 퇴화이중구연 · 돌류문토기와 채문호가 출토되며, 4기에는 위석식노지가 확인되지 않는 중소형의 장방형주거지에서 역삼동식토기와 무문심발이 출토된다고 하였다. 3기로 편년된 채문호의 경우 금호강 마연토기 연구(송영진 2012b)에서는 전 · 중기의 전환기로 편년되고 있다. 하진호(2013)는 대구지역에서 조기를 설정하지 않고 전기를 4기로 편년하였는데, 1기는 사실상 조기에 해당되며, 2~4기가 전기에 해당된다. 2기에는 월성동 591-6호, 상동(수성) 14호와 같이 중대형의 장방형, 세장방형주거지가 중심이 되며, 이중구연단사선문토기 등 가락동식토기가 주로 출토된다. 3기에는 상인동 98-7호, 128-1호, 대봉동 11호와 같이 주거지 형태는 2기와 유사하나, 퇴화이중구연과 구순각목 공열이 복합되는 흔암리식토기가 주로 출토된다. 4기에는 매천동 6호, 봉무동 2호, 대봉동 19호, 상인동 123-13호와 같이 이중구연이 소멸하고, 일단병식석검과 일단경식석촉이 등장하며, 돌류문과 구순각목 등의 역삼농식토가 수로 출토된다. 유신영(2012)도 금호강유역의 무문토기를 속성배열법을 통해 3기 9단계로 나누었는데, 1기는 전형 이중구연과 기벽화 되었으나 단차이가 뚜렷한 이중구연이 중심인 가락동식토기, 2기는 단차이가 밋밋한 이중구연에 돌류문이 복합된 흔암리식토기, 3기는 돌류문과 구순각목 중심의 역삼동식토기로 편년하고 있어 하진호의 편년과 큰 차이가 없다. 그런데 금호강유역 전기 2 · 3단계에는 흔암리식토기나 돌류문토기보다도 구순각목문토기의 비율이 압도적으로 높은 점이 특징이며, 돌류문은 일부 유적에서만 소량 확인된다.

감천유역에서는 송죽리 · 지좌리유적에서 전기문화의 일면이 확인되었는데, 위석식노지를 갖춘 세장방형 · 장방형 · 방형주거지 및 이중구연단사선문토기 등 가락동유형의 특징이 확인된다. 지좌리유적의 경우 위석식노지와 초석 등을 갖춘 세장방형주거지에서 이중구연단사선문토기 · 구순각목문토기, 혈구 이단병식석검 등이 출토되는 1단계와 위석식노지를 갖춘 장방형 · 방형주거지에서 이중구연단사선문토

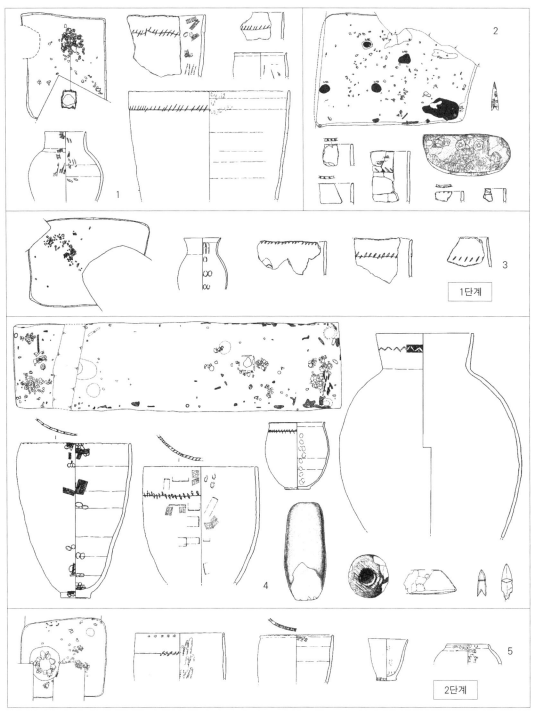

1. 상동(수성) 14호, 2. 서변동 46호, 3. 상동(우방) Ⅱ-4호, 4. 송읍리 5호, 5. 상동(수성) 16호

그림 8 _ 중부내륙지역 전기 1·2기 주거지 및 출토유물(유구 : 1/200, 토기 : 1/10, 석기 : 1/6)

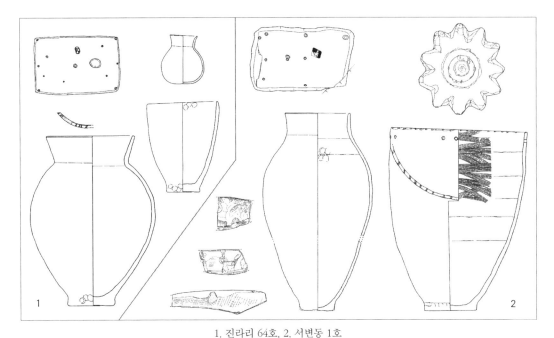

1. 진라리 64호, 2. 서변동 1호

그림 9 _ 중부내륙지역 전기 3기 주거지 및 출토유물(유구 : 1/200, 토기 : 1/10, 석기 : 1/6)

기 · 구순각목문토기와 더불어 적색마연토기 · 소형발 · 양이파수부발 등이 새로이 출토되는 2단계로 편년된다(조현정 2012). 감천유역에서 확인되는 가락동유형은 이형원(2009)이 편년한 금강유역의 가락동유형의 늦은 단계에 포함되며, 전형에서 변화된 모습이 보이고 있고, 구순각목토기의 비율이 이중구연단사선문토기보다 높게 확인된다.

밀양강유역에서는 청도천유역의 진라리 · 송읍리유적, 단장천변의 희곡리유적, 하류의 금천리 · 살내유적 등이 대표적인 유적이지만, 청도천유역을 제외하면, 전기를 체계적으로 편년할 수 있을 정도는 아니다. 진라리과 송읍리유적의 경우 복수의 노지를 갖춘 세장방형주거지와 이중구연단사선문토기, 구순각목돌류단사선문토기 등이 중심이 되는 1단계와 단수의 노지를 갖춘 장방형주거지와 구순각목돌류문이 중심이 되는 2단계로 편년되고 있는데(하진호 2007; 庄田 2007), 그 시기가 전기 중반 이전으로 올라가지는 않는다. 향후 밀양 살내 · 금천리유적의 조사내용이 밝혀지면, 밀양강유역 전기 전반의 문화상도 파악할 수 있을 것으로 보인다.

3. 중기

중부내륙지역의 중기는 대체로 전후반으로 편년되는 경우가 많지만, 서남부지역의 전기에서 중기로 변화되는 전환기와 병행하는 단계의 설정이 가능하다. 송영진(2012b)은 금호강유역 마연토기의 변화상

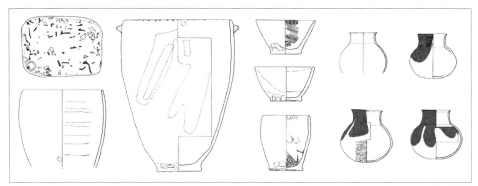

그림 10 _ 중부내륙지역 중기로의 전환기(중기 초) 주거지 및 출토유물
상동(우방) 12호(유구 : 1/200, 토기 : 1/10, 석기 : 1/6)

에서 전환기적인 단계를 설정하고 있다. 전기에 유행했던 대부토기와 중경호는 퇴화되고, 채문호가 새로운 기종으로서 등장한다고 하였고, 대표적인 유적으로서 상동(우방) 12호 주거지를 예로 들 수 있다.

동진숙(2003)은 전반에는 장방형 · 방형 · 원형주거지에서 돌류문 · 구순각목돌류문 · 구순각목문토기와 직립경의 적색마연호, 단주형 · 단어형의 석도, 단신의 주상편인석부가 출토되고, 후반에는 방형 · 원형의 주거지에서 구순각목문토기와 외반경의 적색마연호와 적색마연옹, 단주형 · 즐형석도 장신의 평근촉, 유구석부 등이 출토된다고 하였다. 주거지에 있어서 중앙수혈이 없이 양주혈만 있는 동천동형주거지를 송국리형주거지의 이른 단계로 두고 있다. 안재호(2006)도 동천동형주거지인 동천동 5호 주거지에서 출토된 長胴의 직립경부를 가진 호를 선송국리단계의 지표로 삼아(안재호 2006) 중기 전반으로 편년하고 있다. 감천유역의 지좌리유적에서도 동천동형주거지를 비롯하여 송국리유형의 주거지가 다수 조사되었는데, 원형의 동천동형주거지를 이른 단계로 보고 있다(대동문화재연구원 2012). 한편 동천동주거지를 설정한 유병록(2002 · 2007)은 송국리형주거지의 퇴화형으로 보고 있어 상호 대조적이다.

주거지 평면형태의 경우 전반에는 장방형 · 방형, 후반에는 원형으로 보는 견해(천선행 2006)가 있고, 전반에는 방형 중심에 장방형이 포함되고, 후반에 원형 중심에 말각방형과 타원형이 포함되는 것으로 보기도 한다(하진호 2008). 또한 방형→말각형→원형으로의 변화상(庄田 2007)도 제기되었고, 진라리유적 등에서 원형과 방형의 시기차이를 인정하기 어렵다(유병록 2007)는 견해도 있다. 한편 유물상에서는 동진숙(2003)은 돌류문토기나 구순각목문토기가 중기에도 이어진다고 보고 있지만, 천선행(2006)은 무문양 중심에 전반에는 파수부발, 후반에는 외반구연호가 특징이라 하였다. 하진호(2008)는 중기 내내 무문양과 구순각목 · 파수부토기 · 일단경식촉 등이 확인된다고 하였고, 庄田(2007)은 무문심발이 중심이 되면서 직립구연의 적색마연호에서 내경의 적색마연호로의 변화상을 제시하였다.

중부내륙지역에서는 주거지 형태에 있어서 방형과 원형의 선후관계는 단절적 혹은 계기적인 변화라기보다는 병렬적 관계로 파악된다. 유물의 경우 직립 경부를 가지는 호에서 외반구연호로의 변화가 보이며, 구순각목문토기가 중기에도 이어지는 점과 파수부발 · 적색마연파수부발 · 제형석도, 경부내경장경호(김미영 2012) 등에서 지역성을 엿볼 수 있다.

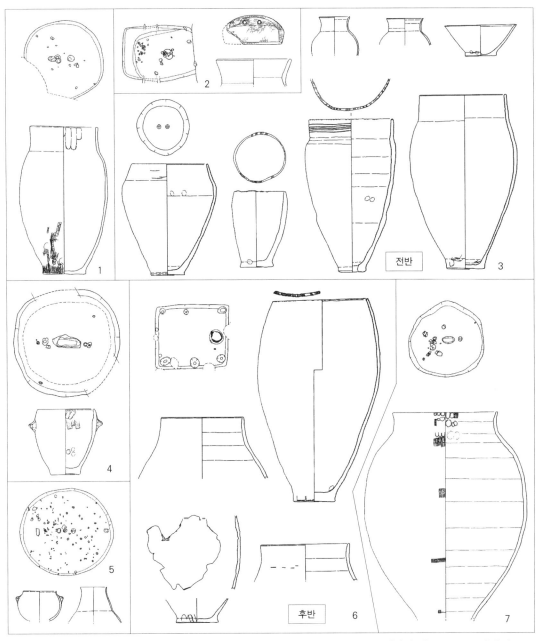

1. 동천동 5호, 2. 진라리 30호, 3. 지좌리(대동) 24호, 4. 진라리 6호, 5. 동천동 26호, 6. 지좌리(대동) 62호, 7. 송읍리 1호

그림 11 _ 중부내륙지역 중기 전·후반 주거지 및 출토유물(유구 : 1/200, 토기 : 1/10, 석기 : 1/6)

Ⅲ. 동남부지역

1. 조기

　동남부지역에서는 돌대문토기가 출토되는 유적의 수가 많지 않아서 청동기시대 조기 편년연구에서 빠진 경우가 많았지만, 최근 돌대문토기가 출토되는 유적이 확인되면서 조기문화의 일면을 살필 수 있게 되었다. 형산강유역에서는 경주 금장리 8호, 충효동 2·3·23호 주거지에서 돌대문토기가 출토되었는데, 이들 주거지는 석상위석식노지나 위석식노지를 갖춘 방형·장방형주거이다. 공반되는 유물은 돌대·절상돌대·유상돌대문토기와 이중구연토기, 삼각만입촉 등이다. 태화강유역에서는 유상돌대문토기·이중구연토기·마연장경호가 출토되고, 위석식노지를 갖춘 방형주거지인 구영리 Ⅴ-1지구 28호(3010±

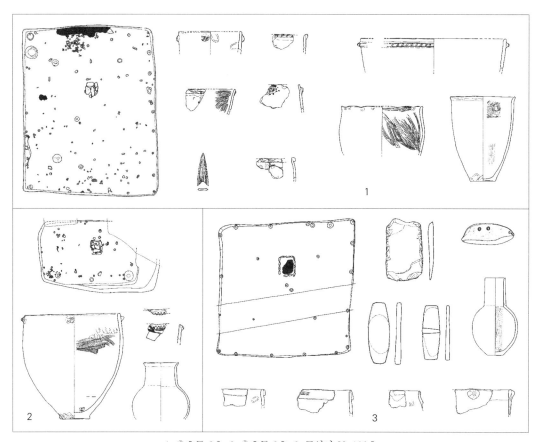

1. 충효동 2호, 2. 충효동 3호, 3. 구영리 Ⅴ-128호
그림 12 _ 동남부지역 조기 주거지 및 출토유물(유구 : 1/200, 토기 : 1/10, 석기 : 1/6)

60BP, 3020±50BP, 2940±50BP, 2940±60BP)가 조기로 편년되고 있다(안재호 2011; 이수홍 2012; 김현식 2013).

안재호(2011)는 속성배열법을 통해 단기문양과 장기문양을 구별하여 동남해안지역을 모두 18단계로 설정하였다. 조기는 4단계로 구분되며, 토기의 문양요소는 돌대문과 상마석계이중구연(안재호 2010)·즐문계이중구연으로 구성된다고 보았다. 구영리 V-1지구 28호 출토 이중구연토기를 즐문계와 상마석계로 구분하였고, 충효동 2호 이중구연토기를 원형돌대문토기라 칭하며 요동반도의 비후구연에서 기원을 찾고 있다. 조기 내에서 주거지는 방형에서 장방형, 돌대의 부착은 구연하에서 구연외측, 3개의 유상돌대에서 4개의 유상돌대로의 방향성을 설정하여, 충효동 23호→충효동 2호→충효동 3호·구영리 V-1지구 28호의 순으로 정리하였다. 정대봉(2012)은 조기 설정 대신 출현기로 표현하면서 미사리식주거지가 중심이며 신석기말기의 율리식토기의 제작기법을 받은 이중구연토기와 요동의 상마석계이중구연토기가 공존한다고 보았다.

한편 이중구연호가 출토된 울산 달천 5호의 경우 김현식(2013)은 조기 단계에 포함시키지만, 안재호(2011)는 이중구연호의 경우 동체부가 장동형의 형태를 띠고, 세장방형의 주거지이기 때문에 전기로 파악하고 있다. 동남부지역은 조기에 해당되는 유적의 수는 많지 않지만, 돌대문토기·외래계이중구연토기·재지계이중구연토기와 석상위석식·위석식노지를 갖춘 방형·장방형주거지가 중심이라고 할 수 있다.

2. 전기

동남부지역에서 전기는 2단계(동진숙 2003; 김현식 2013) 혹은 3단계(이수홍 2012; 정대봉 2012; 박영구 2013)로 편년하고 있는데, 안재호(2011)는 속성배열법을 통해 전기를 복합문 8단계로 세분하기도 하였다.

전기를 2단계로 구분한 동진숙(2003)은 1단계에는 대형의 세장방형 혹은 대형의 방형주거지에서 이중구연·공열·이중구연+공열·단사선문토기가 출토되고, 2단계에는 중형의 장방형 8주식 주거지에서 단사선문토기 위주로 출토된다고 하였다. 김현식(2013)은 1단계에는 경주 갑산리 1호, 울산 천곡동 나지구, 교동리 192-37 9호와 같이 가락동식토기가 유행하고 흔암리식·관산리식·울산식 주거지가 공존하고 있고, 2단계에는 경주 덕천리 11호, 울산 가재골 I-16호, III-19호와 같이 흔암리식토기가 유행하고, 울산식 주거지의 비율이 증가하는 것으로 파악하였다.

전기를 3단계로 구분한 정대봉(2012)은 이중구연토기의 변화 및 주거지의 변화 양상에 따라 나누었는데, 1단계에는 이중구연토기와 변형둔산식(창평동 5호)과 관산리식주거지가 중심이 되며, 2단계에는 단차이가 미미한 이중구연토기와 변형둔산식·관산리식(교동리 192-37 9호)·흔암리식주거지가 중심이 되며, 3단계에는 단차이가 없는 이중구연토기와 흔암리식주거지(가재골 I-20호)가 중심이 된다고 하였다. 이수홍(2012)은 울산지역 청동기시대 취락을 모두 7기로 세분하였는데, 전기는 2~4기에 해당된다. 2기에는 천곡동 나지구·상안동 358-37유적과 같이 위석식노지가 있는 방형주거지와 대형장방형주거지에서 이중구연+단사선문토기가 출토되며, 3기에는 남천·외광리유적과 같이 세장방형주거지의 숫자가

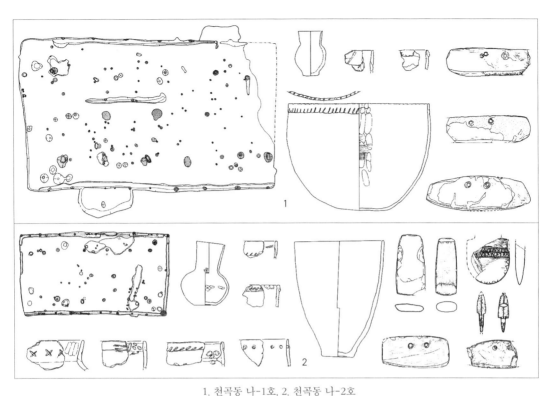

1. 천곡동 나-1호, 2. 천곡동 나-2호

그림 13 _ 동남부지역 전기 1단계 주거지 및 출토유물(유구 : 1/200, 토기 : 1/10, 석기 : 1/6)

증가하며, 구순각목+공열문이 시문된 역삼동식토기가 출현하고, 이중구연+단사선문토기의 경우 이중구연의 폭이 넓어지고 얇아지며, 4기에는 매곡동 Ⅲ지구 · 창평동유적과 같이 울산식주거지가 확산되고, 돌류문+공열문이 출현하고, 역삼동식토기가 존속한다고 하였다. 박영구(2013)는 형산강유역 청동기시대 취락을 모두 6기로 세분하였는데, 전기는 2~4기에 해당하며 각각 전기 전 · 중 · 후반으로 편년하였다. 유상돌대문토기가 출토되는 충효동 3호 주거지를 전기 전반으로 내려 보았고, 전기 중반에는 무시설식 노지가 있는 대형의 세장방형 · 장방형주거지지에 이중구연요소의 복합문토기가 출토되며, 전기 후반에는 중형의 장방형 · 방형주거지에 구순각목공열단사선문토기 · 공열단사선문토기 · 공열토기가 출토된다고 하였다. 전반의 유상돌대문토기가 출토된 주거지를 조기로 올리게 되면 김현식(2013)의 전기 2단계 편년과 거의 동일하다.

동남부지역에서는 주거지 및 토기 형식의 발생순서와 유행한 시점에 따라 3단계의 변화상을 찾을 수 있다. 1단계에는 가락동식토기와 둔산식주거지, 2단계에는 흔암리식토기와 관산리식주거지, 3단계에는 역삼동식토기와 울산식주거지가 중심적인 요소이다. 3단계로 내려오면서 토기에서 이중구연의 요소는 사라지지만, 중기 검단리식토기 발생의 배경(천선행 2006)이 되는 단선문계 문양이 지속되는 것이 동남부지역의 특징이다.

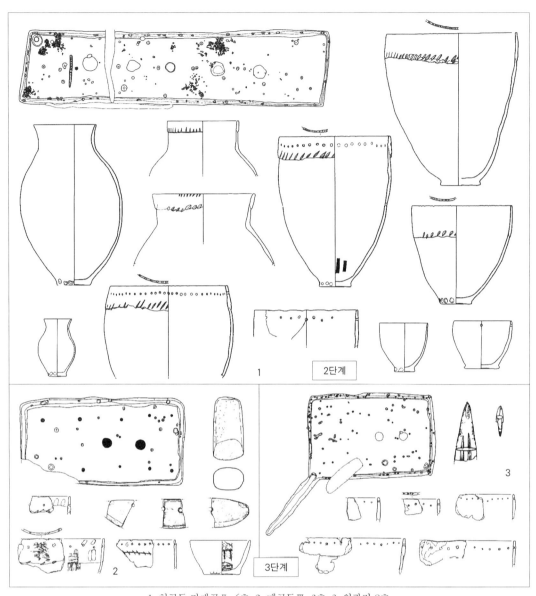

1. 천곡동 가재골 II -6호, 2. 매곡동 III -3호, 3. 외광리 8호

그림 14 _ 동남부지역 전기 2, 3단계 주거지 및 출토유물(유구 : 1/200, 토기 : 1/10, 석기 : 1/6)

3. 중기

청동기시대 중기 동남부지역에서는 중부내륙이나 서남부지역에서 유행한 송국리유형의 물질문화와는 다른 검단리유형(배진성 2006)이 성립하여 발전한다. 검단리유형의 주요 요소는 평면형태 장방형 ·

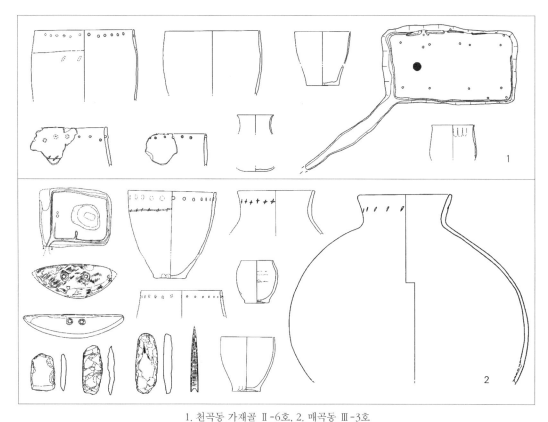

1. 천곡동 가재골 Ⅱ-6호, 2. 매곡동 Ⅲ-3호

그림 15 _ 동남부지역 중기 1단계 주거지 및 출토유물(유구 : 1/200, 토기 : 1/10, 석기 : 1/6)

방형을 띠면서 정연하게 배치된 주주혈과 수혈식노지, 벽구 및 외부돌출구를 갖춘 울산형주거지(조현정 2001)로 불리는 주거지와 석창·동북형석도, 검단리식토기 등의 유물이다. 검단리식토기에 대해서 배진성(2006)은 단독문양으로서의 공열문·단사선문·횡선문토기와 파수부심발·적색마연옹 등의 토기군을 설정한 반면, 이수홍(2006·2012)은 단사선문(사방향 낟알문)과 횡선문(횡방향 낟알문)이 시문된 심발로 정의하고, 사방향에서 횡방향으로 형식변화한 것으로 보았다.

검단리유형에 대한 편년은 전후반 2단계 편년이 주를 이루다가 최근에는 3단계로 편년되고 있다. 2단계 편년에서는 6주식 주거지에서 4주식 주거지로의 변화(동진숙 2003)와 횡선문 출현을 획기로 삼았다(천선행 2006; 이수홍 2005). 3단계로 편년한 이수홍(2012)은 중기 전 기간 동안 울산형주거지가 주로 조성되며, 1단계에는 돌류문+공열문을 제외한 복합문이 소멸하고, 사방향 낟알문이 등장하고, 석촉의 경우 일단경식으로 대체되는 것으로 보았다. 2단계에는 횡방향 낟알문이 등장하며, 돌류문+공열문의 수가 줄어들고 무경식석촉과 이단경식석촉이 소멸한다고 하였다. 3단계에는 울산형주거지가 이어지지만, 울산형주거지에서 변화된 방형주거지가 등장하며, 공열문과 횡방향 낟알문이 잔존하지만 무문양의 비율이 압도적이라고 하였다. 김현식(2013)도 중기를 3단계로 편년하였는데, 주거지는 울산형주거지가 중심이 되

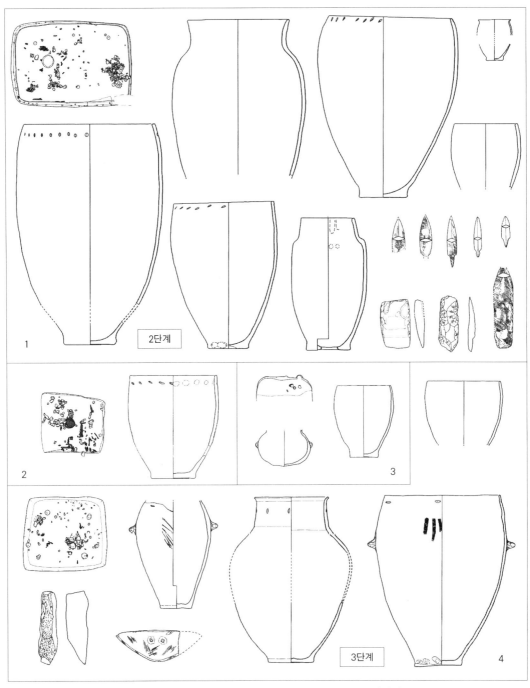

1. 교동리 192-37 4호, 2. 매곡동 Ⅱ-20호, 3. 신정동 12호, 4. 입암리 15호

그림 16 _ 동남부지역 중기 2, 3단계 주거지 및 출토유물 (유구 : 1/200, 토기 : 1/10, 석기 : 1/6)

며, 1단계에는 역삼동식토기와 검단리식토기가 공존하며, 2단계에는 검단리식토기가 유행하며, 3단계에는 공열문이 소멸하고 낟알문만이 유행하는 것으로 보았다.

Ⅳ. 후기

영남지역 청동기시대 후기는 원형점토대토기문화로 대표된다. 정인성(2002)은 낙동강유역에서 점토대토기의 점토대 형태가 원형에서 삼각형으로 변화한다는 기존의 연구성과를 받아들이면서 원형점토대토기는 기원전 3세기 대, 삼각형점토대토기는 기원전 2세기 대를 중심으로 전개된 것으로 보았다. 박진일(2000 · 2013)은 원형점토대토기의 상한을 기원전 4세기 말에서 3세기 초로 설정하였고, 하안은 기원전 2세기 후엽으로 추정하였다가 AMS연대측정결과를 받아들여 중부지역의 경우 상한을 기원전 5세기 전반으로 상향조정하였다. 그리고 한반도 중남부 점토대토기문화를 5단계로 구분하였고, 1~2단계에 중서부지역을 중심으로 초현하며, 3단계인 기원전 4세기 대에 영남지역으로의 파급된 것으로 보았다.

심수연(2010) 영남지역 출토 두형토기를 공반유물과 함께 분석하여 Ⅲ단계로 나누었다. 원형점토대토기는 Ⅰ단계에 흑색마연장경호 · 환상파수부호 · 두형토기 등과 함께 출토된다. Ⅰ단계는 다시 원형점토대토기만 확인되는 Ⅰ-1단계와 원형점토대토기와 삼각형점토대토기가 공반되는 Ⅰ-2단계로 나누어진다. Ⅰ-1단계에는 대각내부가 비어 있는 공심형 두형토기만이 공반되며, 삼각형석촉과 유구석부 등도 함께 공반되는데, 영창리 26호, 대청 3호, 운암리 4호, 방지리 15호 등이 대표적이다. 반면 Ⅰ-2단계에는 원형점토대

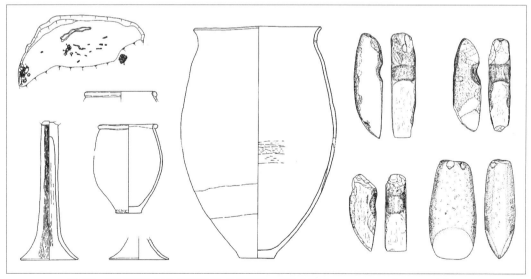

그림 17 _ 영남지역 후기 주거지 및 출토유물-대청 3호(유구 : 1/200, 토기 : 1/10, 석기 : 1/6)

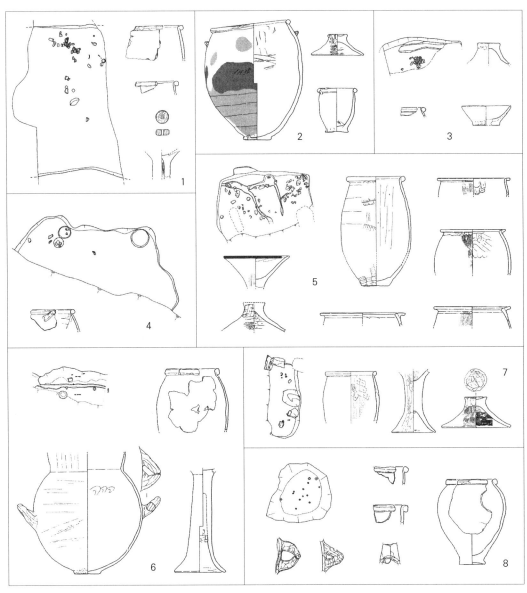

1. 방지리 1호, 2. 방지리 17호, 3. 대청 17호, 4. 방지리 19호, 5. 구산동 798호, 6. 운암리 4호, 7. 구산동 800호,
8. 천곡동 나-1호 수혈

그림 18 _ 영남지역 후기 주거지 및 출토유물(유구 : 1/200, 토기 : 1/10, 석기 : 1/6)

토기의 점토대 단면이 타원형화 되며, 공심형 두형토기 외에도 대각내부가 차있는 실심형 두형토기가 등
장하여 공존하는데, 칠곡3-2호 등이 대표적이다. 이정은(2011)도 영남동남해안지역 점토대토기 문화를
Ⅲ단계로 나누었는데, I단계에는 원형점토대토기, Ⅱ단계는 원형점토대토기와 삼각형점토대토기의 공
반, Ⅲ단계에는 삼각형점토대토기가 중심을 이룬다고 보았다. I단계는 기원전 4세기 말부터 시작되는데,

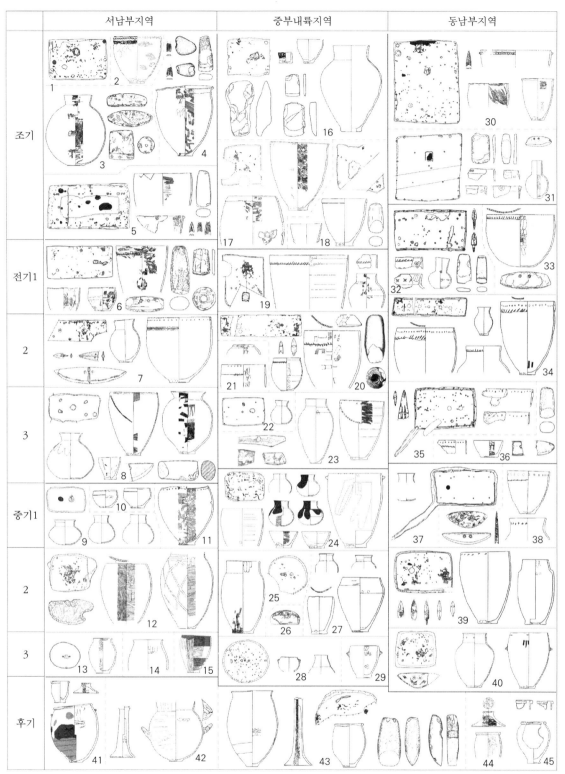

	서남부지역	중부내륙지역	동남부지역
조기	1, 2, 3, 4, 5	16, 17, 18	30, 31
전기1	6	19	32, 33
2	7	20, 21	34
3	8	22, 23	35, 36
중기1	9, 10, 11	24	37, 38
2	12	25, 26, 27	39
3	13, 14, 15	28, 29	40
후기	41, 42	43	44, 45

1. 옥방5-D2호, 2. 상촌리D-B2호, 3. 본촌리 나3호, 4. 평거3-1 7호, 5. 가좌동 2호, 6. 초전동 42호, 7. 어은2-2호, 8. 옥방4-11호, 9. 하촌리 3-7호, 10. 하촌리1B-6호, 11. 하촌리 1B-15호, 12. 옥방2-28호, 13. 대야리 13호, 14. 대야리 11호, 15. 옥방1(진)-6호, 16. 시지동 시굴1호, 17. 삼덕동 3호, 18. 시지동 시굴2호, 19. 상동(수성) 14호, 20. 송읍리 5호, 21. 상동(수성) 16호, 22. 진라리 64호, 23. 서병동 1호, 24. 상동(우방) 12호, 25. 동천동 5호, 26. 진라리 30호, 27. 지좌리(대동) 24호, 28. 동천동 26호, 29. 진라리 6호, 30. 충효동 2호, 31. 구영리Ⅴ-1 28호, 32. 천곡동 나-2호, 33. 천곡동 나-1호, 34. 교동리129-37 9호, 35. 외광리 8호, 36. 천곡동 Ⅱ-19호, 37. 천곡동 가재골 Ⅱ-6호, 38. 매곡동 Ⅲ-3호, 39. 교동리129-37 4호, 40. 입암리 15호, 41. 방지리 17호, 42. 운암리 4호, 43. 대청 3호, 44. 구산동 800호, 45. 천곡동 나-1호 수혈

그림 19 _ 영남지역 청동기시대 편년표(유구 : 1/400, 토기 : 1/20 · 1/30, 석기 : 1/12)

호·공심형 두형토기·개·조합우각형파수부호·세형동검 등이 공반되며, 무시설식노지와 벽부식노지를 갖춘 방형계주거지, 송국리형옹관, 석관묘도 조성된다고 하였다. Ⅱ단계에는 원형점토대토기의 점토대가 타원형화되며, 무시설식노지와 부뚜막+고래를 갖춘 방형계 주거지가 조성된다고 하였다. 한편 이수홍(2012)은 동남부지역의 청동기시대에서 삼한시대로의 변화를 3기로 구분하였다. 그 중 1기에서 원형점토대토기 단계의 유물이 출토되는데, 울산식주거지 혹은 울산식주거지에서 변화된 형태를 보이는 매곡동 Ⅰ-4호 주거지, Ⅱ-3호주거지, 검단리 70호, 대학리 1호 등이 대표적이며, 기원전 4세기대에서 기원전 2세기 중엽경으로 보고 있다.

영남지역에서 청동기시대 후기 원형점토대토기는 기원전 4세기 말부터 등장하며, 기원전 2세기대까지 이어진다고 볼 수 있다. 비교적 많은 유물이 확인되고 있지만, 중기취락과 같은 대규모이거나 많은 수의 취락이 아직 조사되지 않았기 때문에 충분한 연구성과가 축적되지는 않았다. 원형점토대토기 문화는 중국동북지방에서 기원을 두고 중서부지역을 통해 들어온 외래계문화이지만, 영남지역에서는 방지리 63-1호와 같은 직치된 단옹식옹관, 김해 대청 3호 주거지에서 원형점토대토기와 송국리형토기 및 유구석부의 공반, 김해 내동 1호 지석묘에서 세형동검과 흑색마연토기의 출토, 거제 아주동 4호 지석묘에서 원형점토대토기의 출토 등 재지문화와 융합되는 양상을 엿볼 수 있다. 원형점토대토기는 원형점토대토기만 출토되는 1단계, 삼각형점토대토기와 공반되는 2단계로 편년되고 있는데, 1단계는 청동기시대 후기에 해당되며, 2단계부터는 초기철기시대의 시작이라고 할 수 있다.

참고문헌

高旻廷, 2003, 『南江流域 無文土器文化의 變遷』, 慶北大學校 碩士學位論文.

高旻廷, 2011, 「남강유역 각목돌대문토기문화의 지역성 연구」, 『동북아역사논총』 32호, 동북아역사재단.

김미영, 2011, 「嶺南地域 頸部內傾赤色磨硏壺 硏究」 『慶南硏究』 5, 경남발전연구원 역사문화센터.

金炳燮, 2003, 『韓半島 中南部地域 前期 無文土器에 대한 一考察』, 慶尙大學校 碩士學位論文.

金炳燮, 2009, 「남한지역 조·전기 무문토기 편년 및 북한지역과의 병행관계」 『韓國靑銅器學報』 第4號, 韓國靑銅器學會.

金炳燮, 2010, 「남강유역 전기무문토기 하한에 대한 재고」 『南江文物』 第8輯, 慶尙考古學硏究會.

金炳燮, 2011, 「南江流域 下村里型住居址에 대한 一考察」 『慶南硏究』 4, 경남발전연구원 역사문화센터.

金炳燮, 2013, 「남강유역 조기~전기 무문토기 편년」 『한국청동기시대편년』, 서경문화사.

김현식, 2013, 「동남해안지역 청동기시대 편년」 『한국청동기시대편년』, 서경문화사.

董眞淑, 2003, 「嶺南地方 靑銅器時代 文化의 變遷」, 慶北大學校 碩士學位論文.

박영구, 2013, 「慶州地域 靑銅器時代 聚落의 編年과 變遷樣相 -형산강유역을 중심으로-」 『嶺南考古學』 第66號, 嶺南考古學會.

朴辰一, 2001, 「嶺南地方 粘土帶土器文化 試論」 『韓國上古史學報』 35, 韓國上古史學會.

朴辰一, 2007, 「粘土帶土器, 그리고 靑銅器時代와 初期鐵器時代」 『韓國靑銅器學報』 創刊號, 韓國靑銅器學會.

朴辰一, 2013, 「韓半島 粘土帶土器文化 硏究」, 釜山大學校 博士學位論文.

裵眞晟, 2003, 「無文土器의 成立과 系統」 『嶺南考古學』 32, 嶺南考古學會.

裵眞晟, 2007, 「無文土器文化의 成立과 階層社會」, 釜山大學校 博士學位論文.

송영진, 2006, 「韓半島 南部地域의 赤色磨硏土器 硏究」 『嶺南考古學』 38號, 嶺南考古學會.

송영진, 2012a, 「南江流域 磨硏土器의 變化와 時期區分」 『嶺南考古學』 60號, 嶺南考古學會.

송영진, 2012b, 「금호강유역 마연토기의 변화상과 특징」 『慶南硏究』 7, 경남발전연구원 역사문화센터.

沈秀娟, 2011, 「嶺南地域 豆形土器 硏究」, 嶺南大學校 碩士學位論文.

安在晧, 1992, 「松菊里類型의 檢討」 『嶺南考古學』 第11號, 嶺南考古學會.

安在晧, 2000, 「韓國 農耕社會의 成立」 『韓國考古學報』 34, 韓國考古學會.

安在晧, 2006, 「靑銅器時代 聚落硏究」, 釜山大學校 博士學位論文.

安在晧, 2009, 「南韓 靑銅器時代 硏究의 成果와 課題」 『동북아 청동기문화 조사연구의 성과와 과제』, 학연문화사.

安在晧, 2011, 「屬性配列法에 따른 東南海岸圈 無文土器 文樣의 編年」 『韓國上古史學報』 第72號, 韓國上古史學會.

李秀鴻, 2006, 「檢丹里式土器에 대한 一考察」, 釜山大學校 碩士學位論文.

李秀鴻, 2012, 「靑銅器時代 檢丹里類型의 考古學的 硏究」, 釜山大學校 博士學位論文.

李在賢, 2003, 『弁·辰韓社會의 考古學的 硏究』, 釜山大學校 博士學位論文.

이정은, 2011, 「영남 동남해안지역 점토대토기문화의 변천」, 경북대학교 석사학위논문.

李亨源, 2009, 「韓國 靑銅器時代의 聚落構造와 社會組織」, 忠南大學校 博士學位論文.

유병록, 2002, 「IV 고찰」 『大邱 東川洞聚落遺蹟』, 嶺南文化財硏究院.

유병록, 2007, 「淸道 陳羅里遺蹟 출토유물의 편년과 그 위치」 『嶺南文化財硏究』 20, 嶺南文化財硏究院.

柳善英, 2012, 「금호강유역 전기 무문토기 편년 연구」, 釜山大學校 碩士學位論文.

庄田愼矢, 2007,「南韓 靑銅器時代의 生産活動과 社會」, 忠南大學校 博士學位論文.

鄭大鳳, 2012,「東南海岸地域 出現期 無文土器의 研究」, 釜山大學校 碩士學位論文.

정인성, 2002,「지석묘문화에서 세형동검문화로의 이행」『전환기의 고고학』I , 서경문화사.

鄭智善, 2010,「南江流域 突帶文土器의 編年」, 慶尙大學校 碩士學位論文.

趙賢庭, 2001,「蔚山型住居址에 관한 一考察」, 慶南大學校 碩士學位論文.

趙賢庭, 2012,「慶北 內陸地域 無文土器文化의 動向」『金泉 智佐里 무문시대 集落』, 三江文化財研究院.

千羨幸, 2005,「한반도 돌대문토기의 형성과 전개」『韓國考古學報』57, 韓國考古學會.

千羨幸, 2006,「영남지방 무문토기시대 중기로의 문양구성 변화」『석헌 정징원교수 정년퇴임기념논총』.

千羨幸, 2007,「無文土器時代의 早期設定과 時間的 範圍」『韓國靑銅器學報』創刊號, 韓國靑銅器學會.

하진호, 2007,「淸道 陳羅里遺蹟의 聚落構造와 變遷」『嶺南文化財研究』20, 嶺南文化財研究院.

하진호, 2008,「大邱地域 靑銅器時代 聚落研究」, 慶北大學校 碩士學位論文.

하진호, 2013,「대구지역 청동기시대 전기의 편년」『한국청동기시대편년』, 서경문화사.

제6장
남한지역 병행관계

이형원 　한신대학교 박물관

I. 광역편년 연구현황

고고학에서 편년연구는 문화를 해석하기 위한 도구의 역할을 한다. 형식학이나 층서관계 등을 중심으로 하는 상대연대 연구를 비롯하여 방사성탄소연대측정 결과나 기년명 자료 등을 활용한 절대연대 연구는 고고학적 문화를 분석하고 해석하는 데 기초가 된다. 즉 인간이 남긴 물질자료를 대상으로 편년을 수립한 뒤에 과거 사회의 인간활동을 이해하고 복원하는 것이 고고학의 주요 목적 가운데 하나가 될 것이다. 그래서 편년 연구가 고고학의 목적이나 목표가 될 수 없다는 것은 주지의 사실인데, 문제는 이것이 생각만큼 쉽지 않다는 데 있다. 한국 고고학이 형식분류와 편년연구에 편중되고 있는 현상이나 편년을 목적으로 한 연구 자체를 문제로 지적하는 연구자들이 적지 않지만, 한편에서는 안정된 시간축의 설정 없이는 그 이후에 진행되는 고고학적 문화 연구는 사상누각이라는 관점 또는 분위기 속에서 편년 연구의 기조가 유지되고 있는 것 같다. 이와 같은 상황을 직시할 때, 편년 연구만 중시하거나 경시하는 풍토는 결코 바람직하지 않다. 안정된 편년체계가 구축되기 전까지는 편년과 문화 연구를 병행하는 것이 필요하다.

청동기시대도 편년 연구가 차지하는 비중이 높은 편으로 이와 관련된 현황과 과제는 안재호(2009)에 의해 잘 정리된 바 있다. 그 내용을 보면 주로 큰 틀에서 시기구분을 하거나 지역별 편년이 대세인 가운데, 남한 전역을 아우르는 광역편년망을 구축한 연구는 적다. 여기에서는 남한지역 전체를 시야에 넣고 편년 연구를 진행한 대표적인 사례(宋滿榮 2002; 千羨幸 2005; 安在晧 2006; 김승옥 2006b; 庄田愼矢 2007; 裵眞晟 2007; 천선행 2015)를 편년도면이나 편년표로 제시함으로써 이 분야의 연구현황 정리를 대신하고자 한다. 연구자들이 작성한 도면이나 표는 핵심적인 내용을 요약적으로 잘 보여줄 뿐만 아니라, 본서의 지면상의 제약도 있기 때문이다(그림 1~3, 표 1~5).

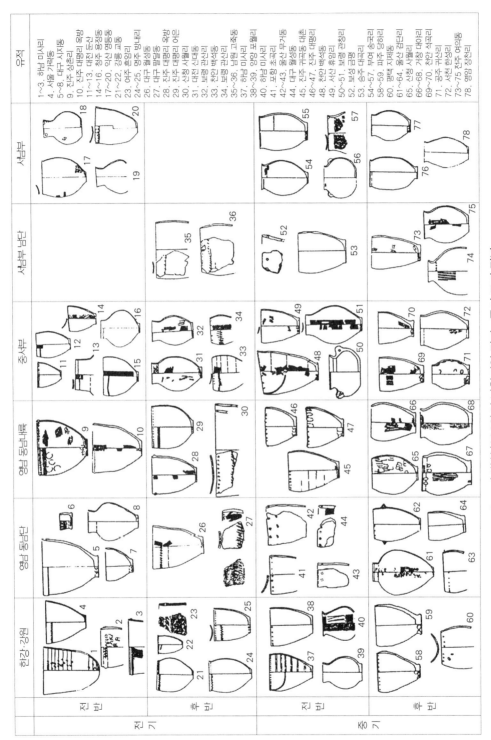

그림 1 _ 宋滿榮(2002)의 남한지역 전기~중기 토기 편년

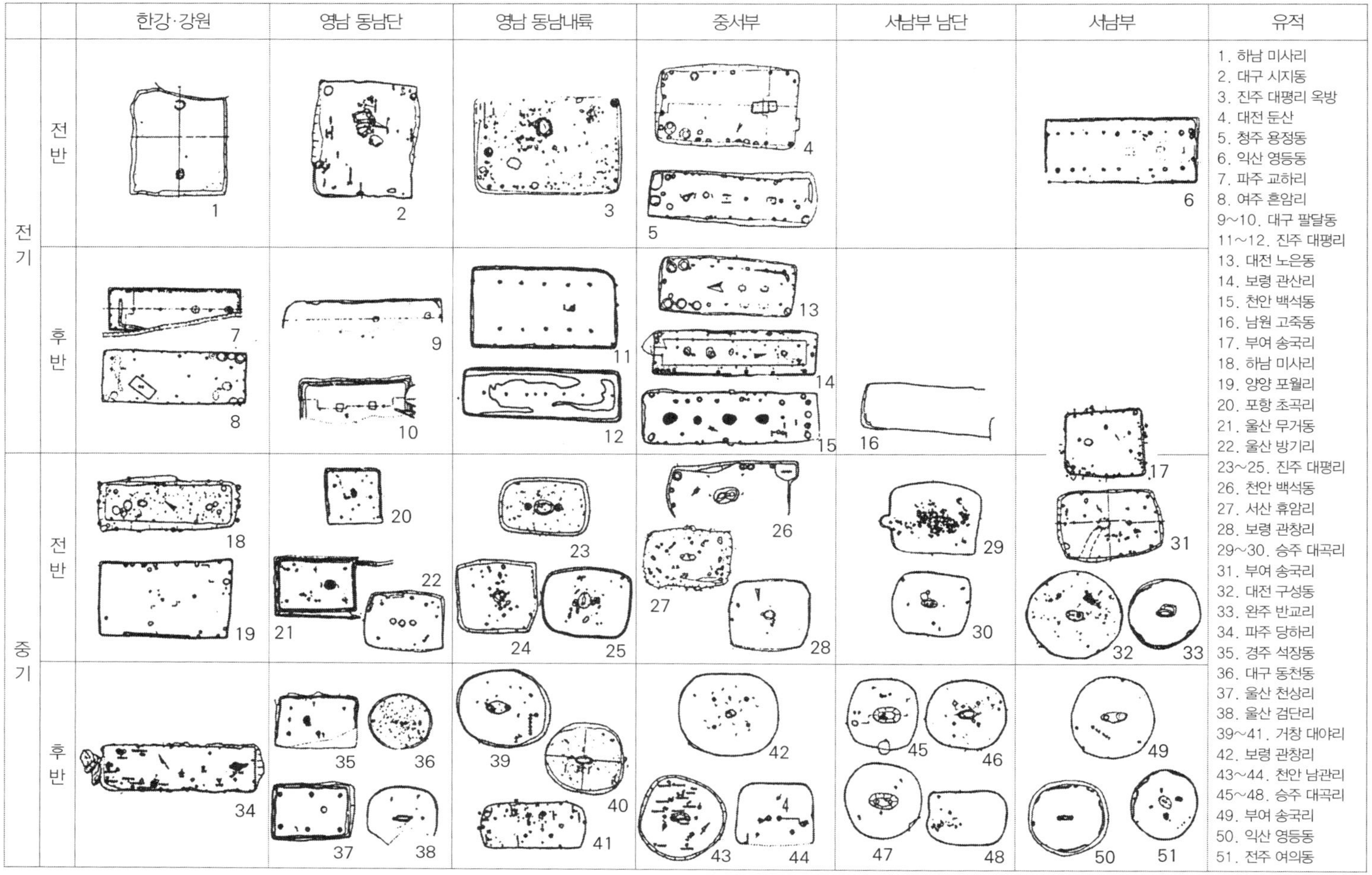
한강·강원
영남 동남단
영남 동남내륙
중서부
서남부 남단
서남부
유적
전기
중기
전반
후반
1. 하남 미사리
2. 대구 시지동
3. 진주 대평리 옥방
4. 대전 둔산
5. 청주 용정동
6. 익산 영등동
7. 파주 교하리
8. 여주 흔암리
9~10. 대구 팔달동
11~12. 진주 대평리
13. 대전 노은동
14. 보령 관산리
15. 천안 백석동
16. 남원 고죽동
17. 부여 송국리
18. 하남 미사리
19. 양양 포월리
20. 포항 초곡리
21. 울산 무거동
22. 울산 방기리
23~25. 진주 대평리
26. 천안 백석동
27. 서산 휴암리
28. 보령 관창리
29~30. 승주 대곡리
31. 부여 송국리
32. 대전 구성동
33. 완주 반교리
34. 파주 당하리
35. 경주 석장동
36. 대구 동천동
37. 울산 천상리
38. 울산 검단리
39~41. 거창 대야리
42. 보령 관창리
43~44. 천안 남관리
45~48. 승주 대곡리
49. 부여 송국리
50. 익산 영등동
51. 전주 여의동
그림 2 _ 宋滿榮(2002)의 남한지역 전기~중기 주거유형 변천

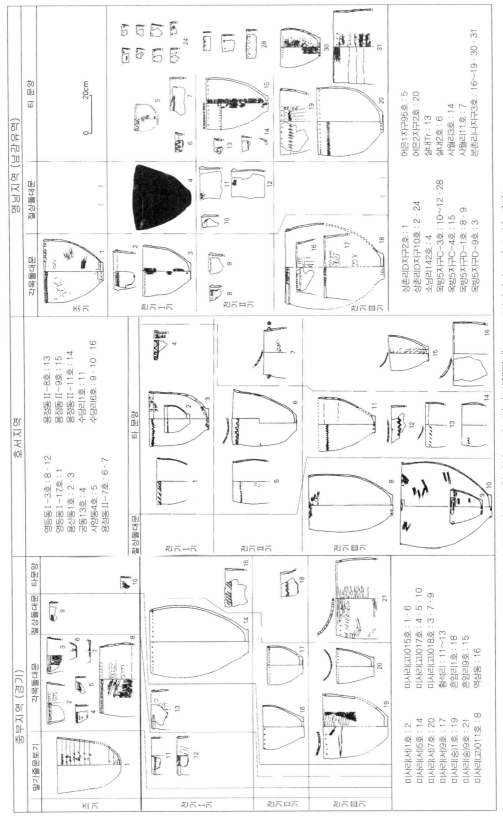

그림 3 _ 千羡幸(2005)의 남한지역 조기~전기 병행관계(1/20) (천선행의 도면 4~6을 편집)

표 1 _ 安在晧(2006)의 남한지역 무문토기 편년과 병행관계

前期無文土器의 地域編年의 並行關係와 住居址의 C14年代　　　　　　　　　　　(수치는 BP. 年代임)

地域圈				
中西部地域圈	I期	II期　欣岩里12號　3210±70, 2980±70, 2920±70, 2620±100　白石洞II7號　2820±60, 2800±60	III期　白石洞II2號　2840±60, 2780±50　II5號　2790±40, 2770±70　館山里13號　2920±70, 4號 2890±60　12號　2780±70　欣岩里14號　2145±60, 2089±60	
南部地域圈	I期	II期	III期	IV期
江原道東部地域圈		I期　校洞1號　3390±60　II期		III期　坊內里　2710±110, 2650±170
湖西地域圈	I期	II期　弓洞2號　3370±130, 3030±70　龍亭洞I-1號　2930±50, II-1號 2900±50　龍山洞1號　2860±70, 2820±60	III期　水塘里1號　2960±50	

各地域圈 土器文樣의 時間性

문양계열	可樂洞系			欣岩里系											驛三洞系				
文樣 ＼ 地域圈	二	二沈	沈	孔二沈	孔沈	突二沈	突沈	口二	突二	突沈	口沈	口二沈	口突二沈	口孔二沈	孔	突	口突	孔口	口
中西部地域圈	·	I-III	I-III	I	III	II III	III	III	III	III	III	II III	III	II III	I-III	I-III	II III	III	II III
江原道東部地域圈	I II	I II	·	II III	I	III	III	II	II	·	·	II	II III	II III	I-III	II III	II III	II	II
南部地域圈	·	I-IV	·	II	·	·	·	·	·	·	·	III IV	III IV	·	·	III IV	III IV	IV	·
湖西地域圈	II	I-III	II III	·	·	·	·	·	II	·	·	III	II III	·	·	·	·	·	II III

표 2 _ 김승옥(2006b)의 중기 단계설정과 지역별 송국리문화의 전개과정

지역권		전반	중반	후반	비고
금강 중하류		송국리	송국리	송국리	전반부터 역삼동 문화와 접촉
충청북부	보령 일대	휴암리	휴암리+송국리	송국리	전반부터 금강 중하류와 접촉
충청북부	천안 일대	역삼동	역삼동+휴암리	송국리	중반부터 금강 중하류와 접촉
영산강		역삼동?	휴암리+송국리	송국리	금강 하류와 접촉
금강 상류		역삼동?	휴암리	송국리	문화적 점이지대
보성강		역삼동?	휴암리?	송국리	중반부터 금강 상류와 접촉
남강		휴암리	휴암리+송국리	송국리	전반부터 금강 상류와 접촉
낙동강 중류		역삼동	역삼동+휴암리	송국리	중반부터 금강 상류와 접촉
낙동강 하류		역삼동	역삼동+휴암리	송국리	중반부터 남강, 낙동강 중류와 접촉

표 3 _ 庄田愼矢(2007)의 남한지역 교차편년과 단계설정(후기는 송국리유형 단계로 본서의 중기에 해당함)

대별시기	세별시기	영동해안	북한강	남한강	한강하류	아산만	태안반도	금강상류	금강중/하류	낙동강중상류	남강/황강유역	낙동강하류	남서해안	영산강	형산강/태화강
전기	I			1	1			1					1		1
	IIA	1		2		1		2	1	2	2	1	2	1	2
	IIB	2·3	1	2	3	2	1	3	2	3	3	2	3	2	3
	III	4	2	3	4	3	2	4		4	4	3	4	3	4
후기	IV		3	4		4	3		3	5	5	4	5	4	5
	V	5	4	5	5	5	4		4	6	6	5	6	5	6
	VI			5		6	5		5	7	7	6	7	6	
	VII						6		6	?	8		8		

표 4 _ 裵眞晟(2007)의 남한지역 전기의 병행관계

시기	중서부 庄田愼矢(2005)	중서부 安在晧·千羨幸(2004)	중서부 李亨源(2002)	영남 安在晧·千羨幸(2004)	영남 庄田愼矢(2004)	영동 朴榮九(2000)
조기	I	가락동 I		I	I	↑ 교동 ↓
전기 전반	IIA / IIB	I / II	가락동 II	II / III	II	조양동
전기 후반	III	III	가락동 III	IV	III	방내리

표 5 _ 천선행(2015)의 남한지역 조기~전기전반 병행관계

단계	남한강유역 아우라지	남한강유역 기타유적	북한강유역 홍천강	북한강유역 북한강	금강유역	남강유역		영남내륙지역
조기	1·6·12호	미사리 SL1 KC015 KC018	외삼포리 3호	하화계리 1호?	?	평거동①·②	상촌리 D-2호 어은118호	?
조기	8호	미사리 KC011 KC017	외삼포리 5호	연하리 1·13호 대성리 25·26호				
전기전반	11·13호		철정리II 1단계		원촌1호	평거동③		충효동2호 송죽리4·6·35?
전기전반	2·4호 15·17호 9호 10호 3·7호	↑↑ 천동리 황석리 주천리	철정리II 2단계	현암리 1~4호 거례리20호	대평리1단계/원신흥동 대평리2·3단계 연기 보통리 대전 용산동	평거동④	어은·옥방 D-9호 상촌리2·10호 옥방C-3호 D-1호 본촌리나-3호 ↓	충효동3호/송죽리7 ↓

Ⅱ. 남한지역 병행관계

  본서에서 남한지역은 공간적으로 중부지역을 비롯하여, 호서지역, 호남지역, 영남지역 등 모두 4개 권역으로 나뉘며, 이는 또한 다음과 같이 세부적으로 구분되었다.

  o 중부지역(김권중) : 경기지역, 북한강유역, 남한강유역, 영동지역
  o 호서지역(나건주) : 충청북서지역, 충청남동지역
  o 호남지역(김규정) : 북서부지역, 중서부지역, 영산강유역, 동부내륙지역, 남해안지역
  o 영남지역(김병섭) : 서남부지역, 중부내륙지역, 동남부지역

  위와 같은 공간적 분류에 따라 각 지역은 조기-전기-중기-후기의 4시기 구분이 이루어졌으며, 각 시기는 다시 2단계, 또는 3단계로 세부 편년을 진행한 경우도 있다. 조기는 돌대문토기를 중심으로 하는 미사리유형으로 대표되며, 전기는 가락동유형, 역삼동유형, 흔암리유형이, 중기는 역삼동유형, 송국리유형, 천전리유형, 검단리유형이, 후기는 수석리유형이 유행한 시기에 해당한다. 세부적인 편년은 앞에서 지역별 집필자들이 서술한 내용이 있으므로 여기에서 따로 언급하지는 않는다. 전체적으로는 현재 청동기학계의 연구 경향을 잘 보여주고 있다고 생각한다. 토기문화를 중심으로 볼 때, 미사리식토기→가락동식토기, 흔암리식토기, 역삼동식토기→역삼동식토기, 검단리식토기, 송국리식토기→수석리식토기가 선후관계를 가지고 있으며, 또한 각각의 토기 형식들이 일정 부분 공존하는 양상을 나타내고 있다. 주거지의 경우는 미사리식주거지→가락동식주거지(둔산식주거지), 역삼동식주거지→역삼동식 · 검단리식(울산식) · 반송리식 · 휴암리식 · 하촌리식 · 송국리식주거지→수석리식주거지의 흐름을 보이고 있다.
  〈표 6〉은 본서에 제시된 지역별 편년안을 토대로 한 토기의 병행관계를 나타낸 것이며, 남한지역 병행관계를 전체적으로 제시한 광역 편년은 〈그림 4〉와 같다. 이를 큰 틀에서 살펴보면 전기의 늦은 시기부터 후기까지는 지역 간 병행관계가 어느 정도 맞춰져 있지만, 조기에서 전기전반에 걸치는 시기는 지역별로 어긋나는 상황을 보여주고 있다. 예를 들어, 중부지역과 영남지역, 그리고 호남지역에서는 이른 시기의 가락동식토기를 조기로 보는 입장이지만, 호서지역의 경우는 전기전엽에 배치한 것에서 차이가 있다. 즉 가락동유형의 이른 시기 물질문화를 미사리유형과 더불어 조기로 편입시키는 지역과 가락동유형부터 전기로 파악하는 지역으로 나뉘는 것이다. 이 점에서 〈표 6〉과 〈그림 4〉는 조화롭지 않은 편년으로 볼 수 있다. 이를 바로잡기 위해서 필자의 편년안만을 적용하여 편년망을 작성할 수도 있겠지만 그 보다는 학계의 청동기시대 편년 연구가 매우 복잡한 양상을 띠고 있는 점을 감안할 때, 현재의 상황을 그대로 보여주는 것도 어느 정도 의미가 있다고 본다. 이에 대한 조율은 향후의 진전된 연구에 맡기기로 하며, 다만 이와 관련된 쟁점을 다음 장에서 다루기로 한다.

표 6 _ 본서의 편년에 의한 남한지역 토기의 병행관계

연대 B.C.	중부 (김권중 안)	호서 (나건주 안)	영남 (김병섭 안)	호남 (김규정 안)
B.C.1500 조기	〈전반〉환저토기, 각목돌대, 절상돌대, 유상돌대, 이중구연, 이중구연거치문, 호, 마연토기 〈후반〉각목돌대, 절상돌대, 유상돌대, 이중구연단사선, 공렬, 구순각목, 장경호, 호	각목돌대문, 절상돌대문, 요동계이중구연(단사선문, 거치문, X자문)	각목돌대,절상돌대, 유상돌대, 이중구연, 이중구연거치, 이중구연구순각목, 구순각목, (마연)장경호	각목돌대, 절상돌대, 이중구연단사선, 이중구연, 구순각목
B.C.1300 ~1200 전기	〈전반〉이중구연단사선, 이중구연, 이중구연단사선공렬, 구순각목 이중구연거치문, 공렬·구순각목조합 〈후반〉퇴화이중구연단사선구순각목공렬, 공렬·구순각목조합	〈전엽〉절상돌대, 계관형돌대, 유상돌대, 요동계이중구연, 이중구연(단사선, 거치문, 구순각목, 계관형돌대), 공렬·구순각목조합, 두형토기, 적색마연호 〈중엽〉이중구연(단사선, 거치문, 구순각목), 횡대문, 구순각목, 두형토기, 역삼동·흔암리유형에서 이중구연 비율 감소, 퇴화이중구연 증가, 홀구연문양시문증가, 공렬·구순각목조합 〈후엽〉(퇴화)이중구연단사선일부, 구순각목, 무문급증, 역삼동·흔암리유형에서 홀구연비율 90% 이상, 공렬·구순각목조합	〈전엽〉가락동식토기중심, 절상돌대, 상촌리식이중구연, 공렬, 구순각목 〈중엽〉흔암리식토기, 역삼동식토기중심, 가락동식토기, 채문호, 이중구연천발 〈후엽〉역삼동식토기중심	〈전엽〉절상돌대, 유상돌대, 이중구연단사선, 이중구연단사선구순각목, 이중구연단사선공렬구순각목, 공렬, 직구호 〈중엽〉이중구연단사선, 이중구연, 이중구연퇴화진행, 이중구연단사선구순각목, 이중구연단사선공렬구순각목, 공렬구순각목, 공렬, 구순각목 〈후엽〉이중구연퇴화하여 선상흔적, 단사선문정형형성떨어짐, 공렬, 구순각목
B.C.900 중기	공렬·구순각목조합, 무문심발, 외반구연토기	공렬·구순각목조합, 무문심발, 송국리식토기	〈전환기〉역삼동식토기, 검단리식토기, 이중구연천발, 횡침선발, 채문호 〈전반〉역삼통식토기, 검단리식토기, 무문내만구연심발, 외경, 직립구연호 〈후반〉공렬, 구순각목, 송국리식토기, 적색마연토기	〈전반〉공렬, 구순각목, 직립구연토기, 송국리식토기, 적색마연토기 〈후반〉역삼동식토기, 검단리식토기, 외반구연호
B.C.500 후기 B.C.300	원형점토대옹, 흑색마연장경호, 두형토기, 파수부호, 무문심발, 외반구연옹	〈전반〉송국리식토기, 원형점토대옹, 흑색마연장경호, 두형토기, 파수부호 〈후반〉원형점토대옹, 흑색마연장경호, 두형토기, 파수부호	송국리식토기, 원형점토대옹, 흑색마연장경호, 두형토기, 파수부호	〈전반〉원형점토대옹, 흑색마연장경호, 두형토기, 파수부호 〈후반〉원형점토대옹, 흑색마연장경호, 두형토기, 파수부호

Ⅲ. 쟁점

1. 돌대문토기문화의 조기 설정과 전기 문화와의 관계

돌대문토기문화를 중심으로 하는 청동기시대 조기는 한반도 서북한의 압록강유역 또는 중국 요동지역의 田作중심 농경문화가 한반도의 신석기말기 문화와 접촉하여 성립한 시기를 말한다(安在晧 2000). 그 근거는 돌대문토기가 출토된 하남 미사리유적이나 진주 대평리 어은1지구 유적에서 찾았는데, 돌대문토기를 표지로 하면서 신석기시대 말기의 전통을 간직한 유물과 공반하는 단계로 규정되었다. 그리고 이 시기는 쌀, 보리, 밀, 조 등의 재배작물과 함께 수확용의 석도를 통해서 볼 때, 말기 신석기시대에서 농경을 기반으로 한 청동기시대로 진입하는 과도기로 이해할 수 있다. 안재호의 조기론이 주창될 당시는 돌대문토기(미사리식토기)와 관련된 유적의 발굴성과가 매우 적었던 상황이었음에도 불구하고, 신석기시대에서 청동기시대로의 전환 양상을 편년과 연계시켜 시기구분을 시도한 것은 청동기시대 고고학의 선도적인 연구성과로 평가된다(이형원 2010).

안재호의 돌대문토기 조기설정 이후, 박순발(2003)·배진성(2003)·김재윤(2004)·천선행(2005·2007)·김승옥(2006a)·이건무(2007)·이형원(2007b)·김현식(2008)·庄田愼矢(2007)·고민정(2009)·김병섭(2009) 등에 의해 돌대문토기를 표지로 하는 미사리유형 조기론이 폭넓게 확산되었다. 그런데 조기라는 용어를 적극 사용하는 연구자들은 다시 두 그룹으로 나뉜다. 즉 조기의 문화상을 미사리식의 돌대문토기 중심으로 보는 입장(안재호·천선행·이형원 등)과 돌대문토기와 더불어 가락동식의 이중구연단사선 혹은 이중구연거치문토기, 그리고 역삼동식의 공렬토기를 조기에 포함하는 견해(배진성·김현식·고민정·김병섭 등)가 그것이다. 청동기시대 유형론(朴淳發 1999)으로 간단히 말하면, 전자는 '미사리유형 조기론'('안재호의 조기론')이며, 후자는 '미사리·가락동·역삼동흔암리유형 병존 조기론'('배진성의 조기론')이 되는 셈이다. 앞서 언급한 대부분의 연구자들이 조기론의 찬성자들이지만, 그 내용은 크게 다름을 알 수 있다. 특히 '안재호의 조기론'과 '배진성의 조기론'은 편년적으로 큰 견해차를 가지고 있다고 볼 수 있다(이형원 2010).

배진성은 안재호·천선행·이형원이 청동기시대 전기전엽으로 편년한 일부 자료를 조기로 편년하였다. 그 핵심은 서북·동북한 양 지역에 계통을 둔 무문토기문화가 남한 재지 신석기문화와 접촉을 하게 되는데, 그 주체가 미사리유형뿐만 아니라, 가락동유형이나 역삼동·흔암리유형에서도 일어났다는 것이며, 남강유역의 예를 들어 미사리식토기와 역삼동식토기의 공반도 강조한다. 청동기시대 조기설정론의 재고를 요한다는 김장석의 강한 비판도 이와 유사하다. 김장석은 조기론자는 아니지만, 편년관에서는 '배진성의 조기론'과 서로 통하는 면이 많다. 그는 조기의 표지적 토기로 인식되고 있는 돌대문토기를 전기의 가락동식토기나 역삼동식토기의 상한보다 이르게 보는 것을 조기설정론의 문제로 파악한다. 그리고 한국 청동기시대의 성립을 농업경제의 확산이라는 측면에서 이해하여, 이들의 북으로부터의 이주는 특정지역에 국한되지 않았을 것이며, 그 결과 다양한 곳에서 다양한 물질문화를 가진 집단의 이주와 남한에서 자생적으로 발생한 물질문화가 공존하는 기간이 있었을 것으로 주장했다(김장석 2008).

상술한 내용을 요약하면, 남한지역 청동기문화의 성립을 크게 보면 '안재호의 조기론'인 '미사리유형 조기론'과 '배진성의 조기론'인 '미사리·가락동·역삼동흔암리유형 병존 조기론'으로 나눌 수 있다. 여기에 조기라는 용어를 부각시킨다면 '김장석의 전기론'도 추가할 수 있지만, 이것은 지엽적인 문제라서 배진성과 김장석의 상황 인식은 큰 차이가 없다고 생각한다. 그렇다면 청동기시대 조기설정을 둘러싼 문제는 두 가지로 귀결된다. 조기와 전기의 편년 문제와 두 시기의 문화 내용이 핵심이 되는데, 이에 대해서 논의해 보기로 하자.

필자는 미사리유형을 가락동유형, 역삼동·흔암리유형과 함께 전기로 분류한 적이 있지만(李亨源

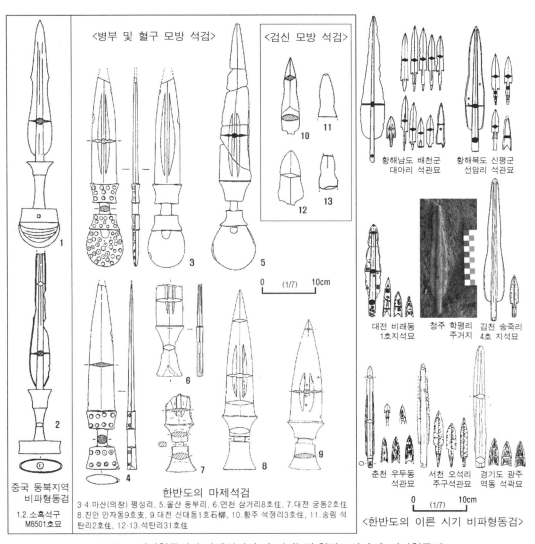

<병부 및 혈구 모방 석검>

<검신 모방 석검>

황해남도 배천군
대아리 석관묘

황해북도 신평군
선암리 석관묘

대전 비래동
1호지석묘

청주 학평리
주거지

김천 송죽리
4호 지석묘

0 (1/7) 10cm

중국 동북지역
비파형동검
1.2.소흑석구
M8501호묘

한반도의 마제석검
3·4.마산(의창) 평성리, 5.울산 동부리, 6.연천 삼거리8호住, 7.대전 궁동2호住
8.진안 안자동9호호, 9.대전 신대동1호石槨, 10.황주 석정리3호住, 11.송림 석
탄리2호住, 12·13.석탄리31호住

춘천 우두동
석관묘

서천 오석리
주구석관묘

경기도 광주
역동 석곽묘

0 (1/7) 10cm

<한반도의 이른 시기 비파형동검>

그림 5 _ 비파형동검과 마제석검의 비교(좌) 및 한반도의 古式 비파형동검
(한반도 마제석검의 기원을 요령식동검에서 찾는 견해가 많으며 최근에는 骨劍과 관련된다는 주장도 제기되었다)

2002), 2007년부터는 '안재호의 조기론'을 받아들여 미사리유형I기를 조기로 소급시키고 미사리유형II기를 전기로 하는 변화된 시기구분안을 제안하였다(李亨源 2007b). 여기에서 가장 중요한 점은 조기는 미사리유형이 중심이었다가, 전기가 되면 가락동유형과 역삼동·흔암리유형이 성립되어 성행한다는 것이다. 조기와 전기를 나누는 키포인트는 전기전엽에 혈구이단병식마제석검과 이단경식석촉이 출현한다는 점을 들 수 있는데(李亨源 2006a; 이건무 2007), 이것은 요령지역 비파형동검문화의 영향을 강하게 받았다는 것을 시사한다(그림 5). 이른 시기 비파형동검문화권의 외연지대인 한반도에서 동검이나 동촉을 모델로 하여 마제석검과 이단경식석촉을 만들었을 가능성이 높다(朴淳發 1993; 近藤喬一 2000) 이는 비파형동검을 직접 입수하기 곤란한 상황에서 이를 모델로 하여 만든 代價品的 성격을 가지는 威勢品으로 이해할 수 있을 것이다(中村大介 2003; 宮本一夫 2004). 이후 빠르면 전기중엽, 늦어도 전기후엽경에 비파형동검이나 동촉과 같은 청동기가 남한지역에 등장하게 된다. 남한지역의 전기전엽은 선동검기가 되며 전기중엽이나 후엽경에 이르러서야 비파형동검기에 접어들게 된다(李亨源 2007b). 이와 같은 관점에서 가락동유형에 해당하는 대전 궁동이나 둔산유적의 마제석검의 예를 들어 청동기시대 조기에 마제석검이 존재한 것으로 이해한 배진성의 견해(裵眞晟 2003)도 있으나, 조기가 아닌 전기전엽으로 편년하는 것이 더 타당하다는 시각도 있다(이형원 2010).

미사리유형과 가락동유형의 편년과 관련해서 박순발은 미사리유적으로 대표되는 단순 돌대문토기 단계와 절상돌대문토기+가락동유형 요소가 공반되는 단계가 서로 시기적 선후관계가 있음을 밝혀냈는데, 이를 통해 요동 및 압록강유역 청동기문화의 남한지역으로 1차 파급이 미사리유형을 형성했으며, 다시 압록강유역에서의 2차 파급이 가락동유형의 등장 배경이 되었다고 보았다(朴淳發 2003). 이와 같은 견해는 호서지역의 가락동유형 유적을 검토한 안재호의 글에서도 볼 수 있다. 대전 용산동 4지구 5호주거지는 소형의 정방형주거지인데, 여기에서는 단사선문이 시문된 폭 좁은 이중구연에 3.3cm의 각목 있는 절상돌대가 부착된 토기가 출토되었다. 이 이중구연단사선문토기는 호서지역 제I기에 해당하는 특징을 가지고 있으므로(安在晧·千羨幸 2004), 가락동식토기의 가장 이른 형식은 절상돌대문토기와 동시기임을 알 수 있고, 이런 의미에서 절상돌대문토기에 앞서는 돌대문토기는 조기로 설정되는 것으로 파악하였다(安在晧 2009).

미사리유형 조기론과 관련된 박순발과 안재호의 진전된 연구는 최근 중부지역의 발굴성과에서도 뒷받침된다. 조기론의 입론 근거가 된 미사리유적과 유사한 양상은 가평 대성리유적에서도 확인할 수 있다. 대성리 25호·26호 주거지는 판석부위석식노지가 있는 미사리식주거지로, 여기에서는 즐문토기의 전통을 간직한 유공토기나 이중구연토기가 출토되었으며, 지표채집품이긴 하나 돌대문토기도 수습되었다(京畿文化財硏究院, 2009). 그런데 대성리 25호에서 출토된 적색마연호의 공반관계가 확실하다면 이 주거지는 조기에서 전기에 걸치는 단계에 속할 가능성도 배제할 수는 없다고 생각한다. 이와 함께 전기로 편년되는 돌대문토기 출토 주거지로 가평 연하리유적(이재설외 2009)을 비롯하여 홍천 외삼포리유적(江原文化財硏究所 2008), 그리고 인천 동양동유적(韓國文化財保護財團 2007), 화성 정문리유적(김아관 외 2009)도 주목된다. 이 유적들은 돌대문토기와 절상돌대문토기가 공반하는 단계인데, 극히 일부에 불과하지만 가락동식토기도 함께 출토되었다. 더 중요한 것은 혈구이단병식마제석검과 유엽형의 유경식석촉이 존재한다는 점이다. 홍천 외삼포리 5호주거지의 이단병식석검과 이중구연거치문토기는 대전 궁동유적

(李康承 외 2006)의 그것과 흡사하며(江原文化財研究所 2008, 128~132쪽), 가평 연하리 13호주거지의 혈구 있는 마제석검의 존재도 이에 대비된다(이형원 2010).

표 7 _ 청동기시대 조기~전기전엽의 주요 돌대문토기 공반유물과 탄소14연대

시기	유적·주거지	주요 공반 유물	탄소14연대(BP)
조기	하남 미사리 고려대11호	각목돌대문토기, 환저토기(말기즐문토기)	3360±40 (환저토기탄착물)
	진주 대평리 옥방 5지구 D-2호	각목돌대문토기	3230±50, 3180±80
전기 전엽	정선 아우라지1호	각목돌대문토기, 가락동식토기 (이중구연단사선문)	3010±60
	홍천 외삼포리3호	節狀돌대문토기, 瘤狀돌대문토기(공렬문토기)	3080±60
	홍천 외삼포리5호	각목돌대문토기, 절상돌대문토기, 유상돌대문토기+가락동식토기(이중구연거치문), 이단병식마제석검	3120±80
	가평 연하리1호	각목돌대문토기, 절상돌대문토기, 삼각만입석촉, 일단경석촉	3090±60, 3070±50, 3030±60, 3000±60, 2810±60
	가평 연하리13호	각목돌대문토기, 유상돌대구순각목문토기, 유혈구석검	
	화성 정문리 주거지	각목돌대문토기, 절상(계관형)돌대문토기	2970±50
	진주 대평리 어은1지구77호	절상돌대문토기, 가락동식토기(이중구연거치문)	
	진주 대평리 어은1지구104호	가락동식토기 공반	2850±60BP(쌀), 2830±60BP(조), 2840±60BP(조)
	진주 상촌리 D지구10호	각목돌대문토기, 공렬토기	3010±50
	진주 평거동 3-1지구5호	각목돌대문토기, 단사선공렬문토기, 공렬문토기	2945±25, 2935±25
	김천 송죽리 1단계	각목돌대문토기, 절상돌대문토기, 가락동식토기	2910±60(6호)

그렇다면 돌대문토기가 출토된 주거지의 절대연대측정치는 어떠한가. 〈표 7〉에서 볼 수 있는 바와 같이 전체적으로 보면 조기의 연대가 앞선다는 것을 알 수 있다(李亨源 2014). 호서지역 가락동유형I기(전기전엽)의 이른 시기로 측정된 절대연대 역시 돌대문토기와 절상돌대문토기가 출토되는 전기전엽과 큰 차이가 없다(李亨源 2007a, 37쪽).

결론적으로 미사리유형의 기원을 요동 및 압록강유역의 농경문화에서 찾고(安在晧 2000; 李亨源 2002; 朴淳發 2003; 千羨幸 2005), 가락동유형의 계통을 압록강, 청천강유역에서 구하는 것(朴淳發 1999; 金壯錫 2001; 李亨源 2001; 裵眞晟 2003)이 타당하며, 남한지역에서 미사리유형의 출현시점이 가장 이르고, 가락동유형과 역삼동·흔암리유형의 형성이 늦다고 한다면, 그리고 이 3유형의 문화적 성격에 차이가 존재한다면 조기와 전기의 구분은 설득력이 있다고 생각한다. 또한 이들간의 선후관계는 단절적 선후관계가 아니라, 계기적 선후관계(安在晧 2009, 53~54쪽)를 나타낼 가능성이 높은데, 이것은 조기에 이어지는 전기청동기문화의 3유형 병존설(李亨源 2002·2009)과도 연결된다(이형원 2010).

한편 최근 일부 연구자들에 의해서 마제석검이 조기의 물질문화에 해당한다는 주장이 제기되고 있다. 이 가운데 탄소14연대를 근거로 석검은 기원전 15~14세기에 출현한다는 이창희(2013)의 견해를 대표적으로 살펴보도록 한다. 그의 견해는 〈그림 6〉으로 요약되므로 이에 대해서 간단하게 검토하기로 한다.

먼저, 대전 원신흥동 2호 주거지(김영국 외 2012)의 유경식 마제석검의 연대를 3230±50BP로 제시하였으나, 이 주거지는 중앙주초석열과 3개의 노지가 있는 세장방형 평면이며 구순각목토기가 출토된 점으로 볼 때, 이는 가락동유형의 늦은 단계에 해당한다(李亨源 2007a; 孔敏奎 2011). 이는 비슷한 시기로 판단되는 4호 주거지의 연대가 2820±50BP로 측정된 점에서도 2호 주거지의 목탄 시료는 신뢰하기 어렵다고 생각한다. 다음으로 대구 상인동 128-8번지 유적(하영중 2010)의 12호 및 13호 주거지에서 출토된 석검을 초기 형식으로 본 것도 재고의 여지가 있다. 12호 주거지에서 채취된 2점의 목탄 시료 연대가 3200

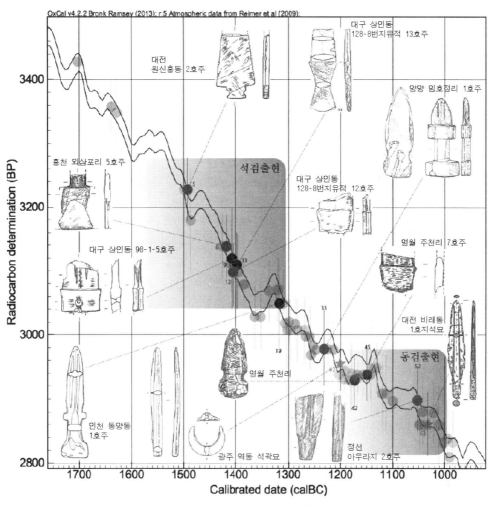

그림 6 _ 탄소14연대에 근거한 석검과 동검의 출현 연대(이창희 2013 가필)

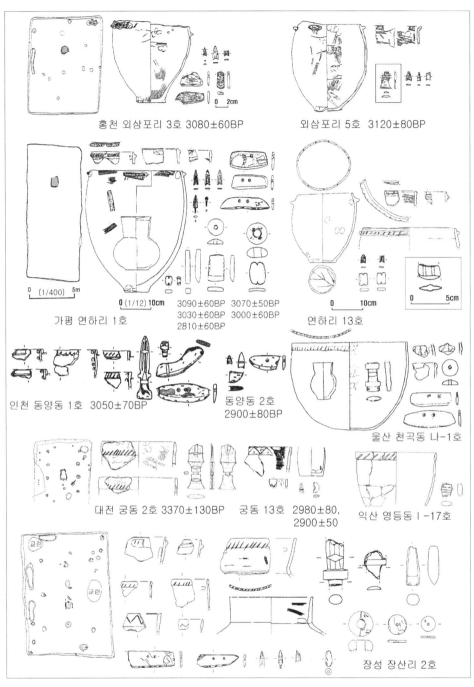

홍천 외삼포리 3호 3080±60BP

외삼포리 5호 3120±80BP

가평 연하리 1호

3090±60BP 3070±50BP
3030±60BP 3000±60BP
2810±60BP

연하리 13호

인천 동양동 1호 3050±70BP

동양동 2호
2900±80BP

울산 천곡동 나-1호

대전 궁동 2호 3370±130BP

궁동 13호 2980±80,
2900±50

익산 영등동 I-17호

장성 장산리 2호

그림 7 _ 상대연대와 절대연대를 토대로 한 남한 最古단계의 마제석검
(이른 시기의 마제석검은 가락동식토기 및 절상 또는 유상돌대문토기와 밀접한 관련이 있다)

±60BP와 3100±50BP로 나왔기 때문이지만, 이 주거지는 3개의 노지가 확인된 15.9×4m의 세장방형 평면에 토기는 퇴화이중구연 단사선문과 구순각목문이 조합을 이루는 점에서 전기후반 이전으로 소급되기 어렵다. 또한 타원형 혹은 말각방형 평면의 소형인 13호 주거지의 목탄 시료는 3140±50BP과 2680±80BP로 측정되었는데, 이 가운데 이른 시기의 연대를 취한 것도 적절하지 않다. 주거구조나 석검의 형태로 보았을 때 전기후반에서 중기로 보는 것이 타당하며, 이는 늦은 시기의 연대값(2680±80BP)과 조화를 이룬다. 이와 같이 탄소14연대만을 근거로 한 마제석검의 조기 출현 주장은 좀 더 신중한 접근이 필요하다고 본다.[1]

〈그림 7〉은 마제석검이 출토된 유구와 공반된 유물의 상대연대를 비롯해서 탄소14연대(절대연대)를 함께 고려하여 집성한 最古 단계의 석검에 해당한다. 이른 시기의 연대를 갖는 마제석검은 주로 가락동식토기나 절상돌대문토기 등과 공반되는데, 순수하게 돌대문토기만 확인되는 유적에서는 아직 마제석검이 보고된 사례는 없다고 볼 수 있다. 필자는 이 점을 중시한다.

그런데 전기의 시작을 비파형동검을 모방한 마제석검의 출현으로 규정할 경우, 한반도 마제석검의 연대는 요령지역 비파형동검의 상한연대를 넘지 못하게 된다. 현재 비파형동검의 기원에 대해서는 요동기원설과 요서기원설로 양분되어 있는데, 어느 쪽을 취하느냐에 따라 연대가 크게 다르다. 寧城縣의 小黑石溝나 南山根유적을 대표로 하는 요서기원설의 입장에서는 비파형동검의 연대를 대체로 기원전 9~8세기대로 보며, 雙方유적의 비파형동검을 가장 이른 단계로 파악하는 요동기원설에서는 기원전 12세기로 설정하고 있다. 요서기원설의 연대는 비파형동검과 공반된 중원계 청동예기의 형식이나 명문 등을 토대로 서주후기로 하며, 요동기원설을 주장하는 쪽에서는 탄소14연대를 근거로 한다(朴淳發 1993, 126~137쪽; 庄田愼矢 2005, 40·41쪽). 남한지역 마제석검이 비파형동검을 모방한 것이 사실이라면 절대연대를 근거로 한 요동기원설과 연결될 가능성이 높으며, 요동의 비파형동검문화가 요서지역과 한반도로 파급된 것으로 볼 수 있다. 그런데 한반도 마제석검과의 형태적 유사성을 감안할 때, 요서지역 비파형동검의 실연대 비정도 과제로 남아 있다. 그리고 마제석검 출토 주거지의 연대가 지속적으로 상향되고 있는 추세와 석검의 비파형동검 모방설을 비판하는 입장에서는 새로운 대안을 요구한다. 이와 관련하여 비파형동검과 마제석검의 기원을 植刀式骨劍에서 찾는 신설이 春城秀爾(2006, 196~198쪽)에 의해 제기된 바 있으며, 안재호(2009, 91~95쪽)도 이를 「요령식동검 식인식단검조형설과 요동지역 발생설」, 그리고 「한반도 마제석검 식인식단검조형설」로 부르며 동조하고 있다. 마제석검의 비파형동검 모방설을 강하게 부정하는 것으로 앞으로 활발한 토론이 이루어질 것으로 기대한다(이형원 2010).

그리고 방사성탄소연대 측정 결과를 중심으로 편년연구를 진행하는 연구자들 사이에서도 그것을 활용하는 데 견해 차이가 큰 편이다. 예를 들어 〈그림 8〉은 이창희(2013)와 정대봉(2013)이 작성한 조기~전

---

1) 목탄 시료를 대상으로 한 탄소14연대의 해석과 관련하여 강릉 교동유적의 경우 목탄시료를 대상으로 한 연대측정에서 1호 주거지 3390±60BP, 2호 주거지 3100±50BP, 3호 주거지 3230±50BP로 보고되었다(백홍기 외 2002). 그렇지만 1호 주거지에서 출토된 탄화미로 분석한 연대는 3040±60BP와 2860±20BP로 확인된 점에서 볼 때, 교동유적의 목탄시료는 실연대보다 상향되었음을 알 수 있으며 이는 고목효과로 판단된다고 한다(안승모 2012, 168·169쪽). 이창희(2013, 449쪽)도 이를 수용하고 있다. 탄소14연대에 근거한 연대설정은 적극적으로 활용할 필요가 있지만 상대연대와의 정합성을 고려해야만 한다.

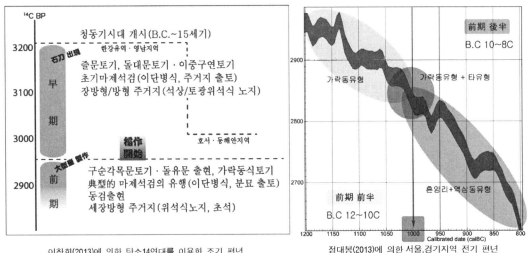

이창희(2013)에 의한 탄소14연대를 이용한 조기 편년   정대봉(2013)에 의한 서울,경기지역 전기 편년

그림 8 _ 이창희(2013), 정대봉(2013)의 조기~전기 편년

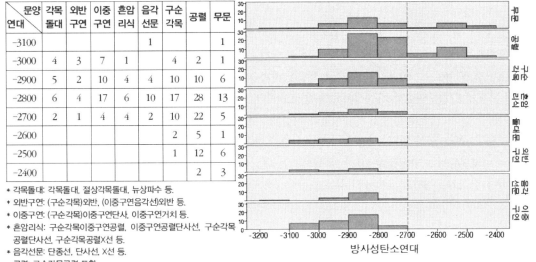

문양 연대	각목 돌대	외반 구연	이중 구연	흔암 리식	음각 선문	구순 각목	공렬	무문
-3100					1			1
-3000	4	3	7	1		4	2	1
-2900	5	2	10	4	4	10	10	6
-2800	6	4	17	6	10	17	28	13
-2700	2	1	4	4	2	10	22	5
-2600						2	5	1
-2500						1	12	6
-2400							2	3

* 각목돌대: 각목돌대, 절상각목돌대, 뉴상파수 등.
* 외반구연: (구순각목)외반, (이중구연음각선)외반 등.
* 이중구연: (구순각목)이중구연단사, 이중구연거치 등.
* 흔암리식: 구순각목이중구연공렬, 이중구연공렬단사선, 구순각목
  공렬단사선, 구순각목공렬X선 등.
* 음각선문: 단종선, 단사선, X선 등.
* 공렬: 구순각목공렬 포함.

방사성탄소연대

그림 9 _ 황재훈(2014)의 중서부지역 토기 문양 탄소14연대 분포

기편년이고, 〈그림 9〉는 황재훈(2014)의 토기 문양 분포 편년이다. 이 가운데 황재훈은 공렬토기와 구순각목토기, 흔암리식토기의 시작을 3200~3100BP로 보지만, 이창희는 이 문양들이 2950BP에 출현한 것으로, 정대봉은 2850BP로 보는 등 편차가 심하다. 동일한 절대연대 측정치를 어떻게 분석하고 적용하는가에 따라 편년이 달라진다는 것을 잘 나타내주고 있다. 이는 상호 토론을 통해 해결해야 할 중요한 과제이다.

이와 같이 남한지역의 광역 편년망을 구축하는 데 있어서 조기와 전기전반에 대한 연구자들 사이의 견해차이는 편년에서도 그대로 나타나고 있는데 그 해결이 용이하지 않은 것이 현재의 실정이다.

2. 전기문화의 지속과 중기문화 성립에 대한 편년 쟁점

전기문화의 전통이 중기까지 이어지고 전기문화와 중기문화가 일정 기간 동안 공존한다는 사실은 주거지와 무덤, 그리고 유물상에서 명확하게 확인된다. 그런데 중기문화를 대표하는 송국리유형의 형성과 관련한 논쟁은 현재 진행형으로 이는 편년과 관련하여 매우 중요한 사항이다. 이 논쟁의 핵심 사항 가운데 하나는 송국리유형이 금강유역에서 자체적으로 발생했는지, 아니면 외부에서 들어온 이주민에 의한 것인지에 대한 것으로, 일반적으로 전자를 '송국리유형 자체발생설'로, 후자를 '송국리유형 외래기원설'로 부르고 있다. 양 설 모두 논의의 중심 대상은 충청 이남의 남부지역으로, 이 지역에서 전기의 역삼동유형으로부터 송국리유형이 계기적으로 이어졌는지, 아니면 외래기원의 송국리유형 물질문화가 충청지역에 처음으로 등장했는지에 관심을 두는 형국이었다. 그런데 2000년대에 들어서 경기지역에서도 관련 자료가 속속 발굴되면서 송국리유형 형성 논쟁은 충청이남의 발굴자료를 대상으로 이루어졌던 상황에서 이제 새로운 국면에 접어들게 되었다(이형원 2010).

경기지역의 청동기시대 주거지는 무시설식노지와 저장공이 있는 장방형 또는 세장방형주거지가 주류를 이루며, 여기에서 출토된 토기는 이중구연, 단사선, 공렬, 구순각목 등이 시문되는 것이 특징이다. 이 지역 무문토기문화의 늦은 단계는 이중구연과 단사선이 사라지고 공렬과 구순각목의 역삼동식토기만 사용된 시기로 편년된다(李亨源 2002; 李眞旼 2004; 김한식 2006; 송만영 2013; 강병학 2013). 전형적인 송국리식주거지를 비롯하여 같은 범주에 포함되는 반송리식주거지(이형원 2006b)에서 유구석부를 비롯해 삼각형석도, 유구경식석검, 일단병식석검, 일단경식석촉 등 송국리유형의 요소가 공반된 점에서 청동기시대 중기로 볼 수 있다. 물론 넓은 의미에서는 송국리유형으로 볼 수 있지만, 토기상은 공렬과 구순각목이 주가 되므로 좁은 의미에서는 선송국리유형(安在晧 1992)에 속하는 것이다. 이와 같은 경기남부지역의 송국리유형 관련 고고학자료를 어떻게 해석하고 편년하는 가는 연구자에 따라 입장이 다르다. 역삼동유형에서 송국리유형으로 이행되는 과도기적 현상을 선송국리유형으로 보는 연구자들과(安在晧 1992; 金壯錫 2003; 羅建柱 2005; 이형원 2006b · 2010), 이와 다르게 충청이남지역 송국리유형의 영향으로 파악하는 견해가(宋滿榮 2002 · 2010; 李弘鍾 2002; 禹姃延 2002; 李眞旼 2004; 김승옥 2006b; 이홍종 · 허의행 2013) 상존한다.[2] 〈그림 10〉은 경기남부~충청북부지역에서 송국리식주거의 형성과정을 나타낸 것이며 이는 재지발생설을 주장하는 입장이다. 물론 이는 주거 형식의 발생 순서를 말해주는 것이며, 각 형식의 공존 양상은 항상 염두에 두어야 한다. 영남지역의 남강유역에서는 장방형주거지와 방형 송국리

---

2) 한편 대전, 청주를 중심으로 하는 호서 남동지역의 가락동유형에서 송국리유형의 발생을 찾는 견해도 있다(宋滿榮 2015).

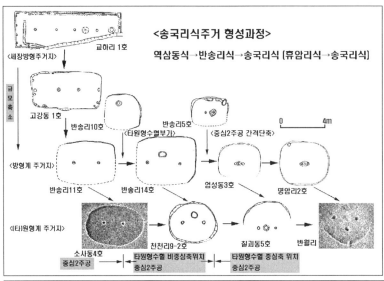

<송국리식주거 형성과정>

역삼동식 →반송리식→송국리식 [휴암리식→송국리식]

교하리 1호
<세장방형주거지>

고강동 1호
반송리10호
<타원형수혈부기>
반송리5호
<중심2주공 간격단축>

반송리11호　반송리14호　엄성동3호　명암리2호
<(타)원형계 주거지>

소사동4호
타원형수혈 비중심축위치
중심2주공

천천리9-2호　질괴동5호　반월리
타원형수혈 중심축 위치
중심2주공

0　　4m

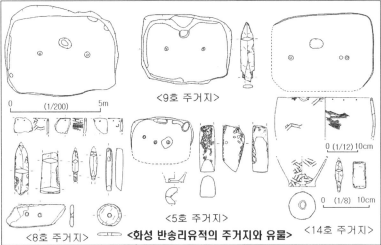

<9호 주거지>

<5호 주거지>

<8호 주거지>　　<14호 주거지>

0　(1/200)　5m

0 (1/12) 10cm

0 (1/8) 10cm

<화성 반송리유적의 주거지와 유물>

그림 10 _ 송국리식주거 형성과정 및
화성 반송리유적의 주거지와 유물(이형원 2006b · 2010)
(송국리유형 재래기원설을 주장하는 입장 가운데 하나로서, 경기남부~충청북부지역에서
(세)장방형주거에서 송국리식주거로 변화되는 과정을 보여주는 변천도이다. 이와 달리
외래기원설의 입장에서는 원형 송국리식주거를 반송리식주거나 휴암리식주거보다 이르
게 편년한다)

식주거지 사이에 어은식주거지(庄田愼矢 2007) 또는 하촌리식주거지(김병섭 2011)를 설정하고 이를 반송리식주거지와 같은 시기로 파악한 견해도 있다. 반면에 외래기원설을 주장하는 연구자들은 원형 송국리식주거지를 가장 이르게 보며, 이 송국리식주거 양식이 금강유역에서 주변부로 확산하면서 전기문화의 전통을 가진 장방형주거문화와 접촉하면서 방형 평면의 반송리식 혹은 휴암리식주거와 같은 변용된 형태가 나타난 것으로 해석한다.

청동기시대 연구에서 송국리유형 형성은 편년 연구와 밀접하게 관련된다. 재지발생설과 외래기원설의 입장에 따라 편년은 달라지는데, 이는 앞 장의 남한지역 간 광역편년에도 그대로 적용된다. 이

책에서 각 지역별 집필자들(중부-김권중, 호서-나건주, 영남-김병섭, 호남-김규정)이 송국리유형의 성립을 전기문화의 계승으로 보는 관점을 가지고 있어서 대체적으로 편년 내용에서 큰 차이점을 찾기 어렵다. 그렇지만 중기문화의 성립을 외래기원의 송국리유형에서 찾는 입장(이홍종 · 허의행 2013)에서는 세부적인 편년 내용이 달라질 수밖에 없다. 이는 오랜 시간 지속되어 온 학계의 과제이다.

3. 중기문화의 지속과 점토대토기문화의 공존기간 문제

청동기시대 후기는 남한지역의 경우 원형점토대토기문화의 유입을 그 기준으로 삼는다. 중국 동북지역에서 기원한 원형점토대토기문화가 남한으로 들어오면서 자연스럽게 재지의 중기문화와 공존한다. 외래문화인 점토대토기문화가 등장하는 시기의 남한의 토착 재지문화는 송국리유형, 역삼동유형, 천전리유형, 검단리유형 등의 물질문화가 유행하고 있었다. 그렇다면 재지문화와 외래문화가 어느 정도 공존했으

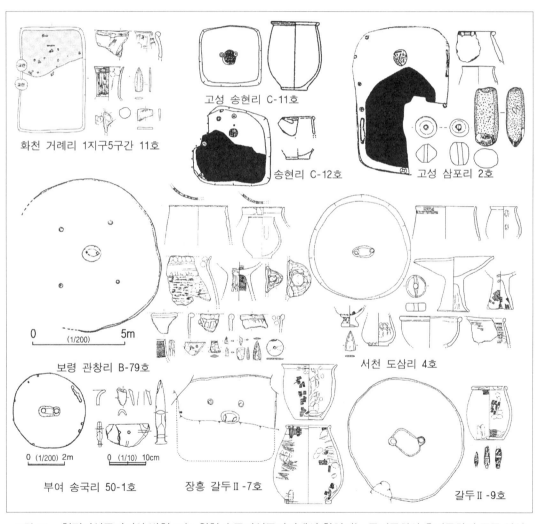

화천 거례리 1지구5구간 11호

고성 송현리 C-11호

송현리 C-12호

고성 삼포리 2호

보령 관창리 B-79호

0   5m
  (1/200)

서천 도삼리 4호

부여 송국리 50-1호

0 (1/200) 2m   0 (1/10) 10cm

장흥 갈두Ⅱ-7호

갈두Ⅱ-9호

그림 11 _ 천전리식주거지와 방형 또는 원형 송국리식주거지에서 확인되는 중기문화와 후기문화의 공존 양상
(원형점토대토기문화를 기준으로 보면 제시된 자료는 모두 후기로 편년되며, 송국리유적과 관창리유적 등
청동기시대 중기를 대표하는 유적들도 중기에서 후기에 걸치는 유적으로 보아야 한다)

며, 두 문화는 어떤 관계를 형성했을까. 우선 시간적 병행 관계에 대해서는 송국리유형을 비롯한 재지문화와 원형점토대토기문화인 수석리유형이 상당한 기간 동안 공존한 것으로 보는 입장이 주류인 가운데(이홍종 2006; 李秀鴻 2007; 김장석 2009; 이창희 2010; 李亨源 2011), 이를 비판적으로 보는 견해(庄田愼矢 2007; 유병록 2010) 역시 제시되어 있는 상황이다. 그런데 수석리유형과 송국리유형의 공존기간을 100년에서 200년 정도로 보는 견해를 비롯해서 500년 이상으로 보는 견해까지 편차가 심한 편이어서 이를 해결하기 위한 적극적인 노력이 필요한 상황이다.

〈그림 11〉은 중기문화와 후기문화가 함께 확인되는 양상을 제시한 것으로, 이와 같이 재지 전통의 주거지에서 외래 기원의 원형점토대토기 관련 유물이 출토되는 것은 고고학적으로 인지하기 쉽다. 그 반대의 경우도 마찬가지이다. 이와 관련하여 재지문화와 외래문화의 교류양상을 모식도로 나타낸 〈그림 12〉를 참고한다면 상호 교류형에 해당할 가능성이 높으며, 중부지역과 호서지역을 대상으로 한 사례 연구가 있다(李亨源 2015a · 2015b · 2016). 이와 같은 공반 자료들은 편년 연구와 관련하여 공시성을 확보할 수 있는 양호한 자료로 볼 수 있다. 그런데 문제는 재지문화와 외래문화가 서로 영향을 주고 받지 않는 무교류형의 경우는 그것을 파악하기 쉽지 않다는 점이다. 물론 정치한 형식학적 분석과 양질의 절대연대측정치를 종합적으로 활용한다면 세밀한 편년이 이루어질 수도 있겠지만, 아직은 이에 대한 해결은 어려운 실정이다.

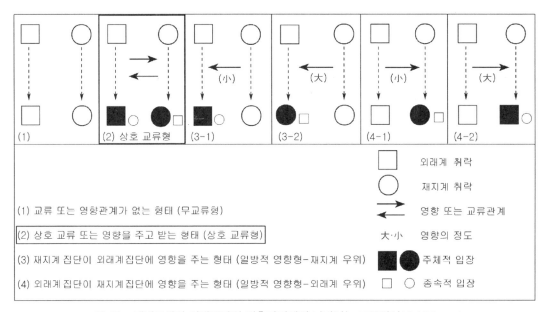

그림 12 _ 재지문화와 외래문화의 접촉과정에서 나타나는 교류양상(李亨源 2005)
(편년연구에서 (2)와 같은 상호교류형은 비교적 인지하기 쉽지만,
(1)과 같이 교류 또는 영향관계가 없는 경우는 시간성을 파악하기는 매우 어렵다)

Ⅳ. 과제

본고에서는 지역별 연구자들의 성과(중부-김권중, 호서-나건주, 영남-김병섭, 호남-김규정)를 종합하여 남한지역 광역편년을 제시하였다. 앞에서 언급한 바와 같이 이 편년안은 큰 틀에서 보면 별다른 문제가 없어 보이기도 하지만, 세부적으로 보면 조화롭지 않은 측면도 있어서 몇 가지 쟁점 사항을 간략하게 다루었다.

편년은 고도의 연구행위이며 쉽지 않은 작업이다. 그것은 당연한 얘기지만, 고고학 연구에서 시간과 공간, 형태가 靜的이지 않고 動的인 성질을 가지고 있기 때문이다. 편년연구는 통시적인 관점에서 또는 짧은 시간단위든지간에 연구목적에 해당하는 문화양상을 소상하게 파악하고 있어야만 가능하다. 연구주제에 따라 거시적으로, 때론 미시적인 관점에서 이루어져야 할 것임은 분명하다. 앞으로 상대연대와 절대연대를 적절하게 활용하여 다양하고 정치한 방법을 통해 보다 안정적인 편년설정이 이루어지기를 기대한다. 그리고 절대연대와 관련해서는 자연과학적인 방법과 더불어 동아시아적인 관점에서(李盛周 1996) 중국의 기년명자료와 공반유물의 검토를 통한 비교연대 연구에도 많은 관심을 가져야만 할 것이다(李亨源 2007b).

그리고 청동기시대 남한지역의 광역 편년은 문화의 자생적인 측면과 함께 중국동북지역이나 북한지역에서 들어온 다양한 외래문화와의 시간적 관계를 파악하는 것이 중요하게 다루어져야 한다. 즉 재지문화와 외래문화의 공존 양상, 전통문화의 지속과 외래문화와의 접촉, 그리고 그에 따른 문화변용 등과 같은 상황을 항상 염두에 두면서 편년 연구가 이루어져야 한다. 예를 들어 점토대토기문화가 유입되면서 송국리유형, 역삼동유형, 천전리유형이 유행한 지역의 물질문화는 새로운 문화를 수용하게 되는데, 이 과정에서 형식학적 변화로 설명하기 어려운 사례가 속출한다. 또한 이와 같이 새롭게 유입된 외래문화와 재지문화가 상호작용을 통해 교류의 흔적을 남긴 상황이 있다면 그렇지 않은 경우를 함께 고려해야만 한다. 후자의 경우 절대연대측정결과를 더욱 적극적으로 활용하는 것이 좋다고 생각한다.

참고문헌

강병학, 2013, 「서울 · 경기지역의 조기-전기문화 편년」『한국 청동기시대 편년』.

江原文化財研究所, 2008, 『洪川 外三浦里遺蹟』.

京畿文化財研究院, 2009, 『加平 大成里遺蹟』.

고민정, 2009, 「남강유역과 북한 청동기시대의 비교」『동북아시아적 관점에서 본 북한의 청동기시대』, 제2회 한국 청동기학회 학사분과 발표회 요지, 한국청동기학회.

孔敏奎, 2011, 「금강 중류역 청동기시대 전기 취락의 검토」『韓國靑銅器學報』 8.

孔敏奎, 2014, 「靑銅器時代 前期 可樂洞類型 聚落의 變遷」『韓國靑銅器學報』 14.

金炳燮, 2009, 「남한지역 조 · 전기 무문토기 편년 및 북한지역과의 병행관계」『韓國靑銅器學報』 4.

김병섭, 2011, 「南江流域 下村里型住居址에 대한 一考察」『경남연구』 4.

김승옥, 2006a, 「청동기시대 주거지의 편년과 사회변천」『한국고고학보』 60.

김승옥, 2006b, 「송국리문화의 지역권 설정과 확산과정」『湖南考古學報』 24.

김아관 · 강병학 · 김봉준, 2009, 『華城 旌門里遺蹟』, 高麗文化財研究院.

김영국 · 이경렬 · 최새롬, 2012, 『대전 원신흥동 동서도로 사업구간 유적』, 백제문화재연구원.

金壯錫, 2001, 「흔암리 유형 재고 : 기원과 연대」『嶺南考古學』 28.

金壯錫, 2003, 「충청지역 송국리유형 형성과정」『韓國考古學報』 51.

김장석, 2008, 「무문토기시대 조기설정론 재고」『한국고고학보』 69.

김장석, 2009, 「호서와 서부호남지역 초기철기-원삼국시대 편년에 대하여」『湖南考古學報』 33.

김재윤, 2004, 「韓半島 刻目突帶文土器의 編年과 系譜」『韓國上古史學報』 46.

김한식, 2006, 「경기지역 역삼동유형의 정립과정」『고고학』 5-1.

김현식, 2008, 「남한 청동기시대 조기-전기의 文化史的 意味」『考古廣場』 2.

羅建柱, 2005, 「中西部地方 松菊里類型 形成過程에 대한 檢討」『錦江考古』 2.

朴淳發, 1993, 「한강유역의 청동기 · 초기철기문화」『한강유역사』, 민음사.

朴淳發, 1999, 「欣岩里類型 形成過程 再檢討」『湖西考古學』 創刊號.

朴淳發, 2003, 「渼沙里類型 形成考」『湖西考古學』 9.

裵眞晟, 2003, 「無文土器의 成立과 系統」『嶺南考古學』 32.

裵眞晟, 2007, 『無文土器文化의 成立과 階層社會』, 서경문화사.

백홍기 · 지현병 · 박영구, 2002, 『江陵 校洞 住居址』, 江陵大學校博物館.

宋滿榮, 2002, 「南韓地方 農耕文化形成期 聚落의 構造와 變化」『韓國 農耕文化의 形成』, 韓國考古學會.

송만영, 2010, 「중부지방 청동기시대 중기 편년의 재검토」『中央考古研究』 7.

송만영, 2013, 『중부지방 취락고고학 연구』, 서경문화사.

宋滿榮, 2015, 「송국리유형 발생설의 학사적 검토」『韓國考古學報』 95.

安承模, 2012, 「種子와 放射性炭素年代」『韓國考古學報』 83.

安在晧, 1992, 「松菊里類型의 檢討」『嶺南考古學』 11.

安在晧, 2000, 「韓國 農耕社會의 成立」『韓國考古學報』 43.

安在晧, 2006, 『靑銅器時代 聚落 研究』, 부산대학교 박사학위논문.

安在晧, 2009,「南韓 靑銅器時代 硏究의 成果와 課題」『동북아 청동기문화 조사연구의 성과와 과제』, 학연문화사.

禹姃延, 2002,「중서부지역 송국리복합체 연구-주거지를 중심으로-」『韓國考古學報』47.

유병록, 2010,「松菊里文化의 日本 傳播와 收容」『移住의 고고학』, 제34회 한국고고학전국대회 발표자료집.

李康承・禹在柄・李亨源・楊慧珍・姜胎正・韓辰淑, 2006,『弓洞』, 忠南大學校博物館.

이건무, 2007,「韓國 靑銅器時代 早期設定에 대한 小考」『畿甸考古』6.

李盛周, 1996,「靑銅器時代 東아시아 世界體系와 韓半島의 文化變動」『韓國上古史學報』23.

李秀鴻, 2007,「東南部地域 靑銅器時代 後期의 編年 및 地域性」『嶺南考古學』40.

이재설・최영미・박성우・조연옥・김현주, 2009,『가평 연하리유적』, 한백문화재연구원.

李眞旼, 2004,「중서부지역 역삼동유형과 송국리유형의 관계에 대한 일고찰」『韓國考古學報』54.

이창희, 2010,「점토대토기의 실연대 -세형동검문화의 성립과 철기의 출현연대-」『文化財』49.

이창희, 2013,「청동기시대 조기의 역연대」『주거의 고고학』, 제37회 한국고고학전국대회발표요지.

李亨源, 2001,「可樂洞類型 新考察 -錦江流域을 中心으로-」『湖西考古學』4・5.

李亨源, 2002,『韓國 靑銅器時代 前期 中部地域 無文土器 編年硏究』, 충남대학교 석사학위논문.

李亨源, 2005,「松菊里類型과 水石里類型의 接觸樣相 -中西部地域 住居遺蹟을 中心으로-」『湖西考古學』12.

李亨源, 2006a,「弓洞 靑銅器時代 聚落의 編年的 位置와 性格」『弓洞』, 忠南大學校博物館.

이형원, 2006b,「천천리 취락의 편년적 위치 및 변천 -송국리유형의 형성과 관련하여-」『華城 泉川里 靑銅器時代 聚落』, 한신대학교박물관.

李亨源, 2007a,「湖西地域 可樂洞類型의 聚落構造와 性格」『湖西考古學』17.

李亨源, 2007b,「南韓地域 靑銅器時代 前期의 上限과 下限」『韓國靑銅器學報』1.

이형원, 2009,『청동기시대 취락구조와 사회조직』, 서경문화사.

이형원, 2010,「청동기시대 조기 설정과 송국리유형 형성 논쟁에 대한 비판적 검토」『고고학』9-2.

李亨源, 2011,「中部地域 粘土帶土器文化의 時間性과 空間性」『湖西考古學』24.

李亨源, 2014,「韓半島の初期靑銅器文化と初期弥生文化 -突帶文土器と集落を中心に」『國立歴史民俗博物館研究報告』185.

李亨源, 2015a,「住居文化로 본 粘土帶土器文化의 流入과 文化變動 -江原 嶺東 및 嶺西地域을 中心으로-」『韓國靑銅器學報』16.

李亨源, 2015b,「粘土帶土器文化 流入期 模倣土器의 社會的 意味」『崇實史學』34.

李亨源, 2016,「忠淸西海岸地域의 粘土帶土器文化 流入과 文化接變」『湖西考古學』34.

李弘鍾, 2002,「松菊里文化의 時空的 展開」『湖西考古學』6・7合輯.

이홍종, 2006,「무문토기와 야요이토기의 실연대」『한국고고학보』60.

이홍종・허의행, 2013,「송국리문화 재래기원설에 대한 재검토」『先史와 古代』39.

庄田愼矢, 2005,「湖西地域 出土 琵琶形銅劍과 弥生時代 開始年代」『湖西考古學』12.

庄田愼矢, 2007,『南韓 靑銅器時代의 生産活動과 社會』, 충남대학교 박사학위논문.

정대봉, 2013,「청동기시대 전기의 역연대 -서울・경기지역을 중심으로-」『주거의 고고학』, 제37회 한국고고학전국대회 발표요지.

千羨幸, 2005,「한반도 돌대문토기의 형성과 전개」『韓國考古學報』57.

千羨幸, 2007,「無文土器時代의 早期 設定과 時間的 範圍」『韓國靑銅器學報』1.

천선행, 2015,「청동기시대 조기설정 재고」『호남고고학보』51.

하영중, 2010,『大邱 上仁洞 128-8番地 遺蹟』, 삼한문화재연구원.

한국문화재재단, 2016,『청주 학평리(219-5번지)일원 단독주택 신축부지내유적 국비지원 발굴조사 약식보고서』.

韓國文化財保護財團, 2007,『仁川 東陽洞遺蹟』.

황재훈, 2014,「중서부지역 무문토기시대 전기의 시간성 재고」『韓國考古學報』92.

宮本一夫, 2004,「中國大陸からの視點」『季刊考古學』88.

近藤喬一, 2000,「東アジアの銅劍文化と向津具の銅劍」『山口縣史』資料編 考古1.

安在晧・千羨幸, 2004,「前期無文土器の文樣編年と地域相」『福岡大學考古學論集 -小田富士雄先生退職記念-』.

中村大介, 2003,「石劍と遼寧式銅劍の關係にみる並行關係」『第15回東アジア古代史・考古學硏究會交流會 豫稿集』, 東アジア古代史・考古學硏究會.

春成秀爾, 2006,『考古學はどう檢證したか』, 學生社.

제3부
한반도의 청동기시대와 동아시아

1. 북한과 인접지역 : 강인욱
2. 남한과 야요이문화 : 이기성

제1장
북한과 인접지역

강인욱 경희대학교

한반도의 청동기시대의 편년을 이해하는 데에 우리의 주변지역의 문화변동에 대한 이해는 필수적이다. 청동기시대를 중심으로 볼 때에 한반도 주변지역의 고대문화의 흐름은 4가지로 나뉜다. 먼저 북한 및 중국 동북지방 일대의 무문토기문화권을 들 수 있다. 이는 중국 고고학계에서는 협사갈도로 통칭되는 무문토기를 반출하는 권역으로 요동지역 및 길림 송화강 유역 일대까지 분포한다. 이 문화권은 이후 비파형동검이 반출되는 지역과도 대체로 부합된다. 두 번째로는 남부시베리아-몽골-만리장성 일대에 이르는 초원문화권이다. 세 번째로는 흑룡강성 동북부~연해주, 하바로프스크 일대의 아무르강 중류유역에 이르는 극동지역 문화권이다. 네 번째로는 적봉시를 중심으로 하는 내몽고 동남부와 대릉하 이북지역이다.

본 서의 기본적인 목적은 한반도를 중심으로 하는 청동기시대의 편년인 바, 북한과 인접한 비파형동검 문화권과 연해주일대 지역을 집중적으로 살펴보겠다. 북한과 인접한 지역 역시 무문토기를 출토하며 한국과 같은 문화권에 속하기 때문에 그들은 동북아시아라고 하는 거대한 틀, 즉 무문토기문화권으로 설정할 수 있다.

무문토기문화권은 한반도와 중국 동북지방 일대에서 기원전 20~15세기를 전후해서 무문토기 또는 夾砂褐陶로 대표된다는 무문의 호형 또는 심발형 기형의 토기 문화가 출토되는 것을 의미한다. 그 공간적인 범위는 요령성 지역의 경우 초기 청동기시대에는 요령 중부의 高臺山문화, 요동반도의 경우 雙砣子 3기문화가 해당이 된다. 송화강유역의 경우 기원전 15세기를 전후로 해서 문화상이 불분명했으나 최근 小拉哈유적이 조사되고(黑龍江省文物考古硏究所 外 1998) 그 문화상들이 알려지면서 무문토기문화권으로 편입된 것으로 추정된다. 동쪽으로는 연변 일대의 흥성문화로 대표되는 돌대문계의 심발형토기류를 표지로 하는 문화도 이에 포함된다. 이러한 전반적인 상사성은 잡곡농사에 기반한 정착농경집단의 등장과 깊은 관련이 있다. 무문토기문화권은 시기 및 지리적 차이, 그리고 조사자료의 다소에 따라 그 지역상은 크지만 한반도와 북쪽으로 인접한 만주지역의 청동기시대는 다른 지역(초원, 중원, 극동의 寒帶지역)과는 구별되는 잡곡농경과 무문토기에 기반한 문화권임은 분명하다. 또한 한반도와 인접한 지역인 바, 신암리 및 미송리유적으로 대표되는 압록강 하류지역과 두만강일대의 동북한 지역은 북한 청동기시대의 전개와 맥락을 같이하는 지역도 포함된다.

이 무문토기문화권의 구체적인 문화상은 북한과 마찬가지로 [전환기]-[전기]-[중기]-[후기]-[철기시대] 등으로 정리할 수 있으며, 각 단계별 특징도 상사하다.

또한 지역적으로는 요중-요북지역, 길림성 동남부(연변일대), 단동지구, 요동반도 등이다. 이하에서는 각 절마다 위에서 언급한 편년을 기본으로 각각의 기본적인 문화흐름을 논하되, 한국과의 관련성을 논하지 않고 전반적인 문화변동과정을 설명하겠다. 이를 통하여 동북아시아 농경문화, 수렵과 채집의 극동지역, 유목과 이동의 초원문화, 중원의 문화 등을 간략하게 서술한다. 이를 통하여 한반도의 농경에 기반한 무문토기계통의 문화와 그 주변의 문화간의 교류와 특징을 드러내겠다.

Ⅰ. 중국 동북지역 무문토기문화권[1]

이 무문토기문화권의 구체적인 문화상은 [전환기]-[전기]-[중기]-[후기]-[철기시대] 등으로 정리할 수 있으며, 각 단계별로 특징은 1) 무문토기와 즐문토기가 혼재하는 [전환기], 기원전 20~15세기, 2) 완전히 무문토기로 재편되며 청동기 및 석묘(고인돌 및 집단식석묘를 통칭)가 출현하는 시기[전기], 기원전 15~11세기, 3) 미송리형토기문화, 대련의 적석묘군, 팽이형토기 등 각 지역이 비교적 큰 무문토기문화권으로 통합되는[중기], 기원전 11~9세기, 4) 각 지역은 비파형동검의 확산, 팽이형토기문화 등 동검과 석검으로 대표되며 유적의 수가 증가하는 시기, 기원전 9~6세기[후기], 5) 청동기시대의 문화적 전통이 사라지는 [철기시대] 등으로 정리된다. 이 중에서 3, 4, 5기의 경우 본 서 2부 1장 북한편년에서 서술한 편년 체계와 크게 다르지 않다. 따라서 여기에서는 간략하게 살펴보겠다.

1. 기원전 20~15세기(전환기)

중국 학계에서는 이 시기의 경우 청동기시대로 규정하고 있다(곽대순 2009). 그러한 편년의 근간에는 요서지방의 하가점하층문화가 기원전 20세기대를 소급하는 등 중원과 요서지방의 편년이 전반적으로 소급되기 때문이라고 생각된다. 한반도와 마찬가지로 전반적으로 이 시기에 전환기 무문토기의 형성을 파악하는 자료로는 송눈평원의 송화강중류의 小拉哈유적이 주목된다. 小拉哈유적은 신석기이후 청동기시대인 白金寶문화의 사이에 기원전 2000년기 중반대의 공백을 메워주는 자료이다(그림 1-1). 소랍합 문

---

1) 본 장에서 기본적인 편년, 시공적인 체계, 유적의 분기 등은 강인욱(2009)에 근거해서 설명한다.

화 이후에 성립된 백금보 문화의 경우 타날문 삼족기, 기하학문이 시문된 토기 등 강한 북방초원문화계의 영향이 보이는 반면에, 小拉哈문화에서는 심발형토기 중심의 무문토기가 주류를 이룬다. 즉, 전환기에 이 지역은 무문토기문화권에 포함되었다가 이후에 다른 전개를 함을 의미한다.

요중지역은 高臺山문화의 유적에서는 층위별로 문화상이 뚜렷한 유적으로 平安堡와 阜新 平頂山 유적이 있는데, 平頂山 유적의 경우 夏家店上層文化에서 高臺山문화로 바뀌는 양상을 볼 수 있다. 따라서 遼北의 서쪽은 夏家店下層文化에서 무문토기로 전환되는 양상이라고 생각된다(천선행 2010).

길림성 동남부 연변일대에는 홍성유적으로 대표되는 문화기가 존재한다(강인욱 2007). 延吉 金谷유적에서 신석기시대의 주거지에서 대형 무문토기 옹이 출토된 바 있어서 역시 전환기의 점진적인 무문토기를 증명한다. 한편 연접한 함경북도 서포항 유적은 최근의 편년연구에 따르면 기존의 신석기시대 5기는 전환기이며, 그 이전의 1~4기도 큰 시간차가 없이 연속적으로 형성된 것이다(김재윤 2009).

압록강 하류 일대는 청등말래-石佛山유형으로 대표된다. 청등말래-石佛山유형은 무문토기와 즐문토기계통이 약 1:1 정도의 비율로 발견된다. 청등말래는 침선문계가 많으며 石佛山유적에서는 무문토기계통이 증가하는 양상이다(김종혁 1991). 즐문토기계는 동체에는 침선문을, 구연에는 돌대문을 돌린 것이 특징이다.

2. 전기(기원전 15~11세기)

요중-요북지역은 전기에 들어서면서 본격적으로 각지에 청동기시대가 널리 확산되어서 문화 또는 유형이 다수 설정되었다. 그중 대표적인 문화를 살펴보면 다음과 같다.

먼저 전환기에 이어서 高台山문화와 철령 일대의 順山屯유형을 들 수 있다. 고대산문화는 壺, 鬲, 鼎, 碗, 甑, 甗 등 비교적 기형이 다양한 편이지만, 표면에 홍의를 입힌 소구장경호와 동체 중앙부에 손잡이를 부착한 兩耳壺가 다수를 점한다. 무덤으로는 토광묘가 주류를 이룬다. 康平縣, 法庫縣을 중심으로 분포하는 順山屯유형은 주로 삼족기, 력, 정 등이 있으며, 돌대문(附加堆文)이 부착되었다. 고대산문화에 비해서 유적의 수 및 범위가 그리 넓지 않다.

요령성 동북지역인 西豊縣, 開原縣, 昌圖縣 등지에 분포하는 凉泉문화는 주로 점토대토기의 등 주로 길림성과 접경지역에 분포한다(鐵嶺市博物館 1991). 凉泉문화는 학자에 따라 그 개념이 다른데, 여기에서는 점토대토기를 위주로 하는 청동기시대 후기의 유물이 아니라 요북지역 전기부터 나오는 이 지역의 토착적인 청동기문화로 서술한다. 주요한 기형으로는 이중구연의 심발형토기 이외에도 나팔형의 긴 굽을 가진 豆形土器나 鼎이나 鬲과 같은 삼족기 등이 있다. 鐵岺, 法庫, 康平縣과 무순시 일대의 望花類型은 壺, 罐, 鉢, 碗 등이 주로 사용되었는데, 특히 삼족기(鼎)의 비율이 많은 것이 특징이다. 太子河 상류인 本溪縣을 중심으로 분포하는 馬城子문화(그림 1-2)는 주로 壺, 罐, 鉢, 碗 등이 많으며, 상기한 다른 문화 또는 유형과 달리 삼족기류는 전혀 보이지 않는다. 대신에 손잡이가 달린 호형토기가 주를 이루기 때문에 요동지역 석관묘의 출토 미송리형 토기들과의 관련성에서 주목된다. 이상의 문화 또는 유형 이외에도 新樂上層(許玉林 1993)이나 老虎沖유형 등도 제기된 바 있다. 이와같이 요중-요북 일대는 다른 지역에 비해 청동기시대 전기부터 폭발적으로 많은 문화유형이 제출되었다. 그 이유는 두 가지로 설명된다. 구계유형론이 본격적으로 도입되는 1980년대 이래로 각 학자들이 자신들이 발굴한 유적을 중심으로 문화를 설정하려는 노력을 많이 했기 때문에 상대적으로 많은 유형이 제기되었다. 또한 비교적 문화상이 단순하여 토기의 기형으로 많이 유형을 나누는데 요서지방의 영향을 받은 삼족기류에서 심발형의 무문계통의 요동지역의 토기까지 많은 기형이 혼존하기 때문에 지역에 따라 각 기종 및 문양의 비율이 다양하기 때문이다.

길림동남부지역(두만강유역)은 구연부에 돌대문이 부착된 심발형토기를 표지로 하는 흥성 3~5기층 및 오동유적으로 대표되는 오동유형(또는 흥성문화)가 있다. 연접한 연해주 남부 지역은 신석기시대의 영향이 많이 남은 마르가리토프카문화가 대표적이다. 이 지역은 신석기시대말기~청동기시대의 양상이 뚜렷하게 보이며 문화적 계승성이 뚜렷하다. 和龍 興城이나 레티호프카 유적과 같이 신석기시대 말기의 주민들은 돌대문토기를 쓰며 좀 더 집약적인 농경을 통해서 기원전 15세기 전후한 시기의 기후 및 환경의 변동에 성공적으로 적응했다.

압록강 하류~단동지역은 신암리로 대표되는 바 II장을 참조바란다(그림 1). 주지하다시피 신암리는 대체로 3기로 세분하는 것이 일반적이다. 즉, 뇌문토기및 신석기시대 후기의 토기가 공반하는 제 1문화층, 馬城子문화와 유사한 호형토기가 주를 이루는 제 2문화층, 그리고 미송리형토기가 공반하는 제 1지점 2문화층으로 세분된다. 신암리 제 1문화층의 경우 짧게 외반되는 구연부에 빗살문이 시문된 호형토기계과 점열문의 발형토기가 출토되는 이른 단계(전환기)와 호형 무문토기가 주로 출토되는 전기로 구분될 가능성이 있다. 즉, 遼中이나 송화강유역과 달리 무문토기가 점진적으로 확산되는 과정이었기 때문에 무문토기로의 전이과정이 한 단계 늦게 진행될 수 있었다고 볼 수 있다. 신암리와 연접한 丹東地區의 경우도 비슷한 전이과정을 보여준다. 즉, 무문토기화가 진행되면서 호형토기로 변화하는 과정을 보여준다고 생각된다. 신암리 계통의 유적은 구룡리와 丹東地區로 한정되는 데, 이 또한 작은 지역군으로 형성되었기 때문으로 생각된다.

요동반도지역은 전환기의 쌍타자 2기에 이어서 雙砣子 3기문화로 계승된다. 이 지역은 20세기 초반에 일본의 식민지였던 연유로 일본학자의 연구가 많았으며, 이후 1990년대에 중국의 연구도 이어지고 있다. 학자에 따라 于家村상층문화, 羊頭窪문화 등으로도 한다. 대표유적으로는 于家村상층, 砣頭적석묘, 羊頭窪, 雙砣子 등이 있으며, 쌍타자문화 안에서 다양한 분기설정이 시도되고 있다. 쌍타자문화의 토기 중에는 砣頭 적석묘에서 출토된 미송리형토기에 주목하여 쌍타자 3기문화를 미송리형토기의 기원으로 보는 견해도 있다. 하지만 최근에는 미송리형토기문화가 요중지역에서 요동반도 지역으로 일부 유입된 흔적이며, 쌍타자문화는 요동반도 끝자락의 매우 지역성이 강한 한정된 지역의 문화로 본다(강인욱 1996).

3. 중기(기원전 11~9세기)

전반적으로 이 시기는 요동지역의 석관묘문화, 요서지역은 하가점상층문화라는 비교적 큰 범위의 문화들로 고고학적 유물복합체가 통합이 되는 양상이 눈에 띤다. 미송리형토기로 대표되는 호형토기계가 전 요령지역 및 송화강유역으로 확산되고, 요서지역은 대형의 석곽묘와 청동기가 부장된 하가점상층문화가 발흥한다. 한편, 북쪽으로 송화강 중류에는 백금보문화가 번성하며 길림성 동남부(두만강유역)은 柳庭洞유형이 발생하고 小營子로 대표되는 석관묘가 송화강 중류에서 유입된다. 이러한 문화변동에서 한반도도 예외는 아니어서, 채도와 석관묘의 조형으로 생각되는 유적이 요동동부 태자하 유역인 동승(東升)유적에서도 발견된 바 있다.

　요중지역은 이 시기에 석붕과 대석개묘로 대표되는 석묘문화가 본격적으로 등장한다. 이는 다시 요동반도 일대 및 요북지역의 개석개묘(석붕), 그리고 요중지역 태자하를 중심으로 하는 동혈묘ㆍ석관묘 등으로 세분된다(華玉氷 2009). 특히 태자하 일대의 동굴에서 발견된 무덤들로 분리된 馬城子문화는 동혈묘와 석곽묘가 사용되었으며 미송리형 토기의 시원지로 지목된다.

　요동반도 지역은 雙砣子 3기 문화가 지속적으로 이어져 오는 양상을 보여준다. 대표적인 주거유적으로는 大嘴子, 羊頭窪 등이 있으며, 무덤은 적석묘를 지속적으로 축조했다.

　압록강 중상류의 자료로 최근에 추가된 유적으로 五女山城과 통화 万發撥子 2기층이 있다. 五女山城유적에서는 고구려유적 이전에 신석기시대 후기, 청동기시대, 철기시대 등이 발견되었다. 여기에서 제 2기층의 문화가 청동기시대에 해당하는데, 동체부 중앙에 종상파부가 부착된 호형토기와 심발형토기 등이 공반되었다.

　길림성 동남부(두만강유역)의 경우 柳庭洞유형으로 대표되는 새로운 문화가 유입되며, 그와 함께 小營子로 대표되는 석관묘가 등장한다. 소영자의 석관묘는 멀리는 태자하 유역을 중심으로 하던 석묘가 주변지역으로 확산되는 과정이다. 다만 小營子의 경우 두만강 유역의 석관묘들과 달리 석관들이 서로 이어있는 집단묘의 전통이 강한데, 이는 馬城子문화 및 요동지방 砣頭 적석묘에서 보듯 석묘가 처음 등장할 때 공통적으로 보이는 집단묘와 같은 맥락이다. 이 시기는 延吉지역뿐 아니라 동북한의 호곡 2~4기도 이 시기에 해당하며, 연해주의 시니가이 문화도 해당된다. 토기는 무문의 심발형이 주류를 이루나 문양은 돌대문이 퇴화되고 반관통공렬문 또는 무문의 직립발형토기가 등장한다.

4. 후기(기원전 9~5세기) : 비파형동검문화의 확산

　이 시기는 길림 중남부 지역 서단산문화의 석관묘 역시 馬城子문화에서 기원된 미송리형 토기와 석관묘가 요동지역 일대에 널리 분포한다. 단, 요북지역의 경우 미송리형토기 반출 석관묘 유적을 新城子文化로 분리하기도한다(華玉氷 2008). 두만강유역의 경우 얀콥스키문화의 해양성문화와 柳庭洞유형의 후기로 양분된다.

　요동지방은 쌍타자 3기 이후에 미송리형토기를 반출하는 석관묘가 확산되고(쌍방유적) 재지의 적석묘도 지속적으로 축조된다(강상, 누상유적).

　길림성 동남부(두만강유역)은 해안가의 경우 얀콥스키문화계통(초도 4기)이 있으며, 내륙지역은 延吉지역에서도 후기 柳庭洞유형(延吉 新光, 汪青 安田, 水北 上層, 西崴子 등)과 종성 행영면 地境洞 수혈주거지에서 보듯이 전면마연된 갈색토기들로서 단각고배, 발형, 심발형 등의 기형의 토기가 등장한다.

Ⅱ. 연해주 일대의 청동기~초기철기시대

러시아 극동지역의 편년 체계는 한국과 달라서 청동기시대(기원전 15~9세기)와 철기시대(기원전 8~3세기) 등으로 나뉘어졌다. 그런데 최근에는 두 시대를 모두 포괄한 고금속시대 개념이 도입되고 있다. 그 이유로는 철기시대인 얀콥스키문화의 출현이 기원전 8~9세기로 올라가긴 하지만, 그 분포지역은 연해지방에 해당되며 내륙지역은 청동기시대의 문화(아누치노문화)가 지속되었음이 밝혀졌기 때문이다.

신석기시대~청동기시대의 전환기(기원전 1500년 전후)의 시기에 기원전 15세기경 연해주의 신석기시대인 자이사노프카문화는 사라지면서 마르가리토프카문화가 등장한다. 마르가리토프카문화의 주요 유적으로는 시니이 스깔리, 모략-르이볼로프 등이 있으며 그 중심연대는 기원전 15~10세기 정도이다. 토기는 구연에 돌대를 돌린 심발형의 기형이 주류를 이루며 동체에는 퇴화된 빗살문을 시문한 것이 특징이다. 석기는 굴지구, 어망추 류와 함께 석검(또는 석창)류의 마제석기도 사용했다. 전반적으로 토기 기형이나 문양, 석기상에서 신석기시대의 특징이 많이 남아있어서 신석기-청동기의 전환기 과정을 보여준다. 마르가리토프카문화 이후에 연해주에서는 잡곡농경을 대표로하는 시니가이문화가 성립되었다. 주요유적으로는 하린, 시니가이 등이 있으며 그 연대는 대체로 기원전 13~8세기에 해당한다. 토기는 홍색·적색의 채도계의 배가 부른 호형단지가 특징적이며, 태토는 굵은 사립이 일부 섞인 사질계이다. 극동지역에서는 보기 드문 청동기도 주거지에서 발견되었는데, 스텝지역 및 하가점상층문화계열인 동도, 동포, 동촉 등이다.

다음으로 기원전 9~4세기대를 살펴보면, 연해주 산악지역의 리도프카문화, 초기 철기시대문화로 분류되는 얀콥스키문화(연해주및 동북한 해안)와 아누치노유형(연해주 남부 내륙지역) 등이 있다. 리도프카문화의 주요유적은 리도프카, 모략-르이볼로프, 사마르가 등이 있으며 중심연대는 기원전 7~6세기이다. 주요한 토기로는 이중구연의 호형토기가 있으며, 석기는 시니가이 문화와 비교해서 다량의 잔손질 석기존재하며 신석기의 전통이 잘 보존되어 있다. 이는 연해주 북부는 상대적으로 고립된 지역이기 때문으로 추정된다. 청동기는 발견된 바 없으나, 석검, 석창이 발견되었다. 생계경제는 사냥, 어로가 중심이며 일부 농경(hoe agriculture)이 있었던 흔적이 있다. 상대적으로 북쪽 산악지대에 위치한 탓에 채집경제에 원시농경이 혼합된 양상이다.

얀콥스키문화의 주요유적은 차파예보, 페스찬느이 등으로 중심연대는 기원전 8~3세기이다. 주요 토기로는 두형토기, 외반구연호, 대접, 사발 등이 있으며, 외벽에 홍의를 입히고 문양은 기하학문(뇌문)이 시문된 것이 특징이다. 철기로는 철부, 철도 등이 있고, 석기로는 석창과 석검이 대표적이다. 해안가의 패총에서 집중적으로 분포하는 해양성문화이지만 곡물자료나 석기로 볼 때 농경의 비중도 높았다. 얀콥스키문화의 대표적인 유적인 페스찬느이는 크게 3단계로 세분된다(그림 3).

이 이외에도 최근에는 마르가리토프카문화를 자이사노프카 후기 단계로 편입시키고 시니가이와 리도프카문화를 지역적인 문화권으로 재편해서 연해주 동부지역은 리도프카-티페바이유형과 수보로보유형으로 나누고, 연해주 남부의 내륙지역은 아누치노-시니가이 유형으로 보기도 한다.

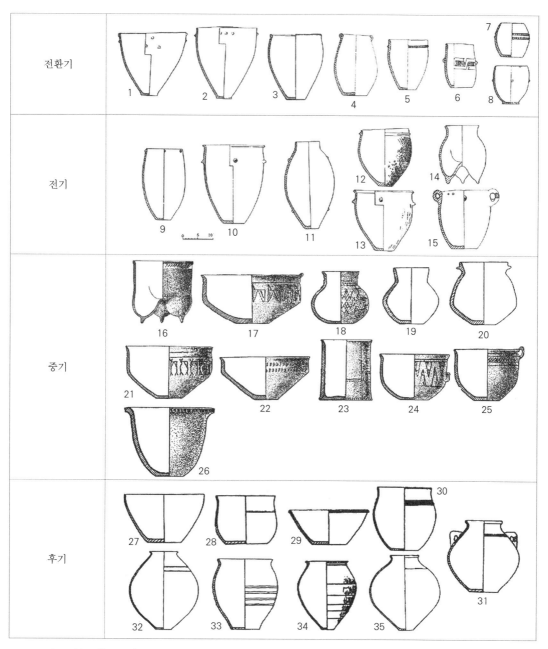

1 · 2. T121③, H3063, 3 · 5. H2025, H1005, 4. H2005, 6. H2027, 7. H3004, 8. F2001(이상 小拉哈유적),
9. F3032, 10. F3012, 11. F3028, 12. H3296, 13. F3047, 14. F3028, 15. 双耳罐(F3015)(이상 白金寶 2차발굴),
16. F1, 17~18 · 20~26. H1, 19. T1(이상 小拉哈 1차발굴), 27~35.의란현 교남유적

그림 1 _ 송화강 중류의 토기변천도(각 그림의 편호는 각 유물의 출토유구를 말함)

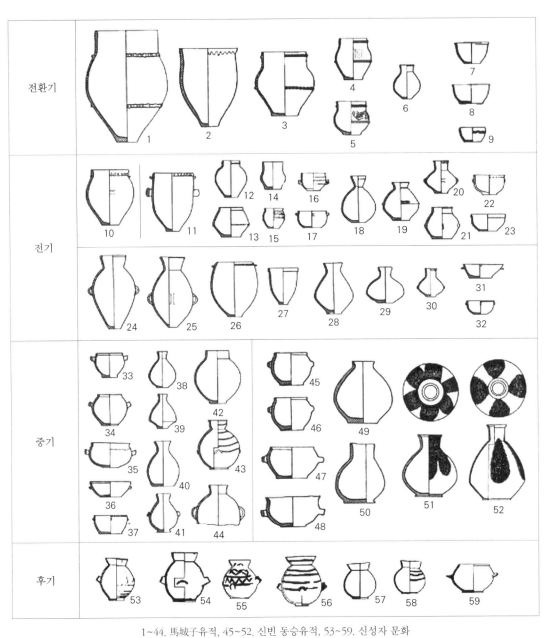

1~44. 馬城子유적, 45~52. 신빈 동승유적, 53~59. 신성자 문화

그림 2 _ 華玉冰(2009)의 편년에 근거한 태자하유역 마성지문화토기 편년안(후기는 신성자문화)

단계	출토유물	석검

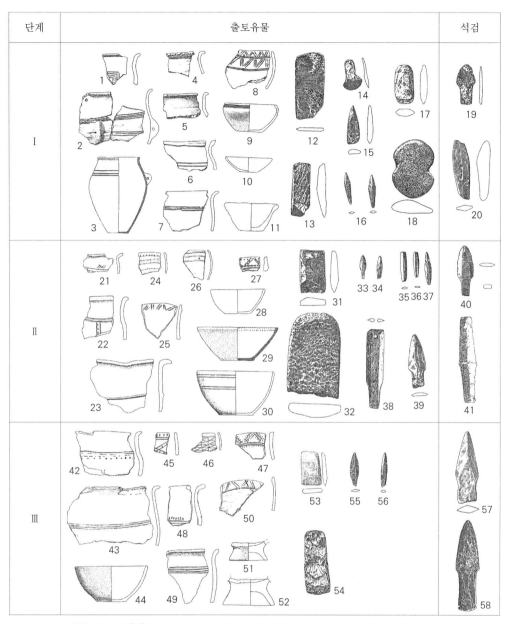

I 단계 : 4호 주거지(2, 5, 7, 12~16, 19), 9호 주거지(1, 3, 4, 6, 8~11, 17, 18, 20)
II 단계 : 7호 주거지(21, 24~27, 31~34, 39, 49), 8호 주거지(22), 11호 주거지(29, 30, 41),
　　　　　12호 주거지(23, 28, 35~38, 40)
III 단계 : 5호 주거지(43~45, 50, 51, 54~56, 58), 6호 주거지(42, 46~48, 52, 53, 57)

그림 3 _ 페스찬느이 패총의 문화변천(오클라드니코프 1963에 수록된 도면들을 필자가 편집함)

참고문헌

강인욱, 2011, 「러시아 연해주 출토 석검의 연구 : 형식, 편년 및 한반도와의 비교를 중심으로」『동북아문화연구』
　　　제28호, 동북아시아문화학회.

강인욱, 2009, 「러시아 연해주 청동기문화 조사연구의 성과와 과제」『동북아 청동기문화 조사연구의 성과와 과
　　　제』, 학연문화사.

천선행, 2010, 「고대산문화의 시공간 검토」『영남고고학』제52호, 영남고고학회, 35~66쪽.

김재윤, 2009, 「서포항 유적의 신석기시대 편년 재고」『한국고고학보』제71호, 한국고고학회, 4~45쪽.

김종혁, 1991, 「석불산유적의 유물갖춤새에 대하여」『조선고고연구』제4호.

鐵嶺市博物館, 1992, 「遼北東部地區幾處靑銅時代遺址調査」『遼海文物學刊』1992-1.

許玉林, 1993, 「遼寧商周時期的靑銅文化」『考古學文化論集』3, 文物出版社.

華玉氷, 2008, 『中國東北地區石棚硏究』, 吉林大學博士論文.

黑龍江省文物考古硏究所 外, 1998, 「黑龍江肇源縣小拉哈遺址發掘報告」『考古學報』1期.

제2장
남한과 야요이문화

이기성   한국전통문화대학교

Ⅰ. 들어가며

　일본에서 최초로 도작농경이 영위되었던 야요이시대(弥生時代)의 문화가 성립하는데 있어 한반도 청동기시대의 다양한 문화 요소가 중요한 역할을 하였음은 잘 알려져 있다. 물론 야요이 문화 성립에 있어 한반도에서 일본 열도로 건너간 도래인을 포함해, 한반도 청동기시대 문화 요소가 주도적인 역할을 하였는지 또는 일본 토착의 죠몽시대 사람들이 문화적 요소를 선별적으로 받아들이며 야요이문화의 성립에 주도적인 역할을 하였는지에 대해서는 다양한 의견이 존재하지만, 도작 농경을 비롯한 대륙계 문화 요소가 결정적인 역할을 하였다는 점에 대해서는 이론의 여지가 없을 것이다.

　한국과 일본 각 지역에서 선사시대 문화의 양상이 밝혀지면서 한반도 청동기시대와 일본 야요이시대에 어떠한 형태로든 간에 문화적 관련성이 있다는 점 역시 점차 알려지게 되었다. 그러나 당시까지는 단순히 유사한 유물이 양 지역에서 확인되고 있으며, '대륙에서부터 일본으로 문화가 확산되는 경로'라는 의미를 포함해, 한반도를 그 기원지로 조심스럽게 추정하는 정도였다. 이후 양 지역에 대한 연구가 본격적으로 시작된 것은 1970년대 송국리유적, 흔암리유적 등의 발굴 성과로 인해 일본 도작 농경의 기원이 한반도에 있다는 것이 밝혀지게 되면서부터로, 일본 연구자들을 중심으로 한국의 무문토기와 일본 야요이시대 토기와의 병행 관계에 대한 연구가 여럿 시도되었다. 그러나 당시까지 한일 병행관계의 배경에는 야요이시대는 기원전 5~4세기에 시작되었고 한반도 중서부 지역 송국리문화의 연대는 대략 기원전 7세기 전후로, 문화 확산의 시간을 고려한다면 무리없이 병행관계를 설정할 수 있다는 전제가 있었다. 그러나 2000년대 이후 야요이시대 개시기의 새로운 연대관이 등장하면서 병행 관계의 연구에도 조금씩 변화를 보이며 지금에 이르고 있다.

본 장에서는 지금까지 한국 청동기시대와 일본 야요이시대의 병행관계에 대한 기존의 연구를 정리해 연구 현황과 그 문제점에 대해 살펴보도록 한다.

Ⅱ. 청동기시대와 야요이시대의 문화 교류에 대한 인식의 시작

한국의 청동기시대와 일본 야요이시대가 문화적으로 상호 영향 관계를 가지고 있다는 것에 대해 구체적인 연구가 이루어진 것은 매우 늦은 1980년대부터이다. 그러나 당시의 연구는 한국의 '청동기시대', 일본의 '야요이시대'라는 특정한 시대 구분이 이루어진 후에 등장한 것으로, 넓게 보아 고고학자들이 한반도의 선사시대와 일본의 선사시대에 어떠한 형태로든 문화적인 영향 관계가 있었다는 것을 인식하기 시작한 것은 1910년대까지로 거슬러 올라간다(이기성 2010b).

최초로 한반도의 선사시대와 일본의 선사시대가 문화적인 관계를 가지고 있다는 것에 주목한 것은 도리이 류조(鳥居龍藏)였다. 그는 1910년대부터 한반도의 고적 조사를 통해 선사시대가 존재하였음을 확인하였으며, 지속적인 조사를 통해 무문토기와 즐문토기를 구분하였다. 지금의 고고학적 지식으로 본다면 신석기시대의 즐문토기와 청동기시대의 무문토기이지만, 당시에는 이러한 시대적인 구분에 대한 인식이 없었기 때문에 이를 통틀어 선사시대 또는 석기시대로 불렀으며 토기의 차이는 서로 다른 생계방식을 영위했던 동시기 집단의 차이로 인식하였다(鳥居龍藏 1925). 그리고 이렇게 구분된 선사시대 문화 양상 중 鳥居龍藏이 일본과의 관계에서 주목한 것은 토기가 아닌 석기로, 일본 선사시대의 유물과 유사한 것으로 석부와 반월형석도를 지목하고 있다(鳥居龍藏 1925). 鳥居龍藏이 한반도와 일본에서 확인되는 석기의 유사성을 통해 이야기하고자 하였던 것은 '固有日本人'과의 관계였다. 그가 주장한 '固有日本人'은 바로 야요이토기를 사용하였던 집단을 의미하는 것으로, '固有日本人'의 유물들은 '조선, 만주, 연해주, 동몽고 등의 방면에 존재하는 것과 적어도 삼촌, 조카 정도의 관계를 가지고(鳥居龍藏 1917a)' 있으며, 또한 '固有日本人'은 '석기시대부터 기나이(畿内)에 왔으며 그 모국은 아시아대륙, 조선반도였을 것(鳥居龍藏 1917b)'으로 보고 있는 것이다. 물론 이 당시는 한반도의 청동기시대, 일본의 야요이시대라는 시대적 구분이 아직 이루어지지 않았던 때이기는 하지만, 야요이토기 사용자의 기원을 한반도에서 찾고자 하였던 鳥居龍藏의 연구는 청동기시대와 야요이시대의 문화적 영향 관계에 대한 최초의 인식이라고 할 수 있다.

이후 한반도 석기시대의 연구를 지속한 후지타 료사쿠(藤田亮策) 역시 방향은 조금 다르지만 청동기시대와 야요이시대의 관계에 대해 논하고 있다. 이전의 鳥居龍藏이 석기에 초점을 맞추었다면 藤田亮策은 토기로 양 지역의 관계를 살펴보았다. 그는 한반도 선사시대의 토기를 후수식무문토기(厚手式無文土器)와 박수식즐문토기(薄手櫛文土器), 단도토기[丹塗土器, 채문토기(彩文土器)], 신라소식토기(新羅燒式土器)의 4종류로 구분하고, 그 중 후수식무문토기가 야요이토기와 매우 닮아 있다는 것을 근거로 야요이토기를 후수식무문토기의 발전된 형태로 보았다. 즉 후수의 평저무문토기를 야요이토기의 원시적 형태로 이해한 것으로, 한반도의 석기시대 문화는 츠시마(對馬島)를 거쳐 북부 큐슈(北部九州), 일본 츄고큐지방(中國地方)의 서부로 전파되었다고 설명하고 있다(藤田亮策 1934).

그러나 이 당시까지 한반도와 일본 야요이시대와의 관계는 각 지역의 청동기시대, 야요이시대의 문화 양상이 명확하게 밝혀져 있지 않았던 만큼, 단순히 유물의 유사성을 확인한 것에 불과하였다. 물론 결과적으로는 문화의 흐름이 대륙에서 한반도를 거쳐 일본으로 유입되었다고 해석하였지만, 이것이 곧 일본 선사시대 문화의 기원지로 한반도를 지목한 것은 아니었다. 단순히 일본에는 보다 완성된 형태의 석기시대문화가 있었으며 그보다 이전 단계의 문화가 한반도에 분포하고 있다는 것을 의미하였던 것으로, 이후 청동기시대와 야요이시대의 관계에 대한 연구가 한 단계 진전하는 것은 일본 고고학에서 야요이시대의 문화적 양상이 명확하게 밝혀지면서 부터이다.

죠몽토기와는 다른 형태와 재질의 야요이토기가 발견되고 이후 야요이토기와 석기, 금속기가 공반되어 출토되는 유적이 확인되면서 야요이토기를 사용하던 시대는 이전부터 알려져 왔던 죠몽시대(繩文時代)와 고훈시대(古墳時代)의 중간단계에 해당된다는 것이 알려지게 된다. 이후 1920년대부터는 야요이시대의 문화적 성격을 규정짓는데 있어 가장 중요한 요소라고 할 수 있는 도작농경이 논의되기 시작한다. 이러한 논의의 배경에는 죠몽시대는 도작농경이 이루어지지 않았던 시대이며, 고분시대는 이미 도작농경이 기본적인 생업경제로 영위되었던 시대라는 전제가 깔려있는 것이다. 그와 더불어 당시 일본에는 야생종 벼가 없다는 지식이 보편적으로 알려지게 되면서, 죠몽시대와 고분시대의 중간단계에 해당되는 야요이시대에 영위되었던 도작 농경은 외부로부터 전파되었을 것이라는 인식이 팽배하게 된다(이기성 2010a). 당초에는 청동의기에 농경 회화가 있다는 점을 근거로 야요이시대에 도작 농경이 전파되었다고 이야기 하는 등의 간접적인 증거에 불과하였지만(鳥居龍藏 1923), 이후 후쿠오카현(福岡縣)의 나카다케시타유적(那珂竹下遺跡) 등에서 탄화미 등이 발견되면서(中山平次郎 1923), 야요이시대 도작농경은 고고학자들 사이에 일반적으로 인정되게 된다. 이러한 고고학적 정황을 바탕으로 1930년대 들어와서는 야요이시대의 성격을 '대륙과 교섭관계를 가지고 농업이 일반화된 시대(山內淸男 1932)'로 인식하게 된다.

그렇지만 야요이문화의 기원지가 대륙 또는 한반도에 있다는 사실과 야요이시대가 수전 도작농경사회였다는 두 가지의 고고학적 해석이 결합되어 야요이문화의 원류로 한반도를 지목하기에는 당시까지 하나의 걸림돌이 존재하였다. 1970년대 이전까지 한반도의 유적에서 도작의 흔적이 발견되는 것 중 가장 오래된 것은 김해패총으로 일본의 야요이시대보다 더 이후였다. 그렇기에 야요이문화의 기층을 이루는 도작농경의 기원으로 한반도를 지목할 수 없었던 것이다. 그러나 1970년대 흔암리유적과 송국리유적에서 탄화미가 발견되면서 일본보다 더 이른 시기에 한반도에서 도작농경이 이루어졌다는 사실이 확인되고, 이때부터 단순히 토기 및 석기의 유사성이 아닌, 한반도 청동기시대에 일본 열도로 생업 경제 방식을 포함한 물질 문화 전반이 확산되면서 야요이문화 성립에 중요한 영향을 주었다는 인식이 등장하게 되어 지금까지 이어져오고 있다.

그러나 이러한 청동기시대와 야요이시대의 관계는 양 지역의 정치한 편년의 결과는 아니었다. 한국의 청동기시대는 자체적인 연구로 대략적인 편년이 이루어지고, 일본 야요이시대는 독자적인 연구에 의해서 편년체계가 설정되었는데, 당시 연구 결과에 의한 일본 야요이시 개시기의 절대연대와 한국 청동기시대 도작농경의 정착기가 연대적으로 비슷하게 맞았기 때문에 그 해석에 있어서 오류가 없는 것처럼 보였던 것이다.

그렇다면 야요이시대의 절대 연대는 어떠한 과정을 통해서 설정되었는가.

Ⅲ. 일본 야요이시대 절대 연대의 설정

일반적으로 일본 야요이시대의 절대 연대를 추정하는 자료는 북부구주를 중심으로 옹관 등의 분묘에서 출토되는 대륙계의 금속기가 가장 주된 대상이었다. 대륙계의 금속기로는 중국에서 만들어진 금속기와 한반도에서 만들어진 금속기가 있는데 이 당시 한반도 청동기시대 역시 역사시대가 아니었으며, 중국 금속기와의 공반관계를 통해 연대를 추정하기 때문에 정치한 편년은 아니었다(白石太一郎 1985)

이 중 야요이시대의 절대 연대에 관해 이용되었던 자료는 제작연대가 잘 알려져 있는 前漢鏡이었다. 前漢時代인 기원전 1세기 전반에 만들어진 前漢鏡은 야요이시대 중기 후반에 해당되는 수구식(須玖式) 옹관에 부장품으로 이용된 것이다. 그렇다면 이 須玖式 옹관의 상한 연대, 즉 기원전 1세기 전반을 야요이시대 중기 후반의 상한연대로 볼 수 있는 것이다(藤尾愼一郎 외 2005). 이렇듯 교차 연대를 통해 야요이시대 특정 단계의 절대 연대가 결정되고, 이후는 일본고고학의 전형적인 방식인 형식학적 편년과 결합되어 각 시기의 연대가 추정된다. 이러한 방식의 전제는 다음과 같다. 須玖式 이후, 북부 구주지역에서 발견되는 옹관에서는 만들어진 연대의 폭이 대략 50년 정도인 청동 거울이 옹관의 형식에 따라 제작 연대 순으로 출토되고 있기 때문에 옹관 1형식의 존속폭을 50년 전후로 추정할 수 있다. 또한 일본 고고학의 전통적인 방법론인 민족지 사례의 검토에 의해 토기의 형식은 한 세대에 따라 변한다고 알려져 있었다. 따라서 토기 일 형식=한 세대=약 25년 정도로 해석할 수 있으며, 이 두 가지를 함께 고려한다면 기본적으로 토기 한 형식의 존속 폭은 약 25~50년 정도로 추정할 수 있다. 그리고 前漢鏡이 출토되는 須玖式 이전에는 쿤덴식(汲田式)-죠노코시식(城ノ越式)-킨카이식(金海式)-하쿠겐식(伯玄式)-이타즈께식 I 식(板付 I 式)의 5가지 옹관형식이 있기 때문에 그 존속 폭과 형식 수를 계산하면 125~250년이 되며, 須玖式의 상한 연대인 기원전 1세기 전반에서 125~250년을 거슬러 올라간 기원전 350~275년, 즉 기원전 4~3세기가 야요이시대 전기의 시작연대로 인식되었던 것이다(藤尾愼一郎 외 2005).[1] 이러한 연대관은 1970년대 들어와 다시 일부 수정되게 된다.

당시까지의 야요이시대와 이전 단계인 죠몽시대의 구분은 토기를 기준으로 하는 것이었다. 즉 야요이토기가 사용되는 단계가 야요이시대, 죠몽토기가 사용되는 시대를 죠몽시대로 설정하였으며, 앞에서 설

---

1) 야요이시대의 연대 설정에 관한 기존의 연구에 대해서는 平郡達哉(2008)에 자세히 정리되어 있다.

명하였듯이 야요이시대는 도작농경의 시대로 인식되었다. 즉 야요이토기 사용=야요이시대=도작농경, 죠몽토기 사용=죠몽시대=수렵채집경제가 시대 구분의 기본적인 개념이었다. 그러나 1970년대 들어와 야요이시대의 개념 정립에는 새로운 국면을 맞이하게 되고 그에 따라 개시기 연대도 변화하게 된다.

1970년대 들어와 九州의 이타즈께유적(板付遺跡), 나바타케유적(菜畑遺跡) 등에서 수전지가 확인되었는데, 이 유적들에서 출토되는 토기는 기존의 인식에 따른다면 당연히 야요이토기여야 하지만 실제로는 죠몽시대 만기 후반의 돌대문토기였다. 그렇다면 이 유적들을 어디에 비정할 것인가. 기존과 마찬가지로 토기를 기준으로 하여 죠몽시대로 보아야 할 것인지 또는 수전의 존재, 도작농경을 기준으로 야요이시대로 보아야 할 것인지에 대한 문제점이 등장하였다. 즉 기존의 인식과는 달리 야요이토기와 도작농경이 시대적으로 일치하여 등장하는 것이 아니라는 사실이 밝혀지게 되면서 야요이시대의 개념을 새롭게 정의할 필요성이 제기되었던 것이다. 이러한 문제점에서 당시 야요이토기가 사용되던 시대를 야요이시대로 정의하는 전통적인 시대구분이 아닌 야요이시대의 가장 중요한 문화적 특징인 수전도작농경의 생산경제를 시기 구분의 지표로 삼아 '일본에서 식량 생산을 기초로 하는 생활이 개시되었던 시대(佐原眞 1975)'를 야요이시대로 설정하는 개념이 일반화되고, 구주지역에서 명확하게 죠몽토기와 함께 수전지가 확인되는 단계를 설명하기 위해 야요이시대 '조기'가 설정된다. 즉 야요이시대의 문화적 요소를 모두 갖춘 단계는 야요이시대 전기부터이며 죠몽시대와 야요이시대의 요소를 모두 가지고 있는 시기가 야요이시대 조기로, 구체적으로는 북부구주 지역에 수전도작농경과 함께 반월형석도를 비롯한 대륙계마제석기 등 대륙계문화요소가 전파되고 죠몽토기를 사용하는 토착집단이 이를 수용한 단계를 의미한다. 그러나 야요이시대 '조기'는 북부구주에 국한되는 특별한 사례로 일본 열도 전체에 적용되는 것은 아니다(이기성 2010a). 이렇듯 그 이전까지 죠몽시대 가장 마지막 단계의 토기로 간주되어 왔던 돌대문토기가 야요이시대의 토기로 편입되게 되고, 그 이전 야요이시대 가장 이른 단계의 토기로 이해되었던 板付I식 토기보다 앞선 단계의 유우스I식(夜臼I式), 夜臼IIa式 두 토기 형식이 야요이시대에 포함되게 되었다. 기존 절대 연대 결정의 방식에 따르면 두 형식, 즉 50~100년 정도가 거슬러 올라가게 된 것이며, 결국 야요이 개시기 연대는 기원전 5~4세기로 설정되었다(藤尾愼一郎 외 2005).

IV. 기존 연대관 속의 한일 병행관계

이러한 연대관을 바탕으로 1980년대 이후 한반도 청동기시대와 일본 야요이시대의 병행 관계가 본격적으로 논의되기 시작한다. 이러한 연구의 대부분은 일본인 연구자들이 한반도의 무문토기를 독자적으로 분류, 편년하여 일본 야요이토기와 대응시키는 것에서부터 출발하였다. 또한 한반도 청동기시대와 일본 야요이시대의 병행관계는 한반도로부터의 문화적 영향이 확인되는 지역, 즉 넓게는 서일본, 좁게는 북부구주지역만을 대상으로 하고 있는데, 기본적으로 이러한 병행관계는 일본에서 출토되는 토기에 한반도로부터의 영향이 있었다는 것을 전제로 하고 있다.

다음에서는 대표적인 연구 사례들을 살펴보도록 하겠다.

일찍부터 잘 알려진 연구로는 藤口健二의 논문을 들 수 있다(藤口健二 1986). 그는 한반도 중남부지역의 무문토기를 흔암리I식·역삼동식-흔암리Ⅱ식·가락동식-흔암리Ⅲ식·송국리I식-송국리Ⅱ식-송국리Ⅲ식·점토대I식-점토대Ⅱ식-Ⅲ식으로 구분하였다. 이러한 편년관을 바탕으로 도작과 마제석기군, 특히 유구석부의 존재로 보았을 때 송국리I식 단계, 즉 기원전 5세기 중엽이 야요이문화 형성기의 상한이 될 것으로 보았다. 그리고 흔암리Ⅲ식, 송국리I, Ⅱ식은 죠몽 만기말의 夜臼式~야요이 전기 전반에 대응한다고 보았다. 그리고 실연대차이 역시 100년을 넘지는 않을 것으로 보고 있다. 그리도 점토대Ⅱ식은 야요이전기 후반(또는 전반)에서 중기 전반, 점토대Ⅲ식은 야요이 중기 전반~후반에 대응한다고 보며, 이 시간적인 폭은 그보다 더 짧았을 것으로 보았다(藤口健二 1986). 즉 藤口健二의 해석은 연대간의 병행관계가 아닌 문화적 영향의 대응관계에 해당된다. 그리고 시간적 차이는 남한지역에서 일본으로 확산되는 과정에서의 시간적 폭을 의미하고 있는 것이다.

이후 後藤直(1991)은 한반도의 청동기시대를 토기를 기준으로 흔암리식, 송국리식, 점토대토기로 구분하고 각각 전기, 중기, 후기로 편년하였다. 그는 농경이 한반도로부터 전파되었다는 사실을 전제로 생각해 보았을 때 무문토기로부터 일정 정도의 영향은 충분히 예상가능하지만, 당시까지 야요이시대 개시기에 병행하는 한반도의 무문토기를 정확하게 인정하기에는 자료가 적다고 말하고 있다. 청동기와 무문토기의 공반, 야요이시대 전기말 이후의 한반도계 무문토기, 죠몽시대 만기 말엽~夜臼式 단계에 구연부에 공렬이 시문되어 있는 토기 등의 몇가지 사례로 보아 이 시기의 무문토기는 한반도 전기 후반 또는 중기의 흔암리식 토기나 송국리식 토기에 해당되는 정도만 확실하다고 말하고 있다(後藤直 1991).

즉 이때까지만 해도 역시 야요이개시기, 즉 죠몽시대 만기말에서 야요이시대 조기까지의 단계는 한반도 청동기시대 전기 후반, 중기에 해당된다는 정도만이 공통적으로 이야기되었던 것이다.

家根祥多(1997)는 한반도의 무문토기를 보다 세밀하게 편년한 후 일본의 토기 형식에 대응시키고 있다. 우선 그는 한반도의 무문토기를 흔암리식-대평리식-휴암리식-관산리식-고남리식-송국리식-교성리식으로 세분하였으며, 서일본 각지에서 쿠로가와식(黑川式) 병행기에 공렬기법이 보이는 것을 근거로 가장 이른 단계인 흔암리식을 黑川式에 대응시켰다. 휴암리식 내지 관산리식은 야마노데라식(山ノ寺式)에 대응시키며, 이 단계에 한반도에서 일본으로의 이주가 있었다고 보고 있다. 다음 단계인 고남리식은 夜臼式에 병행하는 것으로 보았으며, 송국리식은 板付I式에서 야요이 전기 전반, 점토대토기인 교성리식은 야요이 전기 후반에 병행하는 것으로 보고 있다.

이후 片岡宏二(1999)는 북부 구주 지역의 죠몽시대 만기~야요이시대 토기 편년을 기준으로, 일본에서 출토되는 한반도계 무문토기를 비교하여 한반도로부터의 문화적 영향 관계를 검토하였다. 그는 한반도의 전기 무문토기인 공렬토기를 죠몽 만기 중엽의 黑川式, 중기의 무문토기인 송국리식토기를 돌대문토기 단순기인 山ノ寺式에서 板付Ⅱ式古, 즉 야요이시대 전기 전엽까지, 단면 원형 점토대토기(무문토기시대 후기 전반)을 板付Ⅱ式에서 야요이시대 중기 초두의 城ノ越式까지, 단면 삼각형점토대토기(무문토기시대 후기 후반)을 야요이시대 중기 전엽에서 야요이시대 중기 후엽인 須玖Ⅱ式까지로 비정하고 있다(그림 1). 그러나 이러한 대응관계의 설정이 명확한 유물의 출토 양상 등에 근거한 것은 아니었다. 예를 들어, 공렬토기는 죠몽시대 만기인 黑川式에서 야요이시대 조기인 夜臼式 단계까지 확인되지만, 이것은 모두 일본 재지토기에 공렬의 문양이 시문된 것으로 한반도에서 반입된 공렬토기인지는 확인되지 않으며, 또한 일본에서 확인되는 공렬의 문양이 한반도로부터의 영향에 의한 것인지도 불명확하였다. 그럼에도 이 시기에 공렬문이 시문된 토기가 확인된다는 자체를 한반도와의 관련성을 추정할 수 있는 근거로 보고 있는 것이다 (片岡宏二 1999).

청동기시대와 야요이시대의 병행관계에 대한 연구는 일본 연구자에 의해 주도되기는 하였지만 한국 연구자에 의한 병행 관계의 연구 역시 적은 수이지만 찾아 볼 수 있다. 아

北部九州縄文晩期~弥生時代土器編年		日本出土の朝鮮系無文土器種別	主要出土遺跡
縄文晩期	広田（初頭）		
	黒川（前葉）	孔列土器 （前期無文土器）	○佐太講武貝塚 ○長行遺跡
	刻目凸帯文単純期 （山ノ寺・夜臼）		
弥生前期	板付Ⅰ＋夜臼	松菊里型土器 （中期無文土器）	○宇久松原遺跡 ○有田七田前遺跡 ○津古土取遺跡 ○津島遺跡
	板付Ⅱ（古）		
	板付Ⅱ（新）	断面円形粘土帯甕 （後期前半無文土器）	○諸岡遺跡 ○三国丘陵遺跡群 ○里田原遺跡 （○）福泉洞萊城遺跡
	末		
弥生中期	城ノ越（初頭）		（○）勒島遺跡
	須玖Ⅰ（前葉）	断面三角形粘土帯甕 （後期後半無文土器）	
	（中葉）		○原の辻遺跡
	須玖Ⅱ（後葉）		○オテカタ遺跡
	（末）		
弥生後期	（初頭）	瓦質土器	
	（前葉）		
	（中葉）		○芦ケ浦遺跡

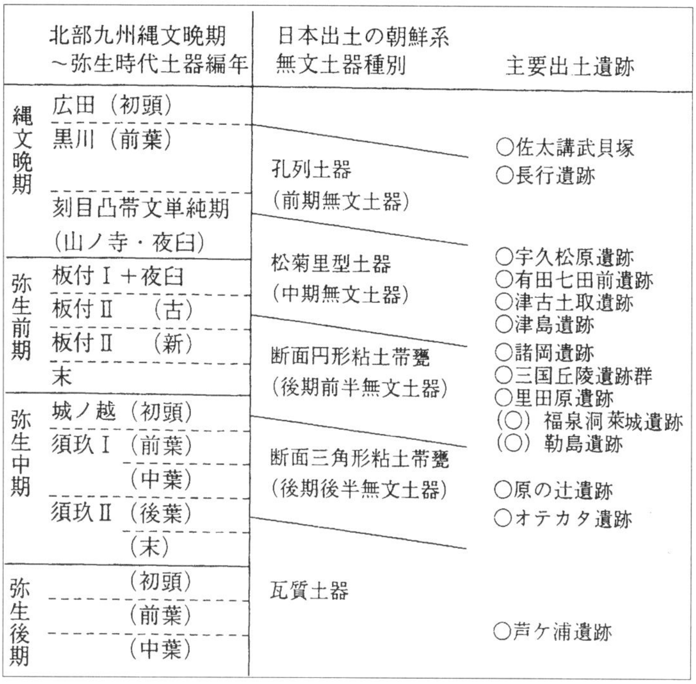

그림 1 _ 片岡宏二의 한국과 일본 병행 관계표
(片岡宏二 1999, 18쪽 表 1 轉載)

마도 한국연구자에 의해 가장 일찍 양 지역의 영향 관계를 논한 것으로는 심봉근(1979)의 연구를 들 수 있을 것이다. 그는 黑川式 단계부터 한반도와의 관계를 추정하고 있다. 이전에 조사된 對馬島의 이즈미유적(泉遺跡)에서 상자식석관, 관옥, 유병식마제석검과 함께 죠몽시대 만기의 옹관이 출토되었는데, 잠정적으로 이 옹관을 黑川式으로 설정하고 있으며, 이처럼 일본 재지 문화와는 전혀 다른 상자식석관, 관옥, 유병식 마제석검 등이 공반 출토되는 것을 근거로 한반도 무문토기문화와의 관계를 추정하였던 것이다. 다음 단계인 夜臼式 토기에서 본격적으로 한반도 무문토기와의 관계가 보이며, 다음에 등장하는 板付Ⅰ式식 토기의 특징에 한반도 서북지방과 동북지방의 요소가 보여 흔암리식 토기와 거의 유사한 양상으로 판단하고 있다. 그리고 板付Ⅱb式은 점토대토기 단계에 해당된다고 한다(심봉근 1979). 당시 고고학적 자료가 매우 빈약하였음에도 불구하고 최초의 한국인 연구자에 의한 접근이라는 점에서 의미가 있다고 할 수 있다.

이후 안재호(1992)는 일본 구주 지방의 공렬문토기를 한반도 동남 내륙 지역의 주민이 이주한 결과로 보았다. 그리고 이 시기는 선송국리유형단계로 黑川式(죠몽시대 만기 전반)에 해당되고, 송국리식 주거지가 夜臼式 단계에서 나타나는데 한반도의 동남지역으로부터의 이주로 보았다. 또한 일본 돌대문토기의 기원으로 한반도 돌대문토기를 지목하기도 하였다(안재호 2000). 이홍종(2000)의 경우, 夜臼式 토기는 한반도의 각목돌대문토기와 휴암리식토기의 영향을 받은 것으로 보았으며, 관창리식 토기는 板付式 토기의 성립과 관계되는 것으로 해석하고 있다. 다음 단계인 송국리식토기는 板付Ⅱ式 단계에 병행하는 것으로 보았다.

표 1 _ 한국 무문토기와 일본 야요이토기의 병행 관계(권선행 2008, 52쪽 표 1을 필자 편집 및 추가)

藤口健二(1986) 한반도	藤口健二(1986) 서일본	後藤直(1991) 한반도	後藤直(1991) 서일본	家根祥多(1997) 한반도	家根祥多(1997) 서일본	片岡宏二(1999) 한반도	片岡宏二(1999) 서일본	심봉근(1979) 한반도	심봉근(1979) 서일본	안재호(1992) 한반도	안재호(1992) 서일본	안재호(2000) 한반도	안재호(2000) 서일본	이홍종(2000) 한반도	이홍종(2000) 서일본	무문토기시대
흔암리 I				흔암리식	黑川式	전기	黑川式	전기(?)	黑川式					가락동식문토기	夜臼式	전기
흔암리 II	山ノ寺式	흔암리식		대평리식				흔암리식	夜臼式			돌대문토기	돌대문토기	휴암리식토기		
흔암리 III·송국리 I	夜臼式~야요이전기전반	송국리식	죠몬만기말엽~夜臼式	휴암리식 / 관산리식	山ノ寺式	송국리	山ノ寺式~板付II式古			선송국리유형	黑川式			관창리식토기	板付式	
송국리 II				고남리식 / 송국리식	夜臼 I式·II式 / 板付 I式					송국리유형	夜臼式			송국리식토기	板付 II式	중기
송국리 III·점토대토기 I	야요이전기후반~중기전반			교성리	야요이전기후반	원형점토대토기	板付 II式中	점토대토기단계	板付 II b式							
점토대토기 II																후기
점토대토기 III	야요이시대중기전반~중기후반					삼각형점토대토기	야요이 중기									

284 청동기시대의 고고학 2 : 편년

이상의 대표적인 연구들을 살펴보면, 각 연구자별로 한반도 청동기시대와 일본 야요이시대의 병행 관계에 대한 인식에서 그리 큰 차이를 보이지는 않는다. 오히려 일본 연구자가 설정하는 한반도 무문토기 편년과 한국 청동기시대 고고학의 토기 편년이 용어 및 획기 구분에서 많은 차이를 보이고 있다는 점을 알 수 있다.

이상의 각 연구자별 병행관계를 정리한 것이 〈표 1〉이다.

이렇듯 기존 연대관에서의 한국 청동기시대 토기와 야요이시대 토기의 병행관계는 거의 대동소이한 결과를 보여주고 있다. 夜臼式 토기가 야요이시대 조기로 설정되면서 이 당시 등장하는 도작농경 등이 한 반도의 영향에 의한 것으로 인식되었고, 한반도 청동기시대의 전기 후반에서 중기 초두 문화 요소의 확산에 의한 것으로 추정되었던 것이다. 앞에서 설명하였듯이 이러한 병행 관계는 양 지역간의 정치한 편년 결과가 서로 대응되었던 것은 아니다. 일본 야요이시대 개시기의 연대가 대략 기원전 5~4세기 정도였으며, 중서부지방의 중기문화, 즉 일본 야요이시대 문화의 기원으로 볼 수 있는 송국리문화를 대략 기원전 7~6세기로 보았을 때 한반도 중부지방에서 일본 구주 지방까지 확산되어 가는 속도를 고려한다면 충분히 연대적으로 납득할 수 있다는 전제가 있었기 때문에 병행관계가 큰 의심없이 받아들여졌던 것이다.

그러나 이러한 대략적인 연대관과 병행관계는 이후 2000년대 들어와 일본 야요이시대 개시기의 연대에 대한 새로운 해석이 등장하면서 변화를 맞이하게 된다.

V. 야요이시대 개시기 연대 논쟁

일본의 國立歷史民俗博物館은 2003년 5월 제69회 일본고고학협회 총회에서 야요이시대 개시기에 대한 새로운 연대관을 발표한다. 이 새로운 연대관은 야요이시대의 시작을 기원전 10세기 중엽으로 추정하는 것으로, 기존에 암묵적으로 고정되어 왔던 야요이시대 개시기 연대에 비해 거의 500년 가까이 거슬러 올라간 것이다. 이러한 인식은 기존에 이루어져 왔던 전통적인 야요이시대 개시기 연대 결정에 대한 의구심에서 시작되었다(藤尾愼一郎 외 2005). 야요이시대의 개시는 본격적인 수전도작의 개시와 동일시되었다. 그렇게 본다면 야요이시대 개시기의 연대를 규명하기 위해서는 본격적인 수전 도작이 시작되었던 당시 사용되었던 토기, 즉 돌대문토기 단순단계의 토기에 부착된 탄화물의 방사성탄소연대측정을 통해 연대를 측정한다면 명확해지는 것이다. 이러한 전제 하에 분석결과 夜臼式II式과 板付I式의 甕에 추가된 탄화물 등의 탄소14의 농도를 AMS(가속기질량분석)법으로 측정하여 얻어진 탄소14연대를 연륜연대에 근거한 국제표준 데이타베이스(INTCAL 98)에 조회한 결과, 11점의 자료 중 10점이 기원전 900~750년의 보정연대에 집중되는 결과를 얻게 되었다(春成秀爾 외 2003). 그리고 야요이시대 중 가장 오래된 토기로 夜臼II式 토기에 선행하는 夜臼式I式, 또는 山ノ寺式 토기는 당시까지 아직 측정하지 않았지만 기존의 인식대로 한 형식을 25~50년으로 보았을 때 야요이시대 개시기가 기원전 10세기 중반까지 올라갈 가능성을 제시하였던 것이다(藤尾愼一郎 외 2005). 이후 국립역사민속박물관은 지속적인 연구를 통해 야요이시대 전기를 기원전 8세기 초, 야요이 시대 중기를 기원전 4세기 전후까지 올려보게 된다(그림 2).

이러한 연대관은 실제 일본 고고학계의 입장에서 본다면 매우 매력적인 견해라고 할 수 있다. 기존 병행관계의 인식으로 본다면 도작농경 및 금속기는 중국대륙에서 한반도로 확산되고 상당 기간 한반도에서 재지화 된 이후, 그 재지화 된 도작농경 등의 기술이 일본으로 확산되었다고 밖에 해석할 수 없는 것이었다. 그러나 새로운 연대관으로 본다면 한반도의 농경 개시와 일본의 농경 개시는 거의 시간적인 차이가 없으며, 결국 이것은 도작 농경 및 금속기의 전파가 중국에서 한반도를 거쳐 일본으로 급속히, 동시에 확산되었으며 한반도는 경유지에 불과하다는 해석이 가능한 것이다.

그럼에도 국립역사민속박물관의 새로운 연대관이 바로 일본 고고학

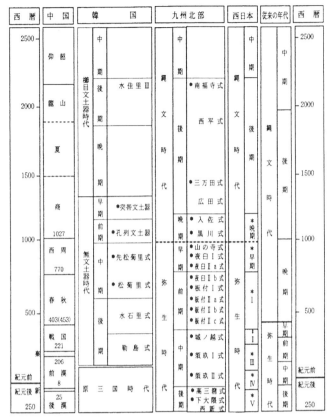

그림 2 _ 일본 국립역사민속박물관의 야요이시대 개시기 신연대관에 근거한 병행관계(藤尾愼一郎 2004, 10쪽 圖2 轉載)

에 받아들여졌던 것은 아니며, 파격적인 연대관의 제시는 이후 여러 논란을 불러일으키게 된다.[2] AMS측정방식 자체의 문제점(西田茂 2003; 田中良之 외 2004). 기존에 전통적으로 이루어졌던 일본 재래의 토기 형식 편년과의 문제점, 그리고 가장 중요한 금속기와의 문제점 등이 그것이다. 대표적인 것이 야요이 조기인 夜臼式I式의 토기가 출토된 福岡縣 마가리타유적(曲り田遺跡)에서 철편이 출토된 것으로, 일본 열도에서 철기의 등장이 기원지인 중국보다 더 오래된 것으로 나오게 되는 것이다(橋口達也 2003). 또한 야요이문화의 기원지로 지목되고 있는 한반도 남부 무문토기와의 병행관계의 문제점 역시 지적되었다(武末純一 2003).

기존 연구에서는 야요이시대의 시작인 夜臼式I式 단계에 직립구연의 옹이나 경부가 직립하는 소호 등 선송국리계의 토기가 있으며, 古式의 무단병석검, 유구석부, 반월형석도 등의 문화 내용이 일치한다는

---

2) 국립역사민속박물관의 연대관 제시와 그 이후의 연구 경향에 대해서는 庄田愼矢(2005)와 박진일(2007), 平郡達哉(2008)의 자세한 정리가 있다.

점을 지목하고 있다. 또한 야요
이 전기 초두의 板付I式 단계에
는 소호의 경부가 내경하고 新式
의 무단병석검이 등장하는 등 송
국리문화의 양상이, 그리고 죠몽
시대 말기의 黒川式 단계에는 혼
암리계통의 공렬문토기나 장주형
의 반월형석도 등 무문토기 전기
의 양상이 보이기 때문에 야요이
시대의 시작은 무문토기시대의
중기 전반보다 거슬러 올라갈 수
없다는 점을 지적하고 있다(武末

日本	縄文土器		弥生土器						
	晚期		早期		前期			中期	
	広田式	黒川式	夜臼I式	夜臼II式	板付I式	板付II式		城ノ越式	須玖I式
						a	b	c	
朝鮮半島	漢沙里式（突帯文）	可楽里式	欣岩里式	先松菊里式	松菊里式		水石里式		勒島式
	早期	前期	中期				後期		
	無文土器								

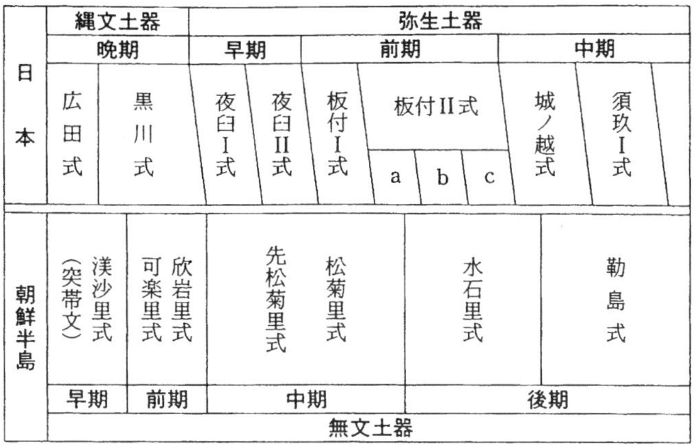

그림 3 _ 武末純一의 한일 병행 관계표
(武末純一 2003, 152쪽 도면 轉載)

純一 2003, 그림 3). 즉 야요이시대 개시기의 연대가 기원전 10세기까지 올라가 한반도 청동기시대 전기
와 병행할 수는 없다는 것을 이야기하고 있는 것이다.

이렇게 국립역사민속박물관에 의해 새로운 연대관이 제시된 후 이에 대한 반응은 크게 3가지로 나누
어 볼 수 있다(庄田愼矢 2005; 平郡達哉 2008).

우선 1) 새로운 연대관을 받아들이는 입장으로 이것은 뚜렷한 고고학적 증거에 의한 것이라기보다는
과학적인 측정법 이라는 측면에 초점을 맞춘 것으로 생각할 수 있다. 2) 기존의 연대관을 그대로 지지하
는 입장으로, 앞에서 언급한 철기의 문제 등, 그리고 AMS 방법론 자체에 대한 의심 등을 들 수 있다. 3) 새
로운 연대관을 수용하지는 않지만 기존의 연대관보다 소급한다는 입장으로, 아마 가장 많은 연구자의 지
지를 받는 것이라고 할 수 있다(庄田愼矢 2005; 平郡達哉 2008). 예를 들면, 비파형동검의 출현을 기원전
9세기로 보거나(岡內三眞 2004; 宮本一夫 2004), 송국리 동검을 기원전 8~6세기로 비정하거나(大貫靜夫
2003), 야요이시대 개시기를 기원전 8세기 중엽(庄田愼矢 2004) 또는 기원전 7~6세기(田中良之 2004)로
보는 등 국립역사민속박물관의 새로운 연대관과 기존 연대관의 중간적 입장을 취하는 것으로 볼 수 있다

이렇게 새로운 연대관이 등장하게 되면서 이후 병행관계의 연구는 새로운 국면으로 접어들게 된다.

VI. 신연대관 이후의 병행관계 연구

결국 신연대관이 발표되고 이러한 연대관에 대한 수정안이 제시되는 등 야요이시대의 절대 연대에 대
한 인식에 여러 변화가 생겨나게 되고 그에 따라 한국와 일본의 병행관계 연구에도 영향을 미치게 된다.
이후 병행관계의 연구는 크게 두 가지의 방향으로 나누어진다. 우선 야요이문화의 원류가 한반도 송국리
문화에 있다는 점은 기정 사실화 되면서 송국리 문화의 연대, 대개의 경우 비파형동검의 연대가 어느 정

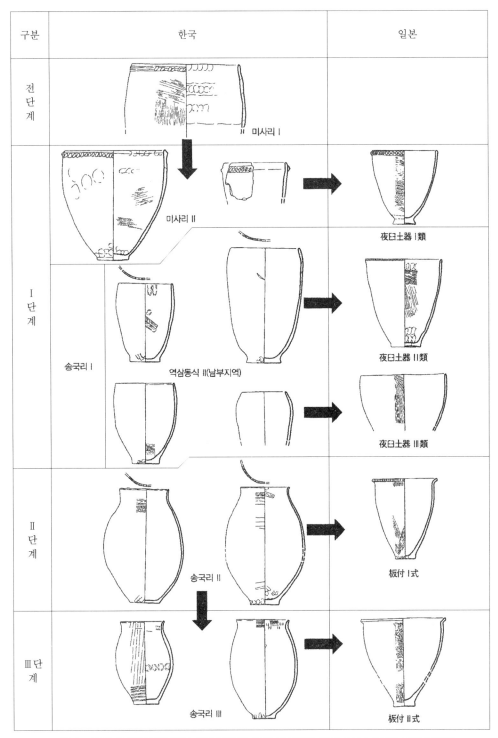

그림 4 _ 한국 무문토기와 일본 야요이토기 영향 관계도(이홍종 2006, 243쪽 그림 2 轉載)

도까지 소급될 것인가를 확인하고자 하는 연구로 주로 일본인 연구자에 의해 시도되었다. 또 하나는 기존 일본 절대 연대의 시간적인 폭이 크다는 이유로, 병행관계 연구에서 간과되었던 한반도 청동기시대 조기의 각목돌대문토기와 전기의 공렬토기 등이 일본과 어떠한 영향관계에 있는 가를 검토하는 연구를 들 수 있으며 주로 한국인 연구자에 의해 시도되었다.

이홍종(2006)은 역사민속박물관의 새로운 연대관에 대해 측정된 시료의 연대치가 너무 적어 이를 개시연대로 인정하기에는 신중한 검토가 필요할 것으로 보고 있다. 그리고 송국리문화의 등장시기가 기원전 900년경이고 송국리형 주거지가 夜臼式 단계에 북부 구주지역에 등장하는 것으로 보아 야요이 조기 연대는 이를 상회하지 않을 것이며, 그렇기 때문에 야요이 조기는 기원전 850~800년경, 야요이시대 전기는 800~750년 경으로 보고 있다(이홍종 2006). 토기의 병행관계에 대해서 한반도의 각목돌대문토기는 일본 북부 구주 지

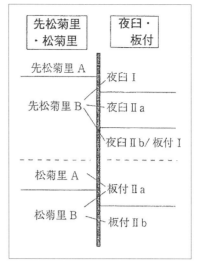

그림 5 _ 庄田愼矢의 한일 병행관계 표
(深澤芳樹·庄田愼矢 2009, 181쪽 表 5 轉載)

역의 돌대문토기와, 역삼동식토기는 각각 夜臼式 토기에 관련된 것으로 보고 있다. 또한 송국리식토기는 板付Ⅰ式이타츠케 1식토기에 관련되며, 구순각목문이 사라진 전형적인 송국리식토기는 板付Ⅱ式과 유사하다고 비정하고 있다(그림 4).

안재호의 경우 이전과 병행관계의 인식에 큰 변화는 없이 夜臼Ⅰ式을 선송국리식 전반의 늦은 늦은 단계에 연결시키고 있다(安在晧 2009). 深澤芳樹·庄田愼矢는 청동기시대 중기를 청동기시대 후기로 칭하고 전엽을 선송국리 A식, 중엽을 선송국리 B식, 후엽을 송국리 A식, 말엽을 송국리 B식으로 세분하였다. 북부 구주의 토기 공반 양상을 근거로 夜臼Ⅰ式에서 板付Ⅰ式이 선송국리 B식, 板付Ⅱa식이 송국리 A B식에, 板付Ⅱb식이 송국리 B식에 대응하여 각각 연대의 정점을 공유한다고 추정하였다(深澤芳樹·庄田愼矢 2009, 그림 5).

그리고 보다 적극적으로 청동기시대 전기 토기 요소와 일본과의 관련성을 이야기하고 있는 시각 역시 등장한다(천선행 2008·2009; 千羨幸 2008). 이전에도 일본 돌대문토기의 기원을 한반도 돌대문토기에서 찾고자 하는 시도가 있기는 하였지만(안재호 2000), 천선행은 보다 구체적인 검토를 통해, 청동기시대 조기 토기인 각목돌대문토기가 일본의 夜臼式 단계 이전의 서일본의 돌대문토기와 연결될 가능성을 지적하였다(千羨幸 2008). 조기 뿐 아니라 청동기시대 전기 토기 요소인 이중구연토기와 공렬토기, 적색마연토기의 병행관계에 대해서도 한반도와의 관련을 이야기하는데, 일본 산인지방(山陰地方)에서 출토되는 죠몽전기 만엽의 이중구연토기에 대해 형태적 유사성을 근거로 한반도에서 기원지를 구하고 있다. 그리고 서일본의 공렬토기는 주로 남부 구주지역과 山陰地方에 주로 분포하고 있으며 연대적으로는 죠몽시대 만기 중엽의 黑川式 단계에 해당되며 야요이시대 전기까지 이어진다. 천선행은 남부 구주지역과 山陰地方에 분포하는 공렬토기의 기원지를 한반도로 설정하고 있으며, 각 지역 공렬문의 제작 기법 등에서 확연한 차이를 보이기 때문에 남부구주의 공렬문은 한반도 서남부에서, 산음지방의 공렬문은 한반도 동

남해안지역에서 기원을 찾을 수 있다는 가능성을 제시하고 있다. 또한 서일본 야요이시대 조기에 집중되어 출토되는 한반도적 요소를 가진 단도마연토기는 영남 지방 무문토기시대 중기 전반의 양상과 연결된다고 보며, 결과적으로 야요이시대 조기와 무문토기시대 중기 전반과의 관계 자체는 변함이 없는 것으로 이해하고 있다(천선행 2008). 물론 이러한 무문토기시대 전기 토기 요소와의 병행 관계에 대해 모두 찬동하는 것은 아니며 이것을 인정하지 않는 의견 역시 존재한다(深澤芳樹·庄田愼矢 2009)

조금씩의 차이가 있기는 하지만 송국리문화로 대표되는 한반도 청동기시대 중기를 전후해 일본에 큰 문화적 영향을 주었으며 이것이 야요이문화 성립에 직접적인 영향을 주었다는 사실은 모두 공통적으로 인식하고 있다. 이것은 야요이시대 개시기에 대한 절대 연대가 수정된 이후에도 큰 문제점 없이 받아들여지고 있다. 대신 야요이시대 개시기 연대가 소급되고 또한 2000년대 이후 한반도에서 각목돌대문토기를 포함한 무문토기의 편년적 연구가 비약적으로 발전함에 따라 이전에는 간과되었던 새로운 시각이 등장하게 된 것이다. 즉 그 이전까지는 연대적인 차이가 너무 크기 때문에 단편적으로만 언급되었던 한반도의 각목돌대문토기와 일본 돌대문토기와의 관련성, 그리고 전기 무문토기인 이중구연토기, 공렬문토기와 일본에서 출토되는 유사한 문양의 토기의 절대연대의 차이가 좁혀짐에 따라 상호간의 관련성을 보다 구체적으로 논할 수 있게 된 것이다. 이전 청동기시대 전기 토기와 일본과의 영향관계를 논하는데 있어서의 가장 큰 걸림돌은 일본의 경우 한반도와는 반대로 공렬토기-돌대문토기의 순서로 등장한다는 것이었다. 그렇기 때문에 공렬토기를 한반도와의 영향관계로 이해한다면 돌대문토기는 시간적인 역전 관계로 인해 일본 재지 성립이 자연스럽게 받아들여졌었지만, 한국과 일본의 연대 폭이 줄어들게 되고 또한 한반도의 각목돌대문토기가 청동기시대 전기까지 존속하여 공렬토기와 일정기간 공반된다는 사실이 확인되면서 일본과의 역전 관계 역시 해석의 가능성이 등장하게 된 것이다. 이것은 새로운 연대관에 의한 한일 병행 관계의 해석의 새로운 진전이라고 할 수 있을 것이다.

VII. 맺음말

한국 청동기시대와 일본 야요이시대의 문화적 영향 관계에 대해서 구체적인 연구가 이루어진 것은 1980년대 이후부터이다. 한국 청동기시대의 연구도 비약적으로 발전함에 따라 무문토기의 시기 구분이 시도되고, 일본 야요이토기와의 영향 관계에 대한 검토가 시작되면서 양 지역의 병행 관계가 설정되었다. 당시까지는 조금씩의 차이가 있기는 하지만, 송국리문화 단계를 전후한 시기가 야요이문화 성립기의 토기와 병행한다는 인식이 일반적이었으며, 그 이전 단계, 즉 각목돌대문토기, 공렬토기 등 청동기시대 이른 시기의 토기와 일본과의 영향관계에 대해서는 일부의 가능성의 제시만이 있었을 뿐, 구체적인 검토까지는 이어지지 못하였다.

그러나 2000년대 들어야 새로운 야요이시대 개시기의 연대가 제시되고, 한반도 청동기시대 조기, 전기와 일본 죠몽시대 만기, 야요이시대 조기, 전기의 연대적 시간폭이 좁혀지면서 보다 구체적으로 청동기시대 조기, 전기의 토기와 일본과의 영향관계에 대한 검토가 논의되어 지금까지 이어져 오고 있다.

그러나 한국 청동기시대와 일본 야요이시대의 병행관계의 연구는 아직까지 해결되어야 할 점들이 산적해 있다. 우선 모든 병행관계의 기준이 토기에 집중되어 있다는 점이다. 일본 야요이시대의 문화 요소 중 한반도에서 기원한 대륙계 문화요소 중 송국리식 주거지 등의 유구, 석기 등은 대략적인 시기 구분의 증거로만 사용될 뿐, 오로지 토기의 형태 및 제작 기법의 유사성을 근거로 병행 관계를 설정하고 있다. 이것은 세분된 토기 형식 편년을 근간으로 하는 일본 고고학의 특징과도 관련되어 있을 것이다. 그러나 일본과 비교해 덜 정교한 한반도의 토기 형식 편년과 일본의 토기 형식과의 비교는 각 형식간 일대일 대응이 불가능하다는 문제가 있다. 그렇기 때문에 일부 일본 연구자의 경우 무문토기에 대해 한국에서는 사용되지 않는 정도의 세부적인 구분을 시도하기도 하였던 것이다.

또한 기존 연구의 병행 관계는 일본 야요이토기의 형태에서 한반도 무문토기의 특징이 확인되는 것을 기준으로 설정하고 있어, 결국 문화적인 영향 관계의 대응을 나타내고 있는 것이지 이것이 반드시 동일한 절대연대상에 있다는 것을 의미하지는 않는다. 이러한 문제점은 한국의 토기 형식 편년의 시간적인 폭이 매우 넓게 설정되어 있다는 것과도 관계되어 있을 것이다.

한국 청동기시대와 일본 야요이시대의 병행 관계 연구는 이렇게 한국과 일본 고고학의 방법론적 차이에 기인한 문제점 외에도 해석 입장에도 차이가 있다. 병행 관계의 연구가 결국 야요이 문화 성립에 있어 어느 정도의 영향이 있는지를 보다 강조하려는 경향, 즉 한국의 연구자는 상대적으로 한반도로부터의 영향을, 일본 연구자는 한반도로부터의 영향을 인정하면서도 자체적인 발전을 보다 강조하는 경향이 있음을 부정할 수는 없을 것이다.

그리고 지금까지 야요이토기의 기원지를 무문토기에서 구하는 경우, 토기의 전체적인 특징이 아니라 일부 속성의 유사성을 근거로 하는 경우가 적지 않다. 기원지를 구할 때, 제작상의 유사성, 동일 기종, 기형의 존재를 꼭 충족시킬 필요는 없을 것이며, 고고학적 요소의 공통성만이 아니라, 한반도와 서일본의 다양한 지역관계와 그 배경, 수용측의 태도 등에 따라 외적요소를 표현하는 정도는 충분히 달라질 수 있기 때문(천선행 2009)이라는 지적은 매우 타당하다. 그러나 반대로 생각해 본다면 어디까지를 자체적인 변화로 파악할 것인지 또는 어느 정도를 변용 과정으로 인정하여 기원지를 찾고자 할 것인지는 매우 어려운 문제일 것이다.

한국 청동기시대와 일본 야요이시대의 병행관계 연구는 비단 한국과 일본의 관계 뿐 아니라 동북아시아 신석기시대에서 청동기시대로의 전환기를 밝히는데 있어 필수적인 부분으로, 한국 연구자의 개별 연구 뿐 아니라 각국 연구자와의 적극적인 공동 연구가 필요할 것이다.

참고문헌

1. 한국어

박진일, 2007, 「粘土帶土器로 바라 본 初期鐵器·彌生時代 曆年代考」『요시노가리특별전 학술심포지엄 자료집』.

심봉근, 1979, 「일본 미생문화 형성과정 연구 -한국문화와 관련해서」『동아논총』 16.

안재호, 1992, 「송국리유형의 검토」『영남고고학』 11.

안재호, 2000, 「한국 농경사회의 성립」『한국고고학보』 43.

이기성, 2010a, 「日本考古學의 形成과 時代區分」『早稻田大學에서 온 日本의 古 文化』, 서울大學校博物館.

이기성, 2010b, 「일제강점기 '石器時代'의 조사와 인식」『선사와 고대』 33.

이홍종, 2000, 「무문토기가 미생토기 성립에 끼친 영향」『선사와 고대』 14.

이홍종, 2006, 「무문토기와 야요이토기의 실연대」『한국고고학보』 60.

이홍종, 2007, 「한일교섭으로 본 야요이사회의 전개과정」『요시노가리특별전 학술심포지엄 자료집』.

庄田愼矢, 2005, 「호서지역 출토 비파형동검과 미생시대 개시연대」『호서고고학』 12.

천선행, 2008, 「야요이성립기의 한일 병행 관계」『청동기·삼한·야요이시대의 연대관』.

천선행, 2009, 「무문토기시대 한일간 지역관계 변천」『고문화』 73.

平郡達哉, 2008, 「미생시대 역연대에 대한 최근 연구동향」『청동기·삼한·야요이시대의 연대관』.

2. 日本語

家根祥多, 1997, 「朝鮮無文土器から弥生土器へ」『立命館大學考古學論集』 I.

岡内三眞, 2004, 「東北式銅劍の成立と朝鮮半島への伝播」『弥生時代の實年代』.

宮本一夫, 2004, 「靑銅器と弥生時代の實年代」『弥生時代の實年代』.

橋口達也, 2003, 「炭素14年代測定法による弥生時代の年代論に關連して」『日本考古學』 16.

藤口健二, 1986, 「朝鮮無文土器と弥生土器」『弥生文化の研究 3.弥生土器』.

藤尾愼一郎, 2003, 「弥生開始期の實年代」『(特集 弥生開始年代) 月刊考古學ジャーナル』 510.

藤尾愼一郎, 2004, 「I. 弥生時代の實年代 1.韓國·九州·四國の實年代」『弥生時代の實年代』.

藤尾愼一郎, 2009, 『總論 縄文から弥生へ·弥生前史』弥生文化誕生 弥生時代の考古學2』.

藤尾愼一郎·今村峯雄·西本豊弘, 2005, 「弥生時代の開始年代 -AMS炭素14年代測定による高精度年代体系の構築-」『總研大文化科學研究』 創刊号.

藤田亮策, 1934, 「朝鮮古代文化」『岩波講座 日本歷史』.

武末純一, 2003, 「無文土器と弥生土器の併行關係からみた曆年代(特集2 弥生時代をどうみるか)」『東アジアの古代文化』 117.

白石太一郎, 1985, 「8. 年代決定論 (二) 弥生時代以降の年代決定」『岩波講座 日本考古學1 研究の方法』.

山內淸男, 1932, 「日本遠古の文化」『ドルメン』 1-7.

西田茂, 2003, 「年代測定への疑問」『考古學研究』 50-3.

石川 日出志, 2003, 「弥生時代曆年代論とAMS法年代」『(特集 弥生開始年代) 月刊考古學ジャーナル』 510.

深澤芳樹·庄田愼矢, 2009, 「先松菊里式·松菊里式土器と夜臼式·板付式土器」『弥生文化誕生 弥生時代の考古學2』.

安在晧, 2009,「松菊里文化成立期の嶺南社會と弥生文化」『弥生文化誕生 弥生時代の考古學 2』.

田中良之・溝口孝司・岩永省三(九州大學)・Tom Higham(Oxford大學), 2004,「弥生人骨を用いたAMS年代測定 (予察)」『日韓交流の考古學』, 嶺南九州考古學會.

鳥居龍藏, 1917a,「閑却されたる大和國」『人類學雜誌』32-9.

鳥居龍藏, 1917b,「畿內の石器時代に就いて」『人類學雜誌』32-9.

鳥居龍藏, 1923,「我が國の銅鐸は何民族の殘した物か」『人類學雜誌』38-4.

鳥居龍藏, 1925a,「朝鮮の有史以前」『有史以前の日本 改訂版』.

佐原眞, 1975,「農業の開始と階級社會の形成」『岩波講座 日本歷史』1.

中山平次郎, 1923,「燒米を出せる竪穴後址」『考古學雜誌』14-1.

千羨幸, 2008,「西日本における突帶文土器文化の成立過程」『考古學雜誌』92-3.

春成秀爾・藤尾愼一郎・今村峯雄・坂本稔, 2003,「弥生時代の開始年代 −14ｃ年代の測定結果について」『第69 回日本考古學協會總會 發表要旨』.

片岡宏二, 1999,『弥生時代渡來人と土器・靑銅器』.

後藤直, 1991,「1.弥生時代開始期の無文土器 [2]日本への影響」『日韓交涉の考古學 弥生時代編』.